CATHERINE DE MÉDICIS

DU MÊME AUTEUR
en poche

La cour de France, Paris, LGF, Le Livre de poche. Références histoire n° 439, 1996.
Histoire de Versailles, Paris, Perrin, **tempus** n° 42, 2003.
Henri III, Paris, Perrin, **tempus** n° 173, 2007.

Pour en savoir plus
sur les Editions Perrin
(catalogue, auteurs, titres,
extraits, salons, actualité…),
vous pouvez consulter notre site internet :
www.editions-perrin.fr

collection tempus

Jean-François SOLNON

CATHERINE DE MÉDICIS

PERRIN
www.editions-perrin.fr

© Perrin, 2003, 2008
et 2009 pour la présente édition
ISBN : 978-2-262-03071-1

tempus est une collection des éditions Perrin.

Pour Aude, Anne-Laure et Pauline.

De quelque côté que tourne la fortune, son principal souci c'est de gouverner.
Hubert LANGUET

La religion est une couverture dont souvent l'on se sert pour cacher une mauvaise volonté.
Catherine de MÉDICIS

C'est le dernier des malheurs que celui d'un peuple soumis à l'empire d'une femme, et d'une femme de cette sorte.
Théodore de BÈZE

La dextérité vaut mieux que la force contre le mal présent.
Catherine de MÉDICIS

Introduction

> *On prétend qu'elle avait essayé d'empoisonner l'armée du prince de Condé tout entière.*
>
> CHATEAUBRIAND

Après la mort accidentelle d'Henri II (1559), Catherine de Médicis commanda pour son mari un glorieux mausolée. Le tombeau accueillerait la dépouille du roi défunt et celle, à venir, de sa veuve. On y verrait une double représentation. Le roi et la reine, au sommet, vivants, et en prière ; les mêmes, dans la chambre funéraire, gisants. À Girolamo della Robbia, Catherine avait confié la sculpture de son gisant.

Or, lorsque cet artiste lui montra l'œuvre presque achevée, elle eut, horrifiée, un moment de recul. Au lieu d'un corps nu assoupi dans la mort – aux formes peut-être embellies – elle découvrait, taillé dans le marbre, un horrible cadavre chargé à l'envi de macabres détails. La cage thoracique saillante, la poitrine plate, les os tendant la peau jusqu'à la déchirure. Une image repoussante, insoutenable ; un nu terrible. La reine se hâta de renvoyer le maladroit et pria Germain Pilon de sculpter un gisant plus convenable.

Cette anecdote est symbolique. Elle illustre, en quelque sorte, le souvenir que va laisser Catherine de Médicis en la mémoire collective des historiens et du public, un souvenir funeste. La postérité, en effet, s'est montrée impitoyable à son égard, lui a refusé la moindre circonstance atténuante. Comme Della Robbia, l'opinion courante a interdit à son gisant le sommeil paisible de l'outre-tombe. La reine étrangère (les reines sont souvent étrangères), caricaturée, calomniée, diabolisée, semble à jamais une figure maléfique. Chroniqueurs, historiens, romanciers ont en général emprunté au sculpteur italien son ciseau sans pitié. Catherine de Médicis fait partie, comme Isabeau de Bavière, des reines maudites. Jugée nuisible à l'instar de Marie-Antoinette, mais privée de la compassion qu'inspire parfois l'épouse de Louis XVI devant ses juges.

Rien n'a été épargné à la Florentine. Son procès, instruit de son vivant, a duré quatre siècles et n'est que réquisitoire et condamnation. Au lieu de preuves, les arguments toujours hostiles sont puisés dans les pamphlets de jadis ou dans les fantasmagories de l'âge romantique. Ici, le *Discours merveilleux de la vie, action et débordements de Catherine de Médicis* (1575), libelle sans doute protestant. Là, *La Dame du Louvre* (drame, 1832) ou *L'Escadron volant de la reine* (roman, 1836). Même des écrivains renommés ont contribué au dénigrement de Catherine : Michelet, Alexandre Dumas. Le premier est historien, auteur souvent passionné, acceptant volontiers de juger plutôt que de comprendre. Le second, Alexandre Dumas, maître du roman historique, ne cesse de marquer nos sensibilités : redoutable le Richelieu des *Trois Mousquetaires*; bien inquiétante, la Catherine de *La Dame de Monsoreau* ou de *La Reine Margot*. Il faut dire que, au XIXe siècle, le succès des romans-feuilletons exigeait à coup sûr un héros noir et redoutable, subtil et haïssable. Une figure repoussoir.

Catherine de Médicis a trouvé là son plus beau rôle. Elle n'en a guère changé, malgré Balzac qui reconnut en elle un grand roi doublé d'une femme exceptionnelle. Le romantisme l'a définitivement crucifiée.

Quels sont les crimes de cette criminelle ? Déjà son caractère (prétendu) : chez Catherine tout, paraît-il, est ruse, dissimulation, absence de scrupules et de convictions. Ces jugements de valeur, colorés par une littérature facile, sont devenus la vulgate scolaire, cependant que la légende noire de la Florentine est entretenue par le roman dit « historique » et par le cinéma.

Tout, chez la reine, est imputé à crime. Une aussi fâcheuse personnalité n'a pu mener qu'une détestable politique. Si ses adversaires meurent, c'est qu'elle les a fait empoisonner. Si ses fils – François II, Charles IX et Henri III – se sont succédé trop vite, n'est-elle pas responsable de la mort des deux premiers ? Lesdits princes se sont-ils déchargés sur leur mère des affaires de l'État ? C'est assurément parce qu'elle les a corrompus. De sa longue présence au gouvernement on déduit un insatiable appétit de pouvoir, une quête douteuse pour le conquérir, des manœuvres retorses pour le conserver. Des esprits bienveillants louent-ils ses édits de tolérance ? On ne les attribue qu'au chancelier Michel de L'Hospital, parangon de la sagesse. Reconnaît-on le désir de Catherine d'accorder catholiques et protestants ? Il n'a pu naître, assurément, que d'une indifférence religieuse suspecte, proche de l'athéisme.

C'est en vain que les historiens ont parfois, depuis cent ans, tenté de rectifier l'image de la personne et de l'action de Catherine. De rectifier et de nuancer. Ils n'ont pu inverser la tendance. Car, dans l'image stéréotypée de la Florentine, la ruse, la duplicité, la perfidie, le machiavélisme ne sont rien devant ce crime suprême, inexpiable, qui lui est attribué : le massacre collectif des huguenots le 24 août 1572, dont la reine serait le monstrueux commanditaire. La Saint-Barthélemy est attachée à Catherine de Médicis comme la tunique de Nessus. Cette « nuit de la trahison », comme l'appellent les protestants, a définitivement marqué la reine au fer rouge. Pour l'opinion commune, elle cristallise tous ses vices et résume quarante années de gouvernement.

De la gravure de propagande à la vignette des manuels, l'image est immuable : la veuve d'Henri II, la « Veuve noire », ordonnant le massacre, quand elle n'y met pas elle-même la main. Dans le palmarès des mauvais rois de l'Ancien Régime, Louis XV était coupable d'avoir abandonné le Canada et vécu dans la débauche ; Louis XIV d'avoir « trop aimé la guerre ». La tragédie de la Saint-Barthélemy a imprimé pour l'opinion courante une tache indélébile sur l'œuvre de Catherine de Médicis, réduisant à néant tout action précédente, récusant par avance tout projet ultérieur. La femme d'État s'efface derrière le mythe de la criminelle.

Cette accumulation de jugements erronés responsables d'une légende noire est maintenant battue en brèche. La recherche historique de pointe – il faut le temps qu'elle se répande et persuade, hors du cercle des universités – a renouvelé l'histoire des guerres de Religion, redistribué les rôles, mieux analysé celui de Catherine. La révision de son procès a débuté. L'érudition, aujourd'hui, témoigne presque à voix haute, et c'est un témoignage à décharge.

La reine mère n'a pas gouverné le royaume de France en un temps de paix intérieure, de prospérité et de consensus. Tout au contraire. Sa présence aux affaires se confond exactement avec les guerres de Religion – une guerre civile, la pire –, en un temps où l'autorité de l'État, dont elle était garante, se voyait contestée et bafouée, tandis que l'unité de la France volait en éclats.

Pendant son « règne », la Florentine n'a cessé d'être confrontée aux complots, aux prises d'armes, au manque d'argent, à l'invasion étrangère. Ce fut la toile de fond de son action, les obstacles à sa réussite. À force de dénoncer son autoritarisme, on en oublie qu'elle a toujours gouverné avec pragmatisme, étrangère aux idéologies. Les périls ne la paralysaient point. Elle s'en accommodait tant bien que mal, tentant de les réduire, même au prix d'artifices et de quelque duplicité. Elle pensait que tout moyen est bon lorsqu'il s'agit de désamorcer un conflit et rétablir la paix.

Plongée dans un siècle d'intolérance et de fanatisme, Catherine de Médicis est restée farouchement attachée à la paix civile. Inlassablement elle a cherché – tant était grand son souci de réunification religieuse – une *voie moyenne* entre les confessions catholique et protestante. La concorde, l'harmonie n'ont pas eu de meilleur avocat : tout fut mis en œuvre pour les faire triompher. Parfois Catherine s'est trompée sur les moyens, n'a pas fait le bon choix, a connu des échecs. Mais, avec une admirable persévérance, elle a, nous le verrons, travaillé, toute sa vie, une vie endeuillée par les drames familiaux, à préserver l'unité du royaume et l'union des Français, à force de trêves, de négociations, d'édits de pacification.

Aujourd'hui, elle aurait sans nul doute reçu le prix Nobel de la paix.

CHAPITRE PREMIER

« Une seule branche reverdit »

> *Dans le temps où naquit Catherine, l'histoire, si elle était rapportée au point de vue de la probité, paraîtrait un roman impossible.*
>
> BALZAC

Catherine était sans inquiétude. Du moins le laissait-elle croire à son entourage : une petite fille de onze ans sait dissimuler. Car, même protégé par ses hauts murs, le couvent des bénédictines où ses ennemis l'avaient enfermée percevait les rumeurs de la ville. Elles étaient alarmantes. Depuis dix mois, Florence était assiégée. En octobre 1529, les troupes pontificales et impériales avaient investi la cité. Redoutant une prise d'assaut, ses habitants avaient renforcé l'enceinte. À Michel-Ange, on avait confié la fortification de la colline de San Miniato qui domine la ville au midi. Le célèbre sculpteur avait aussi dessiné les projets nécessaires pour améliorer la défense des portes. Mais l'étau se resserrait. Les armées de Charles Quint avaient raison des places voisines qui pouvaient retarder la chute de Florence. Toutes cédaient devant les soldats de l'empereur. La cité de l'Arno allait-elle connaître le sort de Rome mise à sac par les impériaux trois ans plus tôt ?

Catherine faisait l'expérience d'un siège et de son sinistre cortège : la disette qui précède la famine ; la peste, imprévisible et toujours menaçante. Pourtant, de l'ennemi extérieur, la petite fille n'avait rien à redouter. Les troupes, commandées, au nom de Charles Quint, par Philibert de Chalon, prince d'Orange, investissaient Florence pour rétablir les Médicis, sa famille, bannie trois ans plus tôt. Pour Catherine, les lansquenets impériaux étaient des sauveurs tandis que les Florentins étaient devenus ses geôliers.

La nuit tragique du 19 juillet 1530

Depuis 1527, Florence s'était soulevée contre ses maîtres, les héritiers de Cosme et de Laurent le Magnifique. Pour la seconde fois en trente ans, les Médicis avaient été chassés, leur palais pillé, leurs partisans exécutés. Les Florentins avaient renoué avec l'esprit de Savonarole. Le souvenir du dominicain, pourfendeur des impiétés et tombeur de Pierre de Médicis en 1494, demeurait vivace. Les flammes du bûcher avaient à peine consumé le corps ascétique du redoutable prédicateur que d'autres « prophètes fous » s'étaient dressés, appelant au châtiment de la « Babylone » toscane, éructant contre la « tyrannie » des Médicis.

À l'annonce du sac de Rome par les impériaux, ils avaient applaudi, reconnaissant un signe du Ciel. Le terrifiant pillage de la capitale de la chrétienté, les églises profanées, les reliques piétinées, les religieuses violées signifiaient – sans doute aucun – l'accomplissement de la vengeance divine. Les lansquenets avaient contraint à une fuite sans gloire le pape Clément VII, un Médicis. L'occasion était trop belle aux yeux des Florentins pour ne pas culbuter le reste de la famille.

Les révoltés établirent d'abord une république modérée que les « enragés » transformèrent, au nom du Christ proclamé « roi » de la ville, en régime de terreur.

À Florence, les membres de la famille honnie n'étaient pourtant que des jeunes gens. Hippolyte avait seize ans, son cousin Alexandre quinze[1]. Parents du pape Clément, ils furent aussitôt déposés et bannis. Quant à leur cousine Catherine – huit ans en 1527 –, des amis sûrs la mirent à l'abri dans la villa familiale de Poggio a Cajano. La haine contre les Médicis ne l'épargna pas longtemps.

Pour les révoltés, la petite fille était un précieux otage. Les soldats du parti populaire la ramenèrent en ville. Avec sa grand-mère paternelle, Alfonsina Orsini, elle fut d'abord confiée aux religieuses de Sainte-Lucie. Mais la peste, qui aimait à frayer avec les mouvements de troupes, ne tarda pas à se glisser à l'intérieur des maisons de Florence. Laisserait-on Catherine être menacée par le mal qui répand la terreur ? Le sort de l'enfant préoccupa les puissances étrangères. L'ambassadeur de France à Florence obtint du gouvernement républicain l'autorisation de l'éloigner des quartiers pesteux. Toujours prisonnière, mais préservée de la contagion, Catherine gagna un autre couvent situé aux portes de la ville, les *Murate*. À l'intervention du représentant de la France, elle dut peut-être d'échapper à la maladie et à une mort certaine. Clin d'œil de l'Histoire : le royaume de François Ier prenait soin de sa future, et alors improbable, souveraine.

Les bénédictines des *Murate* dirigeaient une des maisons les plus renommées de la ville. Les jeunes filles des meilleures familles y étaient éduquées. Le strict respect de la clôture, symbolisé par un rite spectaculaire, avait donné son nom au couvent. Les novices y entraient par une brèche ouverte dans le mur qu'aussitôt l'on murait. Séparées du monde, les « Emmurées » se préparaient ainsi à leurs vœux définitifs. Catherine, elle, était l'hôtesse involontaire de religieuses attentives à son sort tandis qu'à l'extérieur les républicains extrémistes traquaient, dague au poing, les partisans des Médicis.

Le rassemblement sous les murs de Florence des troupes impériales et pontificales radicalisa encore le gouvernement. La Seigneurie – ainsi nommait-on le gouvernement de la ville – lançait avec la même ardeur des imprécations religieuses contre ses ennemis impies et des appels à la résistance. Dans les moments d'exaltation vengeresse que connaissent souvent les assiégés, certains se rappelèrent qu'une petite fille portant le nom exécré des Médicis demeurait encore en leur pouvoir. La jeune captive fut promise à tous les supplices. Les uns proposèrent de l'enfermer dans une maison publique, condamnée pour toujours à la prostitution. D'autres, de la faire violer par les soldats. L'héritière des Médicis serait ainsi définitivement perdue pour les siens : la souillure interdirait à jamais tout mariage. Les fils spirituels de Savonarole s'accommodaient de la débauche s'il s'agissait d'y plonger leurs ennemis.

Pourquoi, s'indignaient les plus excités, ménager ainsi le rejeton des tyrans ? Qu'on l'attache nue aux murs de la cité, sous le feu des assiégeants !

À défaut d'Alexandre et d'Hippolyte, en sécurité loin de la ville, les « enragés » de Florence concentraient sur une petite fille leur haine et leur peur.

Leurs menaces passèrent-elles la clôture des *Murate* ? Elles y furent sans doute répétées, atténuées peut-être. Les religieuses n'étaient pas toutes fidèles aux Médicis. Certaines, convaincues de l'imminence du Jugement, réprouvaient la présence de Catherine en leur couvent. L'esprit partisan n'épargnait aucune institution. Seule, la petite fille paraissait indifférente aux rumeurs, même les plus alarmantes. Si elle avait eu jusque-là une idée imprécise des tourments qu'on lui promettait, elle affronta la réalité dans la nuit du 19 juillet 1530.

Dans la soirée, quatre représentants du gouvernement républicain frappèrent à la porte du couvent. La supérieure ordonna d'ouvrir. Catherine devait leur être remise, ordre de la Seigneurie. Était-elle promise à une plus rude prison ? Ou pire encore ? Les envoyés se voulurent rassurants : la crainte d'un enlèvement obligeait à ramener l'enfant en ville. Mais pouvait-on accorder foi aux ennemis des Médicis ? N'allait-on pas, en la livrant, laisser Catherine marcher à la mort ?

On la fit appeler. Elle n'était pas la brebis docile qu'on mène au supplice. La peur lui commanda de résister. Elle se débattit, cria et pleura si fort qu'elle obtint un répit jusqu'au lendemain.

La nuit se passa en prières. Des religieuses fidèles l'entourèrent. Pour échapper à son destin, Catherine imagina un stratagème. Elle décida de sacrifier ses cheveux pour recevoir la tonsure, prit le voile et l'habit de moniale.

— Je suis vôtre, dit-elle aux sœurs. Quel est l'excommunié qui sera assez osé pour arracher au cloître une épouse de Jésus-Christ ?

Le jour levé, les hommes de la Seigneurie revinrent. Admis au parloir, ils virent à travers la grille s'avancer une religieuse qui ressemblait à une enfant. Croyant être protégée par son habit, Catherine parla en adulte :

— Allez trouver ces seigneurs et dites-leur que j'ai l'intention de me faire religieuse et de ne jamais me séparer de mes vénérables mères.

La fermeté du ton, le courage de Catherine étaient à la mesure de sa terreur de la nuit. La future reine de France ne manquait pas de cran. L'épreuve du 19 juillet se grava en son esprit. Jamais elle n'oublia cette peur d'être livrée à des assassins. Peut-être, cette nuit-là, naquirent ses dons infinis de négociatrice, ennemie de la violence brutale. Peut-être émergea en des heures tragiques ce goût pour la dissimulation dont elle sut faire une arme.

Son travestissement en religieuse n'émut pas les envoyés de la Seigneurie. Tonsurée ou non, la courageuse petite fille fut juchée sur une mule et expédiée au couvent de Sainte-Lucie. Catherine avait démontré un fort tempérament. C'était alors son seul viatique.

Auprès de son oncle Clément VII

Elle ne fut ni livrée aux soldats ni abandonnée aux « enragés ». Ses geôliers n'en eurent pas le temps : le 3 août suivant, la défaite de l'armée républicaine dans la montagne de Pistoia contraignit les Florentins à capituler devant leurs assiégeants. Les citoyens réunis en *parlamento* sur la place de la Seigneurie plébiscitèrent le retour des Médicis et le rétablissement du gouvernement antérieur à 1527. La seconde république florentine était enterrée. Restait à prononcer les bannissements, emprisonnements, pendaisons et décapitations qui jalonnaient volontiers les changements de régime.

Finances exsangues, ressources taries, Florence était épuisée. « Notre ville est aujourd'hui vieille », notait un contemporain. Moins nombreux, ses habitants manquaient de tout. Et la pénurie dura encore de longs mois après la levée du siège. On ne pouvait laisser Catherine dans une cité aussi éprouvée. Son cousin (que la différence d'âge faisait appeler son oncle), le pape Clément VII, vainqueur de la République florentine, la réclamait. Catherine quitta les rives de l'Arno le 30 octobre 1530 pour Rome.

Elle fut paternellement accueillie par le souverain pontife qui ne put retenir ses larmes en lui ouvrant les bras. Tous les regards étaient tournés vers l'ex-petite prisonnière des républicains. Mais chacun la vit différemment. « Grande, belle et en bon point », écrivit l'ambassadeur de France. Un peu maigre et petite, jugea au contraire l'envoyé de Venise qui reconnut dans le manque de finesse du visage et les yeux à fleur de tête les traits communs aux Médicis. Le représentant de Milan fut plutôt conquis. Catherine lui parut assez grande pour son âge, blanche de peau, la figure pleine, l'aspect agréable. La petite fille faisait en revanche l'unanimité quand elle parlait : elle était la sagesse même. On loua sa « prudente contenance ».

Catherine fut logée au palais Médicis où elle retrouva Alexandre et Hippolyte qui avaient été bannis de Florence au début de la révolte. Aujourd'hui encore, on ignore la filiation du premier, présenté tantôt comme demi-frère de Catherine, tantôt comme son cousin, fils naturel du pape Clément. Sa chevelure crépue et son nez épaté le firent appeler le *Maure*. On prétendait que sa mère était une esclave noire ou une mulâtresse. Alexandre de Médicis, de naissance illégitime, épousa plus tard la fille naturelle de Charles Quint, la blonde Marguerite, que l'on nommait *Madama*. L'empereur et le pape avaient œuvré ensemble au rétablissement des Médicis à Florence : à Alexandre revinrent le gouvernement de la ville et le titre de duc. Aussi quitta-t-il Rome pour Florence où il fit son entrée le 10 juillet 1531, inaugurant un pouvoir despotique jusqu'à son assassinat en 1537 par son cousin Lorenzo, le célèbre *Lorenzaccio* de Musset.

À Rome, Catherine se remettait de ses émotions grâce à de longues promenades à cheval. Elle se montrait déjà excellente cavalière. Régulièrement invitée au palais du Vatican, elle était cajolée par Clément VII qui débordait d'affection pour sa nièce. La cour pontificale, mélange d'onction et d'intrigues compliquées, fut sa maîtresse d'école. Observatrice attentive, elle apprit beaucoup du pape lui-même. Clément, dont les épreuves du sac de Rome avaient aggravé la pusillanimité, était un pontife intelligent et appliqué aux affaires, habile aux manœuvres, expert en sournoiseries, condamné à compenser la crainte qui trop souvent le paralysait par une profonde dissimulation. « Sa nature, assurait un prélat, est de reculer. » À l'image de son oncle, Catherine apprit de bonne heure à dissimuler ses pensées sous un masque impénétrable.

Une déception amoureuse l'inclina encore à se replier sur elle-même. Son cousin Hippolyte, de huit ans son aîné, fils naturel comme Alexandre, fut le premier à faire battre son cœur. De son père, Julien duc de Nemours, « le contemplatif aux yeux bleus », il tenait un charme incontestable que son habit de cardinal ne parvenait point à émousser. Son portrait par Titien témoigne de son élégance et de la beauté de ses traits. Le jeune homme était en outre poète et musicien, habile cavalier, grand seigneur fastueux et malheureux d'être d'Église. Catherine l'admirait et l'aimait. On ne sait s'il rendit à cette fillette de douze ans l'amour innocent que celle-ci lui portait. Les chroniqueurs les moins romantiques affirment qu'il ne voyait en Catherine qu'un moyen lui permettant – vœux ecclésiastiques rompus et mariage accompli – de s'imposer à Florence face à Alexandre. Le projet n'était pas du goût du pape. Clément VII s'empressa de nommer Hippolyte légat dans la lointaine Hongrie. Catherine perdit son prince charmant et commença d'endurcir son cœur.

Une mère française

Affectionné à sa nièce, le pape n'en privilégiait pas moins les intérêts d'Alexandre, signe supplémentaire de sa paternité. Hippolyte écarté, restait à obtenir de Catherine – seule héritière légitime des Médicis – qu'elle renonçât à toute prétention sur Florence. Clément VII se fit caressant et la petite fille signa une renonciation aux biens de sa famille, contre la promesse d'une dot considérable le jour de ses noces. Car les prétendants ne manquaient pas. Le plus entreprenant était de France. En 1524 déjà – Catherine n'avait pas cinq ans –, François Ier avait projeté pour elle une union avec l'un de ses fils. Pour équilibrer la montée en puissance de Charles Quint, le roi souhaitait se rapprocher du pape : le mariage de la nièce de celui-ci avec un héritier des Valois scellerait l'alliance. Aussi durant le siège de Florence, on l'a vu, François Ier fut attentif au sort de Catherine, ballottée d'un couvent à l'autre au gré des menaces d'épidémie et des intimidations de ses ennemis. Le roi proposait de recueillir la nièce du pape. Sans doute craignait-il que Catherine ne se vît imposer une union contraire aux intérêts du royaume. Mais surtout François Ier n'oubliait pas que Catherine de Médicis, par sa mère, était aussi française.

Celle que ses contemporains puis la postérité n'ont cessé de brocarder en la nommant « la Florentine » avait dans ses veines du sang de France. Catherine était Médicis par son père Laurent (1492-1519), fils unique de Pierre l'Infortuné que Savonarole avait chassé de Florence en 1494, et petit-fils du Magnifique. Le père de Catherine était un homme plutôt médiocre. La dédicace que Machiavel lui fit de son célèbre ouvrage, *Le Prince,* ne doit pas abuser : Laurent était plus porté aux plaisirs qu'à la politique. Il n'avait dû qu'à l'appui de son oncle, le pape Léon X – premier souverain pontife de la famille –, d'être placé à la tête du gouvernement de Florence en 1513 et fait en 1516 duc d'Urbino.

Son mariage fut aussi l'œuvre du pape, en un temps où Rome était l'allié du vainqueur de Marignan. En

1518, Laurent avait épousé Madeleine de la Tour d'Auvergne, riche héritière issue d'une noble et ancienne lignée apparentée à la maison de Bourbon et qui comptait saint Louis parmi ses ancêtres. Les noces avaient été célébrées à Amboise le 2 mai. Dix jours de réjouissances les avaient accompagnées. Parmi les présents que le futur avait apportés figuraient deux tableaux de Raphaël, *La Sainte Famille* et *Saint-Michel*, dont s'enorgueillit aujourd'hui le Louvre. Le couple prit ensuite la route de Florence où il fit son entrée le 7 septembre. La jeune épousée était déjà enceinte. Le 13 avril 1519, au palais Médicis, vers sept heures du matin (à moins que ce ne fut à onze, incertitude fâcheuse pour les faiseurs d'horoscopes), elle donna naissance à Catherine.

Ce fut son seul enfant.

Madeleine n'avait pas épousé le seul Laurent de Médicis mais, disait-on, « avec lui la grosse vérole qu'il avait bien fraîche ». Probablement contaminée, elle mourut quinze jours après ses couches. Et Laurent, constamment malade depuis son retour de France, la suivit dans la tombe le 4 mai suivant.

Âgée d'à peine trois semaines, Catherine fut doublement orpheline. Et, avec Léon X, seule descendante légitime en ligne directe de Cosme l'Ancien, fondateur de la grandeur des Médicis[2]. Florence commença d'ailleurs à douter de la survie de la prestigieuse famille. L'Arioste fit parler la cité inquiète :

Une seule branche reverdit avec un peu de feuillage;
Entre la crainte et l'espoir je reste incertaine,
Me demandant si l'hiver me la laissera ou me la prendra.

On comprend que l'avenir matrimonial de Catherine réveillât aussitôt l'intérêt des princes et des rois. L'année de sa naissance fut d'ailleurs celle de l'élection de Charles de Habsbourg, roi de Castille et d'Aragon, au trône impérial. Charles Quint, rival alors heureux de François Ier, ne faisait-il pas lui aussi alliance avec le pape ? Catherine devint un enjeu international, plus précieuse encore pour le roi de France qui pouvait se prévaloir de son ascendance à demi française.

Qui s'occuperait de la petite orpheline ? Survivrait-elle ? La maladie qui l'éprouva dès le mois d'août suivant sa naissance fit douter de sa survie. Ce fut sa grand-mère paternelle, Alfonsina Orsini, veuve de Pierre de Médicis, qui recueillit celle qu'elle appelait affectueusement « la *duchessina* » (ou petite duchesse). En octobre, elle l'emmena à Rome, accueillie avec émotion par le pape Léon X.

Mais Catherine semblait être née sous une mauvaise étoile. En février 1520 sa grand-mère mourut. François Ier en profita pour réclamer la tutelle de l'enfant. On la lui refusa. 1521 fut une nouvelle mauvaise année. Le fastueux Léon X s'éteignit, l'ancien précepteur de Charles Quint lui succéda sous le nom d'Adrien VI – dernier pape non italien avant Jean-Paul II – et le duché d'Urbino, possession du père de Catherine et dont elle portait le titre, fut reconquis par son légitime propriétaire, François-Marie della Rovere.

La petite duchesse vivait à Rome en compagnie de ses cousins Alexandre et Hippolyte, sous la garde de sa grand-tante Lucrezia de Médicis, épouse de Jacques Salviati, et de sa tante Clarice, femme de Philippe Strozzi. En 1523, l'élection de Clément VII au trône de saint Pierre redonna un lustre aux Médicis. Le nouveau pape expédia à Florence les deux cousins et décida d'y envoyer Catherine qui séjourna l'hiver dans le palais familial de la via Larga et l'été dans la villa de Poggio a Cajano. C'est là que la révolte des Florentins la surprit. L'horoscope dressé à sa naissance n'avait pas menti : la vie de Catherine était bien remplie d'agitations. Mais pour les dynasties princières d'Italie, la Renaissance n'a jamais été un long fleuve tranquille.

Un mari pour la duchessina

La parenthèse républicaine de Florence fermée, Alexandre proclamé duc, Catherine dut une nouvelle fois déménager. Clément VII lui ordonna de regagner sa ville natale désormais assagie. Pour justifier ce retour en Toscane, on prétexta le mauvais air régnant à Rome. La véritable raison était politique. Catherine, pressée par le pape, avait certes déjà renoncé aux biens de sa famille, mais sa présence sur les bords de l'Arno renforcerait la légitimité de son cousin, le nouveau duc.

Elle retrouva ainsi le palais familial de la via Larga. Trop jeune – elle n'avait que treize ans – pour se passer d'une tutrice, l'orpheline fut confiée à sa parente Maria Salviati, veuve de Jean des Bandes noires, chef de la branche cadette des Médicis, et mère de Cosimo, futur grand-duc, né comme Catherine en 1519. On ne pouvait choisir meilleure maîtresse en bonnes manières. La distinction dont Catherine fit preuve sa vie durant lui doit beaucoup.

La duchesse sans duché pouvait croire désormais à la fin des heures sombres. Dans une ville qui voulait oublier les malheurs récents, elle était de toutes les fêtes, aux côtés du duc Alexandre, à la place d'honneur. Florence tournait définitivement le dos aux imprécations des savonaroles au petit pied. Elle renouait avec les cérémonies, avec la magnificence, avec la vie.

Catherine était heureuse. Lorsque Vasari reçut la commande de son portrait, les séances de pose enchantèrent le peintre : le modèle était toute simplicité et gentillesse, espiègle parfois. Un jour, profitant d'une courte absence de l'artiste parti dîner, Catherine prit les pinceaux et barbouilla l'esquisse de telle façon qu'elle transforma son propre portrait en... mauresque. À son retour, Vasari faillit être à son tour maquillé comme sa toile et dut battre en retraite. Le peintre, pourtant, était conquis. « J'ai beaucoup d'affection pour elle, écrit-il, à cause de ses qualités propres et pour l'affection qu'elle porte non seulement à moi mais à mon pays si bien que, si je peux m'exprimer ainsi, je l'adore autant que les saints du Paradis. Son charme ne peut se peindre, sinon j'en aurais laissé le souvenir avec mes pinceaux. » L'aveu d'impuissance – rare chez un artiste – qui termine sa lettre dit assez son admiration pour les qualités inimitables de la jeune fille.

Le portrait réalisé – avec ou sans le charme du modèle – n'était pas destiné à orner les murs du palais Médicis. Il devait accompagner les négociations destinées à trouver un mari. Quand on apprit que la *duchessina* apprenait le français, on comprit que le futur vivait au-delà des monts.

En un temps où les grands se préoccupaient de marier leurs enfants à peine nés, les projets matrimoniaux concernant Catherine n'avaient pas manqué. Des noms de princes, voire de rois, revenaient de manière lancinante dans les dépêches des ambassadeurs. La main de la jeune fille avait même été promise à Philibert de Chalon, prince d'Orange, commandant l'armée impériale, s'il réussissait à prendre Florence. Mais il avait été tué au combat avant la capitulation de la ville. Le roi d'Écosse Jacques V avait été sur les rangs comme le duc de Richmond, fils naturel d'Henri VIII d'Angleterre. Choisir un d'Este à Ferrare, un Gonzague à Mantoue, un Della Rovere à Urbino, un Sforza à Milan, permettrait de nouer d'utiles alliances, dans une Italie divisée et prompte à la guerre.

Mais depuis 1530 le prétendant français semblait s'imposer. François Ier tenait d'autant à cette union qu'elle ferait pièce à l'entente retrouvée entre Charles Quint et le pape Médicis. En juin 1529, à Barcelone, l'empereur avait promis sa fille naturelle, Marguerite d'Autriche, à Alexandre de Médicis. La France ne pouvait se laisser distancer. Elle aussi devait rechercher l'alliance pontificale. Or, on le sait, Catherine était alors quasi prisonnière dans Florence révoltée, menacée par la peste, promise au déshonneur ou à la mort. Lorsque les représentants de la Seigneurie vinrent dans la nuit du 19 juillet 1530 la retirer du couvent des *Murates* prétextant un probable enlèvement, ils disaient vrai. Le roi de France avait commandité le rapt.

François Ier songeait à accorder Catherine à son fils cadet, Henri, duc d'Orléans. À Paris, le conseil de Sa Majesté en avait débattu. Les avis étaient partagés : le connétable de Montmorency, qui faisait figure d'oracle à la Cour, était hostile, mais le maréchal de Brezé, grand sénéchal de Normandie, était favorable à l'union. Il est vrai que la femme de celui-ci, la belle Diane de Poitiers, cousinait avec les La Tour d'Auvergne, famille maternelle de Catherine. Ainsi, avant même son mariage et son arrivée en France, le sort de Catherine était lié à sa future rivale.

À Rome et à Florence, François Ier dépêcha des émissaires. Leurs rapports disaient ce que le roi voulait lire : la petite duchesse ne manquait d'aucune qualité. Mais il ne fallait pas laisser traîner les négociations car le mariage français de la nièce du pape contrarierait trop les vues de Charles Quint pour que l'empereur ne tentât pas d'y faire obstacle.

Le 5 novembre 1530, la demande officielle fut présentée à Clément VII qui l'accepta. Mais lorsque l'ambassadeur proposa d'envoyer aussitôt Catherine en France, le pape répondit ne vouloir « mettre la charrue devant les bœufs ». Établir le projet de contrat s'imposait. François Ier le signa le 24 avril suivant. Deux mois après, le pape l'approuva. Le roi promettait à son fils 30 000 livres par an et assurait à Catherine un douaire de 10 000 livres ainsi que le château de Gien, entièrement meublé. Clément VII constituait pour sa nièce une dot considérable de 200 000 ducats contre renonciation à ses biens possédés à Florence. Le jeune couple était ainsi assuré d'un train de vie luxueux.

Un mariage princier ne se limite jamais à l'addition de sacs d'écus. Il doit servir de plus hautes ambitions. Aussi le contrat s'accompagnait-il de clauses politiques tenues d'autant plus secrètes qu'elles préludaient inévitablement à la guerre. Depuis peu, la France avait renoncé à ses possessions en Italie. Mais elle ne songeait qu'à y reprendre pied. Ce mariage était l'occasion de constituer une principauté pour les futurs époux. Clément VII promit ainsi de livrer plusieurs villes d'Italie du Nord dont Pise, Livourne, Modène, Parme et Plaisance, et d'aider la France à la reconquête de Milan, de Gênes et d'Urbino, éphémère possession du père de Catherine.

La conclusion du mariage souffrit cependant bien des retards. Il était rare à l'époque qu'un accord projeté n'en cachât pas un autre, discrètement négocié. Les uns envers les autres, les princes protestaient de leur loyauté tout en ayant deux fers au feu. Clément VII souhaitait l'union de sa nièce avec un prince français, mais tremblait de déplaire à Charles Quint qu'il venait de couronner à Bologne. François Ier pressait la conclusion du mariage, mais restait sensible aux sirènes impériales qui suggéraient une plus noble épouse pour Henri d'Orléans : l'infante d'Espagne ou celle de Portugal. Alors les négociations s'éternisaient. Un jour on objectait que Catherine n'était pas encore nubile, un autre qu'Henri n'avait pas achevé son éducation.

Les sentiments personnels de la *duchessina* ne pouvaient accélérer ni retarder les noces. On les ignorait.

Catherine, amourachée de son cousin Hippolyte, ne fut jamais consultée. Des enfants de laboureurs aux princesses, les filles à marier n'étaient alors que des pions au service de leur famille. La nièce du pape servait l'État pontifical.

De longueurs en hésitations, l'accord finit par se conclure. Catherine de Médicis quitterait Florence pour la France le 1ᵉʳ septembre 1533.

Mésalliance ?

Pour certains observateurs, l'alliance était disproportionnée. Brocardée quand elle fut signée, prétexte pour humilier plus tard la dauphine puis reine de France, elle demeure encore parfois jugée avec sévérité par les historiens.

Certes les Médicis n'avaient pas l'ancienneté des familles princières. On ne comptait exactement qu'un siècle depuis l'accession au pouvoir de Cosme l'Ancien en 1434. Bourgeois, les Médicis l'avaient été assurément, et banquiers. Aucun ne s'était illustré aux croisades, aucun jusque-là n'avait porté le titre de duc ou de prince. Ils ne pouvaient pas davantage se prévaloir de la continuité au pouvoir : par deux fois, en 1494 et en 1527, ils en avaient été chassés. Vues de Paris, de Londres ou de Castille, leurs alliances paraissaient médiocres. Les familles Bardi, Tornabuoni, Rucellai, Pazzi, Salviati, qui leur avaient donné leurs filles, leur étaient comparables, bourgeoises, banquières et florentines. La première épouse choisie hors de Toscane avait été Clarice Orsini, de la plus haute noblesse romaine, femme de Laurent le Magnifique, bisaïeul de Catherine.

Comparés aux Capétiens, les Médicis étaient des nains. Au regard des préjugés aristocratiques, ils faisaient figure de parvenus. Toutefois, élargir encore le fossé qui les séparait des familles régnantes serait méconnaître la réalité. Le fils de François Ier n'épousait pas une bergère.

Les Médicis étaient certes banquiers, mais parmi les premiers du monde, banquiers des princes, banquiers des rois. À Florence, leur autorité ne se parait pas de titre d'honneur mais, gouvernant par l'intermédiaire de partisans zélés, ils préféraient la réalité du pouvoir à ses apparences. Chacun savait qui était le maître.

Détenteurs d'un pouvoir absolu, ils tiraient aussi de leur mécénat un prestige inégalé. Qui, au-delà des monts, pouvait se prévaloir de compter autant de peintres, sculpteurs, architectes, lettrés, érudits parmi ses familiers? Pour les choses de l'esprit, les Médicis étaient devenus des maîtres incontestés, tandis que les Français restaient des élèves laborieux.

Dans le royaume, des esprits éclairés avaient compris l'importance de la dynastie florentine pour l'Italie et pour la chrétienté. En 1465 Louis XI avait accordé aux Médicis l'honneur d'ajouter les lis de France à leurs armoiries. Être autorisé à juxtaposer lis d'or et tourteaux (où l'on croit reconnaître les pilules des médecins = *medici*) disait assez l'extraordinaire ascension d'une famille dont aucun des membres n'avait à rougir. Un roi de France soucieux de conquêtes en Italie ne saurait négliger la puissance des maîtres de Florence. On ne pouvait qu'approuver un souverain assez avisé pour rechercher l'alliance de l'État le plus propre à balancer l'influence de l'empereur. D'autant qu'à l'Église les Médicis avaient donné deux fils qui s'étaient presque succédé sur le trône pontifical. Aux yeux du monde, Catherine était plutôt la nièce du pape Clément VII que la fille du duc d'Urbino.

Son mariage avec un Valois rapprochait encore les Médicis de la France. Déjà Julien, duc de Nemours, fils cadet du Magnifique, avait épousé en 1515 Philiberte de Savoie, sœur de la mère de François Ier. Puis, on le sait, le père de Catherine s'était allié à Madeleine de la Tour d'Auvergne.

Aux esprits les plus étriqués prêts à dénoncer une mésalliance, on objecta que la future était du côté maternel de la meilleure lignée. Jean, comte d'Auvergne, son grand-père, la faisait descendre de la maison de Boulogne et comptait Godefroy de Bouillon parmi ses ancêtres. Sa grand-mère, Jeanne, était née Bourbon-Vendôme et descendait de saint Louis. Avec la fille des banquiers, François Ier ne polluait pas le sang de France. Encore ne lui donnait-il pas le dauphin, l'héritier du trône, mais son cadet.

Pour ceux qui en doutaient, la nature politique du mariage fut confirmée par le double départ vers la France de Catherine et du pape. La future quitta Florence le 1er septembre pour passer sa première nuit à Poggio a Cajano où, enfant, elle avait connu des moments de bonheur. À La Spezia, une flotte qui comptait notamment dix-huit galères l'attendait. Elle mit les voiles pour Villefranche. Presque au même moment, Clément VII quittait Rome, s'attardait à Pise et, par voie de mer depuis Livourne, gagna à son tour Villefranche où depuis un mois sa nièce patientait. Ensemble, le 11 octobre, ils arrivèrent en vue de Marseille.

Une canonnade d'honneur les accueillit tandis que sonnaient toutes les cloches de la ville. Le 12 octobre, le pape fit le premier son entrée officielle, sa nièce chevauchant parmi les cardinaux. Le lendemain, François Ier et la reine Éléonore vinrent saluer le pontife. On mit la dernière main au contrat. Le 23 fut le grand jour. Catherine entra officiellement dans la cité phocéenne, montée sur une haquenée rousse entièrement couverte de toile d'or. La dévouée Maria Salviati et Catherine Cibo, duchesse de Camerino, l'entouraient. Elle se rendit au logis du pape. François Ier et ses deux fils cadets, Henri d'Orléans et Charles d'Angoulême, l'y attendaient.

Catherine approcha du roi et fit la révérence avec toute la grâce dont elle était capable. De haute stature, taillé comme un athlète, François dominait la petite fille. D'un naturel affable, il redoubla d'amabilité à sa vue, releva la *duchessina*, l'embrassa sans façon et encouragea Orléans à l'imiter.

Saisie par l'émotion, minuscule au milieu d'une foule de prélats et de courtisans à l'affût, Catherine croisa le regard de son futur époux. Henri avait son âge, mais il était déjà grand, robuste, « bâti en force ». On devinait à sa silhouette un familier des exercices physiques. Mais il semblait moins avenant que le roi. Son aspect était aussi plus rustique. Savait-il sourire ? De son éprouvante captivité en Castille, comme otage de Charles Quint, il avait hérité un air de tristesse qui ne manquait pas de charme.

Catherine ressemblait-elle au portrait que Vasari avait brossé pour Henri ? Il fallait l'admettre : elle n'était pas très belle. Plutôt petite, encore maigre, elle avait comme son futur époux le cheveu noir et le nez un peu fort. Son visage était rond mais ses yeux étaient proéminents sous des sourcils accusés. En revanche, la blancheur de sa peau était admirable : les dames de la Cour le remarquèrent aussitôt. Catherine n'était pas une beauté, mais elle ne manquait pas de grâce, savait être aimable et sa distinction compensait un physique ordinaire qu'illuminait toutefois un regard pétillant d'intelligence.

Les jours suivants, au milieu des fêtes, les fiancés eurent tout loisir de se mieux connaître. Les observateurs confirmèrent leur première impression : Catherine était une petite femme gracieuse, disposée à plaire. On la disait « d'une sagesse au-dessus de son âge », « d'un naturel vif et d'un gentil esprit ». Lors de la bénédiction nuptiale, son élégance fit la conquête de tous. Vêtue d'une superbe robe de brocart doré et d'un corsage violet garni d'hermine, parsemé de perles et de diamants, couronne de duchesse sur la tête, elle rayonnait. On échangea les anneaux. Banquets et bal se succédèrent. Il était déjà tard lorsque, avec solennité et devant une assistance choisie, les mariés gagnèrent leur chambre.

Le lendemain, le pape constata lui-même que le mariage avait bien été consommé. Inconnus l'un à l'autre cinq jours plus tôt, Henri et Catherine étaient mari et femme, appelés désormais à vivre ensemble. À la nouvelle duchesse d'Orléans, il restait à connaître le royaume, à affronter la Cour, découvrir ses fastes, éviter ses chausse-trappes, plaire à son beau-père et satisfaire son mari. Tandis que diplomates et hommes de guerre se préparaient à tailler en Italie la principauté sur laquelle le jeune couple régnerait. Ainsi le destin de Catherine paraissait écrit.

CHAPITRE II

Un berceau longtemps vide

> *Dieu a voulu que vous soyez ma bru et la femme du dauphin, je ne veux pas qu'il en soit autrement.*
>
> François Ier

Par la fenêtre de sa litière qui la conduisait à Paris, Catherine, désormais duchesse d'Orléans, découvrait des paysages nouveaux. La Provence lui rappelait encore le parfum et la douceur de sa Toscane natale, mais le cortège s'enfonça dans la vallée du Rhône et la saison était déjà avancée. On était à la fin de novembre.

Une Cour nomade

Catherine voyageait en compagnie de la reine Éléonore et de ses filles, tandis que le roi, ses fils et les gentilshommes de la Cour s'étaient déroutés vers le Dauphiné avant de rejoindre les princesses à Lyon le 8 décembre. Jamais Catherine n'avait parcouru autant de lieues. Son horizon se dilatait. Elle n'avait fréquenté jusque-là que deux grandes villes, franchissant les murailles de Florence et de Rome pour passer la belle saison dans la campagne proche. Elle traversait aujourd'hui des espaces presque déserts qu'animaient de loin en loin quelques châteaux ou abbayes qui servaient d'étape à sa petite troupe.

Comparé à l'Italie du Nord – morcelée à l'infini entre seigneuries indépendantes et villes autonomes, souvent rivales et toujours promptes à en découdre –, le royaume lui paraissait immense et paisible. Personne n'aurait pu lui en dire la superficie ; bien peu parmi ses compagnes de voyage étaient capables d'en préciser les limites, mais chacune pouvait lui vanter la « copiosité du populaire » : comprenons le nombre des hommes. Avec plus de soixante mille habitants, Lyon rivalisait avec Florence et dépassait Rome. Quant à Paris, fort de ses trois cent mille âmes, il figurait au tableau d'honneur des plus grandes cités de la chrétienté.

Familière du morcellement politique de la Péninsule, Catherine s'étonnait de passer du Lyonnais en Bourgogne et de Champagne en Île-de-France sans abandonner jamais la souveraineté du roi de France. Plus tard, elle combattra le pouvoir ombrageux des villes et la résistance des grands seigneurs à l'autorité royale. Mais durant ces longues journées occupées à parcourir les interminables chemins qui menaient à la capitale, elle s'émerveillait de la continuité territoriale du royaume dont un ambassadeur vénitien louait l'« unité parfaite » et le « maniement facile ».

Les haltes improvisées et inconfortables, les rudes cahots de la litière, les cérémonies officielles indéfiniment répétées, rien n'altérait sa bonne humeur. Se serait-elle plainte, que ses compagnes auraient moqué sa faible constitution : en France, la Cour ne cessait de voyager. Lorsque François Ier était venu l'accueillir à Marseille, la cité phocéenne n'était qu'une étape du « grand voyage de France », inauguré deux ans plus tôt en novembre 1531. Le roi, la reine, les princes, le Conseil, la chancellerie, les commensaux, les ambassadeurs étrangers avaient d'abord parcouru la Picardie, la haute et basse Normandie, la Bretagne et la vallée de la Loire, soit le quart nord-ouest du royaume. Puis, le Centre et le Sud avaient vu défiler « sous des chaleurs excessives » la caravane royale qui, en ce début de l'hiver 1534, achevait son périple par les provinces de l'Est.

La duchesse d'Orléans découvrait le mouvement perpétuel.

Depuis son avènement, François Ier ne tenait pas en place. « Durant toute mon ambassade, écrivait l'envoyé de Venise, jamais la Cour n'est restée au même endroit plus de quinze jours consécutifs. » Catherine devait s'y faire : son beau-père avait la bougeotte et l'entourage devait suivre sans barguigner.

Elle devina aussi que, pour le maître d'un vaste royaume, voyager était moins un plaisir qu'une nécessité. Rencontrer et connaître ses sujets, voir et être vu, encourager les représentants locaux de l'État, réveiller le loyalisme, rappeler l'autorité souveraine, devaient compenser les désagréments du nomadisme. Gouverner, c'était alors souvent voyager et voyager était toujours gouverner. Catherine n'oublia pas la leçon. La démangeaison du voyage ne l'abandonna jamais.

D'un château l'autre

9 février 1534. Enfin Paris. La caravane royale s'immobilisa. La capitale retrouvait son souverain et Catherine découvrit la cité surpeuplée qu'un de ses compatriotes, le poète Conti de Brescia, assimilait, à grand renfort de superlatifs, à l'une des merveilles du monde. On ignore si le Paris réel confirma les éloges littéraires qui avaient nourri l'imagination de la prin-

cesse. Le site était admirable, la Seine digne de l'Arno, mais les femmes étaient-elles vraiment – comme on le prétendait – toutes pudiques, les médecins savants et les juges intègres ?

Ce que Catherine savait avec certitude, c'est que François Ier avait décidé depuis peu de faire à Paris sa « demeure et séjour plus qu'en autre lieu du royaume ». Il en coûtait au souverain amoureux du val de Loire de résider en priorité à Paris « et alentour » ! Mais depuis six ans il avait tenu promesse et, dès son retour du « grand voyage », il confirma son choix.

Catherine ne résida point à l'hôtel des Tournelles, désormais négligé, mais au Louvre. Sinistre forteresse, bien peu accueillante à une jeune princesse venue d'Italie ! Le roi ne tarda pas à expliquer qu'il avait pour le Louvre d'ambitieux projets. Déjà le grand donjon de Philippe Auguste avait été abattu. Il fallait désormais agrandir, aménager, moderniser. À l'arrière-petite-fille de Laurent le Magnifique, ce programme avait de quoi plaire. Mais ce n'était que projet. Pour l'heure, la duchesse d'Orléans s'installa à l'étroit avec la famille royale dans une partie de l'aile qui regarde la Seine.

D'autres résidences, proches de Paris, retenaient davantage l'attention de François Ier. Catherine prit plaisir à les découvrir : toutes, à des degrés divers, avaient un air d'Italie.

Le château de Madrid, au bois de Boulogne, conservait des toits pentus adaptés au climat de France et des escaliers à vis. Dépourvu de douves, il avait perdu cependant tout caractère défensif. Sur deux niveaux, des loggias à l'italienne ceinturaient l'ensemble des bâtiments dont les murs avaient reçu un revêtement en céramique, inédit en France, dû au Florentin Girolamo della Robbia.

Quant à Fontainebleau, François Ier le considérait comme son grand œuvre. Le château était fait de pièces et de morceaux, sans unité, mais il brillait par son décor intérieur. Dans la grande galerie, le Florentin Rosso, premier peintre de Sa Majesté, avait créé un style. Fresques et stucs en fort relief, au-dessus des lambris dus à Scibec de Carpi, illustraient un programme savant qui, à grands renforts d'Histoire et de mythologie, exaltait la monarchie française. En promenant son regard sur les murs peints où François Ier était plusieurs fois mis en scène, Catherine se rappelait les fresques de la chapelle du palais familial à Florence : sous prétexte de cortège des mages, Benozzo Gozzoli y avait représenté Cosme l'Ancien, Pierre, Jean et Laurent de Médicis, sa famille.

Dans le val de Loire, Amboise n'était plus guère fréquenté ; Blois, délaissé, était une maison vide. Chambord avait désormais la faveur du roi. Catherine comprit que le château était *la* création de François Ier. Au milieu de caractères architecturaux français, elle retrouvait la symétrie et l'ordonnance intérieure chères à l'Italie. Ne disait-on pas que Léonard de Vinci avait quelque responsabilité dans l'élaboration du plan ? L'été 1534 retint la Cour à Chambord. On peut préjuger que Catherine s'y trouva bien.

Admirable beau-père

La duchesse d'Orléans était une de ces jeunes femmes effacées et soumises qui plaisent tant aux beaux-pères. Elle ajoutait, il est vrai, des qualités propres à séduire François Ier : excellente cavalière, passionnée de chasse, volontaire pour sortir par tout temps, toujours prête à courre le cerf. Les exercices physiques convenaient à sa nature. Catherine était endurante à l'effort et adroite à l'arbalète. Une sportive. Aussi le roi ne tarda-t-il pas à l'admettre dans la

« petite bande », parmi les amis invités à ses divertissements de plein air : longues parties de chasse à l'ours ou au sanglier, pêche dans l'étang des carpes à Fontainebleau ou palle-mail. Dans cette société choisie, le monarque conviait quelques dames « des plus belles gentilles ». La reine Éléonore n'en était pas, mais Catherine en fit très tôt partie.

Les dames de la Cour lui doivent une reconnaissance. Chevauchant sans se lasser, Catherine aurait mis au point une nouvelle manière de monter. Jusque-là, les femmes étaient assises de côté sur une sorte de selle en forme de siège, les pieds posés sur une planchette. Ainsi lestés, les chevaux ne pouvaient aller qu'à l'amble. Catherine introduisit l'usage de monter en amazone, pied gauche à l'étrier, jambe droite fixée à la corne de l'arçon. Les femmes pouvaient désormais aller au trot ou au galop comme les cavaliers.

Pour un roi chasseur et aimant la compagnie des femmes, la duchesse d'Orléans était pleine de séduction. Sans doute lui avait-on conseillé de gagner la confiance de Sa Majesté. Elle y réussissait à merveille. Sa compagnie était d'autant plus recherchée par le monarque que la jeune femme ne cultivait pas seulement le goût du plein air. Elle était curieuse de savoir, connaissant le latin, s'initiant au grec, apprenant les mathématiques et l'histoire naturelle, passionnée déjà par l'astronomie et l'astrologie. À la cour de France, devenue – son maître aidant – le premier foyer littéraire du royaume, l'héritière des Médicis n'était pas dépaysée et François Ier se réjouissait de voir la femme de son fils cadet préoccupée de culture, partageant avec enthousiasme les leçons données aux princesses Madeleine et Marguerite de Valois. Comment ne pas aimer une bru qui enrichit la bibliothèque royale de manuscrits rares découverts en Italie ?

En son cœur, Catherine plaçait sans doute au premier rang son jeune et taciturne époux. La seconde place était occupée par le roi. François Ier fut le père qui avait manqué à la petite orpheline de Florence. À quarante ans, Sa Majesté était – selon les critères du temps – entrée dans la vieillesse. Cependant, malgré de fréquents accrocs de santé, le monarque conservait sa prestance d'antan et un charme inégalé. Catherine ne le séduisait pas par calcul : elle l'admirait vraiment et ne cessa de le proposer comme modèle à ses propres enfants. L'avait-il admise dans sa « petite bande » ? Pour lui complaire, elle accepta (imprudemment) de se lier avec sa maîtresse, la blonde et ambitieuse Anne de Pisseleu, future duchesse d'Étampes. François Ier était enchanté d'une belle-fille aussi compréhensive.

Le roi n'oubliait pas néanmoins que le mariage de son fils avec Catherine était politique. L'alliance avec la *duchessina* était la promesse du retour de la France en Italie. Le contrat l'avait stipulé, le pape s'y était engagé. Les noces à peine célébrées, François Ier avait d'ailleurs ordonné les préparatifs de campagne. Il reprendrait pied dans la Péninsule, ferait la conquête du Milanais et forgerait une principauté pour Henri. Las ! La mort de Clément VII, en septembre 1534, ruina ces beaux projets.

Sans doute, le pape Médicis, qui avait promis de céder des villes au roi de France, s'était appliqué, contrat signé, à reprendre sa parole. Mais les diplomates français s'escrimaient à lui rappeler ses engagements. François Ier tenait tant à sa revanche ! La mort du pontife, moins d'un an après le mariage, faisait perdre à la France un allié peu digne de confiance mais indispensable. L'offensive française devait donc être différée. Il ne manqua pas dans le royaume d'esprits critiques pour rappeler que, non seulement Catherine de Médicis n'était pas fille de roi, mais que son entrée dans la maison de Valois n'était désormais d'aucun profit. François Ier exprima sobrement sa déconvenue : « J'ai eu la fille toute nue. »

Le roi eut toutefois la délicatesse de ne pas faire supporter à sa belle-fille sa déception politique. Ainsi Catherine ne souffrit pas des illusions perdues. Obéissante, enjouée, intelligente et cultivée, elle continua de plaire. On oublia Clément VII sans cesser de regarder au-delà des Alpes.

La vie de la Cour ne se réduisait pas aux parties de chasse. La duchesse d'Orléans était tenue de participer aux cérémonies officielles. Celle du 21 janvier 1535 à Paris la jeta brutalement au cœur de la question religieuse que découvrait alors le royaume. Une procession avait été organisée de Saint-Germain-l'Auxerrois, paroisse du Louvre, à Notre-Dame. Le clergé séculier et les moines mendiants ouvraient le cortège. Suivaient la reine et les princesses, dont Catherine, vêtues de velours noir et montées sur des haquenées blanches, puis les chanoines et docteurs de l'Université. Toutes les églises avaient mobilisé leurs reliques, promenées sur des brancards. Le saint sacrement porté sous un dais de velours violet semé de lys d'or précédait le roi, à pied, tête nue, vêtu lui aussi de noir, une torche de cire à la main. Ces détails l'indiquent : Catherine participait à une cérémonie expiatoire, destinée à implorer la miséricorde divine devant les progrès de l'hérésie protestante. À la cathédrale, Sa Majesté lança un avertissement aux « mal sentants de la foi » :

— Si un des bras de mon corps était infecté de cette farine, je le voudrais couper ; et si mes enfants en étaient entachés, je les voudrais moi-même immoler.

La procession s'acheva de douloureuse manière. Six hérétiques, conspués par la foule, durent faire amende honorable avant d'être livrés aux flammes du bûcher.

Ce n'était pas en France les premiers martyrs de la foi ni un spectacle inconnu de Catherine. On avait tant brûlé dans la Florence de Savonarole! Mais le destin voulut que dès son arrivée en France, la duchesse fût confrontée à la cause protestante. Elle y fut mêlée jusqu'à sa mort.

Déjà, quelques semaines après son mariage à Marseille, lui étaient parvenus les échos du discours prononcé par le nouveau recteur de l'université de Paris, jugé trop favorable aux idées nouvelles. Beaucoup à la Cour avaient crié au scandale. Le roi hésitait cependant à sévir. Sa sœur bien-aimée, Marguerite d'Angoulême, reine de Navarre, n'était-elle pas l'auteur du *Miroir de l'âme pécheresse*, livre que la Sorbonne avait jugé suspect et eut l'audace de censurer? L'attentisme royal fut pris pour un encouragement. François Ier devait en outre ménager les princes protestants allemands, ses alliés potentiels dans la lutte contre Charles Quint. Aussi voulait-il éviter la persécution en son royaume.

Curiosité royale pour les questions spirituelles, réalisme politique, tolérance? L'attitude ambiguë de François Ier s'effaça brusquement lorsque, dans la nuit du 17 octobre 1534, des mains anonymes avaient placardé à Paris, Orléans, Tours, Rouen, et jusque sur la porte de la chambre du roi à Amboise, des libelles insultants contre la messe. Un pasteur radical de Neuchâtel, nommé Antoine Marcourt, les avait rédigés. Leur titre provocant – *Articles véritables sur les horribles, grands et insupportables abus de la messe papale* – disait assez la violence inouïe du contenu, d'inspiration « sacramentaire », c'est-à-dire niant la présence réelle du Christ dans l'hostie consacrée. L'affaire des Placards était née. Elle tétanisa l'opinion. Les réformés intransigeants avaient franchi un pas de trop. Seul, pensait-on, un vaste complot mobilisant de nombreux complices pouvait expliquer une telle audace. Cet acte de lèse-majesté divine et royale exigeait la plus rigoureuse répression. La grande cérémonie expiatoire et les bûchers allumés le 21 janvier devaient extirper à jamais les idées nouvelles.

Catherine ne manqua pas de constater que la colère de François Ier s'apaisa bien vite, malgré les catholiques zélés. Bûchers éteints, le roi joua en effet la carte de la conciliation[1]. François Ier tentait à la fois de résister aux pressions des intransigeants – s'efforçant d'empêcher des condamnations – tout en restant fidèle à Rome. Catherine a-t-elle emprunté à ce souverain tant admiré son pragmatisme et sa défiance des solutions radicales? La tentative du juste milieu en matière religieuse ne l'a sans doute pas laissée indifférente.

Une aimable dauphine

À son arrivée en France, Catherine était trop jeune et trop avisée pour jouer un rôle, même modeste. Elle observait en silence, soucieuse de plaire ou de ne pas déplaire, spectatrice attentive, curieuse des usages d'une Cour sans indulgence pour les néophytes. Épouse en vue du deuxième fils de Sa Majesté, alors qu'aucun de ses beaux-frères – ni le dauphin François ni son puîné, le prince Charles – n'était marié, elle ne pouvait se soustraire au regard des courtisans.

François Ier songeait toujours à sa revanche en Italie, la mort de Clément VII l'ayant seulement retardée. Le roi brigua le Milanais pour Henri. Charles Quint s'y opposa: il refusait au duc d'Orléans d'acquérir une seule lieue carrée au-delà des Alpes, convaincu que, après le duché de Milan, Henri convoiterait la Toscane, fort des droits de son épouse. Aussi l'empereur amusa-t-il François Ier en proposant le Milanais à son troisième fils, Charles d'Angoulême, à condition que celui-ci épouse une princesse Habsbourg. À son tour le roi de France refusa l'arrangement. Mais l'empereur était satisfait d'avoir semé la discorde dans la famille royale. Car le prince Charles était un garçon aussi extraverti qu'Henri était sombre. Débordant d'ardeur, le dernier des enfants de France dut ronger son frein. Une rivalité sourde opposa les deux frères.

Faute d'accord entre Charles Quint et François Ier, la guerre éclata. En juillet 1536, l'armée impériale pénétrait en Provence. Moins de deux mois plus tard, un événement dramatique stupéfia l'opinion : le 10 août, l'héritier de la Couronne, le dauphin François, mourut.

Le roi et ses fils étaient à Lyon, prêts à rejoindre le gros de l'armée en marche contre l'ennemi. Le 2 août, le dauphin avait disputé une rude partie de paume. Le temps était lourd et orageux ; la partie physiquement éprouvante. Les joueurs étaient en nage. François s'était rafraîchi en buvant de l'eau glacée servie par l'un de ses commensaux. Aussitôt le dauphin brûla de fièvre. Il exigea cependant d'accompagner son père et ses frères en route pour le Midi. Une extrême faiblesse engourdissait son corps. Il dut abandonner le cortège, mais continua le voyage sur le fleuve. Le mal empira. Il mourut à Tournon.

Ce jour-là, le destin de Catherine bascula. Elle devenait dauphine, promise au trône de France. La Cour en fut toute retournée. Le roi était alors un homme affaibli, dont les à-coups de santé répétés laissaient craindre une mort prochaine. Chacun préparait l'avenir. Mais auprès de qui se placer ? Henri d'Orléans était devenu l'héritier de la Couronne, mais Charles, son cadet, restait le fils préféré de Sa Majesté. Parmi les partisans de celui-ci, certains jetaient le doute sur la mort naturelle du dauphin François. Beaucoup l'attribuaient au poison. On accusa Charles Quint, qui s'en défendit. À qui, insinuait l'empereur, profitait le crime ? Henri ne pouvait être soupçonné, mais on n'eut pas envers sa femme les mêmes égards.

Le comte de Montecucculi, qui avait servi l'eau rafraîchissante au dauphin, était italien, venu en France à la suite de Catherine de Médicis. Circonstance aggravante : il avait été autrefois au service de Charles Quint. On exigea une autopsie du cadavre de François, laquelle conclut à la mort naturelle. Montecucculi n'en fut pas moins torturé, condamné et écartelé à Lyon en présence du roi et de la famille royale. Le soupçon qui pesait sur Catherine demeura. Ainsi inventa-t-on pour elle le rôle d'empoisonneuse qui, sa vie durant, lui colla à la peau comme la tunique de Nessus.

François Ier eut l'intelligence de ne pas accorder de crédit à ces rumeurs. Son affection pour sa bru demeura intacte. La promotion de Catherine modifia sa place à la Cour : désormais, après le couple royal, elle occupait le premier rang dans les cérémonies. La *duchessina* avait fait du chemin : à dix-sept ans, elle était la future reine de France.

Sa nouvelle dignité lui imposait un devoir : donner un héritier à la Couronne. La disparition brutale du précédent dauphin montrait la fragilité de la dynastie. La naissance prochaine d'un fils donnerait une assurance de survie aux Valois et renforcerait l'autorité morale d'Henri face à Charles, son cadet. Car les deux frères ne s'aimaient guère. Chacun formait une faction, rassemblait des partisans, cherchait à gagner ministres et grands seigneurs. Les amis de l'un devenaient les ennemis de l'autre. Entre Henri et Charles, la crise, jusque-là latente, était ouverte. L'opposition grandissante du dauphin à la politique paternelle la rendait plus aiguë encore.

La cour de François Ier devint la proie d'intrigues que le roi n'avait plus la volonté de combattre. Au milieu de tant de manœuvres, Catherine eut l'habileté de rester neutre. Mais le dauphin attendait de sa femme mieux que de la prudence. Qu'elle enfante un fils !

Depuis son mariage – trois ans déjà – aucun signe de grossesse n'était apparu. Le besoin d'un héritier se faisait pourtant plus exigeant. L'entourage de la dauphine lui prodiguait des conseils, recommandait des médecines. Au Ciel on adressait des prières, aux tarots et aux talismans on demandait des miracles. Sans succès. Catherine évitait de voyager à dos de mulet, parce que cet animal infécond était réputé communiquer sa stérilité aux femmes qui le montaient. Elle s'enhardissait à absorber des philtres à la composition douteuse. Foi chrétienne et superstition étaient censées conjuguer leurs forces pour aider la nature. Mais le ventre de Catherine refusait de s'arrondir, faisant mentir la devise que François Ier avait choisie pour sa bru : « Elle porte l'espérance et la joie devant elle. »

Progressivement s'imposa l'idée d'une malformation physique de la jeune femme. Certains, moins nombreux, suggérèrent qu'Henri pouvait être atteint d'une anomalie congénitale, responsable de la stérilité de Catherine. Autour du couple s'agitaient les médecins dont les échecs répétés ne décourageaient pas la Faculté. La dauphine n'attendait toujours pas d'enfant.

Son mariage avec un fils de France lui avait été un bonheur, l'affection de François Ier un encouragement. À la Cour, elle s'était adaptée avec aisance, on ne lui connaissait aucun ennemi déclaré et son entourage comptait des compatriotes qui lui rappelaient son pays. Tout paraissait lui sourire. Mais les ombres envahissaient désormais sa vie.

La douleur fut vive lorsqu'elle apprit qu'Henri avait réussi à avoir un enfant naturel. Que la liaison amoureuse du dauphin ait eu lieu loin de France n'adoucissait pas sa peine. C'était en novembre 1537. Henri avait reçu du roi le commandement de l'armée en

Piémont. Pour la première fois le dauphin allait guerroyer tandis que Catherine restait à Fontainebleau, victime d'une mauvaise fièvre. Entre deux combats, Henri et ses compagnons exigèrent le repos du guerrier. Le dauphin passa une nuit avec une jeune Piémontaise de Moncalieri, nommée Filippa Duci. Liaison sans lendemain, sauf que Filippa en attendit un enfant.

La nouvelle courut jusqu'à Paris, faisant la fierté du père et l'inquiétude de Catherine. Au mois d'août suivant naquit une fillette, prénommée Diane, aussitôt conduite en France, tandis que sa mère prenait le chemin du couvent.

La preuve semblait faite : Catherine était seule responsable de sa stérilité, seule coupable d'interrompre la lignée des Valois. Alors que l'opinion se réjouissait des succès français en Italie, la future reine échouait à donner un héritier au royaume. La menace d'une répudiation se faisait insistante. Catherine vécut des semaines durant dans cette angoisse, attentive aux rumeurs, anxieuse à l'idée d'être convoquée par le souverain. L'attente passive n'était pas dans son caractère. Elle préféra prendre les devants. Agir. Elle alla trouver le roi, lui dit sa reconnaissance pour ses bienfaits et, dans un soupir mêlé de larmes, offrit de se retirer dans un monastère. « Ou plutôt, si cela pouvait plaire à Sa Majesté, de rester au service de la femme assez heureuse pour devenir l'épouse de son mari. » L'émotion saisit François Ier :

— Ma fille, puisque Dieu a voulu que vous soyez ma bru et la femme du dauphin, je ne veux pas qu'il en soit autrement, et peut-être Dieu voudra-t-il se rendre à vos désirs et aux nôtres.

Catherine était sauvée. Il lui fallait toutefois, avec ou sans philtres, ne pas décevoir trop longtemps les espoirs du souverain.

La rivale

La dauphine aimait son mari. Depuis le premier jour. Malgré la froideur du jeune homme, son air souvent absent et son humeur mélancolique. Elle aimait sincèrement ce bel homme, sportif, robuste, « adroit aux exercices des armes ». Sans doute n'était-il pas « beau diseur dans ses reparties » et la finesse d'esprit de son père lui manquait. Ce n'était pas un intellectuel. Mais elle ne retenait pas ce qui les opposait : elle n'avait d'yeux que pour lui.

Son amour fut à peine écorné par l'aventure piémontaise du dauphin. On ne peut exiger la continence d'un homme jeune et vigoureux, éloigné de sa femme, un soir de victoire. En revanche, l'assiduité d'Henri auprès d'une dame de la Cour fut à Catherine infiniment plus douloureuse.

Diane de Poitiers, épouse de Louis de Brezé, grand sénéchal de Normandie, avait été dame d'honneur de la mère du roi avant de servir la reine Éléonore. Grande, élégante, d'une beauté épanouie, elle comptait vingt ans de plus que le dauphin. Au tournoi de mars 1531, qui avait suivi le couronnement de la reine, Henri – il avait alors douze ans – avait abaissé devant elle sa lance et ses couleurs, lui rendant ainsi un hommage public remarqué de toute la Cour. Le temps était alors où un jeune gentilhomme choisissait une dame comme maîtresse, en tout bien tout honneur. Une dame désignée comme « une parfaite amie », maîtresse de civilités, mettant son chevalier à l'épreuve, l'invitant à se dépasser.

Pendant l'été de la même année, Diane vit mourir son vieux mari pour les funérailles duquel elle ne lésina pas. La grande sénéchale, comme on continuait à la nommer, avait trente et un ans. Elle portait son veuvage avec élégance, introduisant progressivement dans ses habits noirs de deuil les nuances de gris et de blanc que de sobres bijoux égayaient avec discrétion. La mort de Louis de Brezé ne l'avait dépouillée d'aucune de ses prérogatives ni des honneurs dont elle jouissait à la Cour. Mais elle y avait gagné l'indépendance qui, sa réserve et son intelligence aidant, n'inquiétait personne. La grande sénéchale ne s'adonnait pas aux galanteries communes aux femmes libérées de leur mari, ni à la quête tapageuse d'un second époux. Une veuve irréprochable.

Digne sans raideur, mondaine sans frivolités, Diane avait été chaleureusement accueillie dans le cercle de la famille royale en amie sincère. Sa présence était si précieuse que ses courts séjours en son château d'Anet semblaient à la Cour une éternité. Aussi était-elle de toutes les fêtes, conviée à toutes les cérémonies, admise au voyage de Normandie en 1532, présente à Marseille pour les noces de Catherine. Ce fut leur première rencontre. Diane avait d'ailleurs encouragé ce mariage, s'enorgueillissant de partager avec la *duchessina* des parents communs.

En voyage comme à Paris, Diane était toujours auprès d'Henri. Lorsque celui-ci, devenu dauphin, revint à la Cour après sa campagne victorieuse en Piémont, elle organisa des fêtes pour son héros, lui adressa des vers chantant ses exploits. Les moins perspicaces des courtisans remarquèrent qu'elle exerçait sur le jeune homme une influence nouvelle. Plus sûr de lui, Henri avait osé se déclarer et Diane lui avait cédé.

La date précise est inconnue, mais beaucoup d'historiens s'accordent à penser qu'Henri et Diane sont devenus amants en 1538. Nul n'a plus la naïveté de croire à un amour chaste, à une amitié amoureuse. Henri aimait les femmes charnellement, abandonnant à d'autres les théories chevaleresques ou néoplatoniciennes de l'amour pur. Le dauphin ne s'est pas contenté du « commerce » de Diane. Ses lettres adressées à la favorite en témoignent. Il écrivait : « Je ne puis vivre sans vous », signait : « Celui qui vous aime plus que lui-même. » Mais Henri ne détestait rien tant que le scandale. « En public, notait un contemporain, il ne s'est jamais vu aucun acte déshonnête. » Les amants cultivaient la discrétion.

Leur liaison ne pouvait pas pour autant demeurer secrète, le dauphin passant le tiers de son temps chez la grande sénéchale. La Cour était à l'affût. Catherine apprit son infortune, et la jalousie lui déchira le cœur. Elle savait combien, avec son physique de jeune fille engourdie trop précocement devenue femme, elle ne pouvait rivaliser avec la beauté radieuse de Diane. À dix-neuf ans, Catherine était supplantée par une femme de trente-huit ans ! La petite Florentine était intelligente, souriante, volontiers charmeuse, mais sa rivale, qui connaissait la vie et le monde, avait une allure de reine.

Conseillère et maîtresse du dauphin, Diane exerçait à la Cour une influence politique à laquelle Catherine, tout à ses soucis de maternité, restait étrangère. À la dauphine, bien des signes rappelaient son malheur. Non seulement elle ne cessait de croiser dans les résidences royales la maîtresse de son mari, mais le monogramme choisi par Henri révélait à chacun sa liaison avec Diane. Ainsi, sur les broderies des vêtements, les reliures des livres ou le décor des appartements, le regard de Catherine se heurtait sans cesse au motif d'un H en capitale à l'intérieur duquel s'entrecroisaient deux C, dos à dos. On pouvait y reconnaître l'union d'Henri et de Catherine, mais on lisait surtout deux lettres D, comme Diane.

Humiliée, la dauphine crut ne pouvoir supporter davantage l'affront. Sa colère pourtant ne dura guère. Ou plutôt, elle sut la maîtriser. Paradoxalement, une nouvelle épreuve l'aida.

La naissance de la fille naturelle du dauphin avait fait la preuve qu'Henri pouvait être père et beaucoup souhaitaient la répudiation de Catherine. « Il était besoin d'avoir de la lignée en France », écrivait Brantôme. À ce chœur hostile et presque unanime, une voix s'opposa : celle de Diane. La favorite, satisfaite de la docilité de la dauphine, voulait éviter l'arrivée d'une remplaçante, probablement féconde, peut-être moins compréhensive, qui risquait de devenir l'instrument d'une coterie. Diane serait alors menacée. Elle se démena pour protéger Catherine. Les deux rivales, soudées par la crainte d'être renvoyées de la Cour, s'allièrent pour résister à la menace.

Diane trouva la parade : elle poussa son amant dans le lit de sa femme. Des assiduités d'Henri, Catherine attendait plus que les médecines ou les pratiques superstitieuses. L'épouse et la maîtresse étaient devenues complices. Aux yeux de la dauphine, accepter le ménage à trois était le moindre mal pour demeurer la femme d'Henri ; et faire de Diane une alliée, le prix à payer pour cet accord insensé. Catherine faisait l'expérience du compromis. Depuis son arrivée en France, on la disait *molto obediente*. Elle y ajoutait la résignation active. Sa situation lui imposait de sacrifier son honneur d'épouse à la promesse d'une maternité prochaine. Sitôt devenue mère, la femme bafouée resterait dauphine et conserverait son mari. Catherine faisait la part des choses. Rude apprentissage dont elle tira peut-être les leçons dans l'exercice du pouvoir.

Qu'on ne s'y trompe pas : Catherine gardait son quant-à-soi. Elle supportait avec patience sa douleur, elle n'en oubliait pas les motifs. Sa jalousie n'avait nullement diminué, son ressentiment demeurait intact, mais elle ne le montrait pas. Plus tard, elle confia ses véritables pensées. À l'une de ses filles, elle écrivit, sentencieuse : « Jamais femme qui aimait son mari ne put aimer sa putain. » Si elle faisait bon visage à Diane, c'était par amour pour Henri.

Les mois, les années passèrent. Pas plus que les prières, la fréquentation de la couche conjugale ne paraissait pouvoir triompher de cette stérilité obstinée. Imperturbable, Catherine continuait de se composer un visage aimable, participait sans rechigner à toutes les cérémonies où Diane brillait comme une princesse. Son mariage tenait à un fil.

La vie officielle lui infligeait parfois bien des crève-cœur.

À Nice comme à Aigues-Mortes, où François Ier avait rencontré le pape et l'empereur, elle avait tenu son rang au côté du dauphin, même si à la belle Diane allaient tous les hommages. Mais quelques mois après, quel affront! La Cour était à Fontainebleau. François Ier faisait les honneurs de ses appartements et de sa galerie enfin achevés. On s'aperçut de l'absence du dauphin. Henri avait négligé le roi, sa femme et les cérémonies pour rejoindre Anet et fêter avec Diane le mariage de la fille aînée de celle-ci. La Cour en fit un événement, les chancelleries s'émurent : le nonce ne crut pas superflu de signaler aussitôt la nouvelle à Rome.

Catherine aimait son mari volage. Elle partageait les déceptions de cet homme promis au trône mais mal aimé de son père, écarté par lui du commandement des opérations. Entre le roi, son fils Charles, la duchesse d'Étampes – l'impérieuse maîtresse de François Ier – et les partisans du connétable de Montmorency alors exilé, Diane de Poitiers et le dauphin, la Cour était plus que jamais déchirée par les factions. On sentait dans le royaume comme une atmosphère de fin de règne.

L'enfant paraît

Fin de règne sans lendemain, faute d'héritier. En mai 1541, on crut à une grossesse de Catherine. Mais ce ne fut que faux espoir. Le berceau restait vide. Chacun y allait de ses conseils. Depuis sa retraite de Chantilly, Montmorency – fort de sa nombreuse progéniture – n'était pas le dernier. Les médecins du roi seraient-ils plus efficaces que les fabricants de talismans ? On se décida à consulter le plus fameux, Jean Fernel. Avec bon sens le praticien trancha. Le dauphin souffrait d'une malformation de la verge, nommée hypospadias, dans laquelle le méat urinaire s'ouvre à la face inférieure du pénis et non à son extrémité. Ce qu'en termes précis Brantôme confirme : « On disait que le dauphin avait son faict tors et qu'il n'était pas bien droit, et que pour ce la semence n'allait pas bien droit dans la matrice, ce qui empêchait fort de concevoir. » Une opération était impossible. Le couple devait donc adopter une position amoureuse favorable à la conception. Mieux informé, Henri redoubla d'ardeur.

En mai 1543, Catherine de Médicis fut enceinte.

On imagine sa joie. Le roi pleura de bonheur. Henri voyait confirmer sa virilité et Diane s'empressa de mignoter la future mère. Le 19 janvier 1544, à Fontainebleau, « à l'heure où le soleil était encore au-dessus de l'horizon », Catherine donna un fils au royaume. Les poètes célébrèrent la naissance comme une victoire militaire. C'était la fin de dix ans de stérilité. Et, comble de félicité, la dauphine avait eu le bon goût d'éviter d'enfanter une princesse.

On nomma l'enfant François – c'est le futur François II – en hommage à son grand-père qui avait assisté à l'accouchement. Les astrologues royaux ne lâchaient plus leurs grimoires : les yeux rivés sur la carte du ciel, c'est à qui prédirait au petit être le destin le plus fameux. Les astres étaient formels : on ne pouvait trouver meilleure configuration. Consultés à leur tour, les astrologues du pape renchérirent en ajoutant que l'enfant serait bien disposé envers l'Église. De quoi rassurer les successeurs de saint Pierre !

Le roi n'était pas en retard de prédiction : il assura que son petit-fils serait vigoureux (toujours malade, il mourut à seize ans) et, mieux inspiré, prédit à Catherine de nombreux autres enfants.

Cette naissance semblait donner des ailes au royaume. Le 14 avril suivant, le jeune comte d'Enghien remporta sur les impériaux la victoire de Cérisoles en Piémont. La France s'apprêtait à envahir le Milanais. Henri, à nouveau admis au Conseil, se voyait confier le commandement des armées. L'embellie fut de courte durée, comme si la fin du règne de François Ier ne devait connaître que des heures sombres. Le royaume fut envahi par le Nord et le dauphin se montra incapable d'arrêter l'avance de l'ennemi. Puis la paix signée avec l'empereur favorisa tant Charles d'Angoulême, frère cadet d'Henri, que celui-ci, indigné, protesta devant notaire contre la violation de ses droits.

Catherine était tout à la joie de la maternité. Le climat de défiance qui opposait le roi à son mari l'épargnait. Henri au camp devant Boulogne et Diane retirée à Anet, elle paraissait libérée, égayant son cercle de dames par la musique et le chant, sans négliger le latin et le grec. Plus sûre d'elle-même, elle révélait son attachante personnalité. À chaque occasion, le roi lui manifestait sa paternelle tendresse et la comblait de cadeaux. Aussi, remise de ses couches, Catherine renoua-t-elle bientôt avec les parties de chasse de la « petite bande ». Un jour, dans la forêt de Romorantin, sa monture s'emporta, lui fit heurter un mur, l'entraînant dans une chute spectaculaire où l'arçon de la selle se brisa. La dauphine était fortement contusionnée au côté droit. Le roi ne laissa à personne le soin de s'occuper d'elle, tant son bonheur était grand de voir assurée sa descendance.

Le souverain n'avait guère d'autres motifs de satisfaction. La guerre était à nouveau aux portes du royaume : l'ennemi était maintenant l'Anglais. Le siège de Boulogne s'éternisait. C'est devant la ville que Charles mourut, sans doute d'épidémie, le 9 septembre 1545. La mort du fils préféré plongea François Ier dans un profond abattement. Malade, il ne trouvait de forces que pour des parties de chasse qui l'épuisaient davantage. Ses relations avec le dauphin ne s'amélioraient pas. Parfois Henri quittait la Cour, marquant ainsi sa désapprobation de la politique royale. Suivait une réconciliation qui préludait à une nouvelle brouillerie.

Catherine fut à nouveau enceinte. Le 2 avril 1546 naquit Élisabeth, quelques mois avant la signature de la paix avec Henri VIII qui promit de rendre Boulogne à la France. Nul ne savait, de la guerre ou de la paix avec l'empereur, de quoi l'avenir serait fait. Dans le royaume, l'hérésie gagnait du terrain, malgré les édits répressifs et les bûchers. À cinquante-deux ans, François Ier voulait oublier sa santé délabrée en changeant sans cesse de résidence, visitant et revisitant ses châteaux. Le dauphin s'impatientait.

Catherine avait accompagné sa fille à Blois. Elle y serait élevée avec son frère François par Jean et Charlotte d'Humières, gouverneurs des enfants de France, sous le contrôle de Diane de Poitiers. Heureux de cette nouvelle naissance, Henri était empressé auprès de sa femme. Catherine pouvait espérer une autre grossesse.

Le 31 mars 1547, François Ier mourut à Rambouillet. Catherine, qui pleura un beau-père aimé et admiré, devenait reine. Mais l'avènement d'Henri II signifiait aussi le triomphe de Diane. Y avait-il place pour deux souveraines sur le trône de France ?

CHAPITRE III

Reine à demi

> *Vous savez de quelle affection j'aime le roi et son service. Je n'aurai jamais regard qu'à cela, et si je pensais qu'il dût trouver mauvais ceci, j'aimerais mieux être morte.*
>
> CATHERINE DE MÉDICIS

Mère comblée et épouse aimante, Catherine avait atteint une position au-delà de ses espérances : à vingt-huit ans, elle était reine de France. Jamais jusque-là elle n'avait été l'artisan de sa vie. Le destin s'était chargé d'elle : orpheline dès sa naissance, mariée sans avoir à dire mot, dauphine par la grâce d'un verre d'eau glacée. Faute de pouvoir maîtriser les événements, elle avait dû s'adapter et feindre. Toujours aimable, sourde aux railleries sur ses origines et le peu de profit de son alliance ; patiente et docile devant la liaison officielle de son mari. En revanche, séduire, conquérir les cœurs, cultiver les dons qu'elle portait en elle, étaient ses armes, le fruit de sa volonté. Elle y avait gagné la bienveillance de la Cour et l'affection de François Ier.

Mais le roi venait de mourir. Le véritable couple était celui d'Henri et de Diane. Catherine serait-elle condamnée aux maternités, aux œuvres de charité ou à la tapisserie, comme d'autres épouses de roi ? Si la *duches-*

sina a été un instant enivrée par son accession au trône, elle sut aussitôt que la place, don de la Providence, devait être conquise.

Une révolution de palais

L'avènement d'Henri II sonna comme une révolution de palais tant les rivalités des coteries avaient obscurci la fin du règne précédent. Enfin roi ! Le dauphin avait impatiemment attendu ce moment. Déjà, du vivant de François I*er*, père mal aimant et soupçonneux, Henri et son entourage avaient préparé la succession. La dépouille du vainqueur de Marignan à peine portée à Saint-Denis, le nouveau souverain s'empressa de changer « la face de la Cour ». La duchesse d'Étampes, maîtresse du défunt, fut contrainte à l'exil et dépossédée de ses biens. Le connétable de Montmorency, en disgrâce depuis près de vingt ans, fut rappelé au Conseil, confirmé dans ses fonctions de grand maître de la maison du roi, réinvesti dans son gouvernement de Languedoc, créé bientôt duc et pair. Qui voulait accéder auprès du prince devait, disait-on, « passer par la porte du connétable ».

Cette faveur presque exclusive suscita rancœurs et jalousies chez les grands. La puissante maison de Lorraine, qui rivalisait avec les Montmorency, n'en réussit pas moins à accroître son audience auprès du roi. D'autant que Charles de Lorraine, archevêque de Reims, s'était attaché à Henri alors dauphin, tandis que son frère François de Guise avait été son compagnon de jeu. Devenu roi, Henri récompensa leur affection. Qui, des Montmorency ou des Lorrains, l'emporterait ? Leurs rivalités gâchaient les nuits des courtisans.

Diane de Poitiers choisit les Lorrains avec lesquels elle s'allia : sa fille, Louise de Brezé, épousa Claude de

Lorraine, bientôt duc d'Aumale. L'archevêque de Reims, un « des plus parfaits en l'art de courtiser », dînait à la table de la favorite qui réunissait dans son appartement le roi, Charles et François de Guise en une sorte de conseil intime. À la Cour, au Conseil, et bientôt à la tête des armées, les Montmorency se mesuraient sans trêve aux Lorrains. Les clans finirent toutefois par s'équilibrer.

Envers sa maîtresse et son épouse, Henri fut moins soucieux d'équilibre. Son avènement consacrait le triomphe de Diane, plus rayonnante que jamais. Les années ne semblaient pas avoir de prise sur la beauté de cette femme. Le roi l'aime, s'étonnait l'ambassadeur de Venise, « tout âgée qu'elle est ». « Il est vrai de dire, ajoutait-il, que, bien qu'elle n'ait jamais employé de fards, et peut-être en vertu des soins minutieux qu'elle prend, elle est bien loin de paraître aussi âgée qu'elle l'est. » À la beauté qui ne se fane pas, Diane ajoutait le goût du pouvoir. « Elle est au courant de tout », poursuivait le diplomate. Chaque jour, après le déjeuner, le roi se rendait chez elle, y demeurait une heure ou deux « à raisonner avec elle », lui faisant « part de tout ce qui arrive ». À sa maîtresse, Henri faisait partager les secrets de l'État.

Diane n'était pas femme à se contenter du rôle de conseiller. Il lui fallait peser sur la politique. Aussi fit-elle nommer des hommes de confiance – ses créatures – dans les conseils et la haute administration. Elle pouvait ainsi s'informer des affaires en cours, orienter les décisions, arbitrer parfois, surveiller toujours.

Dès les premiers mois du règne, Henri II la combla de cadeaux : les plus beaux bijoux de la Couronne, le château de Limours... La générosité royale paraissait inépuisable. Des gratifications variées ajoutaient les écus aux écus. À la favorite, il fallut encore un signe visible de son immense faveur : Henri lui offrit

Chenonceaux. Le château fut une de ses résidences privilégiées, avec Anet qu'elle ne cessa d'embellir aux frais du roi. Brochant sur le tout, le monarque lui accorda dès 1548 le titre de duchesse de Valentinois, autorisant Diane de Poitiers à occuper un des premiers rangs à la Cour.

Catherine ne bénéficia pas des mêmes libéralités. Certes, une dotation de 200 000 livres lui fut accordée, les effectifs de sa Maison furent augmentés et les revenus des biens hérités de sa famille maternelle laissés à sa libre disposition. Mais le budget de la reine était bien modeste face à l'opulence de la favorite. Les résidences personnelles de Catherine ne risquaient pas de rivaliser avec celles de Diane. L'austère Chaumont-sur-Loire ne la retenait pas et Monceaux-en-Brie, cadeau du roi, était une médiocre demeure.

La reine eut toutefois la satisfaction de voir son cercle italien accéder aux faveurs du monarque. Depuis son arrivée en France, Catherine était entourée de compatriotes, employés en sa Maison comme demoiselles d'honneur, chapelains ou pourvus d'offices plus prestigieux. Certains comptaient parmi ses familiers, comme le poète Luigi Alamanni qui avait épousé Madeleine Bonaiuti, dame d'atour de la reine. De Marie-Catherine de Pierrevive, d'origine piémontaise et femme d'Antoine Gondi du Perron, Catherine s'était fait une amie : elle lui confia la surintendance de la maison des enfants royaux et, plus tard, le soin de surveiller les travaux des Tuileries.

Auprès de la reine s'étaient réfugiés des cousins italiens opposants au duc de Florence, Cosme Ier. Henri II leur assura protection et faveur. Avec les Salviati, les plus favorisés furent les Strozzi. Pierre, condottiere lettré, aussi aventureux à la guerre qu'habile à traduire César en grec, avait choisi le camp français dès le règne de François Ier. Catherine, alors dauphine, avait tiré une immense fierté de « voir ainsi son cousin paraître et faire un si beau service au roi ». Elle ne cessa jamais de l'admirer. Dès son avènement Henri II sut le récompenser. Pierre Strozzi cumula ainsi un office de Cour (gentilhomme ordinaire de la Chambre), un commandement militaire (colonel général de l'infanterie italienne) et une dignité (chevalier de Saint-Michel). L'homme était haut en couleur, orgueilleux et volontiers hâbleur, parfois encombrant mais d'une loyauté parfaite et pourvu d'utiles relations. Sa faveur rejaillit sur ses frères : Léon fut nommé dès 1547 capitaine général des galères, et Laurent reçut l'évêché de Béziers.

Un ménage à trois

Catherine a-t-elle cru que son accession au trône l'autorisait à montrer la jalousie qu'elle s'était efforcée de cacher depuis dix ans ? S'est-elle enhardie à faire des reproches au roi ? Rien n'a transpiré des paroles échangées entre époux. Mais l'on sait par l'ambassadeur Contarini que « la reine ne pouvait souffrir (...) un tel amour et une telle faveur de la part du roi pour la duchesse de Valentinois ». À en croire les observateurs étrangers, des scènes déchirèrent le couple royal, mais elles cessèrent aussitôt ouvertes.

Dans son *Recueil des dames galantes*, Brantôme raconte un épisode où Catherine décida, avec la complicité de Mme de Montpensier, sa confidente, d'espionner une des rencontres entre les amants. La reine « avisa de faire plusieurs trous au-dessus de la chambre de ladite dame (Diane de Poitiers), pour voir le tout et la vie qu'ils mèneraient tous deux ensemble ». Catherine et sa complice « aperçurent une femme très belle, blanche, délicate et très fraîche, moitié en chemise, moitié nue, faire des caresses à son amant, des mignardises, des folâtreries bien grandes, et son amant lui rendre la pareille de sorte qu'ils sortaient du lit, et tout en chemises se couchaient et s'ébattaient sur le tapis velu qui était auprès du lit (...). Cette princesse, ayant vu et aperçu le tout, de dépit s'en mit à pleurer, gémir, soupirer et attrister, lui semblant (...) que son mari ne lui rendait le semblable et ne faisait les folies qu'elle lui avait vu faire avec l'autre ».

Si l'anecdote est vraie, elle traduit la grande souffrance de Catherine, haineuse envers la maîtresse de son mari, mais follement éprise d'Henri, prête à toutes les indiscrétions pour le reconquérir. Le chroniqueur ajoute que la reine, « après s'être consolée et avoir pris son parti (...), ne s'en soucia plus ». C'est la crainte de perdre à jamais l'amour du roi qui obligea Catherine à la résignation. Elle le confia plus tard à l'une de ses filles : « Je l'aimais tant que j'avais toujours peur. »

Catherine était condamnée à la patience.

Savoir Henri auprès de Diane lui était insupportable, et sa douleur était constamment attisée : chaque jour, elle côtoyait la duchesse de Valentinois dont le rang lui valait d'être associée aux hommages publics rendus au couple royal.

À Reims, le 25 juillet 1547, pour le sacre d'Henri II, la reine était dans la cathédrale assise sur une estrade à droite du maître-autel. À ses pieds, le parterre des dames d'honneur : Diane était parmi elles.

L'année suivante, le roi, au retour du Piémont, fit son entrée solennelle à Lyon. À grand renfort de décors éphémères surchargés de symboles, d'emblèmes et d'évocations de l'Antiquité romaine, les entrées exaltaient l'autorité du prince devant le peuple assemblé. Leur préparation, coûteuse, mobilisait les autorités locales et les plus riches habitants de la ville. Lyon, capitale financière du royaume, se surpassa. Le cortège rassembla, dit-on, plus de sept mille personnes. En attendant le jour officiel, Catherine, qui s'était installée dans le monastère voisin d'Ainay, avait tué le temps en flânant incognito dans les rues de la ville où les marchands italiens, nombreux, prospéraient.

Le dimanche 23 septembre, alors qu'Henri faisait seul son entrée, elle contempla le spectacle d'une fenêtre de la rue Saint-Jean. Pour lier ensemble les divertissements, les Lyonnais avaient choisi un thème unique : l'influence bénéfique de l'Amour sur la conduite des affaires. C'est ainsi que fut jouée une scène où le roi vit apparaître la déesse Diane, vêtue d'une tunique de « toile d'or noire semée d'étoiles d'argent », venue rendre hommage au souverain. Tout au long du cortège, la déesse était présente, soit par ses couleurs – blanc et noir –, soit par le truchement de statues en carton-pâte.

Pour la première fois, Diane chasseresse était apparue dans une cérémonie publique. Qui ne devina l'allusion à la favorite ? Henri se montra satisfait. Personne alors ne jugeait indélicat le sous-entendu. Personne, sauf peut-être Catherine qui dut trouver bien encombrante l'omniprésence de la fille de Jupiter.

Le lendemain, lors de l'entrée de la reine, promenée au long des rues dans une litière découverte, le vert – couleur de Catherine – avait remplacé le noir et le blanc. Mais la déesse surgit à nouveau. Même vêtue de taffetas et de satin verts pour offrir un lion mécanique à la reine de France, Diane était décidément inévitable.

Pourtant la position de Catherine s'affirmait de grossesse en grossesse. Le 12 novembre 1547 lui était née une fille, Claude, son troisième enfant, et le 3 février 1549 on applaudit à la naissance d'un nouveau fils, Louis. Avec quatre enfants, tous vivants, harmonieusement répartis entre garçons et filles, la reine assurait la continuité de la dynastie. Âgée de trente ans, elle pouvait encore enfanter : les naissances répétées tromperaient la mort qui guettait souvent les êtres à peine nés.

Elle était une mère inquiète, harcelant de billets pressants la gouvernante de ses enfants. Le dauphin était-il malade ? « Qu'il ne soit rien oublié en ce qu'il faut faire, recommandait-elle, et, afin de m'ôter de peine, m'écrire de ses nouvelles le plus souvent que vous pourrez. » Le sevrage de sa fille Claude fut l'objet de tous ses soins : « Le roi et moi, nous sommes d'avis qu'on lui donne de la panade plutôt qu'autre chose, car elle lui est plus saine que la bouillie. » Quand elle était séparée des siens, elle réclamait leurs portraits. « Je vous prie de me faire peindre tous mes enfants ; mais que ce soit d'un autre côté que le peintre n'a accoutumé de les peindre. »

Dans l'exercice de ses tâches maternelles, Catherine n'était pas dispensée de la présence de la duchesse de Valentinois. Celle-ci veillait au bon déroulement de ses grossesses, assistait la reine à chaque accouchement, choisissait les nourrices, convoquait les médecins, déterminait les séjours propices à la santé des petits princes. Diane de Poitiers ne dépossédait pas Catherine de ses enfants : elle assistait la reine souvent grosse et, par obligations officielles, éloignée de sa progéniture. La favorite ne manquait pas d'informer et de rassurer le roi, préoccupé autant que sa femme de la santé de sa famille. Diane était toute dévouée aux enfants légitimes de son royal amant. Bon gré mal gré, Catherine dut s'en satisfaire.

Quelques mois après la naissance de Louis, on procéda au couronnement de la reine, cérémonie préalable à l'entrée solennelle du couple dans la capitale du royaume. Pour les rois, Reims était la ville du sacre. Celui des reines, célébré un peu plus tard, se déroulait le plus souvent à Saint-Denis. En pays de loi salique, il ne donnait à l'épouse du roi aucun pouvoir pour gouverner le royaume. Mais il l'élevait au-dessus des sujets de Sa Majesté, la rapprochant du souverain sans la confondre avec lui.

Le sacre de Catherine de Médicis eut lieu le lundi de Pentecôte 10 juin 1549. Dans la nef de l'église, somptueusement aménagée pour la circonstance, la reine s'avança lentement. Elle était revêtue des vêtements du sacre, corset étincelant de pierreries sous une ample robe et un long manteau de velours pers semé de lys d'or. Prélats, hauts dignitaires de la Cour, chevaliers de l'ordre du roi, princes, ducs, ambassadeurs escortaient la reine jusque dans le chœur. Catherine prit place sur un trône perché au sommet d'une haute estrade, tendue d'un tapis de drap d'or, face au maître-autel. La cérémonie commença. La reine reçut du cardinal de Bourbon l'onction de l'huile sainte sur le front et la poitrine. On lui remit l'anneau, le sceptre et la main de justice, et l'on présenta au-dessus de sa tête la lourde couronne royale. Pendant la messe solennelle qui suivit, quatre dames reçurent l'insigne faveur de remettre les offrandes rituelles, pain, burette de vin, cierge. Après la bénédiction, le cortège se reforma pour gagner l'abbaye où l'on servit un repas somptueux.

Le sacre confortait la position de Catherine et lui conférait un prestige auquel nul ne pouvait prétendre. Pourtant, à la cérémonie, sa rivale avait été, elle aussi, honorée. Mme de Valentinois avait été choisie pour accomplir, aux côtés des duchesses de Guise, de Nevers et d'Aumale, le rite liturgique de la remise des offrandes. Assimilée ainsi aux pairs de France servant le roi à Reims, Diane de Poitiers démontrait à chacun son immense faveur et la place qu'Henri tenait à la voir occuper à la Cour et dans le royaume.

Au cours des cérémonies célébrées en son honneur, Catherine devait donc toujours partager la vedette avec la duchesse de Valentinois. Dans les fêtes exaltant le couple royal, la présence de Diane assombrissait le bonheur de Catherine, comme si elle était tenue sous une éternelle tutelle. Officiellement au premier rang après le roi, elle était en réalité seconde derrière la favorite. On imagine les blessures d'amour-propre enfouies au plus profond de son cœur, cachées derrière un visage aimable.

Toutefois, une infidélité d'Henri à sa maîtresse rapprocha les deux femmes. Catherine venait de donner naissance à son cinquième enfant, Charles-Maximilien (futur Charles IX), le 27 juin 1550. Le roi, qui avait assisté à l'accouchement, était resté – contrairement à ses habitudes – près de six semaines auprès de sa famille. Excellent père, il aimait à contempler sa progéniture. La durée exceptionnelle de son séjour à Saint-Germain-en-Laye avait toutefois une autre cause. Catherine apprit que Diane avait surpris le roi sortant de la chambre d'une belle Écossaise d'une trentaine d'années, Jane Fleming, gouvernante de la petite Marie Stuart fiancée au dauphin. Tandis que Catherine se relevait lentement de ses couches et que Diane était immobilisée à Anet par une fracture à la jambe, Henri avait usé de sa liberté.

La duchesse de Valentinois accabla son amant, couvrit de reproches son complice Montmorency, qui l'avait introduit auprès de la belle, dénonça l'injure faite aux Guise, oncles de Marie Stuart, ainsi qu'au dauphin, susceptible de refuser un jour d'épouser la petite reine d'Écosse élevée par une catin. Enfin, Diane n'hésita pas à reprocher à Henri l'offense faite... à la reine.

Henri était trop ensorcelé par les charmes de lady Fleming pour abandonner sa conquête. Mais, pour se faire pardonner, il redoubla d'assiduité auprès de la reine. Diane ne décolérait pas, mais Catherine gagna un mari à demi repentant. Ainsi naquit, de l'épouse légitime, Édouard-Alexandre (futur Henri III), le 19 septembre 1551, dont la naissance suivit de peu celle d'Henri, futur chevalier d'Angoulême, fruit de cette aventure à la fois extra-conjugale et hors des liens de l'adultère officiel. Une passade royale en quelque sorte doublement coupable.

Le rêve toscan

Un jour de 1553 – mais la scène ne fut pas unique –, Catherine se plaignit au roi. En pleurs, elle affirma « qu'on n'avait nul égard pour elle ». Son amertume ne concernait ni les infidélités de son mari ni son exaspération devant la tutelle de Diane. Elle était politique. Catherine pleurait sur le sort de l'Italie, sur les atermoiements de la politique française dans la Péninsule, sur le mépris dans lequel on tenait ses avis. Tant il est vrai que, devoirs de reine remplis, Catherine n'oubliait pas qu'elle était née Médicis. Le sort de la Toscane lui importait, et elle le disait. La Cour ne connaissait jusque-là qu'une jeune femme effacée, elle découvrait une reine préoccupée de politique étrangère, décidée à agir ou, au moins, à faire entendre sa voix. Entre deux accouchements, Catherine faisait ses premiers pas en politique.

Malgré les lettres aimables qu'elle lui écrivait, Cosme Ier lui était devenu odieux. Le duc de Toscane était certes son cousin, mais cousin éloigné. Après l'assassinat en 1537 d'Alexandre de Médicis, Cosme avait ramassé le pouvoir à Florence, Charles Quint l'avait reconnu et en avait fait un allié. Catherine lui gardait rancune : n'est-ce point elle qui aurait dû succéder à Alexandre ? Cosme lui avait ravi son bien et persécutait ses amis. Ainsi avait-il laissé mourir en prison Philippe Strozzi, oncle de la reine, qui avait organisé le mariage de Catherine. Il est vrai que celle-ci accueillait à la Cour les opposants au duc de Toscane, ces *fuorusciti* (ou bannis), décidés à renverser l'« usurpateur » de Florence. La reine favorisait leurs actions, encourageait leurs projets les plus hardis. Dans son appartement, on ne parlait que d'expéditions vengeresses, de rapports d'espions, de coups de dague bien placés. Catherine n'avait aucun mal à faire partager ses ambitions toscanes à Henri.

Vaincre Cosme Ier permettrait au couple royal de régner à sa place ou de rétablir une république florentine dont la France serait la protectrice. Tous les ministres du roi ne partageaient pas les rêves italiens de la reine. Le connétable de Montmorency ne cessait de brocarder les réfugiés politiques de la Péninsule, ces aventuriers trop agités, empêcheurs de négocier en rond avec Charles Quint. Lorsque l'incontrôlable Léon Strozzi s'enfuit de France, après avoir fait justice lui-même d'un de ses ennemis, Catherine, embarrassée, craignit que le scandale ne provoque la disgrâce de tous ses amis toscans.

La reine s'initiait aux méandres de la politique avec l'impétuosité de la jeunesse. Pour la cause toscane, elle abandonnait sa réserve, trop passionnée pour flairer les feintes et le double jeu des protagonistes, ou deviner combien les *fuorusciti* de son entourage étaient des alliés encombrants. À l'affût de toutes les occasions pour chasser l'usurpateur, elle adhérait à leur audace, se désespérait à chaque contretemps.

Catherine n'offrait pas encore l'image de la reine calculatrice et prudente à l'excès. Elle était une jeune femme impatiente de réussir, comme si son ardeur à défendre ses intérêts en Italie compensait son effacement à la Cour.

À la fin de l'été 1552, l'ancienne république de Sienne s'était révoltée contre la garnison espagnole qui l'occupait depuis douze ans. Henri II saisit l'occasion. Il nomma Pierre Strozzi lieutenant général pour secourir la ville rebelle. Catherine applaudit à la promotion de son cousin préféré. Si Sienne tombait entre les mains des *fuorusciti*, la cité servirait de base de départ à la reconquête de la Toscane : Florence serait assiégée et prise, Cosme dépossédé, Catherine retrouverait ses droits, le duché serait placé sous protection française. La reine ne se contenta pas de rêver. Elle vendit une partie de ses domaines d'Auvergne pour financer l'expédition militaire de Strozzi. Les Siennois, ainsi encouragés, admiraient « l'ardeur et l'amour avec lesquels la reine se dévouait aux affaires » de leur ville et « le courage qu'elle montrait non seulement en paroles, mais par ses actes ».

Catherine était la nouvelle Judith, déterminée à délivrer sa patrie d'un Holopherne toscan ou espagnol.

Malheureusement pour elle, son cher Strozzi fut battu à Marciano. Les espoirs de Catherine s'évanouirent brutalement. Comme elle commençait une nouvelle grossesse – Hercule François naquit le 18 mars 1555 –, on lui cacha la mauvaise nouvelle pendant quelques jours. Quand elle l'apprit, elle pleura puis se ressaisit. Elle écrivit aux Siennois des lettres d'encouragement, remonta le moral des Florentins réfugiés à Lyon, leur promit une aide comme ils n'en avaient jamais rêvée, plaça sa confiance en Monluc qui résistait toujours dans la ville assiégée par les impériaux, noua d'autres intrigues pour faire valoir ses droits sur le duché d'Urbino, exhorta Henri II à ne pas baisser sa garde en Italie.

Catherine montrait qu'elle n'abandonnait jamais. Les échecs n'étaient jamais définitifs, l'Histoire jamais écrite. Sa ténacité fut admirée. Mais le mauvais sort eut le dessus. À son tour le vaillant Monluc échoua et Sienne capitula.

Pour qui refuse la défaite, le destin offre parfois de nouvelles chances. En octobre 1555, on apprit la première des abdications de Charles Quint, qui renonçait d'abord aux Pays-Bas, avant d'abandonner les unes après les autres le reste de ses possessions. À Rome, le nouveau pape, Paul IV, ennemi farouche de l'empereur, jugea l'occasion favorable pour chasser les Espagnols d'Italie. Catherine se reprit à espérer. L'esprit d'intrigue saisit à nouveau les Florentins de son entourage. Henri II accepta de recevoir Pierre Strozzi, le vaincu de Marciano, et l'autorisa à reprendre le combat en Toscane, à la satisfaction de la reine. À Paris comme à Rome, on échafauda des plans de partage de territoires qui n'étaient pas encore conquis. Sur le papier, la carte de l'Italie était redessinée d'un trait ferme. Catherine exultait : des provinces arrachées à l'Espagne, on découperait des principautés pour ses enfants. Pour la première fois, la reine se mettait en quête de trônes pour ses fils. À l'un le royaume de Naples et de Sicile, à l'autre le duché de Milan.

La trêve signée à Vaucelles le 5 février 1556 entre Henri II et Charles Quint anéantit ces beaux projets. Avec une sagesse ignorée de son prédécesseur, le roi était peu disposé à abandonner la proie Lorraine qu'il venait brillamment de saisir pour l'ombre italienne encore à conquérir. Il négocia donc un accord pour cinq ans avec un empereur sur le point de déposer son sceptre. Dans la Péninsule, la France conserva le Piémont et quelques places fortes, mais le projet d'une Toscane française fut abandonné. Déçue, Catherine détesta cette paix qui brisait son rêve.

Un utile apprentissage

Depuis quelques années, elle n'était plus une jeune femme inexpérimentée. Le roi lui avait confié des responsabilités qui l'avaient initiée aux affaires publiques. Comme François Ier avant lui, Henri II déléguait son autorité à chacune de ses campagnes militaires qui le retenait loin du royaume. À deux reprises le vainqueur de Marignan l'avait fait en faveur de sa mère. Sous son successeur, ce fut la reine régnante qui en bénéficia. Nul ne pouvait alors le prévoir, mais Catherine faisait ainsi son apprentissage. En son absence, le roi ne laissait pas à sa femme toutes les clefs de la maison France ; il ne consentait qu'à une délégation partielle de son autorité. Mais, même assorti de réserves, le remplacement provisoire du souverain était assuré. Catherine se vit promue au rang de Louise de Savoie ou de Blanche de Castille, régente du royaume après le départ de saint Louis pour la croisade.

Au cœur de l'été 1548, Henri, soucieux d'affermir l'influence de la France en Italie, partit pour le Piémont, alors « marche » française en Italie du Nord. L'objectif n'était pas offensif : il s'agissait seulement de faire une démonstration de force à la frontière du Milanais espagnol. La reine et la Cour accompagnèrent Sa Majesté jusqu'en Bourgogne. Comme le roi ne prévoyait qu'une courte absence, il se contenta de créer un Conseil chargé d'expédier les affaires courantes. En firent partie le chancelier François Olivier, le duc de Guise et son frère le cardinal de Lorraine, M. de Saint-André et l'évêque de Coutances, réunis sous la présidence de Catherine. Ce n'était pas un véritable conseil de régence et la reine n'avait reçu aucun pouvoir spécifique mais, pour la première fois, elle approchait de l'exercice du pouvoir.

Quatre ans plus tard – l'année de la révolte de Sienne contre les Espagnols – Henri quitta à nouveau le royaume. L'Italie n'était pas la destination de son armée, mais la frontière de l'Est. Le roi commençait le « voyage d'Allemagne », brillante chevauchée en

Lorraine marquée par la conquête des « trois évêchés », Metz, Toul et Verdun. Avant son départ, Henri, entouré de toute la Cour, rendit compte devant le Parlement de Paris des raisons de son entrée en guerre. Contre Charles Quint, son « ennemi mortel », il allait conduire une forte armée. La campagne promettait d'être longue, mais la continuité de l'autorité serait assurée :

— Nous laissons en notre absence la reine, notre compagne, régente à l'administration de notre royaume, accompagnée de notre fils le dauphin et d'un bon nombre de vertueux et notables personnages de notre Conseil privé.

Catherine gagnait le titre de régente, sans être réduite à gérer des broutilles. Pourtant la promotion ne réussit pas à la satisfaire. Henri lui avait promis, assurait-elle, une pleine autorité. En réalité, elle était chaperonnée par l'amiral de France, Claude d'Annebaut, et par le garde des Sceaux, Jean Bertrand, qui était une créature de Diane de Poitiers. Ce voisinage lui fut insupportable. Elle s'en plaignit, arguant de précédents favorables à sa cause. Lorsque François Ier avait confié la régence à sa mère, Louise de Savoie avait exercé le pouvoir sans contrôle. Qu'avait à faire la reine de France d'un comité de surveillance ? La jugeait-on mineure ? La contraindre à se soumettre à la majorité des voix exprimées dans le Conseil lui paraissait contraire à l'autorité royale et comme une manière de défiance envers ses lumières et sa loyauté. En la flanquant du garde des Sceaux, voulait-on une fois encore l'assujettir à la duchesse de Valentinois ?

Catherine était capable de supporter la présence de la favorite dans la vie quotidienne de la Cour, mais elle refusait de partager avec elle l'autorité déléguée par le roi. Lorsque le pouvoir passait à sa portée, Catherine entendait le saisir seule.

À la surprise de beaucoup, la reine rompit alors avec sa docilité coutumière : elle demanda à lire le pouvoir accordé par le roi. « En certains endroits, écrit un conseiller, on lui donnait beaucoup et en d'autres bien peu. » Catherine ajoutait que même si cette autorité avait été « aussi ample que le roi lui avait dit au départ, elle se fût toutefois bien gardée de n'en user que sobrement ». Et de protester de son obéissance au souverain, de sa volonté de lui plaire. Pourtant, elle refusa de transmettre le texte au Parlement pour le faire publier, « car ce serait, écrivait-elle, diminuer plutôt qu'augmenter l'autorité que chacun estime qu'elle a ». Le connétable de Montmorency tenta de lui faire changer d'avis, mais en vain. Catherine voulait exercer sans entraves ses responsabilités, « pourvu que le roi l'entendît ainsi ».

Ses exigences n'étaient pas le caprice d'une tête folle étourdie par ses nouvelles fonctions. Elle prit son rôle au sérieux, sans négliger les tâches les plus administratives. « Vous verrez, écrivait-elle à un Montmorency plutôt réticent, que je n'ai pas perdu de temps à apprendre l'état et charge de munitionnaire (...) Je n'étudie que cela. » En élève appliquée, elle concluait : « Je vous prie de m'avertir particulièrement de ce que j'aurai à faire en tout et partout, car je m'y gouvernerai selon votre bon conseil. »

La future maîtresse du royaume est là tout entière : un goût marqué pour le pouvoir, le dévouement au service de l'État, la volonté d'action, le souci de ne pas heurter de front les puissants sont les ressorts d'une femme qui entend tenir son rang. On ajoutera un élément promis à devenir un moyen de convaincre. Lorsque le connétable lui contesta sa pleine autorité de régente, Catherine tomba malade. Maladie réelle ou feinte ? Les chroniqueurs assurent que sa langue était « si enflée qu'elle lui ôtait le moyen de parler et de manger». Une saignée lui rendit la parole et peu après la santé. On peut sans doute diagnostiquer une maladie psychosomatique. À moins que Catherine n'ait exagéré une indisposition pour faire fléchir les ministres peu enclins à partager le pouvoir avec elle. La reine, nous le verrons, joua plus tard avec maestria des aléas, authentiques ou simulés, de sa santé.

Envers le roi, Catherine débordait de gratitude, d'autant que dans les deux années suivantes elle reçut à nouveau la régence de ses mains, tandis qu'il s'en allait combattre sur la frontière nord du royaume. À chaque départ, Catherine tremblait pour son cher mari. Vingt années de vie conjugale n'avaient pas émoussé son amour. Elle redoutait ses absences, craignait pour sa vie s'il s'exposait trop. «Veillez sur le roi», «Tenez-le loin des coups» : ses lettres quotidiennes aux compagnons de combat du souverain étaient truffées de semblables recommandations.

Elle décida de donner un signe visible à la douleur d'être séparée d'Henri. Elle quitta les élégantes robes de Cour pour s'habiller de noir, adoptant temporairement une couleur de deuil qu'après 1559 elle ne quitta plus. Nulle ostentation dans ce geste, seulement la volonté de conjurer un sort qui pouvait être funeste. Au Ciel elle adressait ses prières «pour la félicité et la prospérité du roi absent». Catherine priait pour la victoire et pour la vie de son mari, et exhortait chacun à l'imiter. Que Dieu protège le roi! Avec un zèle tout italien, elle mobilisa sans trêve Dieu et les saints. «Voulez-vous savoir ce que nous devenons, écrivait de Paris Michel de L'Hospital aux combattants, ce que fait la reine, si anxieuse de son mari, ce que fait la sœur du roi (Marguerite, duchesse de Berry), et sa bru, et Anne d'Este (épouse de François de Lorraine), et toute leur suite impropre à porter les armes? Par des prières continuelles et par des vœux, elles harcèlent les puissances célestes, implorant le salut pour vous et pour le roi, et votre retour rapide après la défaite des ennemis. »

Que ne donnerait Catherine pour rejoindre Henri à l'armée, comme la duchesse de Guise venait de le faire auprès de son mari ? « Plût à Dieu, lui écrivait la reine, que je fusse aussi bien avec le mien. » Toutes ses lettres disent son amour infini pour le roi. Sa crainte aussi de lui déplaire. Lorsqu'elle a un jour de retard pour répondre à l'un de ses ordres, elle se justifie comme une enfant prise en faute : « Depuis que j'ai l'honneur d'être au roi (...), je n'ai jamais failli de faire ce qu'il m'a commandé. » Est-elle souffrante ? C'est de n'avoir point de nouvelles du roi, de crainte d'être « hors de sa bonne grâce et souvenance ». À ses indispositions, un remède : « Si vous désirez que je vive et sois bien portante (...), commande-t-elle au connétable, faites (-moi) savoir souvent de ses nouvelles, voilà le meilleur régime que je saurais tenir. »

Sang-froid, déception et chagrin

Catherine avait revêtu ses habits de deuil, car le roi était en campagne. Le visage sévère, elle pénétra dans la grande salle de l'Hôtel de Ville de Paris où elle avait convoqué une assemblée extraordinaire des échevins de la capitale. On était le 13 août 1557. Trois jours plus tôt, la reine avait appris la terrible nouvelle : les troupes royales, commandées par le connétable de Montmorency, avaient été écrasées à Saint-Quentin par l'ennemi espagnol. Le roi n'avait pas lui-même combattu. Catherine n'avait donc pas eu à redouter sa mort ou sa capture. Mais lorsqu'elle lut le récit de la tragique journée qu'Henri lui écrivit de Compiègne, elle demeura interdite. La bataille avait été plus meurtrière que celle de Pavie. Six mille gentilshommes et deux mille cinq cents soldats avaient été tués ; le reste de l'armée – sept mille hommes – fait prisonnier, le connétable en premier. L'ennemi menaçait Paris où la panique s'emparait déjà des esprits. Le royaume venait de connaître sur son sol l'une des plus sévères défaites de son histoire.

Au roi, libre de ses mouvements, revenait le devoir de faire front. D'abord, reconstituer au plus tôt une armée en mobilisant de nouvelles troupes tirées de toutes les provinces. Ensuite, trouver les écus pour les payer. Il fallait mobiliser les énergies et convaincre les Français de desserrer les cordons de leur bourse. Le temps pressait.

Catherine était accompagnée de ses dames d'honneur et de la sœur du roi, vêtues elles aussi « d'habillements noirs, comme en deuil ». Devant l'assemblée attentive, elle exposa la gravité du désastre, évoqua les morts, les prisonniers, le danger où étaient Paris et le royaume et la nécessité de recruter des soldats « pour empêcher l'ennemi de venir plus avant ». Elle se fit quémandeuse, « suppliant bien *humblement* (le mot est du greffier) la compagnie » d'aider le roi « d'argent pour lever en diligence dix mille hommes de pied ». La reine parla et parla bien, sollicitant sans impatience, jouant de l'émotion, modeste face à ces bourgeois économes, déjà reconnaissante « si on lui voulait faire ce bien », promettant d'être sa vie durant l'avocate de la capitale devant le roi, et s'engageant à rappeler sans cesse au dauphin le secours accordé par les Parisiens.

La plaidoirie porta ses fruits. L'assemblée émue vota sans débat la perception sur tous les habitants d'un impôt extraordinaire de trois cent mille livres tournois nécessaires pour sauver le royaume. Catherine sut trouver les mots justes pour remercier.

La reine venait de faire publiquement son entrée en politique. Lorsque, les années précédentes, à trois reprises, Henri lui avait confié la régence, elle avait traité avec les ministres, les conseillers, les grands. Ce 13 août, son discours s'adressait aux notables parisiens, présidents des cours de parlements et échevins, représentants de la population. « Par toute la ville, écrivit l'ambassadeur de Venise, on ne parle d'autre chose sinon que de la prudence de Sa Majesté. » En ces heures difficiles, Catherine montrait courage et sang-froid. Celle que l'on ne nommait pas encore la Florentine servait la France et son roi. Son éloquence sonnait vrai. Talent de femme ? On songe à la jeune Marie-Thérèse d'Autriche qui, en 1741, au pire moment de l'histoire de la monarchie des Habsbourg, vint implorer, son fils sur les bras, le secours militaire des Hongrois pour sauver son trône.

L'ennemi ne marcha pas sur Paris. Malgré les encouragements de son entourage, Philippe II d'Espagne refusa d'aller plus avant. L'entreprise lui paraissait trop hasardeuse et ses troupes peu sûres s'il ne parvenait pas à les payer. Aussi se contenta-t-il d'occuper le terrain conquis. Sa prudence évita le désastre au royaume. Elle donna à Henri II le temps de rappeler d'Italie l'armée du duc de Guise dont l'arrivée galvanisa les esprits déjà encouragés à la lutte par le discours volontaire de la reine.

La mission de Catherine était achevée. Elle retourna à ses responsabilités familiales et protocolaires. Car nul n'avait vu en France une reine partager avec le roi l'autorité souveraine. Le pouvoir était affaire d'hommes. En l'absence de Montmorency, retenu prisonnier aux Pays-Bas, Henri s'appuya sur le duc de Guise, nommé lieutenant général des armées, et son frère, le cardinal de Lorraine. Après le roi, ils faisaient figure de maîtres du royaume. Tout leur souriait. Le duc tutoya la gloire en reprenant Calais aux Anglais en janvier 1558, et le cardinal hâta le mariage de sa nièce, Marie Stuart, reine d'Écosse, avec le dauphin. Les Lorrains s'alliaient ainsi à la famille royale.

Les noces de ces deux enfants furent somptueuses, un des sommets du règne. Elles se déroulèrent dans un climat d'euphorie entretenu par les récentes réjouissances populaires qui venaient de célébrer la reprise de Calais. Le royaume s'efforçait d'oublier le cauchemar de Saint-Quentin. Le dauphin François avait quatorze ans, l'âge auquel Catherine avait épousé Henri, et Marie Stuart seize. À chacune des cérémonies, un Guise officia, signe visible de leur faveur croissante auprès du roi. Le 19 avril 1558, jour des fiançailles, ce fut le cardinal de Lorraine qui reçut les promesses des jeunes gens. Au mariage, célébré le dimanche suivant, le duc de Guise fit fonction de grand maître de la maison du roi, en l'absence de Montmorency. Au cours du fastueux banquet et du souper, il lui revint l'honneur de servir la famille royale. Rien ne semblait pouvoir arrêter l'ascension des Lorrains : on préparait déjà l'union de Claude, fille d'Henri II et de Catherine, avec le duc Charles III de Lorraine, cousin des Guise.

La reine était satisfaite de bien marier les aînés de ses enfants, comme elle s'était réjouie des victoires françaises. Mais son bonheur n'était pourtant pas complet. Le danger qui menaçait le royaume sur ses frontières du Nord faisait négliger les intérêts de la reine en Italie. Catherine ne pouvait masquer son dépit de voir triompher dans la Péninsule Cosme Ier, assez heureux pour gagner à sa cause les anciens alliés de la France. Au déplaisir s'ajouta la douleur lorsqu'elle apprit la mort de son cousin Pierre Strozzi au siège de Thionville. En même temps qu'un compagnon très cher elle perdait le meilleur défenseur de ses ambitions italiennes.

La fortune est capricieuse. Les Anglais prirent leur revanche en écrasant les Français à Gravelines, contraignant Henri II à repartir en guerre. Comme à chaque départ, Catherine était inquiète. La lassitude gagnait la Cour et le royaume. Les victoires avaient été glorieuses, mais elles n'avaient pas contraint l'adversaire à cesser les combats, et les succès alternaient avec les revers. Les opérations militaires dévoraient le Trésor public, la banqueroute menaçait (elle avait déjà sévi en Espagne en juin 1557).

Malgré la cascade d'édits répressifs, le protestantisme gagnait du terrain et, sortant de la clandestinité, s'enhardissait à se dévoiler. Henri craignait pour l'unité religieuse du royaume et pour son autorité. Prier en français, chanter les psaumes et célébrer la cène apparaissaient comme une menace de sédition. Le 4 septembre 1557 – trois semaines après la défaite de Saint-Quentin –, les arrestations qui interrompirent la réunion de quatre cents réformés dans une maison de la rue Saint-Jacques avaient révélé la présence de nombreux gentilshommes : Henri II y vit la preuve d'un complot. Trois dames de la Cour échappèrent à la justice grâce à la protection de Catherine. L'année suivante, quatre à six mille réformés firent une démonstration de force, une semaine durant, au Pré-aux-Clercs. Présent à leurs côtés, Antoine de Bourbon, premier prince du sang, donnait une légitimité aux partisans des idées nouvelles. Le roi jugea la manifestation comme une intolérable provocation. Henri cultivait les idées simples : face à l'audace des réformés, l'urgence était de sévir, rudement. Diane de Poitiers, les Guise l'encourageaient. La stratégie s'imposa d'elle-même : la monarchie devait donner la priorité à la lutte contre l'hérésie. La guerre extérieure attendrait.

La paix avait ses partisans. Le connétable de Montmorency, toujours prisonnier, y aspirait, Diane de

Poitiers était son alliée. Mais, malgré la hâte du roi à conclure, les négociations traînaient. Henri réunit le Conseil le 15 novembre 1558. Il annonça sa volonté d'abandonner ses conquêtes en Italie pour favoriser la reprise des pourparlers. Informée sur l'heure, Catherine, hors d'elle, se précipita chez le roi à l'issue du Conseil. À genoux, elle le supplia de ne pas abandonner la Péninsule et désigna le coupable :

— Le connétable n'a jamais fait que du mal.

— Il a toujours fait du bien, trancha Henri, et quant au mal, ceux-là l'ont fait qui me conseillèrent de rompre la trêve de Vaucelles.

Le roi planta là son épouse encore bouleversée. Pour se calmer, elle prit un livre, les *Chroniques de l'histoire de France*. Selon un ambassadeur italien, Diane de Poitiers se serait approchée et lui aurait demandé ce qu'elle lisait. La réponse aurait fusé, cinglante :

— Je lis les histoires de ce royaume, et j'y trouve que de temps en temps, à toute époque, les putains ont dirigé les affaires des rois.

La verdeur de la réplique est dans l'esprit du temps, elle n'est pas dans le style de Catherine qui s'est toujours interdit les bravades envers sa rivale. Souvent citée, l'anecdote ne paraît pas vraisemblable.

À l'indignation de Catherine s'ajouta celle des Guise. Alors que le roi sollicitait l'avis du duc sur la paix, celui-ci répondit avec insolence :

— Je me laisserais trancher la tête plutôt que de dire qu'elle est honorable et avantageuse pour Votre Majesté.

Le traité n'en fut pas moins signé avec l'Angleterre et avec l'Espagne les 2 et 3 avril 1559, au Cateau-Cambrésis. Calais restait à la France, mais, dans la Péninsule, le roi abandonnait toutes les conquêtes des guerres d'Italie, celles de François Ier comme les siennes. La Savoie et le Piémont furent restitués à son duc,

Emmanuel-Philibert; le Montferrat au duc de Mantoue; la Corse à Gênes; Sienne et Montalcino au duc de Florence. La France ne gardait que cinq places fortes, dont Turin et Pignerol, ainsi que le marquisat de Saluces, et renonçait définitivement à ses prétentions ultramontaines.

Catherine souffrit à l'annonce de la restitution de Sienne à Cosme Ier de Médicis, si bien servi par la fortune, prêt désormais à ambitionner le titre de grand-duc de Toscane. Elle comprenait la colère des hommes de guerre, indignés par une paix qui effaçait d'un trait de plume cinquante ans de présence française en Italie et rendait vains les sacrifices consentis par des générations de combattants. Dans la chrétienté, l'Espagne renforçait sa prépondérance, et la France abandonnait son rang de grande puissance.

La passion de Catherine pour son pays natal lui faisait oublier combien la paix était nécessaire à un royaume épuisé. Elle paraissait ignorer que Calais, Metz, Toul et Verdun assuraient la sécurité de la France face à ses voisins. Elle pleurait sur une Toscane française définitivement perdue.

Dans le traité du Cateau-Cambrésis, elle trouvait toutefois un motif de consolation : le mariage de sa fille aînée Élisabeth[1] avec Philippe II d'Espagne. On ne s'étonnera pas de voir un accord de paix assorti de conventions matrimoniales (la belle-sœur de Catherine, Marguerite de France, était promise au duc de Savoie, Emmanuel-Philibert, cousin du Roi Catholique et vainqueur de Saint-Quentin). Aux ennemis d'hier, les souverains donnaient souvent la main de leurs enfants, convaincus qu'une union dynastique serait le meilleur garant de la paix entre les peuples. La réalité démentait presque toujours cet espoir, mais l'usage demeurait.

Catherine, qui venait de marier le dauphin et sa sœur Claude dans des maisons souveraines – celles d'Écosse et de Lorraine –, tira gloire d'unir Isabelle au plus puissant monarque de la chrétienté. Que celle-ci, promise d'abord à Don Carlos, fils de Philippe II, devienne l'épouse non de l'Infant mais du roi régnant, pourtant son aîné de dix-huit ans, accélérerait la promotion de la jeune fille !

Malgré les difficultés du Trésor, les fêtes du mariage furent fastueuses. Ne fallait-il pas montrer aux étrangers que le royaume n'était pas à genoux ? La cérémonie religieuse eut lieu à Notre-Dame le 22 juin, prélude à des réjouissances interminables données au vieux palais de la Cité, à l'hôtel des Tournelles et au Louvre. Festins, bals et mascarades se succédèrent. La préférence du roi allait davantage aux divertissements physiques. Le goût médiéval des spectacles chevaleresques persistait et Henri II, débordant d'énergie, y prenait un réel plaisir. Aussi joutes et tournois devaient-ils occuper les invités cinq jours durant. Une partie de la rue Saint-Antoine avait été dépavée pour l'occasion.

Catherine assista aux deux premières journées. Les divertissements violents ne la séduisaient guère. Elle les savait dangereux et s'effrayait de voir son mari jouter avec tant d'ardeur. Sa crainte était d'autant plus vive que, la veille du troisième jour, elle avait fait un horrible cauchemar : le roi était blessé, la tête ensanglantée. A-t-elle osé confier son angoisse à Henri ? Le souverain ne se souciait guère des inquiétudes d'une femme. Sa passion pour les jeux qui mêlaient l'adresse à la force, son goût pour la compétition, le désir de monter un cheval que le duc de Savoie venait de lui offrir, l'atmosphère enivrante de la fête, la présence de Diane parmi les courtisans, tout conduisait Henri à négliger la fatigue et prolonger son plaisir. Le roi commanda un assaut supplémentaire. Dans la chaleur étouffante de cet après-midi de juin, il remporta l'avantage sur le duc de Nemours puis sur le duc de

Guise. Le règlement prévoyait de donner un troisième assaut : le comte de Montgomery fut désigné comme l'adversaire de Sa Majesté. À l'issue de la joute, il n'y eut pas de gagnant. Le jeu devait cesser. Mais, contrairement aux règles, Henri voulut sa revanche. Catherine le conjura de s'abstenir. Le roi ordonna et les jouteurs s'affrontèrent.

Le choc fut terrible. Les lances se brisèrent, les chevaux furent renversés. Tandis que Montgomery se relevait, Henri chancelait, prêt à tomber de cheval, déjà sans connaissance. On releva le roi. La vision fut effrayante : par la visière entrouverte du casque, on vit qu'un morceau de lance avait percé le front, du sourcil droit jusqu'à l'œil gauche. La tête était semée d'éclats, couverte de sang. Dans les tribunes, Catherine s'évanouit.

L'agonie dura dix jours. La reine veilla son mari. Le 4 juillet, elle sut qu'il était perdu. Le 10, le roi mourut.

Un accident banal et cruel venait d'interrompre brutalement un quart de siècle de vie conjugale. Catherine était veuve. Son fils, le dauphin François, et Marie Stuart devenaient roi et reine de France. Réduite au rang de reine mère à quarante ans, Catherine était promise désormais à une vie effacée, alors que, Henri II vivant, elle avait déjà réussi à jouer un rôle politique notable, trois fois régente, active pour maintenir une présence française en Italie, habile à réunir des subsides pour le Trésor royal.

À la mort de François Ier, Éléonore d'Autriche avait quitté le royaume pour achever sa vie sur les terres de Charles Quint. Mais à l'épouse d'Henri II, la Toscane de Cosme Ier était interdite. Alors, qu'elle vive à la Cour ou dans un de ses châteaux, on assignerait à Catherine un seul rôle, celui de perpétuer à jamais, enveloppée des voiles du deuil, la mémoire du défunt roi.

CHAPITRE IV

Une prudente entrée en scène

> *Prenez le gouvernail de ce pauvre navire,*
> *Et malgré la tempête, et le cruel effort*
> *De la mer et des vents, conduisez-le à bon*
> *port.*

RONSARD

— Madame, c'est à vous de marcher maintenant la première.

Il est des phrases courtes qui résument des bouleversements d'importance. À la première apparition publique de la famille royale après la mort d'Henri II, Catherine, respectueuse des préséances, s'effaça derrière sa bru, Marie Stuart, épouse de François II, désormais reine de France. L'élégance du geste, emblématique du changement de sa position officielle, dissimulait mal l'immense souffrance de Catherine.

Sans doute s'attendait-elle depuis longtemps à la mort violente de son cher mari : tous les mages, Nostradamus ou Gaurico, la lui avaient prédite ; elle-même se rappelait avoir eu un songe prémonitoire la veille du drame. L'accident mortel du 30 juin ne l'avait pas moins prise au dépourvu. Sa douleur, qui menaça un temps sa santé, parut inextinguible. Elle prit le deuil, choisit des robes sévères, refusa les soieries et, vêtue de noir, la tête couverte d'un voile, offrit au royaume l'image de la veuve inconsolable, fidèle pour toujours à la mémoire du défunt. En restant attachée, sa vie durant, à cette sobriété vestimentaire au milieu des robes chatoyantes de la Cour, Catherine fabriqua une image d'elle-même immédiatement identifiable par ses contemporains et qui traversa les siècles[1]. Comme Napoléon, main dans le gilet, ou Fidel Castro en éternel treillis militaire, Catherine imposa à notre mémoire collective une représentation physique qui, des portraits de Clouet aux vignettes des manuels scolaires, contribua à perpétuer son souvenir.

À quarante ans, ses traits s'étaient empâtés. Brantôme vante « un embonpoint très riche », dont dix maternités en douze ans étaient responsables, compensé par une très belle gorge, blanche et pleine, une jambe bien faite, la peau fine et « la plus belle main qui fut jamais vue ». Catherine, qui n'était pas une beauté, pouvait encore plaire. Si elle chercha, le restant de sa vie, à séduire ses interlocuteurs, elle se refusa à toute aventure amoureuse. La reine mère cultivait une autre passion appelée à grandir : la passion du pouvoir. Elle la tint d'abord cachée, mais les courtisans les plus perspicaces remarquèrent bientôt des signes qui ne trompent pas. Un usage ancien voulait que la veuve du roi de France se tînt à l'écart du monde quarante jours durant. Catherine ne respecta pas la règle : elle quitta l'hôtel des Tournelles, abandonnant le cadavre d'Henri, pour le Louvre, afin de rejoindre son fils, enjeu des ambitions politiques.

Alliés et rivaux

La mort d'Henri II ne signifia pas pour autant l'avènement de Catherine. La France avait un roi et une reine, sollicités par de nombreux prétendants au rang de principal ministre. Mais Catherine n'était pas prête à présider le cercle des dames antiques et vertueuses traditionnellement rassemblées autour d'une reine mère réduite à défendre les valeurs de l'ancienne Cour. Ses journées ne se passeraient pas davantage à attendre la visite quotidienne et protocolaire de son fils. Âgé de quinze ans, François II était majeur – de la majorité des rois, selon l'ordonnance de 1374 –, mais restait un adolescent qu'il fallait guider. Sa mère ambitionnait d'être ce guide. Peut-être songeait-elle à devenir le guide unique. Mais elle n'avait à son service aucune coterie capable de l'aider à s'imposer et elle savait ses rivaux bien décidés à lui contester toute autorité. Ce défaut d'appuis l'inclina à la prudence.

Le jour même de la mort d'Henri II, François avait déclaré que le gouvernement revenait à sa mère, la plus digne de diriger les affaires du royaume. Aux secrétaires d'État venus prendre ses ordres, il avait ordonné de travailler avec elle. Sous le coup de l'émotion, le jeune homme, taciturne comme son père et intimidé par ses responsabilités, avait parlé en bon fils. Ses premières paroles trahissaient son profond respect pour sa mère. On le disait même soumis à elle. Marie Stuart, pourtant tendrement aimée de lui, s'en irritait, reprochant à son mari d'être « si obéissant qu'il ne fait rien que ce que (la reine mère) veut ». Impatience de belle-fille sans doute, à corriger toutefois par la volonté de la petite reine d'imposer à son mari le conseil de ses oncles, François de Guise et Charles, cardinal de Lorraine.

Catherine se garda de prendre à la lettre la déclaration de son fils. D'ailleurs, elle n'affirmait pas ses prétentions, mais elle suggérait ses atouts pour participer au pouvoir : les liens du sang, les exemples du passé, le souvenir de Blanche de Castille qui, veuve de Louis VIII, gouverna au nom de son fils. La reine mère – italienne de surcroît – ne pouvait s'imposer. Elle préféra finasser.

Elle n'ignorait pas pour autant l'opinion commune : en cas de minorité ou de jeunesse du roi, les princes du sang avaient toute légitimité pour diriger les affaires. Ainsi les Bourbons – Antoine, roi de Navarre, et son cadet, Louis, prince de Condé – étaient-ils de redoutables rivaux.

Entre les Lorrains, princes étrangers mais oncles de la reine et auréolés par les services rendus à la Couronne, et les Bourbons, proches parents du roi, aux prétentions fondées sur le droit, Catherine devait jouer avec habileté. « La défiance et la crainte qu'une de ses factions avait de l'autre, écrivit Davila, facilitèrent son dessein. »

Les princes du sang lui parurent les plus redoutables. Aussi s'allia-t-elle aux Guise, bien qu'ils aient naguère soutenu Diane de Poitiers. Le pardon des injures passées lui coûta peu. La favorite se vit interdire de paraître à la Cour, dut rendre les joyaux de la Couronne offerts par son généreux amant et échanger Chenonceaux, cédé à Catherine, contre le château de Chaumont. La reine mère disgracia son ancienne rivale sans la dépouiller toutefois de ses biens. Est-ce la douleur du veuvage qui lui épargna le désir de se venger ou le souci de ménager les Guise ? Pour s'approcher du pouvoir, Catherine était capable d'effacer les blessures du cœur.

Elle consentit donc – faute de l'empêcher – à la promotion des oncles de Marie Stuart : à François de Guise, la direction des armées ; au cardinal de Lorraine, celle des finances. Cette délégation de pouvoir accordée par François II n'interdisait pas à la reine mère de participer à la conduite des affaires. Mais son rôle n'était pas précisé. À elle de se ménager une place, de transformer en décisions les simples conseils prodigués au jeune roi. Une fois encore, rien n'était donné à cette femme de caractère. Il lui fallait, avec ses propres armes, conquérir la position qui répondait à ses ambitions. Conquête patiente, tant les obstacles encombraient sa route.

Puisqu'elle était contrainte de laisser aux Guise les principales affaires de l'État, Catherine avait jugé habile de s'associer à eux et de préparer l'avenir. Elle n'avait pas l'intention de leur abandonner la totalité du terrain, mais se gardait de montrer ses ambitions. Il lui fallait ni les irriter ni les laisser trop s'élever.

Elle fit cause commune avec eux pour écarter leur principal rival, le connétable de Montmorency. Le vaincu de Saint-Quentin, négociateur contesté de la paix du Cateau-Cambrésis, demeurait un homme redoutable. Catherine le haïssait secrètement. On lui avait rapporté les railleries et médisances qu'il avait semées à ses dépens. Elle savait sa haine pour les Italiens qu'elle protégeait. Henri II vivant, elle avait patienté. Désormais, l'occasion se présentait d'affaiblir l'ancien favori de son mari. Les difficultés ne manquaient pas. Outre le gouvernement de Languedoc, le connétable détenait deux des plus prestigieux offices de la Couronne, le commandement en chef de l'armée et la grande maîtrise de la Maison du roi. Sa famille, qui portait le titre de « premiers barons chrétiens », était apparentée à la meilleure noblesse de l'Europe, et son immense fortune, entretenue par une avidité légendaire, lui avait permis de s'attacher une large clientèle, source de prestige et de puissance. Le fils de Montmorency, François, était gouverneur de Paris et de l'Île-de-France, et ses neveux Châtillon, titulaires de grandes charges : Gaspard de Coligny était amiral, François d'Andelot, colonel général de l'infanterie, et Odet de Châtillon, cardinal. Les Montmorency, leurs parents et leurs créatures, étaient une puissance dans l'État.

Ensemble, la reine mère et les Guise persuadèrent François II de se dégager de la trop grande autorité du connétable, déjà prêt à diriger le jeune roi comme il l'avait fait avec son père. La faveur accordée aux Guise était insupportable à l'orgueilleux *mentor*. Refusant « d'aller après ceux qu'il avait autrefois précédés », il préféra se retirer dans sa somptueuse propriété de Chantilly. Catherine l'obligea ensuite à céder la charge de grand maître au duc de Guise, contre, il est vrai, l'octroi de la dignité de maréchal à son fils, François de Montmorency.

Des changements ministériels accompagnèrent le retrait du connétable. Le cardinal de Tournon, maltraité par celui-ci dans le passé, fut admis au conseil du roi, et le chancelier François Olivier, jadis éloigné du pouvoir par Montmorency, rentra en grâce. Si l'on ajoute que le gouvernement de Picardie fut donné au maréchal de Brissac, appartenant à la clientèle des Guise, on mesure combien la Fortune tournait à la Cour. Sans doute Catherine aurait-elle souhaité moins de précipitation pour combler les Lorrains, mais elle n'osa s'opposer à tant de faveurs. D'ailleurs, ses nouveaux alliés ne nommaient aux charges administratives que des hommes intègres et de valeur.

Les princes du sang n'observèrent pas bras croisés le triomphe des Guise épaulés par la reine mère. Ils se réunirent à Vendôme en août 1559, bien décidés à faire valoir leurs droits. À Antoine de Bourbon, roi de Navarre, et à Condé s'étaient joints l'amiral de Coligny, ses frères et un représentant de Montmorency. Catherine fut aussitôt renseignée sur leurs desseins et se réjouit de leur division. Condé et François d'Andelot poussaient à l'appel aux armes pour reconquérir le pouvoir, tandis que le roi de Navarre et Coligny préféraient négocier avec la reine mère dans l'espoir d'obtenir quelques charges. L'avis de Coligny l'emporta. Catherine s'empressa de satisfaire la vanité des princes. À Antoine de Bourbon, elle accorda le privilège d'accompagner sa fille, Isabelle de Valois, en Espagne rejoindre Philippe II son époux. À Condé, elle offrit la faveur d'aller ratifier solennellement en Flandre le traité du Cateau-Cambrésis. Au moins, pendant quelques semaines, la scène politique était-elle affranchie des impatiences princières. Les Guise avaient loisir de gouverner.

Un recours pour les réformés

Les rivalités personnelles de l'été 1559 et les oppositions de coteries ne résumaient pas la vie du royaume. La mort d'Henri II n'avait pas éteint les difficultés. Elle les avait plutôt aiguisées. Pour y faire face, les Guise étaient en première ligne, Catherine en serre-file, presque en réserve.

Les guerres passées avaient creusé un énorme déficit budgétaire : avec 43 millions de livres, la dette atteignait trois fois et demi les recettes annuelles du Trésor. « L'argent est si court, pronostiquait l'ambassadeur d'Espagne, qu'il n'y a moyen d'arranger les finances pour longtemps. » La promesse de soulagement apportée par la paix restait incertaine, d'autant que les récoltes de l'année étaient insuffisantes. La fin des hostilités ne faisait pas le bonheur de tous. Les gens de guerre avaient été licenciés sans avoir reçu l'arriéré de leurs soldes. Leur mécontentement constituait une menace pour l'ordre public.

En charge des affaires, les Guise ne manquaient pas de courage. Ils appliquèrent un programme radical d'économies qui pouvait porter ses fruits s'il avait été unanimement admis. Mais, dans un royaume déjà épuisé, les mesures adoptées engendrèrent une impopularité d'autant plus forte que les efforts demandés n'étaient pas également partagés par tous. Car, conscients de leur fragilité politique, les Guise ménageaient leur clientèle, lui réservant bienfaits, charges et pensions refusés à d'autres. Cette partialité joua contre eux. Jugés coupables de « façonner le roi à leur mode », ils furent accusés d'arbitraire. On s'empressa de condamner leur « tyrannie », puis on contesta leur légitimité. Que valait l'autorité d'une famille de princes étrangers au royaume, en place par le caprice d'une reine-enfant – leur parente Marie Stuart – et d'un roi inexpérimenté ?

Moins exposée, prudente et silencieuse, Catherine n'était pas excessivement peinée par la mise en cause du gouvernement des Guise. À eux l'impopularité et les petits pamphlets venimeux. Le jour viendrait où elle pourrait reprendre la main.

Elle était l'alliée des Lorrains, mais pas une alliée inconditionnelle. Les persécutions qu'ils exerçaient contre les protestants n'avaient pas son approbation. La France comptait alors deux millions de réformés, soit environ dix pour cent de la population. Jamais, malgré les rigueurs des édits précédents, pareil effectif n'avait été atteint. Les catholiques s'en alarmaient : l'hérésie envahissait le royaume, contaminant des provinces entières – du Poitou au Dauphiné *via* le Languedoc –, recrutant chez les petites gens des villes comme chez les bourgeois, les clercs ou la noblesse. Déjà Henri II s'était irrité de voir tant de gentilshommes gagnés à la Réforme.

À la Cour, les adhésions à la foi nouvelle divisaient les familles. On voyait des enfants s'opposer à leurs parents, des femmes à leur mari, des frères entre eux. Catherine n'ignorait rien des inclinations protestantes d'une partie de son entourage. Antoine de Crussol, son chevalier d'honneur, et sa femme Louise de Clermont, amie proche de la reine mère, étaient devenus huguenots, comme Jacqueline de Longvic, duchesse de Montpensier, confidente de Catherine. Des serviteurs de l'État, membres du Conseil ou diplomates, blâmaient la répression. Jean de Monluc, évêque de Valence, ou Charles de Marillac, archevêque de Vienne, pourtant créature des Guise, répétaient à une Catherine déjà convaincue que la violence engendre la violence. Ils appelaient plutôt de leurs vœux une réforme de l'Église : il n'en fallait pas davantage pour paraître suspects aux catholiques zélés.

Catherine avait pris la mesure de la force de la Réforme qui, lors du premier synode national réuni à Paris en mai 1559, venait de se donner une organisation et une confession de foi connue plus tard comme la confession de foi de La Rochelle. Longtemps l'avenir religieux du royaume était demeuré incertain. Entre l'Église romaine et les idées nouvelles, des esprits libres jetaient des passerelles, recherchaient ce qui unit, gommaient ce qui sépare. Même conscients des insuffisances de l'Église, certains hésitaient à franchir le pas ; d'autres, convertis à la Réforme, se ravisaient et revenaient à la religion de leurs pères. « Entre deux chaires », des chrétiens hésitaient.

Désormais, le temps des hésitations était clos. Le fossé s'était creusé. Au roi de dire si la France devait rester toute catholique – au prix de violences sans fin – ou acceptait tant bien que mal une imparfaite et provisoire coexistence entre les deux religions.

Catherine n'avait pas d'opinion tranchée. Catholique elle l'était et le demeurait, mais elle tenait compte des réalités, convaincue que les bûchers « confirmaient les hérétiques » et qu'« une mort en gâte mille vivants ». Une idée fixe commençait de l'habiter : il lui fallait maintenir l'unité de l'État, menacé d'éclatement. Le prix à payer était d'adoucir la répression si les réformés demeuraient de loyaux sujets. Madeleine de Mailly, belle-mère du prince de Condé, comme l'amiral de Coligny, encore loyaliste, l'entretenaient dans cette opinion. Ce n'était pas tolérance au sens où on l'entend aujourd'hui, mais souci de préserver la paix civile.

Semblable attitude, qui contrastait avec la rigueur des Guise, valait à la reine mère de recevoir les doléances des réformés. À Villers-Cotterêts, sur la route de Reims où François II allait être sacré, elle accepta de recevoir une délégation de huguenots. Dans le « patois de Canaan » qu'ils affectionnaient, ils la conjurèrent d'être une « nouvelle Esther », à l'image de l'épouse du roi Assuérus qui joua de son influence pour sauver les Juifs des massacres. Catherine était disposée à entendre une supplique respectueuse, mais ne pouvait supporter les intimidations. Lorsque ses interlocuteurs s'enhardirent à lui prédire la colère divine, déjà responsable de la mort d'Henri II, elle se crispa :

— De quoi me menace-t-on ? Comment Dieu pourrait-il me faire pis, m'ayant ôté ce que je prisais et aimais le plus ?

La vague des persécutions ne retombait pas. La reine mère reçut de nouvelles requêtes, tout aussi maladroites. Le bras de Dieu, disaient-elles, qui n'avait pas hésité à châtier le feu roi, persécuteur de la foi réformée, était encore levé, prêt à « parachever sa vengeance sur elle (Catherine) et ses enfants ».

— Ils me menacent, croyant me faire peur, rugissait-elle, mais ils n'en sont pas encore où ils pensent.

De provocations verbales en intimidations, les protestants n'empruntaient pas le meilleur chemin pour gagner la bienveillance de la reine mère. Lorsqu'ils recoururent à la violence, ils rendirent plus difficile la tâche de celle qui, pourtant, n'était « pas ennemie de la Religion ».

Une conjuration inopportune

Catherine tenait la nouvelle pour une fable, une de ces rumeurs destinées à provoquer la panique et faire sortir les épées des fourreaux : le cardinal de Lorraine venait de lui révéler la menace d'un complot contre le gouvernement. Au début, les renseignements étaient vagues et contradictoires, mais en quelques jours ils se firent plus précis. On était à la mi-février 1560. Par mesure de prudence, la Cour quitta le château de Blois pour celui d'Amboise, plus facile à défendre contre un coup de main. Les conjurés étaient des huguenots ou proches de la foi réformée. Parmi eux, on avait reconnu des gentilshommes. Que voulaient-ils ? Qui était leur chef ? On l'ignorait.

Début mars, de nouveaux avis confirmèrent les soupçons. Soupçons, mais pas certitude : cherchait-on à assassiner les Guise, à faire de Condé le principal ministre, à menacer le roi et sa mère ? Le 6 mars, on s'attendit à une attaque, mais les reconnaissances dans les environs d'Amboise restèrent vaines. Apaisés, François II et ses proches partirent chasser à Chenonceaux.

Catherine avait mesuré l'impopularité des Guise, mais elle doutait de la réalité d'un complot protestant, à moins qu'une puissance étrangère – l'Angleterre, les princes allemands ou Genève – n'ait aidé à sa préparation. Elle restait incrédule car elle voulait croire à l'apaisement. À sa demande, le roi avait signé le 8 mars un édit pacificateur. Aucune poursuite désormais n'aurait lieu pour des faits d'hérésie, et les réformés paisibles, innocents de rébellion ou d'incitation à la révolte, seraient pardonnés et libérés. L'édit sonnait comme une rupture décisive avec la politique de répression conduite jusque-là. Catherine avait su convaincre son fils et le Conseil de la nécessité de préserver la paix civile. Le texte royal, enregistré sans délai par le Parlement de Paris sur « commandement exprès de la reine mère », était d'une audace inouïe. L'État poursuivait les fauteurs de troubles mais épargnait les adeptes paisibles de la foi nouvelle. Pour la première fois, les affaires divines étaient séparées des affaires civiles, la cité de Dieu distincte de la cité des hommes.

La reine mère venait de faire sa véritable entrée en politique. Pour les catholiques intransigeants, Catherine, déjà suspecte de bienveillance coupable envers les réformés, faisait le jeu des hérétiques. Mais la veuve du roi persécuteur des protestants voulait imposer la modération.

Le 10 mars, ce fut la réalité du complot qui s'imposa à la reine mère. On avait arrêté des conjurés dans les bois près d'Amboise et saisi des coffres bourrés d'armes. Le 14, le filet se resserra sur les rebelles. Les espions du gouvernement confirmaient les craintes de la Cour. Mais les personnes arrêtées n'étaient que de petites gens, armés ou non, qui prétendaient vouloir parler au roi et obtenir la liberté de « vivre selon leur religion pour le salut de leurs âmes ». Aussi les relâcha-t-on, à condition qu'ils déguerpissent sur-le-champ et par petits groupes. François II était disposé à recevoir leurs délégués quand, le 17 mars, la duchesse de Guise entra tout affolée dans la chambre de Catherine :

— Tout est perdu ! s'écria-t-elle.

Deux cents hommes armés tentaient de prendre d'assaut l'une des portes de la ville. La panique saisit la Cour. Le combat était pourtant inégal et la victoire resta aux gardes du roi. On nettoya la campagne proche où s'étaient rassemblés des conjurés imprudents. « Ces malheureux sont si dépourvus d'esprit, écrit l'ambassadeur d'Espagne, qu'ils viennent tous donner dans le filet sans savoir que leur entreprise est découverte, et se suivent file à file. » On s'empressa de les pendre. Le surlendemain, on prit et tua dans la forêt de Châteaurenard un certain La Renaudie, gentilhomme périgourdin, chef des conjurés.

Catherine était exaspérée. En projetant de délivrer le roi de l'influence des Guise par la force, les rebelles s'étaient rendus coupables du crime de lèse-majesté. Mais la conjuration d'Amboise était encore plus douloureuse à la reine mère, car elle menaçait sa politique d'apaisement à peine entamée. Et son échec avait encore renforcé la position des Lorrains. François II, sans consulter sa mère, venait de nommer le duc de Guise lieutenant général du royaume.

Quel grand seigneur se dissimulait derrière La Renaudie et ses complices pour avoir tenté pareille entreprise ? À cette audacieuse conjuration il fallait un cerveau. Antoine de Bourbon était hors de cause, trop occupé à récupérer la partie de son royaume de Navarre annexé par l'Espagne. Soutenir une conjuration protestante aurait ruiné ses efforts de séduction auprès du Roi Catholique. Son frère Condé, qui attirait comme un aimant les ennemis et les déçus des Guise, était le suspect numéro un. Mais le prince s'en défendit comme un beau diable et s'enfuit en Béarn.

À Amboise, les bourreaux ne chômaient pas. La reine mère, qui ne pardonnait pas aux conjurés d'avoir brisé ses efforts de conciliation, avait demandé une répression sévère. Les rebelles étaient noyés, décapités, pendus et leurs cadavres exposés comme des trophées. La foule rassemblée devant le macabre spectacle n'éprouvait ni sentiment d'horreur, ni compassion. Le châtiment était juste : on ne se révolte pas contre le roi, on ne pratique pas une fausse religion.

Une légende noire – l'une des premières – prétendit que Catherine régla elle-même les exécutions et assista, satisfaite et sadique, aux martyres des rebelles. Agrippa d'Aubigné, le grand poète protestant, imagina cette curiosité morbide qu'amplifièrent encore les romantiques, Michelet en tête. On peut préférer les témoignages d'autres réformés, comme Théodore de Bèze, disciple de Calvin, qui louèrent au contraire la clémence de la reine mère. « Il est certain, écrivit Michel de Castelnau, (qu'elle) adoucit beaucoup d'exécutions qui devaient se faire contre les conjurés, desquels Sa Majesté, par son avis, en fit délivrer et renvoyer un grand nombre. »

Si Catherine jugea la répression nécessaire, elle ne s'y complut point. Le zèle répressif des Guise lui parut même excessif. À l'inverse de ces « nouveaux rois », comme elle nommait les Lorrains, elle ne souhaitait pas réduire les vaincus au désespoir.

Le dialogue renoué

Catherine savait que quelques pendaisons ne suffisent pas à supprimer les mécontentements. Longuement elle médita la gravité de la conjuration. Elle en saisit la complexité. Religieuse, la révolte l'était assurément. Politique, elle ne l'était pas moins. Dirigée contre les Guise, « usurpateurs », « tyrans », accapareurs des faveurs royales, la révolte avait mobilisé des protestants mais aussi des catholiques. Les libelles se déchaînaient contre les conseillers du roi et contre la reine mère, « putain qui avait mis au monde un lépreux ». Catherine redoutait le divorce entre le roi et son peuple. Les petites gens rassemblés autour d'Amboise pour porter leurs doléances à la Cour lui paraissaient en être le signe annonciateur. D'urgence, il lui fallait recoudre et, l'ordre rétabli, entendre les requêtes des adeptes de la foi nouvelle.

Le mieux n'était-il pas de rencontrer personnellement les plus influents des pasteurs ? Catherine a toujours souhaité le contact direct avec ses adversaires. Sa vie durant, elle a privilégié l'écoute, la négociation capable de désamorcer les conflits. Mais tous se dérobèrent, redoutant un piège. En revanche, ils acceptèrent de lui remettre, le 24 mai 1560, une remontrance qui justifiait leur prise d'armes par les violences préalables des Guise, et proposait des solutions pour rétablir la paix : la réunion d'un concile national ouvert aux protestants et la transformation du conseil du roi « selon les anciennes constitutions de France ».

L'hostilité aux Lorrains n'était pas pour déplaire à la reine mère, mais les remplacer au Conseil par les princes du sang ne lui convenait guère. Elle souhaita consulter les partisans du connétable de Montmorency et reçut un certain Régnier de la Planche qui a donné le récit de l'audience. Interrogé, l'homme s'entortilla, hésita à répondre, avant de distinguer les huguenots de religion, des huguenots d'État. La réunion d'une assemblée religieuse, capable d'arbitrer entre protestants et catholiques, calmerait les premiers. Les seconds ne seraient satisfaits que si le roi se libérait de « l'appétit des Guise » et appelait les princes du sang.

Catherine butait toujours sur l'entrée au gouvernement d'Antoine de Bourbon et du prince de Condé qui risquaient de lui confisquer son autorité. Ne vaudrait-il pas mieux gagner les huguenots de religion ? Chercher, loin de toute violence, une voie religieuse moyenne acceptable par les deux confessions ? Faire des concessions aux réformés pour sauver la paix, le royaume et le roi ?

L'entreprise était périlleuse. La recherche d'un compromis entre catholiques et protestants n'était pas un exercice de laboratoire. Elle devait se faire avec des hommes passionnés, théologiens, prélats, pasteurs, sous le regard attentif des fidèles des deux camps, peu portés à la conciliation. Catherine n'en inaugura pas moins envers les huguenots la politique de la main tendue.

En mai 1560, deux mois seulement après le tumulte d'Amboise, elle inspira un second édit favorable aux réformés. Elle persista dans cette voie, et, pour agir avec efficacité, obtint du roi la nomination, le 30 juin, de Michel de l'Hospital comme chancelier. Cet excellent juriste, protégé jusque-là par le cardinal de Lorraine, était honnête, dévoué et compétent. L'Histoire en a fait l'apôtre de la tolérance. À tort.

Car L'Hospital restait attaché à l'unité de foi. « C'est folie, écrivait-il, d'espérer paix, repos et amitié entre les personnes qui sont de diverses religions. » À ses yeux, le vieil adage du royaume – « Une foi, une loi, un roi » – était sacré, inviolable. Mais il considérait que les hérésies – qu'il nommait des « maladies de l'esprit » – devaient être soignées par la douceur. Avec L'Hospital, Catherine allait œuvrer à la concorde religieuse, qui n'était pas tolérance mais recherche de l'unité religieuse. Celle-ci serait retrouvée, non pas en forçant les consciences, mais grâce aux compromis doctrinaux consentis par les catholiques et les protestants. La collaboration entre la reine mère et le célèbre magistrat fut si étroite pendant huit années, que la postérité y a reconnu une manière de couple politique comme, au siècle suivant, Louis XIII et Richelieu ou Anne d'Autriche et Mazarin.

Catherine avait du mérite à choisir la voie pacifique. Elle œuvrait à contre-courant des avis de l'entourage royal et de l'opinion commune, fortifiés dans leurs choix de la répression par les événements de l'été 1560. Les informateurs du gouvernement étaient unanimes. Des actes de vandalisme étaient commis contre les églises catholiques du Midi. On assassinait des prêtres et des séditions éclataient ici et là en Anjou comme en Provence, d'autres se préparaient en Guyenne et en Languedoc. Les observateurs protestants faisaient le même constat, pour s'en réjouir : « La conspiration de France (...) semble s'étendre aujourd'hui et se fortifier manifestement. » Et Catherine courait après la paix !

Pour poursuivre, il lui fallait un renfort, une approbation. Elle la chercha auprès d'une assemblée de notables qu'elle réunit à Fontainebleau. Ses membres n'étaient nullement élus, mais nommés parmi la haute magistrature du royaume. Catherine pouvait ainsi en espérer la docilité. Le lieu choisi pour les débats – sa propre chambre – indique qu'elle entendait tirer un bénéfice politique personnel du soutien espéré.

La première séance s'ouvrit le 21 août. Catherine invita les notables à proposer librement leurs avis, mais commanda à ses principaux conseillers d'exposer ses propres pensées. On délibérait sur les réformes nécessaires au royaume, le poids des impôts, le remboursement de la dette, la révision des monnaies, quand un coup de théâtre réveilla l'assemblée. L'amiral de Coligny s'était levé et présenta au roi et à la reine mère deux requêtes des réformés de Normandie et de Picardie. La première suppliait Sa Majesté d'interrompre les persécutions et de permettre aux protestants de s'assembler librement et publiquement pour célébrer le culte. La seconde cherchait habilement à révéler une complicité entre les huguenots et Catherine :

« Vous, comme vertueuse et magnanime princesse (...), ayez pitié du peuple élu de Dieu pour le délivrer des (...) périls auxquels il s'est senti exposé jusqu'à présent (...). Très illustre et souveraine princesse, nous vous sup- plions (...), pour l'affection que vous devez à Jésus-Christ, d'établir son vrai service, et de chasser toutes erreurs et abus qui empêchent qu'il ne règne comme il faut. »

À Catherine, le devoir non seulement de sauver la cause protestante, mais de favoriser l'avènement du règne de Dieu !

Pour la première fois, Coligny, dont on soupçonnait seulement l'adhésion aux idées nouvelles, s'engageait publiquement aux côtés des réformés. Par son truchement, les huguenots faisaient savoir qu'ils réclamaient la liberté de conscience et l'autorisation de construire des temples afin que « leurs assemblées ne fussent plus secrètes et suspectes ».

François II, dont les témoins assurent qu'il avait appris de sa mère l'art de dissimuler, reçut sans broncher les requêtes présentées par l'amiral. Au contraire, le cardinal de Lorraine s'enflamma, dénonçant le caractère séditieux et hérétique des deux textes. Le duc de Guise, que Coligny avait critiqué, s'emporta à son tour. L'amiral voulut répondre, mais le roi lui imposa silence. Chacun parlerait à son tour.

Jean de Monluc, évêque de Valence, s'exprima. C'était la bouche de Catherine. Pour extirper les abus de l'Église, un concile national s'imposait, comme le demandaient les réformés. Certes, les rebelles devaient être châtiés, mais Monluc réclamait la tolérance pour ceux qui adhéraient à la doctrine nouvelle « avec telle crainte de Dieu et révérence au roi et à ses ministres qu'ils ne voudraient pour rien l'offenser ». Les persécuter, insistait l'évêque de Valence, « ne profitait de rien, mais au contraire ».

Charles de Marillac, archevêque de Vienne, plaida lui aussi pour un concile national et demanda la convocation des états généraux afin de résoudre la crise financière et retrouver la « bénévolence du peuple ». Le cardinal de Lorraine l'approuva, suivi par l'assemblée. Les États seraient réunis au mois de décembre.

Catherine pouvait être satisfaite. Sa politique d'apaisement allait être poursuivie. Seuls les séditieux endureraient les rigueurs de la répression. Du concile on attendait une indispensable réforme de l'Église ; des états généraux, la réforme administrative et financière de l'État. Les huguenots respectueux de l'autorité royale pourraient vivre sans crainte, le cardinal de Lorraine lui-même avait fini par l'admettre.

En cette fin du mois d'août 1560, Catherine venait d'offrir au royaume le moyen d'éviter la guerre civile.

La douleur d'une mère

Les Bourbons avaient boudé l'assemblée de Fontainebleau, fragilisant l'accord obtenu à la dernière session. Mais Antoine de Navarre et Condé n'avaient pas les mêmes ambitions. Antoine, le regard fixé sur la ligne blanche des Pyrénées, pleurant son royaume perdu, évitait de trop se compromettre avec les protestants si odieux au roi d'Espagne qu'il tentait de séduire. Condé n'avait pas ces entraves. Cadet impatient de prendre sa revanche sur la vie, il s'était lancé avec fougue au service de la Réforme. D'humeur vive, il rêvait d'action, prêt à en découdre avec les Guise ; bien décidé, si Antoine ne faisait pas valoir ses droits d'aîné, à ne pas laisser perdre sa qualité de prince du sang. Sous sa bannière se rassemblaient les mécontents de toutes sortes.

À tort ou à raison, Catherine le soupçonnait d'avoir été le cerveau de la conjuration d'Amboise et d'être l'inspirateur de tous les coups bas à venir. Quand, pendant l'été, les protestants agitèrent les provinces, elle reconnut la main du prince. La tentative huguenote de s'emparer de la ville de Lyon, qui échoua de peu le 5 septembre, lui fut aussi attribuée. Condé était considéré comme l'ennemi numéro un du gouvernement. Face aux menaces, tenir le pari de la modération paraissait une tâche impossible. À Fontainebleau, Catherine avait réussi à calmer les Guise et à obtenir leur neutralité provisoire. Mais désormais l'exaspération contre les réformés venait du roi. François II était effrayé par la subversion naissante. Il décida de rester sourd aux bonnes raisons de temporiser défendues par sa mère.

— Je saurai fort bien faire connaître que je suis roi, dit-il avec autorité.

Du trône, partirent les ordres de mobilisation de l'armée. On commanda la dispersion de toute assemblée protestante. Les lettres de convocation aux états généraux furent expédiées. Le roi et la Cour arrivèrent fin octobre à Orléans, protégés par mille lances et deux régiments.

Coligny se présenta. Catherine le traita obligeamment, « chose qui lui était ordinaire »; mais si François II lui fit bon accueil, ce dernier exigea la présence sans escorte d'Antoine de Navarre et de Condé. Le souverain, qui ne paraissait être jusque-là qu'un adolescent souffreteux et tendrement amoureux de sa femme, entendait faire sentir à tous qu'il était roi. Le petit-fils de François Ier tenterait-il un coup de majesté contre les princes du sang ? Le 29 octobre 1560, jour de leur arrivée, la Cour retint son souffle.

Les soldats royaux étaient partout, aux portes de la ville, sur les places, aux carrefours. Le logis du souverain ressemblait à une forteresse. Navarre et Condé furent annoncés. Par privilège, les princes entraient à cheval ou en carrosse dans la résidence du roi. Or, les portes demeurèrent closes, seuls les guichets étaient restés ouverts. Aussi les Bourbons furent-ils contraints de mettre pied à terre en pleine rue. Aucun dignitaire ne vint les accueillir. On les conduisit sans façon devant Sa Majesté.

Dans une société de Cour réglée par les préséances, le mépris des honneurs dus aux princes du sang avait valeur de camouflet politique. Il n'augurait rien de bon. L'accueil de François II fut glacial. Il embrassa Navarre mais détourna ses yeux de Condé. Catherine, qui reçut ensuite les princes dans son appartement, affecta la neutralité : elle les accueillit avec les mêmes démonstrations d'honneur qu'elle leur faisait d'ordinaire. Mais elle parut triste et répandit, dit-on, quelques larmes. Le lendemain, Condé était arrêté.

Catherine eut-elle part à l'arrestation ? Son air chagrin et ses larmes n'étaient-ils qu'un leurre, une marque de cette hypocrisie dont à l'avenir elle se montrerait coutumière ? Il est difficile de trancher. L'arrestation de Condé et son procès paraissent davantage l'œuvre de François II. La dignité blessée du roi exigeait une revanche.

— Je me suis résolu, avait-il confié en parlant du prince, de lui faire sentir que je suis roi, qui ai puissance et moyen de me faire obéir.

Cependant Catherine paraissait inquiète, avec raison. L'arrestation d'un prince du sang, descendant de saint Louis, cousin du roi et apte à succéder le cas échéant à la Couronne – fût-il cadet comme Condé –, était un événement politique d'une extrême gravité. Les Bourbons arguaient des « anciennes lois du royaume » pour réclamer leur place au Conseil et nombre de juristes jugeaient leurs prétentions « constitutionnelles ». Catherine n'ignorait rien de leurs droits : les princes étaient des rivaux encombrants, mais le procès fait à l'un d'eux tendrait jusqu'à la rupture leurs rapports avec la famille royale. La reine mère n'était pas faite pour une guerre de tranchée.

En outre, les princes neutralisés gonfleraient au-delà de toute mesure la puissance des Guise. À un adversaire tombé à terre – ici Condé – Catherine ne donnait jamais le coup de grâce. Elle se servait de sa chute pour amoindrir ses rivaux devenus trop redoutables.

Enfin, sous le règne de son fils si jeune, elle ne possédait ni la légitimité des princes du sang ni l'influence des Guise. Pour maintenir et accroître sa position, elle était condamnée à les opposer pour les affaiblir tour à tour. Aussi donna-t-elle au public l'apparence de la neutralité, non sans consulter secrètement Antoine de Bourbon, utile contrepoids au pouvoir des Guise. Catherine jura de ne rien entreprendre contre lui, et Navarre promit de la servir loyalement. En réalité, elle se sentait d'une autre trempe que lui, capable de le dominer, à condition que le procès de Condé se perde dans les sables.

La reine mère transforma sa réconciliation avec le premier prince du sang en alliance. L'engagement avait sa raison : l'état de santé du roi, perpétuellement malade, s'aggravait. François II souffrait d'une tumeur derrière l'oreille. Celle-ci, disait-on, « faisait l'office du nez ». Le pus s'écoulait par le tympan et par la bouche. En novembre, des syncopes répétées laissèrent le jeune malade plus bas que la veille. Bientôt il ne put ni parler ni s'alimenter. Tout opération étant inutile, on attendait sa mort prochaine.

Catherine redoutait l'avenir. Son second fils, Charles, avait dix ans : le pouvoir était à portée de main de la reine mère qui deviendrait alors régente. La mort programmée de François II affaiblissait les Guise. Mais à condamner précipitamment Condé, on risquait de donner aux huguenots des raisons de se soulever. Il fallait à Catherine trouver le moyen de désintéresser Antoine de Navarre de l'exercice de l'autorité.

Catherine laissa entendre qu'elle exercerait, le moment venu, la totalité du pouvoir. Pour en convaincre le pusillanime Navarre, elle usa de l'intimidation. Le 2 décembre, elle convoqua le prince et joua devant lui une des premières belles scènes de sa vie politique. Elle commença par rappeler les précédents historiques – celui de Blanche de Castille en tête – qui légitimaient la prétention des reines mères à la régence.

Puis elle évoqua, blâme à la bouche, tous les complots dont les Bourbons s'étaient rendus coupables. Le prince protesta de son innocence mais, apeuré, finit par abandonner ses droits. Catherine exigea sa signature et, l'ayant obtenue, s'adoucit aussitôt en promettant à Navarre de souvent le consulter.

Trois jours après, le 5 décembre 1560 au matin, après de cruelles souffrances, François II mourut. Sa mère était restée à son chevet toute la nuit.

Des historiens ont réduit le portrait de Catherine à celui d'une femme assoiffée de pouvoir, tirant opportunément profit de la mort de son fils pour accaparer l'autorité. En réalité, l'ambitieuse régente cohabitait avec une mère effondrée par la mort d'un fils. Veuve depuis seulement dix-huit mois, elle subissait à nouveau en ce mois de décembre une bien lourde épreuve. Dieu venait de lui ôter son aîné, celui qu'elle avait été fière de donner après dix ans de stérilité à son époux et au royaume. Comme elle aurait aimé en ce moment, pour atténuer sa peine, rassembler autour d'elle tous ses enfants. Déjà trois d'entre eux étaient morts en bas âge, Louis, Victoire et Jeanne, les jumelles. Deux de ses filles étaient au loin, mariées, Isabelle en Espagne, Claude en Lorraine. Il ne lui restait que trois jeunes fils – le dernier n'avait pas six ans – et la petite Margot, née en 1553. Catherine était bien seule – elle l'écrivait à l'une de ses filles –, sans personne à qui se fier, alors que ces Bourbons, ces Guise ne songeaient qu'à déchirer un royaume déjà divisé.

L'adversité fortifiait Catherine : le pouvoir ne devait pas lui échapper. Ne lui fallait-il pas transmettre l'héritage de son défunt mari à son fils, Charles, devenu, le 5 décembre au matin, le nouveau roi de France Charles IX ?

CHAPITRE V

« La douceur plus que la rigueur »

> *C'est mon principal but d'avoir l'honneur de Dieu en tout devant les yeux et conserver mon autorité, non pour moi mais pour servir à la conservation de ce royaume.*
>
> Catherine de Médicis

Une fois encore, l'histoire de France s'écrivait à Orléans. Non pas dans les douleurs d'un siège comme celui que Jeanne d'Arc avait fait lever au siècle précédent, mais dans la compétition politique qui accompagnait l'avènement d'un roi de dix ans. À Orléans se joua le sort du royaume, et plus encore le destin de Catherine de Médicis. Que les rivaux de la reine mère s'accordent contre elle, et Catherine était reléguée dans un couvent ou renvoyée en Toscane !

« Malheur au pays où le roi est un enfant »

Les difficultés de la France, amplifiées par la mort précoce de François II, faisaient les délices des observateurs étrangers décrivant par le menu la menace d'anarchie qui soufflait sur le royaume. Un « peuple travaillé par les divisions », le « repos public chaque jour troublé par des séditions », l'« autorité royale mise en doute », Antoine de Navarre « inconstant et peu exercé aux affaires », un « conseil du roi divisé » alors que le pouvoir était aux mains d'une femme, tous ces signes auguraient de bien des malheurs. Enclin à noircir le tableau, l'ambassadeur de Venise se révélait piètre informateur en imaginant la reine mère « d'un esprit (...) timide et irrésolu ». C'était mal connaître Catherine dont la prudence trompait le public qui croyait y deviner de l'indécision. La reine mère était incertaine de l'avenir, trop chargé de périls, mais elle était décidée à le forger à sa convenance.

La minorité de Charles IX lui ouvrait l'espoir de conquérir une totale autorité. Il y fallait de l'adresse et un peu de chance. D'abord, user de ses droits maternels : Catherine coucha dans la chambre du roi ou à proximité pour écarter les importuns, ceux qui cherchaient à flatter l'enfant, à capter sa faveur, à s'insinuer parmi ses compagnons. Catherine veillait comme une *mamma* italienne sur un fils qu'elle ne voulait partager avec personne.

Charles était de belle taille pour son âge et on lui prêtait de la grâce dans les manières. Sa passion pour les exercices physiques étonnait chez un aussi jeune garçon qui ne pensait qu'à se dépenser à cheval, à la chasse ou au jeu de paume. L'étude le retenait peu, ce qui chagrinait sa mère. En fils obéissant, Charles s'appliquait sans plaisir mais pour lui complaire.

À la Cour, l'avènement du jeune roi redistribuait les cartes. Les Guise, jusque-là maîtres du pouvoir comme oncles par alliance du roi défunt, venaient de perdre leur appui. L'accord passé trois jours avant la mort de François II entre Catherine et Navarre les excluait du jeu politique et donnait à la reine mère l'avantage sur le premier prince du sang. Mais Navarre respecterait-il son engagement à ne pas revendiquer pour lui la régence du royaume ? La reine mère s'employa à ménager les factions tout en travaillant à les soumettre à son autorité. Pour embarrasser ses rivaux, elle commanda au connétable de Montmorency, jusque-là disgracié, de la rejoindre à Orléans.

Dans le ballet des prétentions politiques, elle tenait le premier rôle, sans être encore « celle dont la volonté est suprême en toutes choses ». Car, en ces premiers jours de décembre, la partie n'était pas jouée. Catherine s'efforçait de gagner ses rivaux par des promesses. Elle insinuait, flattait, affectait de recevoir les conseils plutôt que les donner. La reine mère faisait de la politique.

Sa volonté d'accaparer le pouvoir ne fait aucun doute. On aurait tort d'y voir une vulgaire ambition. Sous le règne de son défunt mari, elle avait souffert de l'affrontement des coteries. Aujourd'hui, le royaume était bouleversé et l'autorité royale trop fragile pour échapper aux factions. Les anéantir – elle le savait – était tâche impossible ; il lui fallait en jouer pour éviter qu'elles ne dévorent l'État. Elle seule pouvait résister à leur emprise. Sa tâche – écrivait-elle – était de « rhabiller doucement tout ce que la malice du temps peut avoir gâté en ce royaume ». Catherine convoitait le pouvoir pour mieux assurer son rôle d'arbitre et sauvegarder l'autorité de son fils.

De négociations en palabres, on s'achemina vers un partage des responsabilités, réglé par le Conseil du 21 décembre, qui conforta sa position. À défaut d'obtenir le titre de régente, elle reçut celui de *gouvernante de France*. La présidence du conseil du roi lui revint. Elle seule accordait les audiences aux ambassadeurs. Les charges et offices étaient à sa nomination. Catherine savait que recevoir, ouvrir, rédiger les dépêches, les rapports, la correspondance, les lettres patentes était détenir la réalité du pouvoir. Elle en exigea la maîtrise : « Je veux que les plis soient adressés premièrement à moi. » Aucune lettre du roi ne serait expédiée sans avoir été lue par elle et accompagnée d'une de ses propres missives. Catherine était paperassière, non par formalisme comme le roi d'Espagne, mais parce qu'elle était convaincue que l'écrit était source de pouvoir.

À la gouvernante de France, il fallait un cachet qui authentifierait ses décisions et vaudrait commandement. Sur le sceau qu'elle adopta, la figure du roi était curieusement absente. La sienne la remplaça, debout, couronnée, drapée dans ses éternels vêtements de deuil, sceptre en main, entourée d'une inscription inédite : « Catherine, par la grâce de Dieu, reine de France, *mère du roi.* » Que restait-il à Antoine de Navarre ? Une sorte de régence par intérim, exercée seulement en cas d'empêchement ou de maladie de Catherine. Sans doute recevrait-il les dépêches des gouverneurs de province, mais il devrait en faire rapport à la reine mère et n'y répondre qu'avec l'assentiment de celle-ci. Le premier prince du sang avait gagné les compétences d'un secrétaire d'État !

Catherine avait habilement manœuvré. Elle s'en félicita, grossissant même son mérite à l'adresse du roi d'Espagne : « Je suis contrainte d'avoir le roi de Navarre auprès de moi, écrivait-elle à sa fille Isabelle, les lois de ce royaume le portent ainsi, mais que le roi votre mari (Philippe II) n'ait aucun doute, il m'est si obéissant et n'a nul commandement que celui que je lui permets. » Cette inégale répartition du pouvoir durerait-elle ?

L'entrée en politique de Catherine était jusque-là un *sans faute.* Elle avait pacifiquement triomphé de son rival, mais, pour être complet, son succès ne devait pas être remis en cause par les états généraux réclamés par les notables. La première séance des États s'ouvrit alors que les négociations avec Navarre n'étaient pas encore achevées. Les députés exigeraient-ils le droit d'organiser la régence ? Les précédents États remontaient à un temps si ancien – près de quatre-vingts ans – qu'on ne pouvait préjuger des initiatives de la présente assemblée. Catherine était d'autant plus inquiète que les huguenots prétendaient que seuls les États étaient autorisés à constituer une régence. Ce que la reine mère avait construit patiemment, les députés oseraient-ils le défaire ? Les protestants présents à Orléans exigeraient sans doute des concessions religieuses, et Catherine était disposée à les satisfaire. Mais son autorité politique n'était pas négociable.

Le 13 décembre 1560, près de cinq cents députés se réunirent dans une salle spécialement aménagée place de l'Estape. Les élus du clergé, de la noblesse et du tiers état siégeraient ensuite séparément dans les couvents de la ville. Que la répartition entre les trois ordres soit inégale importait peu : le vote n'avait pas lieu par tête. Mais Catherine tenait à choyer le Tiers, accordant à ses représentants quelques satisfactions d'amour-propre : elle autorisa les bourgeois à siéger couverts et assis, sans différence avec les nobles et les ecclésiastiques. Instruite de la vanité humaine, elle veillait au moindre détail.

Comme elle le redoutait, les députés réformés – minoritaires mais remuants – encouragèrent Antoine de Navarre à disputer à la reine mère la première place au gouvernement. Mais le prince, on le sait, demeura loyal et le partage de l'autorité au profit de Catherine fut reconnu par les états généraux. La reine mère venait de passer un second obstacle. Assurée de son pouvoir, il lui fallait encore entendre les interminables doléances des États et tâcher d'obtenir leur secours financier. Habile à neutraliser un prince du sang, saurait-elle triompher de près d'un demi-millier de députés combatifs ?

Elle avait chargé Michel de l'Hospital du discours d'ouverture de la session. Avec éloquence, le chancelier répéta son attachement à l'unité religieuse, mais condamna la violence lorsqu'elle prenait le masque de la religion. Il n'est pire mal que la guerre civile. Au concile de juger des opinions religieuses, de corriger les abus du clergé et de réintégrer pacifiquement les réformés dans l'Église. L'État, lui, doit œuvrer à préserver la paix. Dans une superbe envolée, L'Hospital conclut : « Ôtons ces mots diaboliques, noms de partis, factions et séditions, luthériens, huguenots, papistes. Ne changeons le nom de chrétien. »

La politique de Catherine était claire – indulgence pour les égarements religieux et répression des désordres – mais sa mise en œuvre difficile. Le 1er janvier 1561, à la déclaration du gouvernement, les États répondirent sans concession, mais sans unité. Le clergé exigea une répression rigoureuse des hérétiques, mais la noblesse fut favorable à la liberté de culte dans ses châteaux, tandis que le Tiers s'en remettait au futur concile. Les deux ordres laïcs ne manquèrent aucune occasion de dénoncer l'excessive richesse du clergé et suggérèrent de faire contribuer les clercs aux dépenses de l'État.

En matière politique, les députés firent preuve d'une audace inouïe, réclamant la périodicité de leur réunion et le droit de consentir l'impôt. Catherine avait des soucis plus pressants que ces revendications théoriques : le déficit du Trésor était si dramatique que le chancelier avait attendu deux semaines pour le révéler aux députés. Après dix jours de délibérations, les États refusèrent au gouvernement le secours espéré. Sur ce point vital, la reine mère avait échoué. Elle dut en passer par la volonté des députés qui exigèrent de retourner devant leurs électeurs. Les nouveaux États, qui se réuniraient le 1er août suivant à Pontoise, auraient comme unique ordre du jour celui de consentir ou non les indispensables ressources. À la fin de janvier 1561, l'assemblée d'Orléans se sépara. Tout restait à faire. Mais Catherine avait conservé son pouvoir. « Je commence à être si bien établie, écrivit-elle, qu'il n'y a plus personne qui me puisse nuire. » En voulant persuader le roi d'Espagne qu'elle maîtrisait la situation, Catherine ne voulait-elle pas se rassurer elle-même ?

« Changer de médicaments »

La reine mère avait ardemment désiré le pouvoir pour éviter qu'il ne tombe entre des mains partisanes. Elle avait écarté ses rivaux, mais sans les accabler. Ainsi Condé, qui avait été arrêté et jugé sur ordre de François II, fut sauvé de la mort par Catherine qui ordonna sa libération. Quant aux Guise, écartés du pouvoir par le changement de règne, ils avaient quitté Orléans, mais restaient à l'affût. Entre réformés et catholiques zélés, le souci majeur de la reine mère était d'équilibrer les forces. Faute de posséder un pouvoir absolu, elle avait la vocation de l'arbitrage. Elle refusait de voir l'autorité de son fils dévorée par les factions. Abaisser l'une, élever l'autre, pour n'être prisonnière d'aucune, ce n'était pas le produit d'un esprit faux, mais la seule marge de manœuvre d'une reine au pouvoir limité.

Le même pragmatisme l'avait convaincue de la faillite de la répression religieuse. Elle s'en expliqua longuement dans une lettre adressée le jour de la clôture des états généraux à l'ambassadeur de France en Espagne. « Nous avons, durant vingt ou trente ans, essayé le cautère pour arracher la contagion de ce mal [l'hérésie] d'entre nous, et nous avons vu par expérience que cette violence n'a servi qu'à le croître et le multiplier. » Avec des hommes « de bon jugement », Catherine partageait l'idée qu'il n'y avait rien « de plus pernicieux pour l'abolissement de ces nouvelles opinions que la mort publique de ceux qui les professaient, puisqu'il se voyait que, par ces punitions, elles étaient fortifiées». Pour guérir de l'hérésie, il fallait « changer de médicaments».

La veuve d'Henri II tournait le dos à la rigueur qui, en affermissant les persécutés dans leur foi, avait manqué son but. Sa conviction n'était ni angélisme ni tolérance. En période de minorité royale, Catherine savait latent le péril de la guerre civile. Du volcan endormi, la conjuration d'Amboise avait été le premier réveil. Elle l'avait éteint, mais « les cendres du feu [étaient] encore si chaudes, écrivait-elle, que la moindre étincelle le ferait flamber plus grand qu'il n'a jamais été».

La monarchie n'avait pas les moyens de réduire une hérésie trop bien installée. Menaces et rodomontades sont vaines et dangereuses lorsque manque la force d'agir. Aussi la prudence était-elle de règle. Catherine comprit que relâcher la sévérité était une nécessité, et s'adapter aux circonstances une obligation. « Nous sommes contraints de dissimuler beaucoup de choses qu'en d'autres temps l'on n'endurerait pas, et pour cette raison de suivre la voie de la douceur en ce fait, afin d'essayer par honnêtes remontrances, exhortations et prédications de réduire ceux qui se trouveront errer en matière de foi et de punir sévèrement ceux qui feront scandales ou séditions afin que la sévérité en l'un et la douceur en l'autre nous puissent préserver des inconvénients d'où nous ne faisons que sortir. »

Compréhension pour ceux qui s'égarent dans une fausse religion, bâton pour les fauteurs de troubles; prévention pour ramener à l'Église les « mal sentants de la foi», répression pour les séditieux. Catherine ne se contentait pas de déclarations d'intention. Elle agissait. Le 28 janvier 1561, elle ordonna aux cours de justice de libérer les prisonniers arrêtés pour cause de religion. Nuancée par l'interdiction faite aux huguenots de tenir des assemblées illicites, la décision de Catherine se voulait pacificatrice, interdisant à tous, réformés et catholiques, de disputer des points de la foi. Ainsi, sans être autorisée, la religion de Calvin était-elle soufferte.

Malgré les obstacles, Catherine persista dans la voie choisie. En avril, un édit royal défendit l'emploi des épithètes injurieuses comme « huguenots » ou « papistes », et renouvela l'interdiction des assemblées tenues par les réformés. À une loi déjà modérée, la reine mère ajoutait encore de la modération en recommandant aux officiers chargés de l'exécuter de faire preuve d'indulgence. Ainsi le procureur général de Paris reçut l'ordre « de ne pas trop curieusement rechercher ceux qui seront en leurs maisons ni trop exactement s'enquérir de ce qu'ils y feront ». En juillet encore, un nouvel édit répéta que l'exercice public et privé du culte réformé demeurait interdit, mais renouvela l'amnistie pour les protestants repentis, et interdit les visites domiciliaires « sous quelque prétexte ou couleur que ce soit, de religion ou autre ». Le texte promettait le bannissement, et non le bûcher, aux hérétiques convaincus et recommanda aux prédicateurs de s'abstenir, en leurs sermons, « de paroles scandaleuses ou tendant à exciter le peuple à émotion ».

Adoucissant encore les maigres obligations imposées aux réformés, Catherine écrivait aux magistrats de province : « Vous ferez seulement lire ledit édit sans en faire la publication à son de trompe, comme il est accoutumé, et ne vous mettrez en nulle peine d'en requérir l'observation si exacte. » Curieux gouvernement que celui qui recommande à ses agents de ne pas appliquer ses propres lois et qui encourage la grève du zèle. On aurait tort d'y voir une politique de Gribouille. En voulant se garder des excès des huguenots et du zèle des catholiques, Catherine espérait gouverner paisiblement entre les deux factions comme entre deux digues. C'était oublier la violence de passions qui parfois emportent les barrages.

La voie étroite

Sans illusions, Catherine s'attendait aux oppositions. Convaincue de proposer la seule politique possible pour maintenir la paix, elle était déterminée à affronter ses adversaires ou... à les contourner. Elle anticipa le doute de Philippe II sur l'orthodoxie de sa foi et lui fit savoir sa fidélité : « Je tiendrai la main, comme je dois, à l'entretènement de la religion et foi catholiques sans permettre que chose du monde y soit innovée, et je me mettrai en peine de contenir toutes choses en paix et tranquillité jusqu'au concile. »

Il y avait plus grave. Sa politique libérale était comprise comme un signe de faiblesse. Envers une reine préoccupée de tenir la balance égale entre les coteries, les opposants les plus déterminés exerçaient leur chantage. Ainsi, lorsque le duc de Guise revint à la Cour, Antoine de Navarre menaça de la quitter. Ostensiblement, il rassembla chevaux et mulets, fit « trousser son lit » et convoquer ses gens « tous bottés », déclarant « qu'il ne se trouverait jamais en un lieu où fut ledit sieur de Guise ». Catherine s'échina à l'adoucir et y parvint. Mais elle confia que « l'alarme avait été grande » en un temps où quitter la Cour signifiait une prise d'armes. Quotidiennement, la reine mère travaillait à déminer le terrain politique.

Navarre provisoirement apaisé, ce furent les électeurs de Paris aux prochains états généraux qui remirent en cause le pouvoir de la mère du roi en réclamant le premier prince du sang pour régent. Catherine cria à la rupture de la parole donnée et mobilisa toute son énergie pour conserver son autorité. Jamais elle n'accepterait d'être réduite à « la simple charge de la nourriture de [ses] enfants ». Avec Navarre, soupçonné de manipuler les Parisiens, elle eut plusieurs jours de discussions tendues. Enfin, le 27 mars, un compromis dénoua cette nouvelle crise. Navarre renonçait une fois encore à ses droits, mais recevait la lieutenance générale du royaume et la direction des armées que Guise avait naguère exercée. Condé, réhabilité, adhéra au pacte. Catherine avait sauvé son pouvoir. « Le principal, écrit-elle à sa fille, est que, Dieu merci, j'ai tout le commandement. »

En mars, elle s'était gardée des Bourbons. Elle dut en avril se garder des Guise. La recherche de la concorde religieuse était insupportable aux catholiques zélés et la liberté que Catherine accordait aux réformés présents à la Cour était pour eux source permanente de scandale. De grands seigneurs faisaient célébrer le culte réformé à leur domicile parisien comme dans les résidences royales. Les ministres huguenots prêchaient librement au Louvre. Un jour, où Catherine accordait une audience à l'ambassadeur de Philippe II, la voix de celui-ci fut couverte par le chant des psaumes.

L'Europe catholique s'émouvait. Le nonce et les diplomates espagnols avertissaient respectueusement la reine du danger qu'elle faisait courir à la vraie religion. Puis ils n'hésitaient pas à la sermonner, enfin s'enhardissaient jusqu'à prononcer des paroles qui ressemblaient à des menaces. Chaque entretien donnait lieu à des scènes de plus en plus vives. Catherine finit par redouter une intervention militaire de Philippe II en France. Ce fut là son souci permanent. Aussi, par ses dépêches à notre ambassadeur à Madrid ou ses lettres à sa fille Isabelle, reine d'Espagne, s'efforça-t-elle d'apaiser les craintes du Roi Catholique. Parfois, agacée par tant de suspicions, elle s'emportait, invectivant à distance le roi d'Espagne, ses ministres et ses prêtres :

— Ils en parlent bien à leur aise, mais s'ils étaient ici ! Ils ne furent jamais si empêchés.

À l'adresse de Rome ou de Madrid, les Guise jetaient de l'huile sur le feu : Catherine n'était-elle pas déjà passée dans le camp des réformés ? Le roi ne s'apprêtait-il pas à se convertir ? Le royaume, fils aîné de l'Église, allait basculer dans l'hérésie. Devant la force des rumeurs et des fausses nouvelles, dûment fabriquées, que pesait la politique de clémence de la reine mère ? Le cardinal de Lorraine profita du sacre de Charles IX pour lancer un sévère avertissement au jeune roi : changer de religion serait perdre la Couronne.

Les Guise redoublaient d'insolence. Le duc François reprochait à Catherine « de boire à deux fontaines » et la sommait de choisir entre catholiques et réformés. La force seule, menaçait-il, était capable de rétablir la vraie religion. L'exaspération des grands seigneurs catholiques trouva dans un incident de la Cour prétexte à prendre une forme politique. C'était le jour de Pâques 1561, à Fontainebleau. Catherine avait désigné Jean de Monluc, évêque de Valence, comme prédicateur de carême. Curieux choix, tant le prélat était suspect aux catholiques zélés. Ses sermons, il est vrai, évitaient prudemment ce qui pouvait opposer catholiques et huguenots. Excédé par tant d'eau tiède, le connétable de Montmorency quitta la messe de Pâques pour entendre dans la chapelle basse du château un office destiné aux gens de service. Il y rencontra le duc de Guise et le maréchal de Saint-André qui avaient boudé eux aussi la cérémonie royale. Le soir même, les trois hommes scellèrent leur alliance en formant ce qu'on appela le Triumvirat, pour la défense du catholicisme, contre la politique de conciliation de Catherine.

Les catholiques intransigeants venaient de trouver un soutien de poids. Les mois précédents leur avaient été douloureux. Les violences quotidiennes commises par les huguenots contre les prêtres et les églises sonnaient comme des provocations. Les défenseurs de la foi traditionnelle refusaient d'être davantage les brebis dévorées chaque nuit par le loup de Calvin. Leur colère débordait. La terreur de la fin du monde, dont l'imminence ne faisait aucun doute, les excitait à l'action.

À la violence huguenote répondait la violence catholique. Les moins virulents processionnaient en guettant le moindre signe divin favorable à leur cause. Les plus organisés rédigeaient libelles et pamphlets appelant les fidèles à se rassembler dans des ligues et associations chargées de défendre la foi menacée. Des prédicateurs se faisaient prophètes de malheur et dénonçaient l'odieuse connivence de la reine mère avec l'hérésie. On n'hésitait pas à massacrer des protestants. Désormais les catholiques zélés n'étaient plus des enfants perdus : ils avaient les triumvirs pour chefs, bien décidés à briser net la marche vers la tolérance civile.

Ainsi, le bel équilibre cher à la reine mère était rompu. Les grands seigneurs catholiques de la Cour subordonnaient leur loyalisme au maintien sans altération de la foi traditionnelle. Toute concession supplémentaire de Catherine aux réformés risquait de provoquer une levée d'armes. Afin de « contrepeser » le Triumvirat, la reine se rapprocha d'Antoine de Navarre, moindre mal. Elle savait qu'elle devait redoubler de prudence : un faux pas serait fatal. Tout, en apparence, conspirait pour réduire Catherine à l'immobilisme. C'était oublier sa détermination.

L'impossible conciliation

Catherine n'était pas isolée. La détresse financière du Trésor avait été rendue publique aux états généraux d'Orléans mais aucun des trois ordres n'avait voulu consentir les sacrifices nécessaires. Au cœur de l'été 1561, il avait fallu réunir à nouveau les États à Pontoise pour trouver une solution. La reine mère bénéficia d'alliés inattendus. Certes, les députés protestants renouvelèrent leur défiance envers son autorité, mais Navarre et Coligny, irrités par ce zèle intempestif, les firent taire. Catherine ne serait pas déchue de son titre, c'est-à-dire, selon ses propres mots, « mise en pourpoint et spoliée ». En revanche, elle profita d'un puissant courant d'opinion hostile à l'immense fortune ecclésiastique dont la mise à disposition de l'État comblerait le déficit du Trésor. Noblesse et Tiers, qui s'exemptaient eux-mêmes de toute contribution nouvelle, se liguèrent contre le clergé. Celui-ci fut contraint de céder et signa avec le roi le 21 octobre le contrat dit de Poissy. L'assemblée ecclésiastique accorda 1 600 000 livres annuelles pendant six ans et promit de racheter une partie de la dette. Catherine était satisfaite : le total des secours consentis par le premier ordre atteignait quinze millions, la somme qu'elle avait sollicitée.

En matière de politique religieuse, la reine mère ne bénéficiait au contraire d'aucun soutien de l'opinion. Les mentalités n'étaient pas prêtes à la concorde religieuse. Les fidèles jugeaient sacrilège la coexistence de deux religions dans le même État. Les accepter vaudrait damnation perpétuelle : il n'y avait pas place pour deux vérités. Surveillée par les catholiques intransigeants qui lui reprochaient son indulgence, pressée par les huguenots qui exigeaient davantage de libertés, Catherine devait aussi soutenir les critiques de l'étranger. Devant l'agitation des protestants de France, l'Europe catholique redoutait la contamination : le roi d'Espagne tremblait pour ses possessions des Pays-Bas, le pape craignait un schisme français.

Catherine ne pouvait compter que sur une poignée de catholiques modérés – juristes, théologiens, professeurs – qui recherchaient comme elle à réconcilier les confessions. On trouvait ces « moyenneurs », comme on les appelait, parmi ses plus proches conseillers : le chancelier de L'Hospital, l'évêque de Valence, l'archevêque de Vienne, Paul de Foix, aumônier de la reine mère et futur ambassadeur, des magistrats du Conseil. Aucun ne se résignait à voir se perpétuer la diversité religieuse. Il fallait tenter le retour à l'unité de foi, non par la violence, mais grâce à des concessions doctrinales réciproques. À défaut d'un concile œcuménique – celui siégeant à Trente (1545-1563) n'admettait pas les hérétiques –, un concile national ouvert aux catholiques et aux réformés pourrait travailler à l'unité. Dialoguer, chercher un terrain d'entente, n'était-ce pas le style de gouvernement de la reine mère ? Il suffisait, pensait-elle, d'appliquer sa méthode aux affaires religieuses.

Catherine n'était ni suspecte d'hérésie, ni indifférente en matière de foi. Catholique de naissance, elle restait attachée à la religion de ses pères. Si elle se défiait des subtilités théologiques, elle ne les ignorait pas. Un jour, s'entretenant avec le juriste François Baudouin, l'un des moyenneurs de son entourage, elle interrogea :

— Vous me parlez toujours de la foi des Suisses, ceux de Genève et de Calvin. Quelle foi ont les princes en Allemagne ?

Baudouin répondit que dans l'Empire germanique « chacun croit ce qu'il lui plaît et se change toujours ». Alors elle s'exclama :

— Je ne vous crois point, mais je m'en informerai.

Catherine tenait tant à la réconciliation des chrétiens, qu'elle veilla personnellement à la réunion à Poissy du colloque rassemblant catholiques et réformés. Si chacun faisait un pas vers l'autre, l'unité pouvait être retrouvée.

L'ouverture officielle était prévue pour le 9 septembre. Depuis quelques jours, les pasteurs calvinistes, la mine grave, arrivaient à Saint-Germain, résidence de la Cour. « Ils sont aisés à connaître à leurs visages », persiflait l'ambassadeur d'Espagne. Au milieu des courtisans aux habits colorés, leurs vêtements ajoutaient encore à leur austérité. Le plus attendu était Théodore de Bèze, disciple et bras droit de Calvin auquel il ressemblait physiquement. Le lendemain de son arrivée, il prêcha chez Condé devant une assistance si nombreuse qu'elle ne pouvait tenir en son logis. Puis il fut présenté à la reine mère. La sévérité de l'homme au visage mangé par une longue barbe pointue était démentie par une exquise politesse. Catherine l'écouta. Le cardinal de Lorraine fit à son tour assaut de courtoisie, confiant que les paroles du Genevois étaient encourageantes. Ce qui fit dire à une dame de la Cour « qu'il fallait avoir de l'encre et du papier pour faire signer au cardinal ce qu'il venait d'avouer ».

Ces bonnes dispositions étaient une promesse de succès. L'épouse d'Antoine de Navarre, Jeanne d'Albret, protestante farouche, arriva à son tour. Les huguenots l'attendaient « comme le Messie ». Catherine fit bon accueil à sa cousine. Jeanne était une femme de conviction. Un caractère. Délaissée par son mari, qu'elle avait tant aimé, elle reportait son affection sur ses enfants. Catherine tenta de la gagner en lui faisant espérer pour eux des alliances avantageuses avec la famille royale. Le fils de Jeanne, Henri de Navarre (futur Henri IV), épouserait Marguerite de Valois, la délicieuse fille d'Henri II ; tandis que Catherine de Bourbon serait promise, malgré ses trois ans, au duc d'Orléans (futur Henri III). Experte en combinaisons matrimoniales, la reine mère affectait d'oublier qu'elle avait déjà destiné Margot au jeune roi de Portugal, ainsi qu'à don Carlos, héritier de Philippe II. Ces projets, censés flatter la vanité de l'égérie des protestants, n'étaient que mondanités. Le « tournoi théologique » seul importait. De son issue dépendait le sort religieux du royaume.

Le réfectoire du couvent des dominicaines de Poissy accueillit les participants. Les membres de la famille royale étaient assis en ligne sur des sièges à bras : Catherine à la gauche du roi, puis sa fille Marguerite et Jeanne d'Albret. À la droite de Charles IX se tenait son frère Henri, flanqué d'Antoine de Navarre. Les prélats catholiques avaient pris place sur trois rangs disposés en retour d'équerre de part et d'autre du roi. Fermant le carré, les ministres protestants faisaient face à la famille royale, debout.

On ouvrit la séance sur les questions les moins embarrassantes, la simplification des rites ou le culte des images. Lorsqu'on en vint au fond, Théodore de Bèze se leva. Le silence se fit plus profond. Chacun connaissait les talents d'orateur et de polémiste du ministre genevois. Son exposé de la foi réformée était attendu : il pouvait être le sésame de la concorde religieuse. Bèze s'exprima avec art et modération. Le savant théologien savait aussi séduire. Catherine était attentive aux moindres nuances de sa pensée. Brusquement, à propos de la communion, Bèze prononça une phrase qui ruina bien des espoirs.

— Le corps du Christ est éloigné du pain et du vin autant que le plus haut ciel est éloigné de la terre.

Aussitôt des murmures fusèrent. Ils grossirent. Le brouhaha emplit la salle. Les prélats, le visage empourpré, crièrent au scandale. Le cardinal de Tournon, envoyé du pape, explosa le premier :

— *Blasphemavit* (Il a blasphémé) ! s'écria-t-il, et, fixant Catherine, apostropha la régente : Supporterez-vous que de telles horreurs soient proférées devant le roi et vos enfants, d'un âge si tendre et innocent ?

Dans la confusion, Bèze eut de la peine à achever son discours que le roi lui commanda de poursuivre. Mais tout était dit. La conception de l'eucharistie avait été le test confessionnel du colloque. Au discours du chef de la délégation protestante le cardinal de Lorraine répondit avec autant d'éloquence. Il défendit la cause de l'Église et réaffirma la vision catholique de la communion, tandis que le général des jésuites, le P. Lainez, s'enhardit à menacer d'excommunication ceux qui poursuivraient la discussion avec « ces singes et ces renards » de réformés. Malgré les efforts de Catherine, la tentative de réconciliation religieuse avait fait long feu. Les intransigeances triomphaient.

Pourtant la reine mère ne désespéra pas. Elle organisa des conférences particulières avec les plus modérés des théologiens catholiques et les principaux ministres protestants. Mais rien ne sortit de ces colloques privés. Devant l'ambassadeur d'Espagne, elle affectait la sérénité, mais son esprit était inquiet. Maîtresse d'elle-même, elle ne s'abandonnait jamais au pessimisme, s'amusant de ses enfants lorsqu'ils singeaient la controverse religieuse à laquelle ils venaient d'assister. Un jour, la petite troupe des princes travestis en prélats, en moines et en abbés, Charles IX en tête, pénétra avec fracas dans sa chambre. Catherine, qui conversait avec le légat du pape, ne put s'empêcher d'éclater de rire. Ayant oublié leur enfance, des diplomates gourmés prenaient au sérieux les fantaisies des princes et s'en inquiétaient.

— Badinage de petits enfants, répondait leur mère avec bon sens.

Les princes chahutaient les prélats de la Cour mais assistaient chaque jour à la messe. Obsédé par leur prétendu défaut d'orthodoxie, le représentant de Philippe II exagérait à plaisir le péril qui menaçait le royaume de France. Catherine était excédée par ses insinuations et, de temps à autre, lavait la tête aux colporteurs de ragots qui calomniaient sa famille.

— Pensez-vous que je soutienne les hérétiques ? dit-elle un jour avec brusquerie au diplomate espagnol.

— Dieu me garde de le croire, répondit l'ambassadeur, d'abord embarrassé, mais qui se reprit aussitôt. Si vous ne les favorisez pas, vous temporisez et les méchants répètent partout que ce qu'ils font c'est de votre consentement.

Devant les audaces des réformés, les catholiques, il est vrai, ne décoléraient pas. En signe de protestation, le duc de Guise quitta la Cour dès la clôture du colloque, comme s'il s'apprêtait à prendre les armes. Deux jours après, Montmorency l'imita, refusant à son tour de cautionner la politique du gouvernement. Suspendues pendant la réunion de Poissy, les passions se ranimaient, menaçantes. Catherine devait en convenir : son colloque n'avait porté « aucun fruit pour le repos du royaume ».

En outre, elle devait subir l'outrage des soupçons qui convergeaient sur elle. La Cour, répétait-on, est « infestée d'hérésie ». N'était-ce pas la preuve que la reine mère la favorisait ? Les familiers des châteaux royaux confiaient que les logis des grands seigneurs ne cessaient de résonner du chant des psaumes. La nouvelle religion ne se cachait plus, comme persuadée de son impunité. Catherine n'avait-elle pas autorisé les petits princes à prier en français ? Les catholiques redoutaient que le roi et sa mère ne sautent le pas. Théodore de Bèze lui-même écrivait que la reine mère était « mieux disposée pour nous qu'elle ne le fut jamais auparavant ».

Affable envers les réformés et brusque devant les diplomates espagnols ou pontificaux, Catherine pouvait laisser croire à sa conversion. Il ne lui déplaisait pas de voir ses adversaires craindre le pire. L'édit auquel elle travaillait en serait d'autant mieux reçu.

Pour le préparer, elle avait convoqué une nouvelle assemblée de membres du Conseil et de magistrats des parlements de Paris et de province. Une fois encore, elle leur ordonna de rechercher la conciliation religieuse. Mais elle changea de méthode. Les édits précédents étaient ambigus, mal compris et peu appliqués ? Elle leur substituerait une loi qui révélerait ouvertement ses intentions. L'accusait-on de dissimulation ? Elle œuvrerait dans la transparence. Le Conseil élargi accoucha d'un édit qu'elle fit signer par le roi à Saint-Germain le 17 janvier 1562. On le nomma simplement l'édit de Janvier.

Il fit l'effet d'un coup de tonnerre. Jusque-là, les lois les plus favorables aux protestants ne leur avaient accordé que la liberté de conscience. Celle-ci y ajoutait la liberté de culte. Certes, quelques limites géographiques y étaient apportées et l'édit se présentait comme une mesure provisoire, mais, par sa signature, le roi reconnaissait officiellement l'existence de deux confessions dans le royaume. Hier encore, chacun – chancelier en tête – faisait sien le vieil adage de la royauté : « Une foi, une loi, un roi ». La maxime était aujourd'hui bafouée, reniée par celui-là même qui devait en être le garant. Aucun État de la chrétienté n'avait accordé autant aux réformés, pas même la tolérante Pologne.

Favorable à la coexistence religieuse pour préserver la paix civile, Catherine était en avance sur son temps. Une avance de près de quarante ans. Les protestants n'obtinrent pareils avantages pour l'exercice de leur religion qu'avec l'édit de Nantes octroyé par Henri IV en 1598. Mais après huit guerres franco-françaises et leur sinistre cortège de massacres et de haines. L'édit de Janvier contenta les réformés mais provoqua la colère des catholiques. Était-il applicable ? « Autant, ironisa un contemporain, demander aux chats et aux rats de vivre en bonne amitié. »

CHAPITRE VI

Contre « ceux qui veulent tout perdre »

> *Il n'y a expédient ni invention que je ne cherche pour amortir ce feu.*
>
> Catherine de Médicis

Lorsqu'elle recevait en audience l'ambassadeur d'Espagne, Catherine redoublait de vigilance. M. Perrenot de Chantonnay servait avec un zèle inégalé le Roi Catholique. Franc-Comtois de naissance, au temps où cette province était « espagnole », il appartenait à une famille dévouée aux Habsbourg. Son père, Nicolas Perrenot de Granvelle, avait été garde des Sceaux de Charles Quint, tandis que son frère Antoine, récemment promu cardinal, appliquait sans ménagement aux Pays-Bas la politique centralisatrice de Philippe II.

À la reine mère, Chantonnay parlait haut, avec l'assurance que donne le privilège de servir la première puissance du monde. Le réseau d'espions qu'il appointait à Paris et dans le royaume devait satisfaire à tout moment l'insatiable curiosité de son maître. Chantonnay était le héraut d'une catholicité effarouchée au moindre compromis passé par la mère du Très-Chrétien avec les réformés. L'homme n'avait pas son pareil pour faire courir les rumeurs les plus alarmistes, juger avec malveillance presque toutes les décisions de

Catherine, prédire l'apostasie du royaume dès que la reine mère souriait à un grand seigneur protestant. Chantonnay était un esprit retors qui se plaisait à l'intrigue et une moderne Cassandre, mais une Cassandre qui, sous prétexte de religion, travaillait sans faillir à l'affaiblissement du royaume de France.

Une audience orageuse

L'édit de Janvier n'était pas encore scellé que l'ambassadeur sollicita un entretien avec la reine mère. Avant même la publication du texte, il savait tout de son contenu. Devant Catherine, il dit le mal qu'il pensait de l'assemblée de Saint-Germain où avait été élaboré cet édit « qui ne pouvait apporter que la ruine totale du royaume, tendant à y mettre une forme d'*Interim* [allusion à la coexistence provisoire entre catholiques et luthériens en Allemagne] et laisser vivre tout le monde à sa discrétion ».

Catherine confia son étonnement de voir le diplomate si bien informé des secrets de l'État. Les responsables de ces fuites, insinua-t-elle, ne pouvaient être que des ennemis du roi et d'elle-même, des diviseurs coupables d'« aigrir les uns contre les autres, et troubler le repos et tranquillité de toute la chrétienté ». Non point, prétendit Chantonnay, ce n'étaient que bavardages de pages !

L'ambassadeur attaqua sur le fond et menaça : si les catholiques français étaient persécutés, le roi d'Espagne ne pourrait les abandonner. Catherine comprit le chantage à la guerre. Elle expliqua ses difficultés :

— Les choses de la religion vont de la façon que tout le monde voit. Il ne tient pas à moi qu'elles n'aillent mieux. Mais il m'est impossible d'y faire autre chose que ce que je fais, d'autant que le mal est pénétré si avant, et le nombre si grand de ceux de la nouvelle religion, qu'il est impossible d'y pourvoir qu'avec une grande patience.

— Votre Majesté, répondit Chantonnay, ne connaît pas ses forces ni le grand nombre de gens de bien qui sont du côté de ceux de l'ancienne religion. Il faut nécessairement ôter tous les prédicants.

— Mais ce serait la guerre civile !

— Votre Majesté ne doit pas craindre, puisqu'elle a les forces du roi mon maître qu'il vous offre.

Catherine s'indigna : elle ne voulait point voir d'étrangers dans le royaume, ni allumer une guerre qui la contraindrait à les y appeler. L'ambassadeur abandonna le terrain politique pour insinuer que la désinvolture du roi et de ses frères envers la foi catholique était un mauvais exemple offert aux sujets du royaume.

La lionne rugit : « Elle savait bien qu'on lui disait cela que pour le mander au roi d'Espagne et dire du mal de tout ce qu'elle faisait. » Calomnie ! Calomnie ! S'enflammait Catherine.

— J'ai des enfants qui me sont obéissants. On ne leur dit rien qu'ils ne me redisent.

L'ambassadeur si peu diplomate se radoucit et déclina d'autres critiques. Il avait appris que le représentant de la France à Rome avait demandé au pape l'autorisation pour les réformés de communier sous les deux espèces. La reine mère confirmait-elle ?

— Je n'ai fait, se justifia Catherine, que ce que les principaux de l'Église et des évêques assemblés dernièrement à Poissy m'ont conseillé.

La demande adressée au pape témoignait de « l'obéissance que ce royaume lui porte, et ne veut entreprendre telle chose que par sa permission dont tous les catholiques devraient être plutôt édifiés que scandalisés ».

L'audience prit fin. Elle donne le ton, ici encore policé, des réactions à l'édit de Janvier. Catherine n'en avait pas fini avec les adversaires de la concorde religieuse.

« La pente à une inondation de misères »

L'édit avait comme étourdi les chefs catholiques. En chaire, les prédicateurs se déchaînèrent contre la reine mère, qu'ils comparaient à Jézabel, cette épouse du roi d'Israël qui avait introduit le culte des faux dieux et fait mettre à mort le prophète Élie. Sa fin tragique – elle fut défenestrée et son cadavre dévoré par les chiens – était le juste châtiment qui attendait les impies. Répugnant à de telles outrances, les catholiques modérés n'en jugeaient pas moins inacceptable la coexistence des deux religions. Elle heurtait les consciences et provoquerait la guerre civile, ruinant l'autorité royale. L'édit de Janvier était chargé de tous les péchés. S'il venait à être appliqué, « tout irait, prétendait-on, sens dessus dessous ». Aussi certains parlements du royaume refusèrent-ils de l'enregistrer.

En reconnaissant officiellement l'existence des confessions catholique et réformée, Catherine n'était-elle pas allée trop vite et trop loin ? Beaucoup dans son entourage auraient souhaité poursuivre le dialogue entre les deux religions, tenter de réformer les abus de l'Église romaine et encourager les concessions réciproques pour rétablir l'unité religieuse. Bref, renouer avec l'esprit du colloque de Poissy, précocement clos. Tout en ayant conçu l'édit contesté, la reine mère croyait encore en cette solution. Les théologiens des deux confessions ne pouvaient-ils s'accorder sur la prière en français, le culte des images ou la communion sous les deux espèces ? Catherine réunit dans ce but une nouvelle conférence à Saint-Germain-en-Laye à la fin du mois de janvier. Étrangère à tout dogmatisme, la reine mère était toujours en quête d'un consensus.

Pour s'épargner les soupçons des catholiques zélés, il lui fallait protester de son orthodoxie. À Philippe II, elle assurait qu'elle faisait « toujours grande différence entre ceux qui tiennent notre bonne religion et les autres qui s'en déportent ». Aussi affectait-elle de remplir ses devoirs religieux, suivre les processions, communier, se rendre à la messe accompagnée de ses enfants, encourager son entourage à la dévotion.

Sous haute surveillance, Catherine se devait d'être irréprochable.

Elle ignorait encore les manœuvres de l'ambassadeur d'Espagne pour gagner définitivement Antoine de Navarre à la cause catholique. Entre catholicisme et Réforme, le premier prince du sang, on le sait, n'avait pas encore choisi. Très sollicité, il jouait de sa prétendue hésitation dans l'espoir de recouvrer la partie de son royaume pyrénéen annexé par Madrid ou d'obtenir quelques dédommagements. Catherine était bien aise de son indétermination. Entre le protestant Condé et le Triumvirat catholique, elle pouvait interpréter son rôle de prédilection : celui d'arbitre. Mais Navarre choisit le catholicisme.

L'engagement du prince, qui était aussi lieutenant général du royaume, auprès des Guise changeait la donne. Son choix renforçait comme jamais le camp catholique et légitimait son action. Catherine en fut profondément irritée. S'y ajoutait le dépit de n'avoir rien su de l'intrigue tenue secrète. Aussitôt la nouvelle connue, les chefs protestants, Coligny et son frère d'Andelot, prirent congé du roi sous divers prétextes. Le champ était libre pour Guise et son retour à la Cour annoncé.

Catherine n'avait pas su prévenir la défection d'Antoine de Navarre. Saurait-elle convaincre les parlements récalcitrants d'enregistrer l'édit de Janvier ? Les catholiques parisiens – recteur de l'Université et chefs du clergé en tête – la suppliaient de n'en rien faire. On raconte que, apprenant le refus du Parlement de Paris, elle se serait aussitôt précipitée vers la capitale. Il s'en était fallu de peu, dit-on, qu'elle « ne montât avec son cheval jusque dans le palais » pour mieux montrer sa volonté d'être obéie. Face aux magistrats indociles, elle se serait emportée « comme femmes font quand elles sont courroucées ». Légende ! Ce n'était pas la manière de Catherine de brusquer ainsi les choses.

La reine mère vint à Paris, il est vrai, mais afin de prendre le pouls de l'opinion, entrer incognito dans les boutiques « pour ouïr parler les gens et entendre ce que l'on disait du gouvernement ». Quelques jours plus tard, elle fut reçue au Parlement. La séance fut tendue. La reine mère voulut ignorer les réticences à publier l'édit. Le premier président quitta alors la salle, après avoir apostrophé Catherine :

— Madame, vous et vos enfants vous vous en repentirez les premiers. C'est le moyen (...) de faire perdre la couronne et royaume de France si autre que vous ne s'en mêle.

Le Parlement finit par enregistrer l'édit, mais avec une réserve de taille : « par provision, en attendant la majorité du roi ». Catherine n'avait remporté qu'une demi-victoire. Les nuages s'accumulaient. L'irritation des catholiques n'était pas près de retomber. Quant aux huguenots, ils étaient sur le pied de guerre. Le duc de Guise l'apprit de ses informateurs et avertit la reine mère : la rébellion huguenote menaçait et l'étranger s'apprêtait à l'aider. Les fêtes de Pâques célébrées, les réformés se saisiraient de plusieurs villes, les armes au poing. Guise disait-il vrai ? Catherine voulut en savoir plus : elle convoqua le duc à la Cour. François de Guise quitta son château de Joinville le dernier jour de février pour gagner Montceaux où se trouvait Catherine. Le bourg de Wassy était sur son passage.

Otage des triumvirs ?

Catherine aimait la simplicité de Montceaux et se contentait de son relatif inconfort. Le petit château, qui lui avait été offert par Henri II, dominait la vallée de la Marne. En ce début du mois de mars où l'hiver s'attarde encore un peu, la reine mère vint y goûter quelques jours de repos.

Le 8, un courrier lui apprit une nouvelle inquiétante. Quelques jours plus tôt, le dimanche 1er mars, un combat sanglant avait opposé à Wassy, petite ville close de Champagne, le duc de Guise et son escorte à des protestants célébrant la cène dans une grange. Il y avait eu injures et jets de pierre. Puis les catholiques avaient donné l'assaut. Résultat : 25 à 50 morts, près de 150 blessés. Qui avait provoqué l'autre ? Les huguenots, coupables de rassembler, à proximité du fief des Lorrains, des centaines de fidèles à l'intérieur des remparts d'une ville, en contravention avec l'édit de Janvier ? Ou Guise, heureux de saisir l'occasion de massacrer des hérétiques ? Accident, comme le prétendait le duc, ou agression sauvage, selon les protestants ? La reine mère était incapable de trancher.

Elle dut néanmoins recevoir les plaintes des pasteurs huguenots venus demander compte du sang versé, tenta sans succès d'apaiser leur colère et se contenta de promettre une enquête. Catherine n'en jugeait pas moins l'affaire grave, car le massacre faisait la joie des catholiques zélés, satisfaits de voir un Lorrain donner la réponse musclée qu'ils attendaient. Elle convoqua le duc de Guise à Montceaux pour en savoir davantage. Mais celui-ci déclina l'invitation et préféra se diriger sur Paris. Escorté par trois mille gentilshommes, il y entra le 16 mars en triomphateur, selon un itinéraire qui, de la porte Saint-Denis jusqu'à l'Hôtel de Ville, était d'ordinaire celui des rois. Les Parisiens acclamèrent le héros de Wassy, défenseur de la vraie foi. La capitale rassemblait désormais tout l'état-major des catholiques militants, bien décidés à faire abolir l'édit de Janvier.

Agacée par la popularité de François de Guise, Catherine décida de ne pas regagner Paris, mais de se retirer à Fontainebleau. Le château lui offrait un abri, peut-être un refuge. Ainsi ne prendrait-elle pas parti. Le Triumvirat, accoutumé aux finasseries de la reine mère, ne lui en laissa pas le loisir.

Le 27 mars, contre toute attente, le duc de Guise, Antoine de Navarre et le maréchal de Saint-André, accompagnés par un millier d'hommes d'armes, se présentèrent à Fontainebleau. Ils venaient chercher le roi et sa mère pour les ramener à Paris. Sous prétexte de les mettre en sécurité, ils entendaient démontrer l'engagement de la famille royale dans le camp catholique. Catherine blâma la violence qu'on lui faisait, à elle et au roi, mit en garde contre l'escalade prévisible d'autres recours à la force, mais promit d'aménager l'édit contesté. Pour les chefs catholiques, le temps était compté : le risque d'un enlèvement par les troupes protestantes que Condé rassemblait dans les environs exigeait de mettre le roi à l'abri.

Si la détermination de Guise impressionna Catherine, elle redouta davantage encore pour elle-même sa mise à l'écart du gouvernement. Car ses hôtes lui dirent leur indifférence au parti qu'elle prendrait. Seul le roi leur importait : la présence du souverain et du premier prince du sang auprès des catholiques donnait à ceux-ci une garantie de légalité. Dans le combat qu'ils préparaient contre les protestants, la mère du roi n'était pas indispensable. Catherine comprit le danger : on voulait la marginaliser. Il lui fallut céder. Affirmant une fois encore sa fidélité à la foi traditionnelle, elle résolut de ne pas abandonner le roi aux chefs catholiques. Elle ordonna le départ pour Paris.

Pendant le voyage, elle resta muette tandis qu'on vit Charles IX verser quelques larmes. La famille royale n'était pas vraiment captive du duc de Guise, mais elle avait consenti à devenir son obligée. L'invitation à regagner Paris sous bonne garde était un coup de canif au loyalisme monarchique. Mais, répétait François de Guise, « un bien qui vient d'amour ou de force ne laisse point d'être toujours un bien ».

« Je suis bon capitaine »

Être contrainte de s'engager au côté d'un parti était insupportable à Catherine. Entre catholiques et réformés, elle aurait voulu demeurer l'arbitre. Le rôle était conforme à ses goûts, digne de la majesté du trône et garant de son autorité. La reine mère a toujours répugné à être entraînée sur l'un ou l'autre plateau de la balance politique. Le fléau seul convenait à son génie. En suivant Guise et Navarre à Paris, elle renforçait malgré elle le plateau catholique. Pour compenser, elle expédia à Condé, chef des huguenots, lettres sur lettres d'excuse et d'appel à la modération. Le prince avait quitté Paris avant le retour des triumvirs. À Meaux, Coligny l'avait rejoint. Ensemble ils s'apprêtaient à passer à l'action. Jusqu'au bout, Catherine tenta de retenir leurs bras, leur ordonnant de désarmer et de revenir à la Cour. En vain : le 2 avril 1562, les réformés s'emparèrent d'Orléans, signant ainsi leur rébellion.

Le royaume basculait dans la guerre civile. Les contemporains ignoraient encore qu'il s'agissait du premier acte d'une tragédie qui en comptera huit. Chaque faction rejetait sur l'autre la responsabilité de l'avoir ouverte. La tuerie de Wassy faisait des catholiques les responsables du conflit ; la prise d'Orléans désignait au contraire les protestants.

Le prince de Condé destinait sa conquête à devenir la citadelle de son parti. On s'installait dans la durée. Catherine était durement affectée par l'échec de sa « politique de douceur », mais elle ne restait pas inactive. Elle réfuta la défense de Condé qui arguait de la captivité du roi entre les mains des chefs catholiques pour justifier son recours aux armes. Rien n'autorisait la prise d'une ville royale. La reine mère voulait y reconnaître au contraire le prélude à « la perte manifeste de la monarchie ». Mais envers les catholiques, elle devait se défendre des soupçons d'intelligence avec les réformés. Une fois encore, elle répondait aux calomnies incriminant sa foi : « Je n'ai changé ni en effet, ni en volonté, ni en façon de vivre, ma religion qu'il y a quarante-trois ans que je tiens, et y ai été baptisée et nourrie, et je ne sais si tout le monde peut en dire autant. »

Catherine usait de la seule liberté qui lui était laissée : appeler au calme, ramener les adversaires à la raison. Les huguenots la prétendaient-ils prisonnière ? Elle obtint des triumvirs de quitter Paris pour Montceaux, démontrant ainsi que le roi et sa mère étaient libres, et ordonna aux chevaliers de l'ordre de Saint-Michel et à une partie des membres du Conseil de la rejoindre pour signifier qu'en elle demeurait l'autorité souveraine. Les catholiques menaçaient-ils les protestants du châtiment des rebelles ? Catherine s'efforçait de rentrer en contact avec Condé pour négocier.

Elle avait d'autant plus de mérite que, les unes après les autres, les villes ouvraient leurs portes aux réformés. Après Orléans, Tours et les cités de la Loire ; Rouen, Caen et Dieppe ; Lyon et les villes du Dauphiné. Celles du Languedoc, du Rouergue, des Cévennes et du Vivarais tombaient comme des fruits mûrs aux mains des amis de Condé. Le royaume de France s'effilochait. Et Catherine travaillait à recoudre !

Quelle force l'animait ? Aux disputes religieuses, on le sait, elle restait presque indifférente. En revanche, elle estimait avoir en charge l'unité du royaume reçu de son époux et qu'elle devait transmettre intact à son fils. Dans une lettre au frère de Coligny, Odet de Châtillon, elle faisait appel au patriotisme de ce curieux cardinal qui avait adhéré à la Réforme : « Vous qui avez toujours fait profession de patriote, montrez à ce coup que vous et vos frères ne voulez être cause de la ruine de votre patrie, mais au contraire de sa conservation, comme vous ferez si vous trouvez façon de faire *désobstiner* M. le prince de Condé. » Dans la tempête qui se levait sur le royaume, la reine italienne était bien la seule à invoquer la défense de la patrie contre ceux qui s'apprêtaient à la mettre en pièces.

En s'efforçant d'éviter l'irréparable, Catherine entendait aussi préserver son autorité. Car d'un conflit entre les deux factions sortirait un vainqueur qui s'empresserait de la réduire à sa discrétion. « Tout ce qui se fait d'un côté et d'autre, reconnaissait-elle, n'est que par ambition et envie de gouverner, et de m'ôter la puissance. »

Toute menace sur son pouvoir donnait des ailes à la reine mère.

Catherine aimait avoir plusieurs fers au feu. Les moralistes de cabinet le lui ont souvent reproché, dénonçant pêle-mêle une dissimulation toute féminine et une perfidie spécifiquement italienne, quand ils n'y voyaient pas la preuve de son adhésion aux préceptes de Machiavel. Ces procureurs voulaient ignorer les difficultés dans lesquelles la reine mère se débattait et le chemin tortueux que sa faiblesse la contraignait souvent à emprunter. Ses initiatives du printemps 1562 en fournissent l'exemple éclatant.

Dès l'ouverture de la guerre civile, Catherine affronta les rebelles – la défense de l'autorité royale l'exigeait – tout en cherchant à négocier avec leur chef. Les catholiques les plus ardents espéraient du gouvernement qu'il écrase les huguenots et déchire l'édit de Janvier. Avec satisfaction, ils virent la reine mère s'engager dans la guerre avec la minutie qu'elle mettait en toutes choses, ordonnant de garder les rivières et les passages, encourageant les levées d'hommes, renforçant les garnisons, concentrant des forces autour des villes à reprendre. « Vous verrez par l'ordre que j'ai donné, écrivait-elle à Antoine de Navarre, que je suis bon capitaine. » Catherine faisait son devoir, même si cette guerre lui répugnait.

L'armée royale était autant l'armée catholique que l'armée du roi. Le commandement était en principe assuré par le premier prince du sang, mais la réalité en faisait davantage la chose du duc de Guise. Une campagne victorieuse gonflerait encore la gloire du Lorrain et assujettirait Catherine aux triumvirs. Ne pouvait-elle pas éviter le triomphe des chefs catholiques, dommageable à son autorité, en désamorçant le conflit ? Il lui fallait persuader Condé de remiser ses armes avant de meurtriers combats. Ainsi Catherine éviterait-elle d'être l'obligée du vainqueur.

Elle se sentit comblée quand elle obtint de rencontrer le prince de Condé. Le rendez-vous fut fixé le 6 juin à Toury-en-Beauce, à une dizaine de lieues d'Orléans. « Elle eut un transport de joie, écrivit un témoin ; elle croyait déjà tenir la paix dans ses mains. » Accompagnée par Navarre, elle fut toutefois moins conciliante que les catholiques ne le redoutaient. Elle offrit la liberté de conscience mais pas celle de culte. Condé refusa. Le zèle de la reine mère en fut émoussé. Elle regagna Vincennes où elle séjournait, évitant Paris. Le 17, elle récidiva en rencontrant à nouveau le chef des huguenots au camp de Talcy. Mais le prince resta intraitable. Alors le ton de Catherine changea : « Ils m'ont fait cette honte », dit-elle en parlant des réformés qu'elle s'oubliait à nommer parfois « ces vermines de rebelles ».

Vaincre sans écraser

La liste des villes gagnées par les protestants ne cessait de s'allonger. Une violence sauvage s'était emparée des deux camps. Catherine était tenue informée des massacres perpétrés au nom de la religion. Ni les femmes ni les enfants n'échappaient à la furie des hommes. On ne se contentait pas d'égorger, on s'acharnait sur les cadavres au visage rendu méconnaissable et aux membres arrachés.

Catherine, qui avait tant voulu préserver la paix, était désormais « toute en alarme et en colère ». Les violences commises par les rebelles en étaient sans doute la cause. Il fallait écraser ces huguenots coupables d'avoir violé à Cléry la tombe de Louis XI et dépecé à Bourges le cadavre de Jeanne de France, première épouse de Louis XII. Un serviteur eut-il le courage d'apprendre à la mère du défunt François II qu'à Orléans on avait jeté aux chiens les entrailles de son fils et fait fricasser son cœur à la poêle ?

La conversion de Catherine à la guerre n'avait pas la vengeance pour motif, mais la crainte de voir les Anglais s'emparer des villes de Normandie. Catholiques et protestants avaient en effet négocié des alliances avec l'étranger : ils en espéraient renforts et argent.

Catherine avait fini par accepter les secours proposés par Philippe II tandis qu'Élisabeth d'Angleterre était prête à débarquer en France six mille soldats pour aider les huguenots. La seule idée de voir les Anglais prendre pied dans le royaume était insupportable à la veuve du roi qui les avait chassés de Calais quatre ans plus tôt. La menace d'une invasion anglaise devint son obsession. Elle en perdait le sommeil, ressassant nuit et jour des plans de campagne pour parer à un désastre annoncé. Fallait-il qu'elle redoute un débarquement pour être réduite à solliciter l'aide de l'Espagne! Que le Roi Catholique, demanda-t-elle à l'ambassadeur de Philippe II, dissuade la reine Élisabeth d'envahir la France et qu'il envoie d'urgence des secours! Par haine des Anglais, Catherine devint l'ennemie des Coligny, d'Andelot et Châtillon.

Lorsque les triumvirs lui demandèrent de les accompagner au siège de Bourges, elle accepta aussitôt. La ville résista plus longtemps que prévu, mais les assiégeants applaudirent au courage de cette femme qui parcourait les lignes pour encourager les soldats, indifférente aux coups de canon qu'on tirait depuis les murailles. La capitulation acquise, elle fit preuve de clémence, comptant que celle-ci ramènerait à l'obéissance d'autres villes rebelles. Elle avait été contrainte d'affronter les huguenots mais elle ne cultivait pas la vengeance. La reine mère n'était ni va-t-en guerre ni cruel vainqueur. Victoire acquise, elle refusait de s'acharner sur l'adversaire.

À Blaise de Monluc, impitoyable chef de guerre catholique, elle commanda de ne pas saccager les maisons des gentilshommes huguenots, car, expliqua-t-elle, « cela n'apporte rien de bon au service du roi et ne fait que désespérer les hommes davantage ». À d'autres occasions, elle ordonnait de punir les chefs rebelles mais d'épargner leurs troupes. « J'ai pardonné, écrivit-elle aux magistrats de Toulouse, tout ce pauvre peuple qui a été abusé (...). Il n'est pas raisonnable d'éteindre les choses jusqu'à l'extrémité (...). Quand les chefs sont punis, l'on se doit contenter, car de vouloir tout châtier, l'on n'aurait jamais fini. »

Pragmatique Catherine ! Il avait fallu la menace étrangère pour la convaincre de recourir à la solution militaire. Mais, guerre ouverte, elle entendait bien préserver un semblant d'unité des Français en usant de modération envers les vaincus. On ignore trop le patriotisme de la reine italienne et l'humanité de la Veuve noire.

Bourges reprise, Catherine franchit la Loire à Gien et, par Montargis, gagna Étampes où elle passa quelques jours. Où l'armée royale devait-elle porter ses coups : à Orléans, quartier général des huguenots, ou à Rouen aux mains des réformés alliés des Anglais[1] ? Le danger anglais fit choisir la capitale de la haute Normandie, d'autant que Condé avait déjà livré Le Havre aux soldats d'Élisabeth. Catherine négligea le repos et se remit en campagne. Le 25 septembre, l'armée royale installa son camp à Darnétal, à quelques lieues de la ville.

En participant au siège de Rouen, Catherine ravivait une blessure : le défenseur de la ville n'était autre que le comte de Montgomery, responsable de la blessure mortelle d'Henri II lors du tournoi de 1559. Sur son lit d'agonie, le roi avait pardonné, mais Catherine n'avait jamais oublié. Montgomery, qui avait adhéré à la Réforme, était un vaillant capitaine : il saurait animer la défense de la ville et porter des coups à l'armée royale. En assiégeant Rouen, Catherine voulait écarter la menace anglaise, mais elle caressait aussi le désir de tenir à sa merci l'« assassin » de son mari.

Une imposante armée de trente mille hommes se rassembla sous les murs de la ville. Le siège fut éprouvant : le temps était à la pluie, plus forte chaque jour, transformant les tranchées en bourbier, retardant tout déplacement de l'artillerie. La défense courageuse des huguenots rendait les assauts très meurtriers. Mais à la satisfaction des assiégeants, les Anglais du Havre ne réussirent pas à porter secours aux Rouennais.

Cependant, au cours d'une inspection, Antoine de Navarre fut méchamment blessé d'un coup d'arquebuse à l'épaule gauche. Aussitôt les royaux redoublèrent d'ardeur. Le premier prince du sang étant contraint à l'inaction, ce fut Catherine qui visita les soldats, stimulant leur courage par sa présence et ses paroles. De mémoire de combattants, jamais une femme n'avait aussi facilement endossé l'habit de général. Pour préparer l'assaut final du 26 octobre, elle fit tirer jusqu'à deux mille coups de canon contre les murailles pour élargir la brèche. Rouen fut prise et aucun pardon ne fut accordé aux vaincus. La reine mère envoya bien les archers de sa garde pour éviter le viol aux femmes réfugiées dans les églises, mais son geste était dérisoire après les trois jours de pillage que les habitants venaient de subir.

Lorsqu'elle pénétra dans la ville vaincue, combien le spectacle des décombres contrastait avec l'entrée officielle, somptueuse et colorée, qu'elle avait faite douze ans auparavant au côté d'Henri II ! Le couple royal avait été alors gratifié d'une fête brésilienne qui témoignait des vastes horizons de la deuxième ville du royaume.

Les mains libres pour la paix

La prise de Rouen laissa à Catherine un souvenir ambigu. Antoine de Navarre mourut le 17 novembre des suites de ses blessures. Ainsi disparaissait celui qui avait tenté de rivaliser avec elle. Il laissait un fils, Henri (futur Henri IV), instruit par sa mère Jeanne d'Albret dans la religion réformée, mais dont les neuf ans d'âge épargnaient à Catherine toute concurrence immédiate. Quant au défenseur du siège, le vaillant Montgomery, il échappa aux troupes royales et s'enfuit au Havre : à la veuve d'Henri II le Ciel avait refusé la revanche espérée.

Encouragée par le succès remporté à Rouen, elle voulut courir assiéger Le Havre aux mains des Anglais, et refuge de Montgomery. Mais les chefs militaires l'en dissuadèrent. L'armée royale ne pouvait être immobilisée une nouvelle fois alors qu'on annonçait des renforts protestants venus d'Allemagne et que Condé, alors à Orléans, projetait de marcher sur Paris. La capitale étant alors dégarnie de troupes, jamais occasion n'avait été aussi favorable au prince. Catherine le comprit et, pour amuser Condé, lui proposa de négocier. Plusieurs fois le rendez-vous fut manqué et lorsque les conférences entre catholiques et protestants paraissaient aboutir, tout était rompu au dernier moment.

Il était urgent de rentrer à Paris et de préparer une nouvelle offensive contre l'armée huguenote. Après la mort d'Antoine de Navarre, qui commanderait l'armée royale ? Les grands seigneurs catholiques se bousculaient pour obtenir la charge. Ils missionnèrent Michel de Castelnau auprès de la reine mère. Celle-ci ne manqua pas d'ironiser au dépens des triumvirs, brillants capitaines venus consulter une femme :

— Nourrice, le temps est venu que l'on demande conseil aux femmes de livrer bataille. Que vous en semble ?

La nourrice du roi conseilla la guerre immédiate, ce qui ne surprit personne. Catherine laissa les chefs militaires choisir le meilleur d'entre eux, mais recommanda d'en finir au plus tôt :

— Je vous prie (...) d'abréger cette guerre car nous n'avons plus moyen de l'entretenir à la longue.

L'affrontement eut lieu à Dreux le 19 décembre. Ce fut la première bataille rangée entre catholiques et huguenots. Catherine attendait le résultat à Vincennes. Un page vint lui apprendre que le connétable de Montmorency avait été fait prisonnier. Au cours de sa longue carrière militaire, le commandant suprême des armées du roi avait déjà été par deux fois capturé, à Pavie en 1525 et à Saint-Quentin en 1557. Cette troisième mésaventure laissa croire à la défaite des royaux que des messagers confirmèrent dans la nuit suivante. Toutefois, au matin du 22, on apporta à Catherine, alors à la messe, une lettre du duc de Guise annonçant la victoire, à peine ternie par la mort du maréchal de Saint-André. Au triomphe des armées du roi s'ajouta une autre bonne nouvelle : le prince de Condé était le prisonnier de Guise. Catherine offrit un *Te Deum* à un Paris débordant de joie.

Condé écarté des combats, François de Guise obtint l'autorisation d'attaquer Orléans défendu par d'Andelot, tandis que Coligny gagnait la Normandie. Comme à Bourges et à Rouen, Catherine exigea d'être présente. Le rude hiver ne la décourageait pas. Avec l'armée elle gagna Chartres, logeant sans commodité dans de petites villes peu préparées à recevoir la famille royale. Catherine continuait à faire « le bon capitaine », préoccupée de logistique, tourmentée par les soucis d'argent. Un jour elle était perceptrice des impôts, écrivant à l'un de ses commensaux : « Je sais bien que vous avez déjà sucé beaucoup de bourses, mais il faut sortir de cette boue. » Un autre, elle parlait comme un artilleur chevronné, exigeant que les canons destinés au siège soient de fonte neuve, « car les vieux rhabillés ne pourront porter l'effort ».

Elle ne serait pas Catherine de Médicis si, en même temps, elle ne cherchait pas à négocier. Mais les conférences organisées entre Condé, son prisonnier, et Guise échouèrent toutes.

La guerre était le seul moyen d'en finir. Le duc de Guise investit Orléans le 5 février 1563. Il fallait en hâter la chute car Coligny, fort des soldats anglais, se portait au secours de la ville. Au soir du 18 février, à la veille d'un assaut que l'on espérait décisif, François de Guise rentrait en son logis quand un coup de feu tiré d'un taillis le blessa mortellement. Il mourut six jours après.

Son assassin avait été pris. C'était un gentilhomme huguenot nommé Poltrot de Méré. Catherine l'interrogea. L'homme reconnut son crime et avoua avoir reçu cent écus de l'amiral de Coligny pour « faire ce méchant coup » qui lui vaudrait le paradis. Catherine crut que l'Amiral avait dépêché des tueurs pour abattre d'autres chefs catholiques et elle-même. « Je ferai bien de faire garder mes enfants, dit-elle, et prendre garde à ma personne. »

Elle s'empressa de diffuser par tout le royaume copies de la déposition de Poltrot de Méré, glorifié par les huguenots, honni des catholiques. Catherine ne crut pas un mot de la justification que Coligny lui expédia. Il est vrai que l'Amiral manquait d'habileté dans sa défense : n'avouait-il pas avoir connu et employé Poltrot comme espion ? Cynique ou ingénu, il ajouta que la mort du Lorrain était le plus grand bienfait que le Ciel pouvait envoyer au royaume. Persuadés de sa culpabilité, comme tous les catholiques, les Guise n'oublièrent jamais cet aveu. Entre les Lorrains et la maison de Châtillon, la haine s'installa, inexpiable.

Montmorency prisonnier, Saint-André tué, Guise assassiné, l'armée royale n'avait plus de chef. « Nous n'avons homme pour commander que le maréchal de Brissac que j'ai envoyé quérir, encore qu'il soit impotent, écrivit la reine mère, et en attendant il faut que je commande et fasse le capitaine. » Experte en logistique, Catherine n'était pas stratège : on lui conseilla de lever le siège. Orléans demeura la ville symbole de la résistance huguenote.

La reine mère travailla aussitôt à la paix. La mort de François de Guise, qui avait été constamment hostile à toute négociation avec les rebelles, dégageait l'horizon. Catherine avait désormais les mains libres et se réjouissait d'être seule pour gouverner au nom de son fils. Elle mit à profit sa nouvelle liberté pour préparer un édit de pacification. Certes les royaux n'avaient pu enlever Orléans, mais la victoire de Dreux donnait l'avantage au gouvernement. L'épuisement des finances imposait d'ailleurs la paix. Catherine qui n'avait cessé d'emprunter, aux Vénitiens comme au duc de Toscane, ne pouvait même plus payer les intérêts des sommes empruntées. Aussi tout espoir d'un succès catholique total s'évanouissait. À la différence de Coligny, incorrigible belliciste, Condé et d'Andelot désiraient la paix.

Le 19 mars 1563 fut signé l'édit de pacification d'Amboise. Malgré Condé qui avait prétendu ne vouloir rien retrancher à l'édit précédent, le texte, qui reconnaissait la liberté de conscience, restreignait considérablement la liberté de culte accordée jusque-là[2].

— Ce trait de plume ruinait plus d'églises (réformées) que les forces ennemies n'en eussent pu abattre en dix ans, maugréa Coligny.

Catherine était parvenue à son but : la fin de la lutte armée et le retour à la tolérance civile, certes imparfaite mais salvatrice pour le royaume. Elle pouvait être fière : la paix était bien l'« ouvrage de ses mains ». La lassitude des deux partis comme la disparition de ceux qu'elle appelait drôlement les « remueurs de ménage » justifiaient sa conviction d'avoir trouvé la solution aux divisions des Français. « Je m'assure, écrivit-elle imprudemment, de ne revoir jamais de pareil trouble. »

Catherine a souvent péché par optimisme.

CHAPITRE VII

« Le repos de cet État »

> *J'ai eu, toute ma vie, un but devant les yeux, celui de bien faire.*
>
> Catherine de Médicis

Jamais Catherine n'avait été aussi heureuse. Tout lui avait réussi. En faisant signer l'édit de pacification, elle avait fait la preuve de son génie politique. La paix d'Amboise était sa victoire. Pendant la guerre, elle avait montré qu'elle n'était pas seulement une femme experte en intrigues ou habile aux négociations. Auprès des combattants, sous la pluie et dans le froid, elle avait su encourager les troupes, bravant la mort à l'occasion. Soldats et gens du peuple avaient admiré son courage et sa détermination : dans les tranchées de Rouen, elle avait gagné ses galons.

Le Ciel lui-même s'était mis à son service en la débarrassant de François de Guise et d'Antoine de Navarre, ses rivaux. En quelques mois, Catherine avait acquis la certitude d'avoir redonné son prestige au royaume. Avec l'assurance, pimentée d'orgueil, que donne le sentiment de la réussite, il lui arrivait de mépriser les menaces. À Noël 1563, lorsqu'une main placarda sur les murs de Paris un appel au meurtre de la reine mère, elle déclara : « Je n'ai pas eu peur de leurs canons, il ne manquerait plus que je craigne un coup de plume. »

Un plaidoyer pour la paix

Si Catherine croyait aux traités de paix, elle savait la difficulté à les faire appliquer. Un compromis comble rarement les partis extrêmes : pour le pérenniser, il faut gagner les modérés, en développer le nombre, les convaincre de défendre l'accord. Or, en ce printemps 1563, le climat était peu propice à la modération. Ce ne fut pas le soulagement qui accueillit l'édit de pacification, mais la colère. On ne comptait plus les incidents. À Paris, cité toute catholique, où les huguenots imprudemment rentrés dans la capitale menaient une vie de lièvre, les hérauts chargés d'annoncer à son de trompe la publication de l'acte royal furent bousculés par la population, bombardés d'immondices, heureux d'échapper à la lapidation. Dans les provinces majoritairement protestantes, les réformés empêchaient tout autant les agents du roi d'appliquer l'édit.

Chaque jour on rapportait à Catherine des actes de violence : ici, un guet-apens organisé contre des catholiques ; là, une série d'assassinats de huguenots. Les tueurs à gages ne chômaient pas. Plus les textes réglementaires précisaient le détail de l'édit d'Amboise, plus les occasions d'affrontement se multipliaient. Le 19 mars, les Parisiens, en « pleurs et lamentations », suivirent en masse les obsèques solennelles de leur héros, François de Guise, en criant vengeance. La veille, le meurtrier du duc, Poltrot de Méré, avait été écartelé sur ordre du Parlement : la foule fanatisée avait achevé le travail des chevaux en dépeçant les membres disloqués du condamné, traînant des quartiers de chair humaine par les rues.

En présence de Catherine, catholiques et protestants donnaient le change, témoignant encore de leur respect pour le trône. Mais dans son dos, chaque occasion était bonne pour en découdre. En juin, la reine mère se montra au peuple de Paris au côté du prince de Condé. Sa promenade en compagnie du chef des réformés avait valeur de sondage de popularité. Du calme qui régna sur leur passage, elle conclut que la population était « bien aise de nous voir tous ». Mais, le lendemain, cinq cents Parisiens à cheval postés à l'extérieur de la ville tuèrent un capitaine huguenot à la portière du carrosse de la princesse de Condé, qu'ils avaient en réalité prise pour cible. Averti, Condé cria au guet-apens fomenté par les Guise et menaça de quitter la Cour. Il fallut toute la persuasion de Catherine pour le retenir.

« Quand je pense être hors de ces troubles (...), confiait la reine mère, il y a je ne sais quel malheur qui nous y remet. » Pourtant, attelée à sa tâche comme Sisyphe à son rocher, Catherine ne se décourageait pas. Sans se lasser, elle travaillait dans ce climat détestable à réconcilier de grands seigneurs irréconciliables, satisfaite lorsque deux ennemis se juraient amitié en sa présence. Elle ne fut jamais naïve, mais n'avait pour les hommes ni illusion ni mépris. Chaque pas vers l'apaisement lui paraissait digne d'être tenté. Si Paris vivait en paix, l'exemple de la capitale « apporterait, croyait-elle, l'entier repos par tout le royaume ». En « rapointant » les grands, elle briserait la chaîne infernale de la vendetta.

Sans doute n'ignorait-elle pas les risques de ses efforts obstinés : à toujours chercher le raccommodement, à vouloir étouffer les querelles à peine écloses ou stopper une enquête quand celle-ci risquait de compromettre un chef de parti, Catherine finirait pas mériter une réputation de faiblesse. Entre catholiques zélés et huguenots ardents, elle devait, avec art, manier indulgence et sévérité.

La veuve et les enfants du duc de Guise assassiné réclamaient le procès des coupables, l'amiral de Coligny en tête. Catherine laisserait-elle instruire un procès explosif ? Elle y répugnait, tout entière occupée au contraire à calmer les passions, à réduire les heurts. La reine mère usait beaucoup d'énergie à éteindre les incendies dont chaque parti agitait les brandons. Quand elle rendait des arbitrages, une seule règle s'imposait à elle : causer le moins de mécontents.

Sa longanimité envers les puissants de la Cour ne valait pas pour les provinces. L'édit d'Amboise devait être respecté dans tout le royaume : il y allait de sa « conservation ». Aussi envoya-t-elle en tournées des maréchaux de France chargés de contraindre, fût-ce par la force, catholiques et huguenots à faire la volonté du roi. Pour épauler ces gentilshommes plus à l'aise aux combats que dans le détail de l'administration, elle les doubla de commissaires, membres du conseil du roi ou du Parlement de Paris. Ce fut là l'origine des intendants, efficaces agents de l'État, de Richelieu à la Révolution.

Ainsi le gouvernement travaillait d'arrache-pied à maintenir la concorde civile entre les deux confessions, bousculant ici des magistrats récalcitrants à accorder aux protestants les droits prévus dans l'édit, contraignant là les réformés à respecter les limitations au droit de culte. Sur le terrain, chaque détail d'une vie publique perturbée par les appartenances religieuses exigeait d'être résolu selon les prescriptions officielles. À aucun moment Catherine ne devait se défaire de son rôle d'arbitre. Entre les deux partis, il lui fallait constamment tenir la balance égale. C'était le prix à payer pour le retour définitif à la paix. Si, ici ou là, les ordres expédiés de Paris restaient lettre morte, le roi irait sur place faire connaître sa volonté.

« Comme si elle était le roi »

La guerre avait mobilisé la reine mère jusque dans les tranchées. Pour faire triompher durablement la paix, elle ne se démena pas moins. Contrariée par les querelles locales, la réconciliation entre catholiques et huguenots avait de plus grandes chances de réussir si on leur opposait un ennemi commun. Or, l'ennemi était proche, sur le sol de France, en Normandie : les Anglais d'Élisabeth, appelés naguère par les protestants, toujours cantonnés au Havre. Déjà pendant la guerre, l'entrée des armées étrangères dans le royaume avait scandalisé la reine mère. Édit d'Amboise signé, le maintien de la garnison anglaise en haute Normandie lui était intolérable. Elle ressentit une immense joie lorsqu'elle vit Coligny puis Condé se détacher de l'alliance anglaise. Son bonheur fut complet lorsqu'elle décida Condé à marcher avec elle sur Le Havre.

Ainsi l'unité française se reconstituait face à l'ennemi. Quelques années durant, l'intérêt national eut prime sur les ambitions personnelles et les rivalités de religion. Catherine avait médité la bataille de Dreux où gentilshommes et soldats de l'armée du roi avaient affronté les sujets protestants du même monarque. Elle avait ressenti l'inanité de ce combat fratricide que François de la Noue décrivit avec émotion : « Chacun (...) repensant en soi-même que les hommes qu'il voyait venir vers soi n'étaient Espagnols, Anglais, ni Italiens, mais Français, voire des plus braves, entre lesquels il y en avait qui étaient ses propres compagnons, parents et amis, et que dans une heure il faudrait se tuer les uns les autres. »

La bataille de Dreux avait immunisé Catherine : pour toujours elle déplora les combats entre Français. Devant Le Havre aux mains des Anglais, elle voulut rassembler tous les sujets de son fils. À son appel, Coligny et d'Andelot étaient restés sourds, mais Condé et les siens avaient répondu.

Le siège commença avec les fortes chaleurs de juillet. Catherine logeait à l'abbaye de Fécamp d'où, chaque jour, elle se rendait au camp. La ville céda bientôt, peste aidant. Le 23 juillet 1563, Le Havre capitula et les soldats d'Élisabeth repassèrent la Manche. Le roi de France était maître chez lui.

Le succès militaire ne détourna pas Catherine de son premier devoir : faire respecter l'édit. Or, le Parlement de Paris ne l'avait enregistré qu'avec réticence, prenant prétexte de la minorité du souverain. Celle-ci réveillait toujours les contestations politiques, alors que l'autorité d'un roi majeur ne devait théoriquement souffrir aucune opposition, toute révolte étant alors assimilée à un crime de lèse-majesté. Pour fortifier l'autorité royale, il fallait donc hâter la proclamation de la majorité de Charles IX. Une ordonnance vieille de près de deux siècles fixait la majorité des rois à quatorze ans. Or, Charles n'avait que treize ans et six semaines. Fallait-il encore patienter plus de dix mois pour voir reconnaître la plénitude de son pouvoir ?

En ce temps où les opposants à l'édit d'Amboise usaient de toutes les arguties juridiques pour combattre la politique de concorde civile engagée par la reine mère, dix mois étaient interminables. Depuis la conjuration d'Amboise au printemps 1560, le massacre de Wassy le 1er mars 1562 et la prise d'Orléans le 2 avril suivant, le temps semblait s'accélérer dans le royaume de France. Précipiter l'échéance de la majorité s'imposait. On ne pouvait pas braver l'ordonnance de 1374 : l'enfreindre soulèverait un tollé, peut-être une révolte. Mais on pouvait contourner l'obstacle. Catherine mobilisa ses juristes : d'une ambiguïté du texte ils firent jaillir une interprétation favorable au gouvernement. Il n'était pas nécessaire que la quatorzième année requise soit accomplie : qu'elle soit entamée suffirait. Avec ses treize ans passés, Charles IX pouvait dans l'instant être proclamé majeur.

Pour enregistrer solennellement la déclaration de majorité, Catherine choisit le parlement de Rouen. Manière de rabattre son caquet à celui de Paris, jugé trop indépendant. La cérémonie eut lieu le 17 août 1563. Ce fut une nouvelle fois l'occasion de rendre hommage à la reine mère.

— Je n'oublierai jamais, déclara le jeune roi, les peines que la reine Madame ma mère a prises pour conserver ma couronne et mon État. Je suis en âge qui me rend capable de la soulager et qui, par les lois du royaume, me remet l'entière autorité sur mes sujets.

Mais le roi majeur ne renvoyait pas sa mère à des travaux d'aiguille. Le premier président du parlement se chargea de rappeler que le règne de Charles IX serait d'autant plus grand que le monarque continuerait d'être « assisté des sages conseils de la reine sa mère qui s'était montrée en sa régence une Olympias pour Alexandre, une Hélène pour Constantin, une Blanche [de Castille] pour Louis [IX] ».

Suivit un dialogue convenu entre Catherine et le roi :

— Je remets [la régence] maintenant entre vos mains avec regret de n'avoir mieux fait (...). J'ai fait ce que j'ai pu, et si quelqu'un a blâmé mes actions, il n'a rien à dire contre mon intention qui a toujours été bonne.

Charles, tête nue, descendit les quelques marches qui le séparaient de sa mère pour la remercier :

— Madame, votre autorité sera plus reconnue qu'elle n'a jamais été en mon royaume, et je ne ferai jamais rien sans votre avis.

Charles IX était majeur, la régence prenait fin et... Catherine continuait de gouverner. On le vit bien lorsque, le 23 octobre suivant, un règlement précisa que la reine mère devait toujours être la première à ouvrir les plis apportés par les secrétaires d'État. Aucune lettre ne pouvait être signée par le roi si elle n'avait été vue par elle. Catherine conservait un pouvoir entier.

Elle l'exerçait au sein du Conseil, instrument privilégié du gouvernement monarchique. Sous l'Ancien Régime, le roi ne gouvernait jamais seul mais toujours éclairé par les avis de ses conseillers. Depuis la fin du règne d'Henri II, le Conseil avait réparti son activité entre des sections spécialisées. Ainsi, à côté du Conseil étroit, appelé aussi « des affaires », chargé de la haute politique intérieure et extérieure, siégeait le Conseil privé ou des parties qui dirigeait l'administration et la justice du royaume. Catherine leur ajouta un Conseil spécialement chargé des finances qui devait se réunir chaque semaine.

Investie à nouveau d'un pouvoir qui, en réalité, ne lui avait jamais été retiré, elle prit soin de peupler le conseil du roi à sa guise, en faisant nommer des représentants des deux religions. Elle appela ainsi seize catholiques de choc et six huguenots – dont Condé et les trois frères Châtillon – qu'elle neutralisa par une vingtaine de modérés acquis à la politique de pacification, comme le chancelier Michel de L'Hospital, Jean de Morvillier, évêque d'Orléans, ou Monluc, évêque de Valence. Principal conseiller du roi son fils, servie par des hommes fidèles, Catherine pouvait continuer d'œuvrer à sa politique de tolérance civile.

Si elle réussissait à conserver son rôle d'arbitre, le pari de la pacification pouvait être gagné. Catherine savait que préserver la paix exigeait de l'énergie. Elle n'en manquait pas. À quarante-quatre ans, elle était au mieux de ses capacités. Sa robuste santé l'autorisait à s'appliquer au travail sans compter. Son tempérament optimiste et gai l'aidait à surmonter avanies et désillusions. Catherine ignorait le découragement. Avec la reprise du Havre aux Anglais et la proclamation de la majorité de Charles IX, elle paraissait en veine. Sa prudence naturelle l'incitait toutefois à éviter les risques de conflit.

Pour tâcher d'endiguer la vendetta entre les Guise et les Châtillon, elle fit reporter le procès contre l'amiral de Coligny, exigé par la famille du duc de Guise assassiné : « Toutes choses », trancha-t-elle, seraient « remises d'ici à trois ans ». Afin de ne choquer aucune oreille catholique, elle obtint que les grands seigneurs abandonnent les prêches à la Cour. L'édit d'Amboise n'avait-il pas banni de Paris le culte réformé ? La maison du roi devait être au-dessus de la mêlée, un modèle de pacification pour le royaume. Catherine soutenait l'édit, tout l'édit, mais rien que l'édit.

Quant au concile que le pape venait de réunir à nouveau à Trente, en Italie du Nord, pour son ultime session, elle en attendait peu de choses. Depuis des années elle avait encouragé la suppression des abus de l'Église, mais elle avait aussi recommandé de ne rien brusquer en matière de dogme afin de ne pas figer les positions. Rome ne l'avait guère écoutée. Aussi n'avait-elle que prévention à l'égard d'un concile prétendument œcuménique mais qui refusait d'entendre les protestants. Une assemblée aussi exclusivement catholique contredisait trop son idéal de concorde. L'ambassadeur de France à Trente confirmait ses craintes : « Nous voyons, lui écrivait-il, la plupart des pères et théologiens plus durs et sévères à maintenir toutes choses en leur entier sans en rien relâcher qu'à condonner (*sic*) quelque chose à la nécessité du temps. »

Catherine n'adhérait pas à l'esprit tridentin qu'elle jugeait trop façonné par les prélats espagnols et italiens hostiles à tout compromis. Après sa clôture, les décrets et canons du concile furent confirmés par le pape. Mais la reine mère refusa de les recevoir dans le royaume et d'en faire une loi de l'État. Non seulement elle n'en espérait pas « grande guérison au mal qui est à présent », mais elle redoutait que leur réception ne nuisît à la paix civile. Les catholiques zélés en tireraient trop d'avantages à son goût. Elle n'avait nul besoin de voir se renforcer le parti des Guise, tant ses membres avaient « envie de brouille ». Aussi fit-elle comme si le concile ne s'était jamais tenu. Malgré ses liens familiaux avec deux papes, la cousine de Léon X et de Clément VII préférait son pays d'adoption à Rome, les libertés de l'Église gallicane aux décisions conciliaires.

« La virevolte du royaume »

Février 1564, la Cour est à Fontainebleau. Non pour entendre discourir interminablement quelques doctes théologiens, mais pour se divertir. La Cour s'amuse. Divertissement réparateur? Depuis un an, le royaume est en paix. Mais la paix, Catherine le savait mieux que quiconque, méritait d'être consolidée et la reine mère s'efforçait de réconcilier les Français. Les fêtes qu'elle s'apprêtait à offrir devaient aider à oublier le passé récent, ses souffrances et ses morts.

Comme ses contemporains, Catherine croyait en la fonction politique et presque magique des fêtes. Voir « tous les soirs à la salle de bal danser huguenots et papistes ensemble » était pour elle une satisfaction d'amour-propre et le premier effet de sa politique d'accommodement. La Cour s'amuse, mais ses fêtes sont un moyen de gouvernement.

La reine mère avait quitté Paris le 24 janvier après avoir interdit la Cour aux deux grandes familles rivales, les Guise et les Châtillon. Elle s'était arrêtée sur les bords de la Marne, dans le petit village de Saint-Maur dont elle venait d'acheter le château aux héritiers du cardinal du Bellay. Elle avait été conquise par la beauté du site, le bon air et la garenne voisine. Déjà Philibert de l'Orme, son architecte, était chargé d'agrandir la demeure. Une seule étape à Corbeil, et Catherine couchait le dernier jour de janvier à Fontainebleau, dans le château de François Ier. On pouvait croire que la Cour y attendrait la fin de l'hiver avant de gagner le val de Loire pour y jouir des premiers signes du printemps.

Catherine avait fait savoir qu'elle refusait de se rendre au sommet que les princes catholiques tiendraient à Nancy en février pour coordonner les moyens d'extirper l'hérésie. Elle n'avait pas signé un an plus tôt un édit de pacification qui irritait le pape, le roi d'Espagne et l'empereur pour se renier et détruire elle-même son œuvre. Même si, de leur côté, Calvin et Théodore de Bèze, dont elle avait brisé les espoirs, dénonçaient sa perfidie et son « astuce », elle ne voulait pas courir le risque d'une « rechute de guerre ».

En ce mois de février 1564, la Cour fêta Carnaval plus fastueusement qu'à l'ordinaire. Les « magnificences », échelonnées sur plusieurs jours, mêlaient tournois, spectacles nautiques, combats à cheval, comédies. Elles avaient la paix pour thème. Elle furent inaugurées par les soupers donnés par le connétable de Montmorency, alors en retard de faveur, et par le cardinal de Bourbon, prince du sang, frère du protestant Condé, mais catholique convaincu. Le dimanche gras, Catherine offrit à son tour un festin et une pastorale – la *Belle Genièvre* –, la première du genre en France, adaptée d'un épisode du *Roland furieux* de l'Arioste. À la musique de Nicolas de la Grotte, organiste du roi, et à la richesse du décor, Ronsard avait ajouté des vers en intermède. Les plus belles dames et filles de la Cour et quelques seigneurs en furent les interprètes.

Le lendemain, un somptueux repas eut lieu chez Monsieur, frère du roi[1], suivi d'un combat à pied opposant deux groupes de six chevaliers. Le mardi gras, un tournoi, à la mode des tournois à thème d'Italie, fit s'affronter des cavaliers déguisés en Grecs et en Turcs. Ils devaient s'emparer d'une demeure enchantée, en carton-pâte, gardée par des nains et des géants, afin de délivrer de jeunes et belles captives rêvant à l'amour. Catherine avait interdit au roi de participer au combat : le souvenir de la mort d'Henri II restait trop brûlant.

Elle accepta en revanche de jouer la bergère dans une pièce écrite par Ronsard d'après Virgile, accompagnée au son du luth, où chacun de ses enfants reçut un tendre diminutif : Orléantin pour Henri, qui était alors duc d'Orléans, Angelot pour son cadet François d'Anjou ; mais aussi Navarrin pour Henri de Navarre et Guisin pour Henri de Guise. Sa fille, Marguerite de Valois, porta sans surprise le surnom de Margot. Et chacun de déclamer les vers de Ronsard chantant une nature aimable et délicate, les fiers ombrages, les tendres bergers et les amours éternelles. Une charmante fête de famille par de charmants enfants.

Les réjouissances de Fontainebleau, qui servirent de modèle à toutes les fêtes qui suivirent, exaltaient la monarchie et célébraient la paix retrouvée. De séduisantes sirènes chantaient l'âge d'or du règne d'Henri II, trop tôt évanoui. Car,

> *En lieu de paix, d'amour et de bonté*
> *Vint la malice au visage éhonté,*
> *Haines, discordes et factions de villes ;*
> *Désir de sang les hommes fit armer,*
> *L'ambition après vint allumer*
> *Le grand brasier des querelles civiles.*

Mais le fils d'Henri II, le berger Carlin (Charles IX), allait faire revivre le bel âge puisqu'il avait déjà chassé le fantôme de la guerre et permis le retour des bonnes divinités marines et terrestres. À l'hommage au jeune roi, le poète associa Catherine.

> *Et toi, mère, réjouis-toi,*
> *Mère sur toutes vertueuse,*
> *Qui a nourri ce jeune roi*
> *D'une prudence si soigneuse.*
> *Bientôt auras de tes travaux*
> *La récompense sûre et bonne,*
> *Quand tu verras tous ses vassaux*
> *S'humilier sous sa Couronne.*

À Fontainebleau, la Cour demeura quarante-trois jours, s'accroissant chaque semaine de nouveaux venus. Les fêtes attiraient les courtisans, mais on comprit bientôt que le château était aussi un rendez-vous où convergeaient seigneurs et domestiques, hommes de gouvernement et secrétaires, prêts à suivre la famille royale dans un long déplacement. Car Catherine avait décidé de faire découvrir au roi son royaume.

Les raisons du Grand Tour (1564-1566)

Le projet n'était pas inédit. Depuis François Ier, la Cour était presque toujours en voyage. Le Roi-Chevalier n'avait cessé de se déplacer, occupant les années de son règne à visiter son domaine. Henri II avait été plus casanier, sauf pour conduire ses armées vers les frontières du Nord et de l'Est. C'est un véritable tour de France que la reine mère voulait imposer à sa suite. On visiterait des régions isolées, on gagnerait les confins du royaume, on longerait les frontières. Un gigantesque périple à travers des provinces jusqu'ici absentes des itinéraires royaux : telle était la volonté de Catherine.

Ce voyage avait ses raisons. Dans le royaume, la monarchie manquait encore d'administrateurs locaux. Pour favoriser la centralisation toujours inachevée, pour cimenter l'unité nationale prête à se déchirer, rien ne pouvait remplacer le contact personnel du roi et de ses sujets. Le monarque devait connaître son royaume, voir et être vu. Un Grand Tour rappellerait l'autorité de l'État et raffermirait l'autorité souveraine. La royauté avait besoin de loyalisme.

D'autant que l'édit de pacification n'était pas encore partout respecté. Aussi Catherine entendait bien que, là où le roi passerait, « il n'y ait plus personne qui puisse se forger prétexte ou occasion d'y contrevenir ». Personne, ni les catholiques zélés ni les huguenots intransigeants, ne saurait rompre ou violer l'édit. Les réformés y gagneraient la paix, mais leur prosélytisme devait être enrayé. Que l'on attente à l'application de l'édit et, écrivait Catherine à son fils, « de quelque côté que ce fût, j'emploierai le vert et le sec, sans respect de religion ni autre considération que celle qui appartient à la conservation du repos de cet État ».

Pourtant, que de risques de conflit ! Des parlements, comme ceux d'Aix et de Toulouse, farouchement catholiques, refusaient de faire une place aux magistrats huguenots. D'autres, comme à Bordeaux, caressaient des prétentions législatives, alors que faire la loi n'appartenait qu'au roi. À tous, il fallait rappeler qui était le maître.

Bien des gentilshommes de province oubliaient leur devoir de loyauté envers le roi : il fallait les reconquérir, se les attacher, en faire des clients. Tenir les nobles, c'était tenir les provinces. Certes la monarchie ne pouvait pas transformer en une immense clientèle royale tous les nobles du royaume. Mais contenter les plus influents ramènerait le plus grand nombre à l'obéissance. François Ier n'avait-il pas été un généreux distributeur de faveurs, titres, charges et bénéfices ? Aussi, rappelait Catherine admirative de son beau-père, était-il « averti de tout ce qui se remuait dans les provinces ». La reine mère voulait mieux connaître les gentilshommes de bonne lignée dispersés dans le royaume, comme certains hommes politiques d'aujourd'hui maîtrisent à la perfection la géographie électorale.

Pendant la guerre, tant de villes avaient ouvert leurs portes aux huguenots qu'il était nécessaire de reprendre en main les cités et transformer leurs élites en fidèles. En gagnant « trois ou quatre des principaux bourgeois (...) qui ont le plus de pouvoir dans la ville, et autant des principaux marchands qui ont bon crédit parmi leurs concitoyens », les cités, assurait Catherine au roi, découvriront à nouveau le chemin du loyalisme, « sans que le reste [de la population] s'en aperçoive ni puisse dire que vous rompiez leurs privilèges ».

Avec Charles IX, Catherine emmena deux de ses enfants, Henri et Marguerite. Seul François, le plus jeune, fut laissé à Saint-Germain. La reine mère entamait ce long périple dans l'espoir de rencontrer sur la frontière de la Lorraine sa fille Claude, épouse du duc Charles III, et, à proximité des États de Savoie, sa belle-sœur Marguerite, femme du duc Emmanuel-Philibert. Aucune fatigue n'aurait raison de son désir d'embrasser son aînée, Isabelle, reine d'Espagne ; et peut-être pourrait-elle rencontrer son mari, Philippe II. Pour Catherine, la famille était chose sacrée.

Les tâches gouvernementales ne l'empêchèrent jamais de veiller sur les siens : fière de la beauté naissante de Margot, préoccupée de refréner l'excessive passion du roi pour les exercices physiques, décourageant Henri de s'exposer à l'humiliation d'une chute dans un tournoi. Marier sa progéniture était son souci premier. Ne pourrait-elle pas rencontrer au cours de ce voyage l'empereur Maximilien et le convaincre de donner sa fille aînée à Charles IX, et son fils l'archiduc Rodolphe à Margot ?

La caravane royale

La Cour quitta Fontainebleau et ses « magnificences » le 13 mars 1564 pour un long voyage de près de quatre mille de nos kilomètres. Dix mille à quinze mille personnes se jetèrent ainsi sur les routes et les chemins, imposant au cortège de s'étirer sur quatre ou cinq lieues et de se fractionner entre plusieurs itinéraires. Gardes, chevaux de selle et d'attelage, coches et litières, chariots chargés de meubles et de bagages le faisaient ressembler à une immense caravane transportant tout son nécessaire. D'immenses coffres renfermaient linges, vêtements, vaisselle, tapisseries. Tables, tréteaux, bancs, lits étaient du voyage car les gîtes d'étape étaient souvent vides.

Le roi entraînait avec lui les membres de son Conseil, sa chancellerie, ses archives, son Trésor. La sécurité de la Cour exigeait une escorte de plusieurs milliers de soldats, une véritable « armée en campagne ». Chaque membre de la famille royale se déplaçait avec ses officiers, domestiques, secrétaires, pages et laquais. Seize mulets de charge suffisaient à peine pour transporter les meubles de Catherine. Ses « confitures » et « fruits » mobilisaient en outre deux mulets de bât. Soixante chevaux tiraient les chariots de sa suite chargés de bagages. Si elle possédait un coche à six chevaux, la reine mère voyageait surtout en litière, mais elle montait aussi à cheval. Six « petites montures » d'allure douce servaient aux entrées solennelles dans les villes.

On peut imaginer Catherine sur la route, mangeant dans sa litière – un cheval portant la mallette contenant les provisions de bouche à ses côtés –, riant avec sa folle, lisant et travaillant malgré les cahots. Par les rideaux entrouverts, chacun pouvait l'apercevoir, absorbée par sa lecture, « comme un rapporteur ou un avocat ».

De l'Île-de-France à la Champagne, de Bourgogne en Provence, du Languedoc à Bayonne, de Gascogne en Bretagne, de la Loire en Auvergne, l'itinéraire avait été établi avec soin, car la Cour revint rarement sur ses pas. Catherine veillait à tout, annonçant son arrivée – « Vous aviserez à vous préparer pour ce temps-là » –, organisant les étapes, se souciant du ravitaillement. Au lieutenant général du roi en Bourgogne, elle ordonne de faciliter l'acheminement de grains vers Lyon, sa prochaine étape, « afin que (…) nous y puissions trouver toute abondance et commodité et [qu'il] n'y en puisse advenir aucune disette ». Catherine gouvernait sans négliger jamais l'intendance.

Les fatigues du voyage semblaient l'épargner. Alors que beaucoup parmi son entourage rêvaient de regagner Paris, elle ne se lassait ni des cérémonies officielles répétées ni des difficultés politiques rencontrées chemin faisant. Elle savait aussi se divertir. Catherine chassait, prenait plaisir aux bals, mascarades, concerts, tournois qu'elle offrait à sa Cour. Elle travaillait à la pacification du royaume, sans oublier, disait-elle, de « faire bonne chère à nos amis ». À Paris comme en voyage, Catherine était portée sur les plaisirs de la table, collationnait fréquemment, dînait toujours avec appétit. Tous ces divertissements, auxquels ne manquaient ni les facéties de ses guenons et de ses perroquets, ni les chansons fredonnées par ses dames d'honneur, ou les saillies de ses naines et de ses bouffons, lui permettaient de supporter les désagréments du voyage.

Après Sens et Troyes, où elle demeura vingt jours et fit ses pâques, la Cour s'arrêta à Bar-le-Duc. L'étape combla Catherine puisqu'elle y retrouva sa fille Claude, duchesse de Lorraine, mère d'un bébé dont on célébra le baptême : Catherine fut la marraine de ce premier petit-fils. Les joies familiales cédèrent vite la place à la politique. Un incident eut Mâcon pour cadre. Dans cette ville catholique, la très huguenote Jeanne d'Albret séjournait à son retour de Genève où elle avait enterré Jean Calvin. La mère du futur Henri IV laissa insulter par ses gens la procession catholique de la fête-Dieu. On redouta un massacre. Mais Catherine conseilla au roi de s'abstenir de représailles et de renouveler la procession trois jours plus tard en faisant défiler les enfants de la ville deux par deux, un catholique à côté d'un protestant. La politique de conciliation avait ainsi un visage, celui de la jeunesse, avenir du royaume, réunie sous l'autorité d'un roi pacificateur, sans distinction de religion. Catherine avait le sens du geste.

À Lyon, encore occupée par les huguenots en juin de l'année précédente, la reine mère eut le même souci d'apaisement. Alors que le culte réformé devait être suspendu là où le roi passait, les réformés furent autorisés à baptiser les nouveau-nés et à enterrer leurs morts dans les lieux les plus proches. Ainsi espérait-on écarter toute provocation inutile. Le séjour lyonnais procura quelques agréments à Catherine. Elle y retrouva Marguerite de France, sœur du roi Henri II, épouse du duc de Savoie qui s'était rendu à Lyon moins par esprit de famille que pour réclamer les places piémontaises encore tenues par la France. Catherine fut accueillie par ses compatriotes, membres les plus actifs de la colonie italienne de la ville, notamment les Gadagne et les Gondi. Elle se donna la liberté de badauder incognito dans les rues et entra dans les boutiques faire quelques achats. L'atelier d'un peintre à la mode, originaire de La Haye, connu sous le nom de Corneille de Lyon, eut sa visite. L'artiste s'était spécialisé dans de petits portraits pleins de vivacité qu'une clientèle nombreuse s'arrachait. Catherine posa pour lui.

Ce fut la peste qui chassa la Cour. À dire vrai, l'épidémie avait précédé l'arrivée de la caravane royale, mais Catherine avait voulu l'ignorer. Le mal, qui se moquait des distinctions sociales, s'étendit et pénétra jusque dans les maisons abritant la Cour. Une demoiselle de chambre de la reine mère fut atteinte. Catherine jugea alors prudent de quitter la ville le 9 juillet. La peste s'était répandue dans toute la région : signalée à Grenoble, elle interdit d'y faire étape. Ne convenait-il pas de regagner Paris et interrompre là le voyage ? La reine mère refusa. Rien, ni l'insécurité ni l'épidémie, ne la détournerait de son dessein : le Grand Tour continuerait. Dieu ne saurait frapper son royal serviteur en charge de la plus noble et de la plus pieuse des causes, celle de la pacification. Et Catherine restait sourde aux accusations portées contre les protestants qui auraient fabriqué, selon les délires de l'ambassadeur d'Espagne, « un onguent de peste avec lequel ils ont, pour plus de sept cents maisons de catholiques, badigeonné les heurtoirs des portes et les bouts de cordons de sonnettes qui servent à appeler dans les maisons ». Aux yeux de la reine mère, la menace d'une guerre bactériologique avant la lettre n'était que faribole malveillante.

Catherine avait tant à faire ! Quelques jours après sa sortie de Lyon, elle fit signer au roi l'édit de Crémieu qui permettait une reprise en main des villes du royaume. En apparence, le principe électif des municipalités demeurait sauf, mais le roi se réservait en réalité le droit d'intervenir dans les élections et de choisir le maire et les échevins. Pour la première fois depuis longtemps la monarchie rognait les libertés communales. L'un des buts du Grand Tour était atteint. D'autres tâches attendaient Catherine : interrompre un voyage aussi prometteur aurait été folie.

En descendant le Rhône, on pénétrait dans des terres âprement disputées entre catholiques et huguenots. La reine mère retint un itinéraire qui ménageait les susceptibilités : la caravane s'efforçait de séjourner alternativement dans les villes de confessions rivales. Encore ne fallait-il pas tenter le diable et négliger la sécurité de la famille royale. La Cour s'arrêta à Valence, terrorisée deux ans durant par un redoutable chef protestant, le baron des Adrets, mais redevenue fidèle au roi. À Orange et à Montélimar, presque entièrement aux mains des réformés, elle passa son chemin. Mais en Avignon, ville pontificale où les cérémonies religieuses s'enchaînèrent sans discontinuer, elle séjourna trois semaines. Charles IX poussa le zèle de la concorde en se déclarant protecteur des familles protestantes vivant dans la cité et que le légat du pape était tenté de brimer. L'œuvre de pacification royale débordait, on le voit, en cette enclave étrangère, les frontières du royaume.

À Salon-de-Crau (devenue Salon-de-Provence), récemment éprouvée par la peste, Catherine rencontra une vieille connaissance : l'astrologue Michel de Nostredame, *alias* Nostradamus. L'homme n'était plus tout jeune ; il avait dépassé la soixantaine et vivait depuis près de vingt ans à Salon où il s'était marié et où il élevait ses six enfants. La première édition, en mars 1555, de ses *Centuries,* recueil de quatrains prophétiques et fumeux, lui avait valu d'être invité à la Cour. Sans doute n'était-il pas seul alors à prophétiser et, du paysan au grand seigneur, chacun avait la curiosité du futur. Ainsi, dès le lendemain de ses noces, dans l'attente, longtemps déçue, d'un enfant,

Catherine n'avait pas manqué de consulter les plus fameux astrologues. Puis, sa stérilité vaincue, les mages fréquentant la Cour déchiffraient à chaque naissance le devenir du nouveau-né dans la disposition des planètes.

Mais les almanachs et autres *pronostications* de Nostradamus valaient à leur auteur un prestige sans pareil, accru par le mystère de ses « oracles versifiés » obscurs et inquiétants. Henri II l'avait convoqué à Blois. Premier contact décevant : la récompense offerte par le roi et par Catherine n'avait pas couvert ses frais de déplacement. Le mage n'en continua pas moins d'écrire des ouvrages dont celui de 1558 s'ouvrait par une préface adressée au souverain. Prudence oblige : pour couper court aux accusations d'hérésie, Nostradamus y faisait profession de « vraie foi catholique ».

Si l'Église et la justice royale condamnaient les astrologues experts en prédictions, Catherine, curieuse du devenir de sa famille, ne cessait de les interroger. Elle était convaincue que Nostradamus avait prévu la mort accidentelle de son mari, et elle accordait foi à sa prédiction pour le mois de décembre 1560 quand il avait annoncé que la famille royale perdrait « ses deux jeunes membres » de maladie inopinée. Le 5 du mois, François II mourait.

Aussi, le 17 octobre 1564, Catherine et Charles IX firent-ils à Nostradamus l'honneur de le consulter à domicile. La prédiction tomba, rassurante. Le roi vivrait aussi longtemps que le connétable de Montmorency. Comme celui-ci entrait dans sa soixante-dixième année et qu'on le disait assez robuste pour faire un centenaire, le règne à peine entamé de Charles IX serait un des plus longs de l'Histoire. L'heureuse prophétie méritait récompense : Nostradamus fut nommé médecin ordinaire du roi. Il n'en profita guère puisqu'il mourut chez lui en juillet 1566.

Aix-en-Provence était une cité toute catholique, et son parlement si farouchement hostile à l'édit de pacification qu'il s'obstinait à refuser de l'enregistrer et tracassait les dissidents sans relâche. Messieurs d'Aix, comme on appelait ses magistrats, outrepassaient leur compétence judiciaire en s'arrogeant des pouvoirs qui dans le reste du royaume n'appartenaient qu'au monarque. Aussi s'étaient-ils constitués en gouvernement ultra-catholique de la Provence, bien décidés à ignorer les décisions royales. Charles IX profita de son séjour pour suspendre le parlement et le remplacer par un conseil provisoire de magistrats plus dociles venus tout exprès de Paris. Comme en Avignon quelques jours plus tôt, le roi se fit l'avocat des calvinistes contre les catholiques zélés qui gouvernaient la ville.

À Brignoles, Catherine se réjouit de voir ses enfants découvrir pour la première fois des orangers en pleine terre dont les premiers plants venaient d'être rapportés de Chine. À Brégançon, les petits princes virent la mer. Séduite par le charme de la région, la reine, qui n'oubliait pas le soleil de sa Toscane, acheta à Hyères un terrain pour y bâtir une villa. Arrivée à Marseille, la famille royale s'embarqua sur la galère *La Réale* pour déjeuner au château d'If, tandis qu'une partie des courtisans suivait sur treize autres navires. Mais le vent se leva, contraignant les bateaux à jeter l'ancre sans aborder.

L'occasion était belle pour offrir à la Cour un grand spectacle nautique. Au large de Marseille, on simula une bataille navale, comme on avait donné à Fontainebleau des combats feints de chevaliers. Contre une galère chrétienne se déchaîna une galère « turque » dont le roi avait pris le commandement, donc promise à la victoire. L'ambassadeur d'Espagne s'en étrangla de colère. Le succès « pour rire » des Turcs sonnait comme une provocation quand son maître était en lutte ouverte contre la Sublime Porte. En réalité, Charles IX n'avait choisi le camp des infidèles que pour l'exotisme des costumes, et Catherine n'y avait pas vu malice. Mais Philippe II, informé de cette parodie de bataille, demeura convaincu que la France n'était pas une puissance catholique digne de confiance. On peut être moins sévère que le Roi Catholique mais juger que le roi et sa mère faisaient preuve (volontairement?) de maladresse.

L'heure n'était plus aux divertissements : la crue du Rhône, en Arles, immobilisa la caravane un mois durant. À Beaucaire, qu'un pont reliait à sa rivale Tarascon la catholique, Catherine essuya les injures des réformés, mais elle fut bien accueillie à Nîmes, pourtant en majorité huguenote. La loyauté de certaines villes protestantes la comblait : elle y reconnaissait le signe de la réussite de sa politique. Catholiques et réformés ne pourraient-ils vivre ensemble pacifiquement dans tout le royaume? Les deux confessions ne pourraient-elles pas coexister, à l'image d'Antoine et Louise de Crussol, ce couple « mixte » qu'elle alla visiter? Mme de Crussol, dame d'honneur et bonne amie de la reine mère, était aussi fervente calviniste que son mari était fidèle à l'Église catholique à laquelle il était revenu. Mais l'un et l'autre étaient au service du roi. La dignité ducale que Charles IX accorda peu après à Antoine de Crussol, fait duc d'Uzès, prit valeur de symbole de l'unité recherchée par Catherine au-delà des différences de confession.

En ce pays partagé qu'était le Languedoc, la reine mère avançait avec la prudence du renard. Il lui fallait éviter tout incident, contourner les obstacles, se garder des provocations, s'attarder si l'accueil était favorable, passer son chemin si le climat religieux s'alourdissait.

On fêta les Rois à Narbonne, cité catholique, et Catherine s'offrit une promenade en mer jusqu'à la forteresse de Salses située pourtant en terre espagnole. À Carcassonne, le souvenir de l'horrible massacre des protestants l'année précédente plombait l'atmosphère. En outre, la neige qui tomba en abondance stoppa la caravane et détruisit l'attirail d'arcs de triomphe et de statues allégoriques en carton-pâte préparés pour l'entrée solennelle qui fut annulée. Mais ni le roi ni les princes ne regrettèrent la cérémonie, tout occupés à de joyeuses batailles de boules de neige.

En descendant la vallée de la Garonne, de Toulouse à Bordeaux, la Cour, fidèle au principe de l'alternance, s'arrêta à Montauban la réformée et à Agen la catholique. Plus le voyage se rapprochait de la frontière espagnole, plus Catherine semblait préoccupée. Réussirait-elle à rencontrer le roi d'Espagne et à embrasser sa fille, la reine Isabelle ? Catherine n'avait rien fait pour séduire Philippe II. La parodie de victoire navale turque face à Marseille était peccadille à côté de l'audience accordée à Bordeaux aux ambassadeurs de la Porte, prémices – jugeait le Roi Catholique – d'une alliance contre nature entre l'Islam et le royaume du Très-Chrétien.

À Madrid, les motifs d'irritation contre la France ne manquaient pas. La reine mère ne cessait de se poser en protectrice des hérétiques quand ils restaient loyalistes ; elle travaillait, disait-on, au mariage de Charles IX avec la reine Élisabeth d'Angleterre ; elle encourageait les initiatives colonisatrices de huguenots français en Floride, territoire que l'Espagne considérait comme sa chasse gardée. Aussi, quand elle apprit que la reine d'Espagne était autorisée à venir à Bayonne rencontrer sa famille, elle versa des larmes de joie. Le Roi Catholique accompagnerait-il sa femme ? Philippe II se refusait encore à dévoiler ses intentions, mais Catherine achetait déjà les cadeaux destinés aux Espagnols et songeait à la fête qu'elle offrirait pour les éblouir.

Le Grand Tour était sur le point de remplir ses promesses. Le roi rétablissait son contrôle sur les villes ; il stigmatisait les extrémismes et le fanatisme ; il mettait au pas les parlements trop indépendants. Comme il l'avait fait à Aix, le chancelier de L'Hospital condamna avec la même vigueur les manquements des magistrats de Toulouse et de Bordeaux. D'étape en étape, le pouvoir monarchique marquait des points.

Le rendez-vous de Bayonne

Après une semaine passée à guetter les nouvelles d'Espagne, Catherine, impatiente comme une mère trop longtemps privée de ses enfants, quitta Mont-de-Marsan pour Bayonne le 24 mai 1565. Elle y demeura jusqu'au mois de juillet suivant. Son séjour fut celui de toutes les ambiguïtés. Catherine se réjouissait de revoir sa fille, mais elle comptait aussi sur la présence de son gendre. Depuis son départ de Paris, elle avait donné aux protestants des signes encourageants, mais l'annonce de sa rencontre avec le roi d'Espagne tourmentait déjà les huguenots inquiets de n'y voir conviés ni Condé, ni les Châtillon, ni Jeanne d'Albret. La reine mère attendait l'agrément de Philippe II aux projets de mariage qu'elle concoctait pour ses enfants, mais elle l'irritait en se préparant à recevoir officiellement les envoyés du sultan Soliman le Magnifique. Même les fêtes, conçues pour éblouir ses hôtes, étaient équivoques. Catherine les voulait somptueuses pour montrer à l'étranger que le royaume n'était pas sans ressources, mais, n'ayant pas le premier sol en caisse, elle était contrainte, pour les payer, d'emprunter gros aux banquiers italiens.

Le séjour commença par une déconvenue et un affront. Philippe II ne viendrait pas : la reine mère n'était pas aux yeux du Roi Catholique une amie de l'Espagne. Il consentit toutefois à laisser partir sa femme pour Bayonne et confia la délégation à un homme sûr, le duc d'Albe.

Catherine autorisa son fils Henri d'Anjou à partir au-devant de la reine. Le frère et la sœur se rencontrèrent dans la montagne, à Hernani. À Bayonne, Catherine ne tenait plus en place. Les retrouvailles eurent lieu sur une île de la Bidassoa qui séparait les deux royaumes, à quelques lieues de Saint-Jean-de-Luz. Catherine connut alors un intense moment de bonheur. La jeune reine apparut mince, presque fragile. Ses grands yeux noirs et ses cheveux de jais qui avaient séduit son mari contrastaient avec un teint devenu pâle après une récente fausse couche dont elle se remettait difficilement.

Le duc d'Albe salua la reine mère. Yeux sombres, nez busqué, regard vif, le célèbre chef de guerre impressionnait. Avec un aussi redoutable diplomate, Catherine savait qu'elle devait jouer serré. Albe exigea qu'elle renonce à sa politique d'accommodement avec les huguenots, qu'elle interdise le culte protestant, expulse les pasteurs et fasse publier les décrets du concile de Trente. Catherine se dérobait, déplaçait la conversation, parlait mariage. Ne pourrait-on unir sa fille Marguerite au fils unique de Philippe II, don Carlos, et Henri d'Anjou à la sœur du roi d'Espagne, dona Juana? Certes, l'Infant était contrefait, épileptique et caractériel, et dona Juana, reine douairière du Portugal, avait deux fois l'âge d'Henri. Mais Catherine caressait l'espoir d'obtenir pour celui-ci un royaume à tailler dans les immenses territoires du roi d'Espagne, dans le Milanais ou en Toscane. Ainsi, la prédiction de Nostradamus commencerait de se vérifier : après Charles IX, son frère ceindrait une couronne. Les projets matrimoniaux de Catherine ne répondaient qu'aux exigences de la politique : ils ignoraient les sentiments des intéressés. Catherine était une mère très attachée à ses enfants, mais elle ne travaillait pas en priorité à leur bonheur personnel.

Albe revenait à la charge, réitérait ses demandes, insistait. Catherine escamotait les sujets difficiles derrière un rideau de réjouissances dont elle avait le secret.

Les fêtes de Bayonne furent peut-être les plus somptueuses du siècle. Elles émerveillèrent les spectateurs. Le 19 juin, un tournoi les inaugura. Les participants avaient pris l'apparence de Troyens, de Maures, d'Espagnols, de Romains et de Grecs. Ensemble, ils symbolisaient l'hommage des nations antiques et modernes au roi de France. Leur confrontation avec des démons, des sauvages écossais (sic) et des Turcs tourna à leur avantage, et leur triomphe fut celui du monarque sur la barbarie. Ils assaillirent ensuite un château enchanté où la Guerre retenait la Paix prisonnière. Ce fut le roi lui-même, modeste et vertueux, qui dompta les forces du mal et libéra la Paix. Par ses hauts faits, le monarque français rendait « la chrétienté plus florissante qu'elle n'avait jamais été ».

Le bien de la chrétienté fut aussi l'enjeu de la merveilleuse fête nautique offerte par Catherine le 23 juin. Un navire en forme de château, sur lequel avaient embarqué la famille royale et une centaine de courtisans, progressait à travers un réseau de canaux au confluent de l'Adour et de la Nive. Du bateau, les invités privilégiés de la reine mère assistèrent à plusieurs spectacles aussi édifiants que féeriques : l'attaque d'une baleine artificielle par des marins ; un concert donné par des tritons musiciens juchés sur une tortue de mer ; l'apparition de Neptune émergeant de l'onde sur un char tiré par des chevaux marins, précédant Arion – poète lyrique grec – sauvé de la noyade par un dauphin, tandis que trois sirènes chantaient les louanges du roi de France et de la reine d'Espagne. En musique, le navire accosta une île où les passagers furent accueillis par de séduisants bergers et de délicieuses bergères qui dansèrent en leur honneur. Catherine, on le sait, aimait à faire reproduire par la danse le mouvement des planètes afin de projeter sur terre la concorde des mouvements célestes. Le navire se dirigea ensuite vers un pavillon où l'on servit un banquet, tandis qu'Orphée et les nymphes escortaient les invités en chantant l'union de la France et de l'Espagne, « joints et unis » comme « deux frères bergers » :

Tant que vivra Philippe et Isabeau,
Tant que vivra Charles et Catherine,

[...]

Tant que seront ces quatre d'un accord,
Entre bergers il n'y aura discord.

Aux tritons, sirènes et autres animaux marins, succéda le 25 un combat terrestre opposant, sur le mode allégorique, deux équipes de huit cavaliers, celle du roi, champion de la Vertu, et celle de son frère Henri, héros de l'Amour. Sur le char, couleur d'argent, qui portait ce dernier, trônaient Vénus, les trois Grâces et un Cupidon accompagné d'enfants déguisés en petits Amours symbolisant les passions. Le char du roi portait cinq Vertus et les neuf Muses. Après trois heures de lutte sans vainqueur ni vaincu, l'Amour et la Vertu se réconcilièrent au son de douces mélodies et de salves d'artillerie, tandis que les Muses et les Amours distribuaient des médailles frappées d'emblèmes aux dames de France et d'Espagne.

La fin du mois fut encore occupée par des courses de bague et des mascarades. « Jamais la Cour, dit-on, ne fut plus royale ni somptueuse. » Les Castillans, qui furent « moult émerveillés », avouèrent « n'avoir rien vu de plus beau ». Le faste déployé par la France avait conjuré la « gueuserie » dont ils gratifiaient aimablement les Français. Au contraire de l'héritier du trône d'Espagne, don Carlos, à la santé mentale vacillante, les enfants de France, jeunes et ardents, incarnaient un royaume confiant dans l'avenir.

Les allégories tenaient le même langage : en combattant victorieusement la baleine lors de la fête nautique, les marins signifiaient l'heureuse issue de la guerre civile grâce à un gouvernement pacificateur, ainsi que la paix retrouvée entre les Habsbourg et la maison de Valois. Baleine vaincue, les divinités étaient réapparues et les danses rétablissaient sur terre l'harmonie perdue.

Chacun avait vu les courtisans catholiques et protestants participer ensemble aux divertissements. Cette mise en commun des talents et des bonnes volontés entendait démontrer à chacun l'unité retrouvée de la nation. Les diplomates finirent par s'en émouvoir : rares furent les Espagnols à se mêler activement aux spectacles. Au long de ces journées de fête, ils restèrent spectateurs. La noblesse de France fut seule mise en scène.

Fêtes, symboles et séduction : le cocktail de Catherine pourrait-il convaincre un duc d'Albe ? Les retrouvailles familiales, le parfum de la cour de France transformeraient-ils la reine d'Espagne en ambassadrice de Catherine auprès de Philippe II ? Albe demeura inflexible en ses exigences et Isabelle était devenue bien trop espagnole aux yeux de sa mère. Toutes les allégories du monde célébrant l'harmonie ne changeraient rien aux propos violents du duc, tout à l'idée d'une croisade anti-protestante. Pour extirper l'hérésie, recommanda-t-il à la reine mère de « couper les têtes des plus grands pavots et ne pêcher que les gros poissons sans se soucier de prendre les grenouilles » ? Les silences embarrassés de Catherine lui laissèrent-ils penser qu'elle partageait ses vues ? La reine mère promit-elle davantage que ses improbables projets matrimoniaux ?

La rencontre de Bayonne alimenta les soupçons des huguenots. Après 1572, certains ont cru que la Saint-Barthélemy y aurait été préparée. Dans un face-à-face secret et criminel, la Florentine et le Grand d'Espagne auraient projeté le massacre des protestants, ou au moins des « plus grands pavots ».

En réalité, fidèle à son tempérament, la reine mère ne s'était engagée à rien, n'avait cédé à aucune des exigences hautaines de l'Espagne. On pouvait alors se séparer. Le 2 juillet, Catherine accompagna sa fille jusqu'à Irun. Les Espagnols prirent congé de la reine mère et du roi sans avoir rien obtenu. Les froncements de sourcil du duc d'Albe n'y changeraient rien : Catherine de Médicis maintiendrait sa politique de concorde.

Sur le chemin du retour

Le Grand Tour continua à travers le Pays d'Albret, le Périgord, l'Angoumois et la Saintonge, provinces protestantes où l'esprit pacificateur de Catherine n'était pas toujours payé de retour. À Nérac, elle perdit son temps à vouloir convaincre Jeanne d'Albret de rétablir le culte catholique dans son petit royaume huguenot. En Angoulême, elle vit l'émotion de Charles IX devant la sépulture de son trisaïeul, le comte Jean, naguère profanée par les réformés qui avaient coupé la tête, les pieds et les mains de l'ancêtre de la lignée. La crainte d'un enlèvement avait imposé au roi d'entrer dans la ville comme dans une cité à conquérir.

Au long du chemin, pas une étape où les réformés ne viennent se plaindre de la partialité de l'administration royale ou de la menace d'une levée d'hommes par les chefs catholiques. Pourtant, Catherine demeurait confiante : « Comme je voudrais voir ce royaume réduit en tel état qu'il était quand il ne fallait qu'une baguette blanche pour faire obéir le roi par tout le royaume. » Dépourvue de cette baguette magique, Catherine commanda à Blaise de Monluc de renforcer la sécurité de la Cour en recrutant une compagnie supplémentaire d'hommes d'armes. Jarnac, Saintes, Marennes, Brouage – dont le port était en chantier –, La Rochelle, toute protestante, accueillirent poliment la Cour.

Dans chaque ville, Catherine se réjouissait de voir les gentilshommes venir saluer leur roi. « Il y a tant de noblesse, écrivait-elle de Cognac, que, tous les soirs à la salle de bal, je pensais être à Bayonne. » Là était sa réussite : divertissements et fidélité marchaient du même pas. Le Grand Tour n'était pas une campagne militaire. Ses armes étaient pacifiques, aussi diverses et nuancées que la palette d'un peintre : elles mêlaient séduction, art du compromis, intimidation, réjouissances, réprimandes, réconciliations, autorité. Toutes étaient au service d'un seul but : resserrer les liens entre le souverain et chaque membre influent de la noblesse, des villes et des parlements pour fortifier le pouvoir royal et préserver l'unité du royaume.

Après le Poitou, la caravane atteignit la Loire qu'elle descendit sur la rive gauche jusqu'à Nantes. Puis, par Châteaubriant où Catherine tenta de modérer le zèle ultra-catholique du gouverneur de Bretagne, elle remonta jusqu'à Blois. À Saint-Cosme, la reine mère rendit visite à Pierre de Ronsard, alors en pleine gloire. Le « prince des poètes », perpétuel amoureux, aimait à se reposer de la vie de Cour et de ses commandes dans le prieuré que lui avait donné le roi.

La famille royale retrouvait des paysages familiers et logeait désormais dans ses châteaux, à Chenonceaux – où Catherine était chez elle –, Amboise, Blois, mais elle ne s'y arrêta pas. Par le Berry, elle gagna Moulins où elle passa l'hiver. C'est la rareté et la cherté des vivres qui l'avaient chassée du Val de Loire. Catherine le reconnaît : « L'Auvergne, cette année, est la seule province où la récolte a été bonne ; tout y est abondance. » Pour la reine mère, l'intendance commandait.

Le séjour dans la ville des ducs de Bourbon ne signifiait ni bombance ni repos réparateur. Catherine y avait convoqué une sorte de conseil élargi, vaste assemblée de conseillers du roi, non pas de députés des états généraux, mais de grands officiers de la Couronne, de hauts magistrats de Paris et de province, chargés de mettre en forme un important texte législatif nommé depuis l'ordonnance de Moulins. Ses quatre-vingt-six articles devaient répondre aux plaintes recueillies au long du voyage, corriger les abus constatés et améliorer l'administration du royaume. Aussi les thèmes étaient-ils aussi divers que la réglementation du droit de remontrances des parlements ou l'affichage des prix dans les hôtelleries, les droits des seigneurs justiciers ou la résidence des prêtres, la compétence des juges ou le règlement des hôpitaux. Catherine ne gouvernait pas « d'en haut », depuis le Louvre ou Fontainebleau, enfermée dans ses certitudes et inaccessible, mais sur le terrain, à l'écoute de ses sujets d'« en bas ».

Pour approuver l'ordonnance royale, la reine mère convoqua les deux plus implacables familles ennemies du royaume depuis l'assassinat du duc François de Guise en 1563, les Guise et les Châtillon. Convaincue que la paix civile dépendait de l'union entre les grands, elle chercha à les réconcilier. La tâche était autrement plus difficile que tancer des municipalités indociles ou dans la politique religieuse de la France ne trouvait grâce aux yeux du Roi Catholique. Les finasseries de la reine mère, ses ruses, l'alternance de fiers propos et de déclarations d'amitié sincère n'y changeaient rien : Philippe II demeurait l'ennemi numéro un. Le massacre par les Espagnols des Français qui espéraient prendre pied en Floride le démontrait s'il en était besoin. « Je suis hors de moi », s'écria Catherine apprenant la triste nouvelle. L'entrevue de Bayonne n'avait pas normalisé les relations entre les deux États : elles avaient même empiré. Catherine pouvait « gronder comme une lionne » face au souverain de Madrid, elle avait la faiblesse d'une chatte.

Après Moulins, la Cour fréquenta Vichy, déjà renommé pour ses sources bienfaisantes, puis Clermont et Ferrand, Riom et le Nivernais. Elle franchit la Loire à La Charité et, après quelques étapes en Bourgogne, se dirigea prestement vers Paris.

Pendant ces deux ans passés en compagnie de trois de ses enfants, la reine avait eu le temps de les voir grandir. Charles IX venait de dépasser l'âge auquel son frère et prédécesseur François II était mort. Peut-être chassait-il avec trop de passion, jusqu'à compromettre sa santé ; ses colères toujours vives inquiétaient parfois ; sa mine restait chétive. Mais il vivait.

À treize ans, Marguerite promettait beaucoup en beauté et en intelligence.

Henri était le fils préféré de Catherine. Les mérites du jeune homme n'existaient pas seulement dans le cœur aimant de sa mère, ils se montraient en toute occasion. Le duc d'Albe lui-même, grand connaisseur d'hommes, les avait devinés. Catherine n'avait-elle pas confié à Henri le soin de se porter à la rencontre de sa sœur, la reine d'Espagne ? Ne lui avait-elle pas donné la présidence de l'assemblée de Moulins ? Le temps des récompenses était venu.

des parlements trop indépendants. Mais Catherine ne jugerait son devoir accompli qu'après avoir tenté cette réconciliation. Elle n'ignorait rien de l'aversion réciproque entre les deux maisons qui se répandaient en propos insultants et tiraient prétexte de tout pour se mesurer l'une à l'autre. La mine froide et l'humeur revêche du jeune duc de Guise disaient assez qu'il paraissait à Moulins contre son gré. De son côté, le maréchal de Montmorency, fils aîné du connétable et cousin des Châtillon, avait fait savoir qu'il refusait de prononcer les paroles que le roi et son Conseil lui avaient ordonné de dire pour satisfaire le cardinal de Lorraine. Quant au duc d'Aumale – un Guise –, il repoussa l'invitation de la reine mère.

Le conseil du roi prononça l'innocence de l'amiral de Coligny dans l'assassinat de François de Guise et, en présence de Charles IX et de sa mère, Guise et Châtillon s'embrassèrent, se promirent l'oubli du passé et jurèrent de ne plus se quereller. Catherine connaissait trop les hommes pour croire à la sincérité de ce « baiser Lamourette », mais elle avait conscience de faire son devoir d'arbitre.

La reine mère avait mille raisons d'être satisfaite du Grand Tour. Elle n'avait pas tout réussi, mais elle affectait de croire le contraire. Une ombre cependant obscurcissait le tableau qu'elle voulait lumineux : l'hostilité du roi d'Espagne. Celle-là, elle ne pouvait ni la cacher ni l'ignorer. Philippe II avait boudé Bayonne ; il s'était irrité de voir le Très-Chrétien recevoir les envoyés du sultan contre lequel il guerroyait. Son ambassadeur, Francès de Alava, ne ménageait pas la reine mère : le soupçon constamment à la bouche, le propos provocant, le représentant du monarque espagnol cherchait à intimider. Catherine avait beau rappeler que « les rois de France n'ont pas accoutumé de se laisser menacer », elle savait la puissance du maître de l'Escurial. Rien

Fidèle à une ancienne tradition, elle souhaitait pourvoir ses fils cadets de terres prélevées sur le domaine royal, leur permettant de vivre du leur, sans toujours dépendre des faveurs incertaines du monarque. À Henri, elle avait songé à offrir en apanage l'Orléanais dont il portait jusque-là le titre. Mais la ville d'Orléans était devenue le bastion des réformés. Elle lui préféra le duché d'Anjou, augmenté des duchés du Bourbonnais, Maine et Auvergne ainsi que du Forez, des Marches, du Quercy et du Rouergue. Le domaine était immense et les revenus importants. Usufruitier, Henri y gagnait une réelle indépendance financière. Catherine y ajouta encore le château de Chenonceaux dont elle resterait propriétaire, mais dont Henri aurait l'usage.

Son dernier fils, François, que son jeune âge avait dispensé du voyage, fut pourvu du duché d'Alençon, complété avec les villes de Mantes et de Melun.

Désormais, on nomma Henri M. le duc d'Anjou et François M. le duc d'Alençon.

À la fin du Grand Tour – la Cour coucha à Saint-Maur le 30 avril 1566 –, le destin ajouta pour Catherine une petite satisfaction. Diane de Poitiers, sa rivale, venait de mourir à Anet le 25 du mois, aussi belle à soixante-six ans qu'à trente. Sa disparition, dit-on, serra tous les cœurs. Catherine n'avait pas un cœur de pierre, mais elle ne dut pas ressentir l'émotion qui, à cette nouvelle, saisit les admirateurs de l'ancienne favorite d'Henri II. Le règne de Diane était déjà loin, révolu depuis sept années, tandis que l'avenir appartenait à Catherine. La France profonde la reconnaissait comme la véritable maîtresse du royaume et ses enfants ne juraient que par elle. Elle décidait de leur avenir comme elle exerçait l'autorité suprême, avec détermination.

Des quelques années passées à gouverner au nom et à côté du roi, elle tirait un bilan globalement positif.

« Ce royaume, écrivait-elle, commence à être en autre état qu'on vous l'a ci-devant écrit et que beaucoup ne voudraient (qu'il fût), espérant qu'il ira de bien en mieux. » Pour elle, le meilleur ne serait acquis qu'en affermissant la concorde entre les Français : « L'union est telle et l'obéissance de tous les sujets du roi (est) si assurée, et (le roi) la veut tant maintenir, qu'il est mal aisé qu'elle puisse être troublée. » Catherine pariait sur l'avenir. En mai 1566, après quatre années de paix civile, ce n'était pas déraisonnable.

CHAPITRE VIII

L'infâme entreprise

> *Monsieur mon fils, vous voyez comme Dieu nous aide, car il les fait mourir sans coup frappé.*
>
> CATHERINE DE MÉDICIS

Chez Catherine de Médicis le bon sens était aussi naturel que la respiration. Aussi pensait-elle qu'il était la chose du monde la mieux partagée. Là était sa faiblesse : la reine mère prêtait volontiers à autrui sa modération et sa sagesse, tandis que la plupart de ses contemporains étaient fougueux jusqu'à la témérité, prompts à l'action et indifférents à ses effets, trop souvent prisonniers de l'esprit de parti.

Catherine croyait en la raison et avait le tort de mésestimer les passions religieuses, la force des intérêts particuliers et le goût de son temps pour la violence. Certaines de ses déclarations semblent baigner dans un optimisme qui ferait sourire si l'époque n'était aussi tragique. « Dieu merci, tout est autant paisible que nous saurions désirer », écrivait-elle au moment où les chefs protestants étaient sur le point de prendre les armes. La rumeur prêtait-elle aux réformés la préparation d'une révolte ? « C'était un peu de peur qu'ils avaient (...), et tout cela s'est évanoui », assurait-elle dix jours avant l'offensive huguenote de septembre 1567. Malgré ses agents de renseignements, la reine mère était parfois mal informée des machinations des uns et des complots des autres. La monarchie française n'était pas un État policier.

Une candeur calculée

Catherine était de nature optimiste et volontaire. Péchait-elle par naïveté ? Il est permis d'en douter. La reine mère n'avait rien du ravi de la crèche. Son optimisme était parfois de commande, forgé pour rassurer ou convaincre. Adepte de la méthode Coué, elle prononçait des paroles et écrivait des lettres qui ne traduisaient pas toujours ses pensées véritables.

Pour le lecteur d'aujourd'hui, sa volumineuse correspondance est semée de pièges. Catherine savait qu'écrire c'est se dévoiler. Certaines de ses lettres risquaient d'être lues et utilisées contre elle. Alors elle en usait comme d'un moyen de gouvernement. Elles devenaient un instrument de manipulation. Elle écrivait pour ordonner, informer, interroger, féliciter ou blâmer, mais aussi pour sonder son correspondant, convaincre ou mettre sur le qui-vive, inquiéter ou apaiser. Ses coups de colère pouvaient être feints, ses indignations laisser croire à sa fermeté, sa bonhomie chercher à endormir.

Des trésors de patience qu'au fil de ses lettres elle semblait accorder à l'agitation des princes huguenots, on ne déduira pas son acceptation passive de leurs turbulences ou la preuve de sa résignation. Ses propos étaient adaptés à ses correspondants. À l'intention de Philippe II, dont elle craignait constamment l'intervention armée, elle minimisait les manquements des protestants aux édits de pacification et dédramatisait leurs violences. Ses propos lénifiants n'en faisaient pas la complice des réformés : ils cherchaient à rassurer leurs adversaires, catholiques ultras et Espagnols. Ce n'était pas double langage, mais un effort souvent pathétique pour réduire les tensions, éviter les heurts, pacifier les esprits et préserver l'étroite marge de manœuvre qui lui restait.

Quand elle se félicitait des apaisements qu'elle savait précaires, c'était moins par naïveté que pour démontrer au roi d'Espagne et aux catholiques zélés la justesse de son action. Lorsqu'elle usait de mots sévères contre les huguenots, elle cherchait tout autant à les intimider qu'à apaiser les ultra-catholiques et montrer sa détermination et son orthodoxie au pape ou au Roi Catholique.

La correspondance de Catherine, mêlant information et désinformation, est toujours chargée d'intentions. Elle exige un décryptage serré.

En mai 1566, la reine mère se félicitait de la fin des troubles, malgré les prédictions funestes du duc d'Albe qui ne voyait que source de périls dans la diversité de religions autorisée en France. Cette autosatisfaction n'était pas de la candeur. Catherine savait tout des obstacles qui contrariaient sa réussite ; elle n'ignorait pas les difficultés financières dramatiques dans lesquelles elle barbotait, connaissait l'irritation de l'Espagne envers la France et savait l'hostilité du nouveau pape, Pie V, ancien grand inquisiteur. Mais elle voulait forcer un destin trop vite écrit par les « troubleurs de ménage ». Elle était satisfaite de la paix retrouvée, mais demeurait prête à réprimer durement les troubles si les passions religieuses se réveillaient subitement.

Les événements de Pamiers lui en offrirent l'occasion sans tarder. Elle explosa de colère lorsqu'elle apprit que les réformés avaient envahi le 5 juin 1566 les couvents de la ville, tuant les moines, avant d'expulser les catholiques de la cité. « Les Turcs ne firent jamais plus », assura-t-elle, avant de commander de reprendre Pamiers et de punir sévèrement les coupables. Il ne serait pas dit, à Rome ou à Madrid, que sa politique de conciliation était faiblesse.

Mais lorsque les protestants des Pays-Bas se révoltèrent contre leur maître – le roi d'Espagne –, elle se plut à donner au Roi Catholique des conseils de modération, ravie d'ériger en exemple sa méthode de gouvernement. Les soucis de Philippe II furent pour la reine mère une manière de revanche sur l'Espagne donneuse de leçons. « Quant à moi, je loue Dieu de quoi nous en sommes dehors [des troubles religieux] et le prie de très bon cœur de ne nous y laisser jamais retomber. » Dieu écoutait-il Catherine de Médicis ?

Le vent mauvais des Pays-Bas

Tandis qu'elle s'efforçait de faire oublier les discordes religieuses dans le royaume, une vague de violence protestante sans pareille se déchaîna dans les Pays-Bas voisins. Durant l'été 1566, des « casseurs » parcoururent les villes et les campagnes, dévastant les églises, brisant les images de la Vierge et des saints, renversant les autels. La fureur iconoclaste passée, Philippe II, seigneur naturel des Pays-Bas, voulut venger l'honneur de Dieu et terroriser les hérétiques. Il chargea le duc d'Albe de la plus brutale des répressions. L'année suivante, celui-ci, à la tête d'une puissante armée tirée du Milanais espagnol, longea la frontière orientale de la France et, par la Franche-Comté et la Lorraine, pénétra aux Pays-Bas. Le 22 août, il était à Bruxelles, résolu à châtier les rebelles.

Catherine nourrissait des sentiments mêlés. Les difficultés de Philippe II n'étaient pas pour lui déplaire.

Elles rabattaient opportunément l'arrogance de la première puissance mondiale. Mais la révolte des protestants des Flandres ne risquait-elle pas, par contagion, d'enflammer à nouveau les huguenots du royaume ? En outre, la proximité de l'armée espagnole en route pour Bruxelles lui était une autre source d'inquiétudes. La redoutable infanterie du Roi Catholique ne serait-elle pas tentée au passage de restaurer en France la seule religion catholique et de briser le fragile équilibre religieux auquel travaillait la reine mère ?

Pour contenir une armée espagnole peut-être tentée de pénétrer dans le royaume, Catherine leva dix mille fantassins et six mille Suisses. Albe ne se dérouta pas et entra aux Pays-Bas, tout occupé à soumettre les habitants à sa rude poigne. La reine mère n'en maintint pas moins sous les armes les troupes destinées à couvrir les frontières.

L'armée catholique des Flandres constituait une menace pour les huguenots. Mais ceux-ci craignaient tout autant les soldats levés par Catherine qu'ils l'imaginaient prête à les retourner contre eux. La reine mère était soupçonnée de tous les maux alors qu'elle s'efforçait de garder une prudente neutralité. Non seulement elle refusa d'ouvrir les routes de France à l'armée espagnole, mais elle s'en tint sagement à une politique de non-intervention. Elle voulait à la fois préserver le royaume d'un conflit avec l'Espagne et tâcher de maintenir la paix civile. Rude tâche en cet été agité de 1567. La France était la priorité de la reine mère, alors que les catholiques zélés, partisans de l'aide à accorder à Philippe II, et les huguenots, prêts à secourir leurs coreligionnaires des Pays-Bas, ne songeaient qu'à leurs intérêts religieux.

Les événements des Pays-Bas réveillèrent l'ardeur des réformés français. Leurs chefs, l'amiral de Coligny et le prince de Condé, assommaient Charles IX de requêtes qui l'encourageaient à porter secours aux révoltés flamands, l'alléchant par la perspective – en cas de victoire sur l'Espagne – de s'emparer des Flandres et de ceindre une nouvelle couronne. Leur insistance eut l'effet inverse. Le roi fut irrité par cet activisme et le leur dit.

— Naguère, aurait-il déclaré à Coligny, vous étiez contents de ce peu de liberté qu'on vous octroyait. Maintenant, vous en voulez une entière et, dans quelques temps, vous voudrez être seuls et nous chasser du royaume.

Les exigences hautaines des réformés suscitaient chez le roi une colère que sa mère ne réussissait pas toujours à calmer.

Depuis la fin du Grand Tour, l'agitation protestante s'était réveillée dans de nombreuses villes du Midi. Et les écrits des huguenots n'étaient pas moins affûtés que leurs armes. Catherine eut connaissance de leurs libelles séditieux dont les plus hardis allaient jusqu'à soutenir le droit de s'armer contre un tyran. Un matin, comme elle sortait de sa chambre, une lettre menaçante tomba à ses pieds. La main anonyme qui l'avait rédigée lui promettait « le même tour qu'au Guisard (François de Guise assassiné en 1563) si elle ne changeait de style et ne permettait à ceux de la religion réformée une pleine liberté de conscience ».

En parlant haut, les huguenots indisposaient le roi et sa mère, d'autant plus décidés à repousser leurs requêtes qu'ils savaient le duc d'Albe, vainqueur des réformés aux Pays-Bas, soupçonneux envers le royaume. La puissance militaire espagnole intimidait et la répression exercée sans ménagement par le duc avait impressionné. Ni Charles IX ni Catherine ne voulaient laisser croire à la chrétienté que les réformés français étaient en faveur. Aussi envoyèrent-ils quelques signes à l'intention de Madrid et de Bruxelles. La famille royale refusa ainsi d'assister au baptême du fils du prince de Condé, mais participa à la grande procession du saint sacrement du 29 mai 1567, tandis qu'un édit réitéra l'interdiction à Paris du culte réformé.

En refusant d'intervenir aux Pays-Bas aux côtés des rebelles et en bridant l'ardeur des chefs huguenots du royaume, Catherine rendit les protestants français encore plus nerveux.

La surprise de Meaux

Les nouvelles des Pays-Bas n'avaient pas empêché Catherine d'aller passer quelques jours de septembre 1567 dans sa résidence de Montceaux-en-Brie. Charles IX l'avait accompagnée et Henri, duc d'Anjou, frère du roi, devait les rejoindre. Dans son petit château, elle jouissait des derniers jours de l'été quand un de ses hommes de confiance lui apporta de bien fâcheuses nouvelles. Les huguenots réunis en Bourgogne tramaient un complot destiné à s'emparer du roi, de sa mère et de la famille royale. Catherine haussa les épaules : un de ses informateurs avait vu la veille Condé en son château, une serpe en main, occupé à sa vigne.

Un second messager se présenta. Il confirma la nouvelle. Les chefs protestants faisaient marcher sur la résidence de Catherine quelques milliers de gentilshommes en armes. Les premiers étaient déjà arrivés à Lagny, à deux lieues de Montceaux.

Catherine, sourde aux menaces par souci de préserver la paix, fut brusquement tirée de sa torpeur satisfaite. Le danger était à sa porte. Il fallait agir. La famille royale n'eut que le temps de se réfugier dans la ville voisine de Meaux, se mettre à l'abri de ses murailles et appeler au secours les six mille Suisses cantonnés non loin de là, à Château-Thierry. En même temps, la reine mère envoya le maréchal de Montmorency auprès de Condé lui dire combien elle condamnait son entreprise, confirmant ainsi qu'elle avait peur. Au retour du maréchal, chargé d'une supplique par le prince, Catherine éclata de colère :

— Le prince de Condé présente au roi une requête d'une main, et il a l'épée nue en l'autre. S'il ne demande rien d'injuste, à quoi bon les armes ? S'il connaît la bonté du roi, à quoi bon la défiance ? Qu'a besoin un prince du sang de lettres et de requêtes ? Sa qualité ne lui donne-t-elle pas assez de pouvoir pour parler hardiment et pour être écouté patiemment ?

On réunit le Conseil sur la conduite à tenir. Le connétable de Montmorency était partisan de rester sur place : faute de cavalerie, il y avait péril en quittant Meaux à exposer les personnes royales. Le duc de Nemours jugeait au contraire dangereux et indigne d'attendre d'être assiégé dans une petite ville aux vieilles murailles trouées et dépourvue de munitions. Avis partagé par le cardinal de Lorraine, prompt à affirmer que « c'en était fini de la royauté si cette hardiesse était tolérée ».

On discuta longuement. La solution vint d'un soldat, le colonel des Suisses, Louis Pfyffer, qui fut introduit chez le roi. Ses hommes ouvriraient à la pointe de leurs piques un chemin assez large pour permettre à la famille royale de traverser l'armée huguenote.

Catherine se leva, loua le zèle du colonel et le chargea de dire à ses capitaines :

— Qu'ils aillent donner au repos ce peu de nuit qui reste. Demain matin, je confierai très volontiers à la force de leurs bras le salut et la majesté de la couronne de France.

Au point du jour, on entendit battre les tambours dans le quartier des Suisses. À un quart de lieue de la ville, ils se mirent en ordre. Le roi et la Cour les rejoignirent. Sous leur protection, on regagnerait Paris, à marche forcée. La petite armée s'ébranla, Nemours en tête avec les chevau-légers, puis le gros de la troupe – nommé le bataillon – qui protégeait le roi et les princes, le connétable fermant la marche.

Ils avaient à peine parcouru une lieue qu'ils se heurtèrent à la cavalerie des rebelles. Les Suisses s'arrêtèrent, abaissèrent leurs piques, prêts à combattre. Coligny et Condé, à la tête de six cents chevaux, caracolaient à l'arrière-garde sans oser attaquer le bataillon. Un demi-millier de cavaliers protestants voulurent charger en queue, mais les Suisses se retournèrent si promptement qu'ils firent échouer la manœuvre. Devant la muraille compacte de leurs piques, l'ennemi cessa son harcèlement et se retira.

Le danger n'était pas écarté pour autant. On décida alors de profiter de la nuit pour laisser le roi et sa mère regagner seuls Paris tandis que Nemours et le connétable les rejoindraient au lever du jour avec les Suisses. Si les huguenots s'apercevaient du stratagème, la famille royale, désormais sans protection, risquait d'être prise. Mais le coup valait d'être tenté.

Il réussit. Charles IX et Catherine parvinrent à entrer dans Paris le 28 septembre à quatre heures du matin, saufs. Les Suisses les rejoignirent quelques heures après. Le monarque, qui appelait le colonel Pfyffer « son père », accueillit ses défenseurs à la porte Saint-Martin, tandis que les Parisiens les acclamaient comme les libérateurs du roi, les sauveurs de la monarchie.

Le siège de Paris

La colère succéda à la peur. Le roi, condamné à une fuite honteuse, n'avait que la vengeance à la bouche.

D'autant que Condé, qui avait installé son quartier général à Saint-Denis, provoquait le souverain en caracolant jusque dans les faubourgs de Paris. Faute de forces suffisantes, Charles IX dut endurer ces braveries et se tenir sur la défensive. Un millier de chevaux assiégeaient la plus grande ville d'Europe.

Catherine partageait la fureur de son fils. On avait osé attenter à la majesté royale, cherché à porter la main sur le monarque, personne sacrée. À l'humiliation s'ajoutait la désillusion. Le complot de Condé ruinait la politique de la reine mère, anéantissait ses espoirs, ouvrait une nouvelle guerre civile.

Ni Charles IX ni Catherine n'oublièrent cette « infâme entreprise ».

Les rebelles assiégèrent Paris et tentèrent d'affamer ses habitants. Condé rassembla deux mille chevaux et quatre mille hommes de pied à Saint-Denis, à Saint-Ouen et à Aubervilliers. Ses lieutenants s'emparèrent de points stratégiques, Montgomery au Bourget, Clermont d'Amboise au pont de Charenton, d'Andelot à Poissy. On pouvait voir des cavaliers huguenots s'approcher des murailles de la ville et brûler les moulins à vent construits sur les remparts, entre la porte Saint-Honoré et celle du Temple. Les Parisiens étaient terrorisés. Pourtant les effectifs des troupes rebelles restaient maigres face à l'armée royale que Catherine était en train de former. Elle avait convoqué Brissac et Strozzi avec leurs régiments d'infanterie, Tavannes avec la gendarmerie, le duc de Guise, le grand prieur d'Auvergne, le maréchal de Damville et autres seigneurs catholiques, soit huit mille cavaliers et quinze mille hommes de pied. La supériorité numérique des troupes loyalistes était tellement écrasante que Catherine finissait par admirer qu'un ennemi si faible paraisse aussi hardi.

Si la reine mère faisait à nouveau le « capitaine », elle ne se souciait pas moins de payer les troupes qu'elle levait. Or, l'argent manquait et Catherine se démenait pour obtenir des secours auprès des États catholiques, sollicitait le pape, le grand-duc de Toscane, Venise, le duc de Ferrare... Comme l'argent de ces emprunts n'était pas disponible sur l'heure, elle obtint sans délai des dons plus ou moins volontaires des Parisiens, des prélats présents à la Cour et de quelques riches marchands.

Pour gagner du temps, elle fit, selon son habitude, des ouvertures de paix qui lui coûtèrent d'autant plus que les exigences des huguenots dépassaient toute raison. À les suivre, le roi aurait dû désarmer et Catherine quitter le pouvoir, tandis que les Italiens du Conseil, « sangsues qui tirent la substance de chacun », devaient être chassés du royaume.

Paris commençait à souffrir du siège : les prix des vivres s'envolaient, signe annonciateur de pénurie, bientôt de famine. Le blocus de la capitale poussa les huguenots des provinces à la révolte. L'exemple de Condé et de Coligny était devenu contagieux. Les violences de la guerre précédente renaissaient. À Nîmes, dans la nuit qui suivit la Saint-Michel, les réformés massacrèrent dans la cour de l'évêché des notables catholiques et jetèrent leurs cadavres dans un puits. Cette « Michelade » – sorte de Saint-Barthélemy à l'envers – révulsa Catherine.

À Paris, il ne faisait pas bon être tenu pour protestant. La rumeur courait qu'ils s'apprêtaient à incendier la ville pour l'ouvrir à Condé. Les catholiques se jetaient sur les membres présumés de cette « cinquième colonne » et, sûrs de leur droit, les massacraient avec enthousiasme.

L'œuvre patiente de pacification de Catherine fondait comme neige au soleil, ses laborieux efforts d'accommodement étaient ruinés. Le Grand Tour si prometteur n'avait donc servi à rien. L'hydre de la révolte, des prises d'armes, des tueries, relevait la tête. Catherine ne décolérait pas. Il fallait arrêter cette explosion de violence, combattre l'armée huguenote et la vaincre.

Le 10 novembre 1567, le connétable de Montmorency décida de livrer bataille. Il tenta une sortie par la porte Saint-Denis avec cavalerie et artillerie. Un corps à corps sanglant opposa les rebelles aux royaux. Au Louvre, Catherine attendait dans l'angoisse l'issue du combat.

À la tombée du jour, la victoire revint au roi.

Le connétable avait été blessé. Ramené en son hôtel, le vieil homme mourut le surlendemain. Catherine ne regretta pas Montmorency, même si elle lui offrit des obsèques quasi royales. Elle se sentit délivrée d'une sorte de tuteur. Le connétable aurait-il un successeur ? Quel grand seigneur pouvait alors réunir la capacité militaire et la loyauté absolue attendues du chef des armées ? Charles IX prétendit n'avoir besoin de personne pour tenir la grande épée de France. Il refusa de pourvoir la charge que Montmorency avait tenue trente ans durant.

La reine mère ne l'entendait pas ainsi. L'occasion était trop belle pour offrir à Henri d'Anjou, son fils bien-aimé, un rôle à sa mesure. Elle obtint du souverain qu'il nomme son frère lieutenant général du royaume, insoucieuse de la jalousie qu'éprouvait Charles IX envers son cadet. Le duc d'Anjou devenait une manière de vice-roi. Il représentait officiellement la personne du souverain dans le royaume et recevait délégation d'une partie de ses pouvoirs. La vacance de la charge de connétable le faisait unique commandant des forces royales. Entre sa mère et son frère, Charles IX ressentait durement sa mise en tutelle.

Âgé d'à peine seize ans, Anjou était sans expérience. Catherine lui constitua un état-major de militaires chevronnés avec lequel il se mit en campagne. Les troupes de Condé et de Coligny, défaites à Saint-Denis, s'étaient réfugiées à Montereau. Elles y attendaient les huguenots de Guyenne et du Poitou pour rejoindre, vers les frontières de l'Est, l'armée de secours que leur envoyait d'Allemagne l'électeur Palatin du Rhin. Là était le danger pour le roi. Au duc d'Anjou d'empêcher la jonction des deux armées. Or les rebelles filaient vers l'Est, plus rapides, impossibles à accrocher. Lancées à leur poursuite, les troupes royales atteignirent Châlons à la fin de décembre. L'armée huguenote était toute proche. Se déciderait-on à combattre ?

Catherine ne voulut pas laisser à son jeune fils la responsabilité de décider. Elle quitta Paris précipitamment, gagna le camp d'Henri et convoqua un conseil de guerre. Le duc d'Anjou était impatient de livrer bataille mais deux de ses lieutenants, les ducs de Bourbon-Montpensier et de Nemours, restaient indécis. En revanche, Tavannes pestait contre leur irrésolution. Catherine écouta et trancha. La victoire était incertaine : pouvait-on prendre le risque de voir l'armée royale écrasée par les rebelles ? Ne valait-il pas mieux fatiguer l'adversaire, le harceler plutôt que risquer une défaite sur un coup de dé ? La reine mère dit sa préférence pour une action qui diviserait les forces ennemies. Des négociations sélectives y parviendraient. Ainsi Catherine refusa de hasarder le combat. L'ennemi fila.

Personne ne put empêcher la marche des reîtres allemands à travers la Lorraine. Dans les premiers jours de janvier 1568, ils entrèrent en France et se joignirent à l'armée huguenote.

Catherine rentra à Paris. Elle essuya un flot de critiques. L'ambassadeur d'Espagne, que la lenteur des opérations avait déjà impatienté, lui reprocha sans ménagement d'avoir laissé échapper l'occasion de vaincre les rebelles, et la soupçonna d'ouvrir des négociations avec eux. Quant aux Parisiens, déçus par l'inaction de l'armée royale, ils vomissaient la paix que la reine mère préparait. Un soir, rue Saint-Denis, le carrosse royal rentrait au Louvre. Alors que Catherine enlevait son touret de nez pour parler au roi, une voix s'éleva de la foule :

— Sire, ne la croyez pas, car jamais elle ne vous dira la vérité.

L'apostrophe insolente passa de bouche en bouche et devint une chanson.

Pendant ce temps, l'armée royale se repliait vers le sud de Paris où elle attendit. L'ennemi en profita pour investir Chartres, grenier de la capitale, prendre Tours et Blois. Mais comme l'avait prévu Catherine, l'argent manquait aussi aux rebelles : Condé souhaita un accord.

La reine mère rencontra les plénipotentiaires au bois de Vincennes, à l'extérieur de Paris pour éviter les mouvements d'humeur d'une population farouchement hostile à toute négociation. L'ambassadeur de Philippe II était à l'affût :

— Si la reine les amène prisonniers, on pourra dire que son voyage n'a pas été inutile ; si elle les amène en liberté, pour faire un accord, ce sera un grand malheur, un défi lancé à Dieu.

Malgré les dévots parisiens, la négociation avança : la paix fut signée à Longjumeau le 23 mars 1568.

Elle ne réglait rien.

À l'égard des réformés du royaume, elle rétablissait l'édit d'Amboise signé cinq ans plus tôt. Le roi s'engageait même à payer les mercenaires de l'électeur Palatin venus au secours de ses ennemis :

— Je dois payer les verges dont ils m'ont battu, aurait déclaré Charles IX.

La paix accordait en outre une amnistie générale aux rebelles. Détestable à l'Espagne, elle provoqua la colère des catholiques. Certes, Catherine n'était pas dupe des raisons qui poussaient Philippe II à blâmer l'édit de pacification. À l'ambassadeur de Madrid, elle lança sans fard :

— Nous comprenons fort bien l'intention des ministres du Roi Catholique qui est que les Français doivent se mettre en pièces les uns les autres.

La reine mère avait voulu la paix. Pour ses enfants qui avaient encore besoin de grandir. Par nécessité surtout : le manque d'argent interdisait toute prolongation des opérations militaires. Les catholiques, parisiens surtout, ne lui pardonnèrent pas. Quand elle refusait de céder aux huguenots, on l'accusait d'entretenir les troubles pour se maintenir au pouvoir et affermir son autorité sur le roi. Lorsqu'elle travaillait à la pacification, on la suspectait de trahir la vraie foi et de pactiser avec l'ennemi. À chaque occasion, on la disait prête à toutes les vilenies pour conserver le pouvoir. La légende noire de Catherine se construisait. L'opinion oubliait vite qu'elle venait de donner au royaume quatre années de paix interrompues par la guerre que lui avait imposée l'infâme de Meaux. Par réalisme, elle mettait fin aux combats après six mois de désolation. Elle ignorait que la paix ne durerait pas davantage.

La paix indésirable

« Un peu de cendre sur un grand brasier », telle fut la paix que Catherine avait signée par nécessité. « Il y a des circonstances, écrivait-elle, où l'on est obligé de se faire violence à soi-même pour éviter de plus grands maux et se soumettre à ce que l'on n'aurait pas voulu. » Personne, ni catholiques ni protestants, n'était satisfait. Personne ne pensait que la paix durerait, et d'ailleurs personne n'en observa les clauses. Les catholiques zélés, qui reconnaissaient en elle l'«édit du diable», redonnèrent vie aux ligues et aux confréries qui militaient, parfois les armes à la main, contre la religion nouvelle. Des expéditions punitives étaient organisées contre les réformés, parfois assassinés jusque dans leur lit. À Paris, note l'ambassadeur de Venise, un huguenot qui venait d'être abattu fut traîné par les pieds et dépouillé de ses vêtements par une bande d'enfants, « des bambins de trois coudées », qui rouèrent de coups le cadavre, le projetèrent en l'air comme un pantin, avant de le jeter dans la Seine.

Les protestants, qui violaient tout autant l'édit de pacification (refusant de restituer les villes occupées pendant la guerre), se livraient à pareille violence. À Catherine, Condé parlait haut, menaçant de rompre la paix si le cardinal de Lorraine, frère du duc de Guise assassiné, restait au gouvernement. La vengeance à la bouche, le prince assurait qu'il saurait rendre rouge de sang la robe noire du prélat s'il demeurait aux affaires. Le temps était aux provocations.

Catherine s'effrayait des désordres et s'irritait de la morgue de Condé. Elle subissait les impatiences de Philippe II et du pape comme les indignations de l'amiral de Coligny, toujours prêt à accuser les Guise de vouloir l'assassiner. Les catholiques reprochaient à la reine mère ses prétendues faiblesses envers les huguenots, tandis que les réformés la jugeaient complice des violences catholiques. Il lui fallait une ténacité hors du commun pour parer les coups et continuer sa route.

Sa volonté d'avancer au milieu de tant d'écueils restait intacte, mais son corps donnait des signes de faiblesse. Elle tomba malade. Le 28 avril 1568, elle se mit au lit, victime d'une fièvre tierce. Elle se plaignait de douleurs au côté, souffrait de violents maux de tête, et des vomissements continuels achevaient de l'affaiblir. Elle, qui d'ordinaire se remettait rapidement, garda la chambre plus longtemps que de coutume. On s'inquiéta quand on la vit perdre du sang par le nez et la bouche. Les médecins jacassaient en latin à son chevet, impuissants. Le roi, privé de sa mère, ressentait combien elle lui était indispensable. Il s'enferma avec ses conseillers pour préparer l'avenir. Un avenir sans elle. Mais rien d'important ne sortit de ces réunions. La vie politique, notait un contemporain, était comme suspendue. La fièvre s'obstinait : chaque nuit, Catherine devait changer cinq ou six fois de chemise. Puis le mal desserra son emprise, et, affaiblie mais hors de danger, elle quitta la chambre le 13 mai.

Quinze jours durant, la maladie avait imposé une sorte de trêve politique. Désormais, tout allait s'agiter de nouveau.

Guérie, la reine mère reprit l'initiative. Mais chacun put constater qu'elle n'était plus tout à fait la même : moins soucieuse d'accommodement, plus hostile envers les réformés. Sa conduite s'infléchissait. D'abord, se garder de toute provocation envers l'Espagne occupée à réprimer la révolte des Pays-Bas. Aussi interdit-elle aux huguenots de secourir les révoltés flamands. Lorsqu'un capitaine réformé, nommé François de Cocqueville, désobéit à ses ordres, elle envoya aussitôt une troupe pour l'intercepter. Vaincu, Cocqueville fut exécuté. Catherine reçut les félicitations de Philippe II.

Envers le Roi Catholique, elle faisait assaut d'amabilités, qualifiant notamment de « sainte décision » l'exécution à Bruxelles des comtes d'Egmont et de Hornes, chefs de la révolte, s'abandonnant à dire qu'elle devrait agir en France avec la même fermeté. Catherine s'était-elle convertie à la manière forte ? À l'exception du chancelier de L'Hospital, les conseillers du roi plaidaient pour la répression. L'un réclamait plus de rigueur envers les huguenots, un autre exigeait de venger l'autorité royale tombée dans le mépris. Tous étaient convaincus que laisser les choses en l'état pousserait la monarchie à la ruine. Un climat d'hostilité aux réformés s'installait au Conseil. Que restait-il des efforts d'accommodement? La volonté de l'État d'arbitrer entre les deux religions semblait s'être évanouie. Tant il est vrai que ni Catherine, ni le roi, n'avaient oublié l'«infâme entreprise» de Meaux. Ce crime de lèse-majesté ne pouvait s'effacer de leur mémoire. Les huguenots étaient allés trop loin. Leur ingratitude, leurs exigences n'étaient plus tolérables. D'autant que l'Espagne, plus forte que jamais, donnait aux Pays-Bas l'exemple d'une fermeté que l'on croyait promise au succès.

Aux catholiques du royaume comme au souverain de Madrid, Catherine envoya un signe : le chancelier de L'Hospital, artisan de la concorde religieuse, fut remercié. Dès la fin du mois de juin 1568, il fut écarté du Conseil et, en septembre, dut rendre les sceaux. La reine mère renvoyait un serviteur qui longtemps avait partagé ses vues mais dont la modération paraissait désormais coupable. L'Hospital fut sacrifié : aux yeux d'une postérité oublieuse des contingences politiques du temps, il gagna en sa disgrâce l'auréole de la tolérance.

Désormais, le grand homme du Conseil était le cardinal de Lorraine. Le prélat avait hérité de tous les dons. De grande culture, ami des poètes, mécène et mélomane averti, il ajoutait à ses talents des capacités politiques et diplomatiques exceptionnelles. Au pouvoir sous le règne éphémère de François II, écarté du Conseil à l'avènement de Charles IX, il demeurait un personnage de premier plan, toujours écouté, notamment d'Henri d'Anjou, frère du roi, qui le reconnaissait comme son mentor. Admiré des uns, craint de beaucoup, le cardinal était haï des protestants qui regrettaient déjà Michel de L'Hospital.

Ne creusons pas un fossé entre le serviteur qui avait dû quitter le pouvoir et le Lorrain à l'étoile montante. La sagesse n'avait pas cédé à l'intransigeance. En dépit d'une légende tenace, le cardinal n'était pas le « tigre de la France » que dépeignaient les huguenots. Ses positions religieuses étaient plutôt modérées. De plus, Catherine n'a pas remplacé le garde des Sceaux par l'un de ses Italiens fidèles comme René de Birague ou Gondi, mais par un autre modéré, Jean de Morvillier, évêque d'Orléans.

Le départ du chancelier n'en signifiait pas moins un changement d'orientation politique. Au moment où il remettait les sceaux à son successeur, la guerre – la troisième en six ans – avait déjà commencé.

Sur tous les fronts

De l'été 1568 les contemporains gardèrent le souvenir de chaleurs torrides. Pour fuir la touffeur parisienne, Catherine et le roi séjournèrent le plus souvent au château de Madrid, dans le bois de Boulogne. La résidence édifiée par François Ier était de nouveau en chantier. On ne travaillait pas à l'agrandir, mais à la fortifier. Énormes travaux qui absorbèrent près des deux tiers du budget. La crainte d'un enlèvement du souverain exigeait en effet de prendre des précautions. À Fontainebleau aussi on creusait des fossés défensifs. À proximité de la Cour cantonnaient toujours dix « enseignes » (ou compagnies) d'infanterie et six mille Suisses chargés de sa protection. Il ne fallait plus courir le risque de voir se renouveler la surprise de Meaux.

Une fièvre cloua Charles IX au lit jusqu'à la mi-août. Le jeune roi au teint pâle en sortit amaigri. Catherine veillait sur lui tout en se préparant à passer à Saint-Maur la fin de l'été.

La Cour s'apprêtait à quitter le château de Madrid quand elle apprit que le prince de Condé et l'amiral de Coligny, le 23 août, avaient abandonné précipitamment leurs résidences bourguignonnes avec femmes, enfants et compagnons. Quelle était la raison de ce départ en hâte ? Un danger menaçait-il pour jeter sur les routes la princesse de Condé alors enceinte ? Les chefs huguenots traversèrent le royaume, passèrent la Loire du côté de Roanne, pour ne s'arrêter qu'une fois La Rochelle atteinte.

C'est la crainte d'être assassinés qui les faisait fuir. D'indices inquiétants en mises en garde répétées, le danger leur paraissait bien réel : ils avaient décidé de se mettre en sûreté. Non sans accuser le lieutenant général du roi, Tavannes, d'avoir projeté de les tuer, et de désigner le cardinal de Lorraine comme l'un des inspirateurs du meurtre. On prétendait qu'un conseil secret, réuni dans la maison du cardinal ou chez la reine mère, avait décidé la mise à mort de Condé et de Coligny, comme aux Pays-Bas le duc d'Albe avait fait exécuter les comtes d'Egmont et de Hornes.

La rumeur était trop insistante pour n'être pas fondée. Les deux hommes avaient réellement cru avoir été menacés. Catherine avait-elle ordonné ce double assassinat ? Les historiens se partagent. Pour les uns, sa culpabilité est attestée par le témoignage du fils Tavannes dont le père aurait reçu l'ordre de la reine mère et s'y serait opposé. D'autres nient la responsabilité de Catherine, l'examen de la correspondance de Tavannes père apportant la preuve que celui-ci n'avait reçu aucun ordre d'assassinat. Fragiles conjectures. Le fils Tavannes n'a-t-il pas voulu donner le beau rôle à son père en le montrant assez courageux pour refuser de commettre un tel acte ? La reine aurait-elle ordonné par écrit l'exécution d'un prince du sang ?

Il n'est pas impossible que Catherine, meurtrie par la surprise de Meaux qui rompait sa paix, agacée par les rodomontades incessantes de Condé et de Coligny, impressionnée par la réussite de la répression de Philippe II aux Pays-Bas et soucieuse d'apaiser les soupçons espagnols, ait commandé, sinon l'exécution, du moins l'arrestation du chef protestant. S'il est vrai qu'elle a monté cette opération, on doit admettre qu'elle a piteusement échoué. Les fugitifs lui avaient échappé comme – se plaisaient à écrire les réformés – les Hébreux sortis d'Égypte s'étaient soustraits à la colère de Pharaon.

La Rochelle devint le rendez-vous de tous les chefs huguenots – Jeanne d'Albret et son fils Henri de Navarre s'y enfermèrent – et la nouvelle capitale de la Réforme française. On y amassa des armes et on équipa des navires pour la guerre de course. L'aide militaire de la reine Élisabeth d'Angleterre fut la bienvenue. Forte de gentilshommes recrutés jusque dans le Béarn, l'armée huguenote s'empara de plusieurs villes du Poitou et de Saintonge, nécessaires à la protection de son refuge rochelais.

D'ordinaire conciliatrice et encline au compromis, la reine mère tailla dans le vif. Le 23 septembre 1568, elle fit signer au roi un édit qui interdisait tout exercice de la religion réformée, expulsait les pasteurs et cassait les officiers royaux non catholiques. Cette radicalisation signifiait la guerre.

Celle-ci s'ouvrit alors que Catherine avait des sujets personnels d'inquiétude. Charles IX était à nouveau malade. La fièvre, qui lui donnait une petite mine et aggravait son caractère maussade, était aussi mystérieuse que tenace. En outre, de fâcheuses nouvelles parvenaient d'Espagne : après une grossesse difficile, la reine Isabelle était sur le point d'accoucher. Or, la naissance d'une fille prématurée lui fut fatale. Le traitement prescrit par les médecins l'affaiblit et accéléra sa mort. Elle avait vingt-trois ans. Informé par courrier spécial, le cardinal de Lorraine se chargea d'annoncer la nouvelle à Catherine. La reine écouta, impassible, puis gagna son cabinet où elle s'enferma deux heures durant. À l'abri des regards, la femme la plus puissante de France s'abandonna au chagrin. Elle revoyait sa jolie petite fille aux yeux noirs qui lui était née après le dauphin François, se rappelait leur dernière rencontre à Bayonne où Isabelle lui était apparue plus espagnole que française. Quand Catherine sut que sa mort datait du 3 octobre, elle se souvint avoir vu ce jour-là dans le ciel un gros rayon de feu, présage d'un grand malheur.

La reine sécha ses larmes, sortit de sa retraite et s'en alla présider le Conseil, refoulant son chagrin pour ne pas donner à ses ennemis un sujet de joie. Comme elle était marieuse dans l'âme, elle songea aussitôt à offrir pour femme à Philippe II sa deuxième fille, Margot. Un deuil, même cruel, ne saurait briser les liens entre la France et l'Espagne.

Le grand froid qui régnait en novembre annonçait un hiver rigoureux. Charles IX et Catherine se fixèrent à Melun, choisi comme centre des opérations militaires. À son habitude, la reine mère se démenait pour trouver l'argent nécessaire, alertant Venise, sollicitant le pape, empruntant aux Parisiens, quitte à placer en gage les bijoux de la Couronne.

Le roi ne partit pas à la tête de ses troupes. C'est à son frère, Henri, que revint cet honneur. Catherine en avait décidé ainsi et Charles IX lui avait cédé à contrecœur : le duc d'Anjou serait le chef de l'armée catholique et royale. La reine mère s'enorgueillissait à l'avance des actions d'éclat dont il se montrerait capable. Contre les rebelles, écrivait-elle, « mon fils partira pour y donner ordre et leur faire connaître ce que c'est que de vouloir troubler un État public». À *Monsieur*, le privilège de restaurer l'autorité monarchique ! À Henri, les lauriers de la gloire !

En réalité, rien dans cette campagne d'hiver ne fut décisif. Les armées ne combattaient pas en une aussi mauvaise saison. La neige et le verglas contrariaient les déplacements. Trouver à se nourrir était pour le soldat une nécessité vitale. Les combats attendraient. Les troupes préféraient terroriser les populations, extorquer des vivres, voler des vêtements, abattre le bétail. D'heureux coups de main permettaient de faire des prisonniers dont on tirait de fortes rançons. Mais de batailles, point. Le défaut d'engagement militaire n'était pas de l'inaction : les rebelles pillaient et massacraient. Des chefs huguenots comme La Noue le reconnaissaient : « Nous avons fait la première guerre comme des anges (*sic*), la seconde comme des hommes et la troisième comme des démons. » Si les armées évitaient les combats, elles s'appliquaient à répandre les horreurs de la guerre.

En Poitou comme en Angoumois, Henri d'Anjou échouait à accrocher l'armée de Condé qui risquait de s'échapper et de rejoindre au-delà de la Dordogne les troupes des gentilshommes protestants de Guyenne. Dans l'est du royaume, de plus grands dangers encore s'annonçaient. Catherine redoutait l'entrée imminente d'une formidable armée allemande de secours aux rebelles commandée par le duc de Deux-Ponts, Wolfgang de Bavière. La reine mère décida aussitôt de courir aux frontières de l'Est pour tâcher d'arrêter l'invasion, convaincue que le sort de Condé, cantonné quelque part sur la Charente, se déciderait sur la Moselle. Aux mercenaires étrangers, il fallait barrer la route et fermer l'entrée de la Champagne et des Trois-Évêchés. Avec quelques milliers de soldats, Catherine et Charles IX gagnèrent Metz où ils s'installèrent. La reine mère débordait d'énergie. Elle inspectait les remparts, ordonnait des travaux de défense, encourageait les hommes.

Mais, brusquement, elle tomba malade. Une douleur intense s'était déclarée au côté droit, tandis qu'une poussée de fièvre la tourmentait. En quelques heures, une maladie encore inconnue avait abattu l'héroïne de la défense du royaume. Comme à l'ordinaire, on supposa qu'elle avait été empoisonnée, à moins que sa visite aux malades de l'hôpital de la ville ne l'ait contaminée. Sa fille, Claude de Lorraine, était accourue à son chevet. L'électuaire opiacé, les purges et les saignées se révélaient impuissants. Catherine n'avait aucune nausée et ne vomissait pas, ce qui rassurait les uns mais inquiétait les autres. Quarante jours durant, elle garda la chambre, hors d'état en ces heures graves de travailler à la défense du territoire.

Un jour, ses enfants rassemblés auprès d'elle l'entendirent délirer :

— Regardez comme ils fuient! disait-elle des rebelles. Mon fils [Henri d'Anjou] a la victoire. Hé, mon Dieu! Relevez mon fils, il est tombé! Voyez-vous le prince de Condé? Il est mort dans ce buisson.

La nuit suivante, un courrier arriva à Metz : le 13 mars, Henri avait vaincu l'armée huguenote à Jarnac où le prince de Condé avait été tué. Le songe de Catherine avait été prémonitoire.

Elle exultait. Le mal céda. Avec Henri, la famille royale avait désormais un capitaine, un brave, un vaillant homme de guerre. Pour elle, comme pour tous les catholiques, Henri était, à dix-huit ans, le héros de Jarnac. La mort de Condé ajoutait à son bonheur. On lui rapporta le mot de son fils préféré devant le cadavre du prince :

— Hélas, que ce pauvre homme a causé de *maux*! (Rappelant ainsi la tentative d'enlèvement du roi par Condé à Meaux dix-huit mois plus tôt.)

À des centaines de lieues des bords de la Charente, Catherine applaudissait.

La victoire de Jarnac flattait sa fierté de mère, mais elle apprit que cette bataille n'achevait pas la guerre. Les huguenots n'étaient ni défaits ni abattus. Malgré la disparition de Condé, la relève était assurée : Coligny devenait chef unique de la Réforme, en attendant que grandissent le fils du prince défunt, Henri de Bourbon, et son cousin, Henri de Navarre, que sa mère Jeanne d'Albret poussait déjà au premier rang. Des voix catholiques s'élevaient pour encourager Catherine à continuer la lutte, le pape réclamait l'« extermination entière des hérétiques » du royaume, Philippe II souhaitait voir l'armée royale reconquérir au plus tôt les villes tenues par les rebelles.

À Metz, Charles IX n'eut pas la chance de son frère Anjou : il manqua les reîtres venus d'Allemagne qui se frayèrent un chemin à travers la Bourgogne, marchant en direction de la Loire. Inquiète, Catherine planta là le roi, pour rejoindre Henri, menacé d'être pris entre deux feux. La marche inexorable des reîtres, leur jonction avec l'armée huguenote de Coligny exigeaient des initiatives. Elle aiderait à les prendre. La proximité du danger stimulait son énergie, la menace qui pesait sur son fils préféré lui donnait des ailes. Elle passa les lignes, évita les pillards et arriva au camp du duc d'Anjou sur les rives de la Creuse. On tint conseil. Fallait-il attaquer ? Catherine le pensait. Henri, sur les conseils de Tavannes, avait une autre stratégie. Il plaida pour retarder encore l'approche des reîtres en compromettant leur ravitaillement. Il n'en eut pas le temps : les Allemands avaient traversé la Vienne. Leur liaison avec les forces de Coligny était une question d'heures.

Sans ménager sa peine, Anjou s'efforça de différer la jonction des adversaires. Catherine assistait aux combats d'artillerie, ne répugnant pas à s'approcher de l'ennemi,

« comme si, écrivait-elle, j'eusse été avec eux ». Chaque action de son fils la remplissait de fierté et elle ne manquait aucune occasion pour vanter ses mérites. « Il se démène pour votre service, écrivait-elle au roi qui se divertissait à la chasse, n'ayant autre chose en la tête et au cœur que de vous satisfaire. » En réalité, on s'enlisait.

Dans cette grisaille, deux heureuses nouvelles lui parvinrent. François de Châtillon, seigneur d'Andelot, frère de Coligny, mourut le 7 mai, sans doute d'une fièvre pestilentielle. Aussitôt on fit endosser à Catherine la responsabilité de ce décès brutal. Une fois encore, l'empoisonneuse aurait frappé. Une réflexion de bon sens aurait dû pourtant l'innocenter : d'Andelot n'avait aucune importance politique.

Mais la légende noire de Catherine continuait d'enfler. Toute disparition brutale de ses adversaires faisait peser sur elle les soupçons. Elle devenait comptable des morts subites. La reine mère n'avait ordonné aucun meurtre, mais les morts rapprochées de Condé et d'Andelot n'étaient pas pour lui déplaire. Quand on lui annonça que le duc de Deux-Ponts, chef de la horde germanique qui avait semé la terreur à travers la France, était mort de la peste, elle laissa trop bruyamment éclater sa joie. « Monsieur mon fils, écrivait-elle au roi, vous voyez comme Dieu nous aide, car il les fait mourir sans coup frappé. »

Dès qu'un combat semblait décisif, Catherine quittait Paris pour rejoindre Henri. Poitiers était-il assiégé par Coligny? Elle eut l'idée de créer une diversion. Elle ordonna aux troupes royales d'investir Châtellerault : la manœuvre réussit. Après plusieurs accrochages, les armées du duc d'Anjou et de Coligny se rencontrèrent sur les bords de la Dive, à Moncontour, le 3 octobre 1569. Une fois encore, la victoire revint aux royaux. À l'Europe entière, Catherine fit connaître les succès d'Anjou, « favori de Mars et de la jeunesse ».

Coligny avait été battu, mais il avait néanmoins réussi à se sauver et à organiser la retraite avec ses hommes valides. Anjou aurait souhaité le poursuivre et l'anéantir une dernière fois en rase campagne, mais Charles IX le lui interdit et ordonna d'assiéger les places poitevines tenues par les huguenots pour protéger La Rochelle. Le roi voulait-il limiter la gloire de son cadet ?

Occupé devant Saint-Jean-d'Angély, Anjou ne put empêcher Coligny de sauver son armée et d'en refaire les forces. Aussi le chef réformé continua-t-il sa course dans le Sud-Ouest, avant de remonter la vallée du Rhône. Sa marche offensive laissait penser que Moncontour n'avait été qu'une victoire à la Pyrrhus.

Catherine commençait à douter de l'issue de la guerre. Une certitude s'imposait à son esprit : on ne pouvait vaincre militairement les huguenots. Aucune des victoires de son fils n'avait écrasé les rebelles. Il fallait reconstituer les forces royales : les quartiers d'hiver le permettaient. La reine mère et la Cour s'installèrent à Angers où l'on s'efforça d'oublier le fracas des armes dans les fêtes. Pour chacun le repos s'imposait. Catherine et le roi soignaient une nouvelle fièvre ; une rougeole aiguë avait amaigri Margot.

Alors qu'on profitait à Angers d'une récréation bienvenue, l'armée de l'amiral de Coligny, grossie des forces de Montgomery et des seigneurs du Sud-Ouest, progressait irrésistiblement vers le Nord. Cette marche convainquit Catherine d'ouvrir les négociations. Rude tâche que solliciter la paix du vaincu redevenu offensif ! En février 1570, elle offrit aux huguenots la liberté de conscience : ils réclamèrent la liberté de culte. En mars, elle s'apprêtait à l'accorder, avec quelques restrictions : ils exigèrent des places de sûreté. Charles IX s'indignait de l'audace des réformés. Catherine devait l'apaiser. Lorsque le porte-parole des huguenots, M. de Téligny, gendre de Coligny, réclama Calais et Bordeaux, le roi se précipita sur lui, dague à la main. On dut s'interposer. Sans cesse la reine mère renouait les fils du dialogue.

Dans la vallée du Rhône, Coligny continuait sa course, bousculait à Arnay-le-Duc l'armée royale pourtant quatre fois plus nombreuse. Début juillet, il était à La Charité-sur-Loire, prêt à marcher sur l'Île-de-France. Sous la menace d'une armée ennemie qui se rapprochait dangereusement de Paris, le roi devait faire des miracles avec des caisses vides. Catherine persistait à négocier contre l'avis du cardinal de Lorraine et malgré les représentants de l'Espagne et du pape, tous partisans de la poursuite de la guerre. Sa quête de la paix religieuse irritait Philippe II. Mais la reine n'en avait cure.

Un accord avec les réformés paraissait de plus en plus imminent. L'ambassadeur d'Espagne le dénonçait à l'avance comme « préjudiciable à Dieu », le nonce était atterré par les concessions promises aux hérétiques. Mais Catherine, encouragée par le roi et par Henri, persistait. La paix fut signée le 8 août 1570 à Saint-Germain-en-Laye. Elle octroyait aux protestants non seulement la liberté de conscience mais l'exercice de leur religion dans les faubourgs de certaines villes et dans les maisons des seigneurs hauts justiciers. Pour la première fois, le traité leur concédait quatre places de sûreté que les catholiques dénoncèrent aussitôt comme autant de petites Genève.

Dire que la paix était « boiteuse et mal assise » n'était qu'un jeu de mots : ses négociateurs se nommaient le baron de Biron, qui boitait, et M. de Mesmes, seigneur de Malassise. Profitable aux huguenots, cet accord l'était. « Nous gagnons, nous, par les armes, grondait le vieux maréchal de Monluc, eux, par ces diables d'écritures ! » Mais, pour Catherine, la paix était nécessaire. Les huguenots n'avaient pas été abattus et les finances royales ne permettaient pas de continuer une guerre qui dévorait dix-huit millions de livres par an quand les recettes n'en atteignaient pas treize. Une fois encore, nécessité faisait loi.

Les soucis d'une mère

Sur tous ses enfants, Catherine exerçait une autorité exigeante. Sa fille Marguerite en a témoigné. Mais la sévérité de la reine mère avait ses raisons : Margot avait beaucoup à se faire pardonner. Catherine aimait ses enfants en mère exclusive et passionnée. Elle seule s'arrogeait le droit de les morigéner en privé, mais elle les défendait comme une lionne à la moindre critique publique. L'affection qu'elle leur portait était toutefois inégale. Charles IX n'était pas le plus aimé, alors qu'Henri d'Anjou – on le sait – était son préféré. C'est elle qui l'avait associé aux affaires du royaume. Chaque fois que le monarque était empêché, Henri accordait des audiences, présidait le Conseil, examinait les dossiers. Sous l'œil attentif, admiratif et bienveillant de sa mère. Le roi, pourtant fils soumis, en montrait parfois du dépit :

— Personne, gémissait-il, ne m'accompagne plus ! Tout le monde se tourne vers mon frère.

En apparence, tout semblait opposer les deux jeunes gens. Charles, corps puissant sur des jambes maigres, légèrement voûté, sensible à la musique et à la poésie – Ronsard était son protégé –, se passionnait surtout pour les exercices physiques qu'il aimait violents, chassait jusqu'à l'épuisement, forgeait habilement des pièces d'armure et manipulait sans se lasser de petites arquebuses. On redoutait ses colères, imprévisibles et fortes. On s'inquiétait surtout pour sa santé, menacée par des accès de fièvre de plus en plus fréquents.

Lorsque le mal l'envahissait, il restait au lit, n'ayant goût à rien. Les observateurs étrangers commençaient à se préoccuper de ses malaises et de ses moments de lassitude. Ses joues alors se creusaient, des cernes s'accrochaient aux yeux, son teint se brouillait. D'humeur encore plus maussade qu'à l'ordinaire, le jeune roi se refermait sur lui-même, muet, buté. Dès qu'il recouvrait la forme physique, il renouait aussitôt avec la chasse ou s'abandonnait sans retenue aux jeux et aux fêtes.

Henri d'Anjou était grand, beau et élégant. Aimable et éloquent, auréolé d'une gloire militaire récemment acquise, il attirait aisément les louanges. S'il ne montrait pas l'ardeur passionnée de son aîné pour les activités du corps, il s'adonnait avec bonheur aux curiosités intellectuelles. Chargé de la lieutenance générale du royaume, il remplissait ses devoirs d'État avec régularité, enthousiasme et sérieux.

Catherine s'efforçait de contrôler la rivalité entre les deux frères, rappelant sans cesse à un Henri impatient que Charles était le roi, exigeant déférence et obéissance, tandis qu'à l'adresse de Charles elle déclinait – sans doute avec trop d'insistance – les services rendus par son cadet.

Charles avait vingt ans, Henri, dix-neuf. Leur mère prenait parfois prétexte de leur âge pour s'excuser auprès de l'ambassadeur d'Espagne des orientations politiques du gouvernement :

— Je n'ai plus la même autorité. Mes fils sont maintenant des hommes, et je n'ai plus comme autrefois le contrôle des affaires.

Mais le diplomate n'en croyait rien.

Le temps était venu de marier le roi. Jusque-là, Charles s'était peu intéressé aux femmes, malgré les efforts des plus belles et des plus avenantes dames de la Cour qui caressaient l'espoir d'être distinguées par Sa Majesté. Il avait connu une puberté tardive et préférait déverser son trop-plein d'énergie dans d'interminables parties de chasse. On lui connaissait bien quelques aventures, toutefois Brantôme prétend qu'elles avaient été nouées « plus par réputation que par lasciveté, et encore très sobrement ». Cependant, en juillet 1569 – la Cour étant alors à Orléans –, des courtisans aux aguets devinèrent que Charles était tombé follement amoureux. Chaque soir, il se rendait à un rendez-vous galant. La jeune fille avait résisté le temps que la morale exigeait, puis cédé non sans plaisir. L'ambassadeur d'Espagne, qui avait appris l'idylle, se renseigna sur la dame. Sa surprise fut de taille : l'élue était huguenote ! Il en informa aussitôt le nonce. Les deux hommes se comprirent : la reine mère devait être avertie et faire cesser le scandale.

La réaction de Catherine les déçut. Elle sut que celle qui avait tiré son fils de son humeur chagrine était une petite bourgeoise d'Orléans, nommée Marie Touchet, fille d'un magistrat au bailliage. Elle avait l'âge de Charles, était « très excellente en beauté », paraissait douce et simple. Sa religion indifférait à Catherine qui se souciait seulement de savoir si elle aimait sincèrement son fils ou si elle était intrigante. Une brève enquête la rassura. La jeune Marie portait à Charles un amour authentique et n'avait nulle ambition. On la disait spirituelle et enjouée, mais insoucieuse de politique. Catherine n'avait donc aucune raison de contrarier une liaison amoureuse qui apaisait son fils. La religion de Marie ne choquait que les représentants de l'Espagne et de Rome.

Catherine voyait Charles métamorphosé par l'amour. Pour avoir Marie toute à lui, il l'imposa dans la maison de sa sœur Margot. Il agrémentait de musique chacune de ses visites, avec fifres et tambours, et, lorsque la Cour regagna Paris, la logea dans une petite maison qui devint pour lui un paradis. Un fils naquit, prénommé

Charles comme son père qui le reconnut et le titra comte d'Auvergne.

Aux yeux de Catherine, l'idylle ne tirait pas à conséquence. Elle préférait une maîtresse royale de modeste condition à une dame de haute naissance tentée par l'intrigue ou manipulée par de grands seigneurs ambitieux. Que Marie fût huguenote démontrait que catholiques et réformés pouvaient vivre ensemble... et s'aimer !

La reine n'eut pas la même indulgence pour les amours de Marguerite. Belle, radieuse, plus cultivée que ses frères, Margot était à dix-sept ans l'enjeu de grands projets de mariage. Catherine ne cessait d'échafauder pour elle de prestigieuses unions, avec le roi d'Espagne, trois fois veuf, ou son fils don Carlos, avec l'archiduc Rodolphe de Habsbourg ou le roi Sébastien de Portugal. Aucune jusque-là n'avait abouti. Philippe II avait décliné la proposition pour lui et pour l'Infant, et s'était opposé au mariage portugais, les alliances avec la maison souveraine d'Aviz étant la chasse gardée des Habsbourg. Ses refus répétés avaient blessé et irrité Catherine qui nourrissait une rancune tenace envers son ex-gendre. Quant à Marguerite, elle patientait, rêvant au beau prince qui, un jour prochain, la ferait reine. La jeune fille avait l'esprit romanesque ; sa mère, le sens des réalités.

À défaut de souverains, Margot commit l'imprudence de s'amouracher du beau duc Henri de Guise, pour qui toutes les dames de la Cour se pâmaient, éblouies par sa prestance. On le savait brave jusqu'à la témérité, mais aussi cultivé, mélomane et héritier de grands biens. On apprit bientôt que Margot était à son tour tombée sous le charme. Mais chez les princes, une amourette devient vite une affaire d'État. La maison de Lorraine songea à tirer profit de la tendre inclination de la fille de Catherine pour l'un des siens. La mère du jeune séducteur et le cardinal de Lorraine, son oncle, intriguèrent pour transformer l'idylle en bon et solide mariage. L'ambition des Guise n'avait pas de limites. Déjà fort puissants à la Cour, ils désiraient s'élever encore, jusqu'aux marches du trône. Une décennie plus tôt, leur nièce, Marie Stuart, n'était-elle pas devenue reine de France ?

Henri d'Anjou, le premier, sentit le danger. Il courut avertir sa mère qui déjà savait tout. Catherine mesurait les risques d'une pareille liaison. Elle connaissait l'ambition des Lorrains : celle-ci avait toujours « traversé » celle des Valois. Elle arrêta sa décision, n'attendant qu'une preuve pour agir sans risquer d'être démentie. Elle la trouva.

Elle fit intercepter une lettre compromettante de Marguerite au bel Henri de Guise. Alors, un matin de juin 1570, la jolie princesse fut réveillée dès cinq heures et convoquée chez sa mère. Le roi, encore en chemise, s'y trouvait, informé de l'affaire et fort échauffé contre sa sœur. L'instant d'avant, avec Catherine et Henri d'Anjou pour témoins, il avait déversé sa colère sur le cardinal de Lorraine. C'était le tour de Margot.

Charles IX se jeta sur elle et lui infligea une sévère correction. « Ses vêtements étaient si déchirés, ses cheveux si en désordre que la reine, sa mère, de crainte qu'on s'en aperçût, passa une heure à rajuster la toilette de sa fille. » Meurtrie, Marguerite était en larmes.

Restait à écarter l'homme pour qui elle soupirait.

Le roi fit avertir le duc de Guise qu'il risquait la mort s'il persistait dans ses assiduités. Le message fut compris. Le duc accéléra les préparatifs de son mariage, prévu de longue date, avec Catherine de Clèves. Les noces eurent lieu le 3 octobre suivant. Quant au cardinal de Lorraine, il s'éloigna un temps de la Cour.

Le coup d'arrêt porté à l'intrigue guisarde démentait la rumeur de mauvaise entente entre Charles IX et Anjou. Certes, le souverain jalousait son frère, trop aimé, trop brillant. Mais Catherine veillait à ne pas laisser leur rivalité dégénérer en mésentente. La pacificatrice du royaume s'employait à faire régner la paix en sa famille. Avec autorité.

L'ordre rétabli à la Cour et la paix signée avec les protestants, la reine mère reprit ses projets matrimoniaux. Le roi avait besoin d'un héritier. Catherine avait fait son deuil de la fille aînée de l'empereur que Philippe II, plus persuasif, avait épousée en quatrièmes noces. Charles se contenterait de la cadette, Élisabeth. Le portrait que Paris commanda de la future reine de France révéla une jeune fille timide, sans doute vertueuse, probablement docile, en un mot inoffensive pour la reine mère. Le mariage fut célébré le 26 novembre 1570. Catherine n'avait pas lésiné sur les réjouissances : la cérémonie, le festin et le bal émerveillèrent les étrangers. Malgré la guerre qui venait de s'achever, le royaume paraissait encore riche et la Cour toujours brillante.

La reine mère songea ensuite à marier Anjou. À ce brillant cadet, il fallait l'héritière d'une couronne. Ainsi la prédiction de Nostradamus se réaliserait-elle. Catherine pesait avec soin les mérites des candidates possibles. Non pour le bonheur personnel de son fils, pourtant tendrement aimé, mais pour servir sa politique. L'union de Charles IX avec la fille de l'empereur satisfaisait le camp catholique. Par souci d'équilibre, on pouvait songer à marier Henri avec une princesse protestante ou, mieux, une reine régnante.

Le nom d'Élisabeth Ire, souveraine d'Angleterre et anglicane, s'imposa à l'esprit de Catherine qui en rêvait depuis plus de cinq ans. Certes la reine Tudor avait apporté son aide aux huguenots de Coligny, mais elle l'avait fait avec modération, sans s'engager trop. D'ailleurs Catherine venait de refuser de reconnaître officiellement la bulle d'excommunication fulminée contre Élisabeth en février précédent par l'austère et irascible pape Pie V, champion de la Contre-Réforme. Ainsi avait-elle ménagé l'avenir.

Pour la reine mère comme pour les Anglais, l'union d'Henri avec Élisabeth Ire, prélude à une alliance franco-anglaise, permettrait de faire pièce au roi d'Espagne dangereusement impérialiste. Qu'Élisabeth ait dix-huit ans de plus qu'Henri n'était pas un obstacle au mariage : Catherine citait des exemples de reines mariées âgées. Pourtant le futur époux ne débordait pas d'enthousiasme.

— Si la reine d'Angleterre accomplit tout ce qu'elle a promis, disait Catherine à son fils, vous serez roi. Ainsi se réaliseront vos désirs principaux.

Anjou restait muet.

— Il me semble, poursuivait-elle, que vous recevez cela avec mauvais vouloir.

Henri, il est vrai, était réservé, secrètement hostile. Catherine insistait, poursuivait les négociations avec Londres, s'efforçait d'aplanir les obstacles. Voulait-elle couronner son fils préféré à n'importe quel prix ?

CHAPITRE IX

Catherine et la Saint-Barthélemy

> *Du mariage du prince de Navarre dépend le repos du royaume.*
>
> Catherine de Médicis

C'était un temps d'espérance, un de ces rares moments où l'on voulait croire aux chances de la paix, à la réconciliation des Français, à la bienveillance de l'Espagne, aux mariages qui pérennisent les alliances diplomatiques. Catherine travaillait tant à la pacification qu'elle ne boudait jamais le plaisir de la voir établie, même si l'expérience lui avait enseigné que des signatures au bas d'un parchemin ne garantissaient pas la paix éternelle.

La reine mère était par excellence militante de la paix.

Chaque fois que les armes finissaient par se taire ou que les caisses des belligérants étaient vides, elle croyait en la réconciliation. Son volontarisme paraissait devoir triompher de l'ardeur guerrière, des rancunes inexpiables, du règne de la violence, de la vendetta toujours recommencée que réchauffaient inlassablement les ennemis de la concorde.

Comme si elle doutait de ses efforts, elle confiait aux divertissements de la Cour – bals, concerts, comédies – le soin d'effacer les « forces maléfiques de la division ». La paix chantée, l'union mimée, la réconciliation dansée, la concorde déclamée, n'était-ce pas un moyen de les faire naître à la réalité ? La célébration festive de la paix paraissait capable de donner une existence réelle à ce qui n'était encore qu'une virtualité. Les spectacles n'étaient pas seulement une récréation joyeuse après les épreuves. Leur fonction était prophylactique : à force d'incantation, ils devaient détourner à jamais de la guerre et rétablir l'harmonie. À Catherine de leur donner le faste qui, comme par magie, augmenterait leur efficacité.

Junon, Castor et Pollux

Le mariage du roi avait satisfait sa mère. Après François Ier, époux en secondes noces de la sœur de Charles Quint, la maison de Valois renouait avec l'alliance des Habsbourg. Charles IX avait épousé Élisabeth d'Autriche, fille cadette de l'empereur Maximilien II, dont l'aînée venait de convoler avec le Roi Catholique. Ainsi le roi de France était-il pour la seconde fois beau-frère – par sa femme – de Philippe II. À Mézières, dans cette ville toute militaire peu propice aux divertissements, la cérémonie du mariage s'était déroulée noblement mais sans faste. La pompe reprit ses droits à l'occasion de l'entrée officielle du roi à Paris, le 6 mars 1571, suivie de celle de la jeune reine, le 29. Les meilleurs artistes du temps, Ronsard, Dorat, Germain Pilon, Nicolo dell'Abate avaient travaillé, à force de poésies et de devises, de décor peint et sculpté, à faire de cette double entrée un triomphe à l'antique, approchant, sans toutefois les égaler, les plus somptueuses cérémonies du temps d'Henri II.

Au long des rues de la capitale comme à chaque carrefour, étaient célébrées avec emphase les vertus prêtées au jeune couple et l'alliance heureuse entre la France et l'Empire. Les allusions à la paix de religion signée sept mois plus tôt ne manquaient pas. À la fontaine du Ponceau, rue Saint-Denis, Catherine de Médicis était représentée en déesse habillée à l'antique soutenant dans ses bras la carte de la France. Les cœurs liés, l'épée à la pointe rompue, tout indiquait la concorde voulue par la reine. Les nobles compagnes qui l'escortaient témoignaient de mérites qu'elle possédait en abondance. Catherine était plus chaste que Lucrèce, plus fidèle à la mémoire de son mari qu'Artémise, plus forte devant le danger que Camille ou Clélie.

À quelques pas de là, elle était Junon, patronne des mariages, et Ronsard chantait :

Catherine a régi le navire de France
Quand les vents forcenés la tourmentaient de flots :
Mille et mille travaux a porté sur son dos,
Qu'elle a tous surmontés par longue patience.

À l'entrée du pont Notre-Dame, Charles IX et le duc d'Anjou étaient Castor et Pollux, les Dioscures, apportant la paix. Rien n'avait été négligé pour célébrer la concorde retrouvée. Ici, Mars était enchaîné et la Victoire triomphante portait une branche d'olivier ; là, des araignées tissaient leur toile, symbole d'une paix laborieusement forgée et sûre, signe de l'oubli des divisions. Pour qui savait lire et écouter, Paris et la France n'étaient que Champs Élysées.

Le 11 mars, devant les magistrats du Parlement de Paris, le roi rendit un nouvel hommage à Catherine :

— Après Dieu, la reine, ma mère, est celle à qui j'ai le plus d'obligation. Sa tendresse pour moi et mon peuple, son application, son zèle et sa prudence ont si bien conduit les affaires de cet État, dans un temps où mon âge ne me permettait pas de m'y appliquer, que toutes les tempêtes de la guerre civile n'ont pu entamer mon royaume.

Ce bel éloge sonnait-il comme un adieu ?

Une indispensable tutelle

Le roi avait atteint l'âge de gouverner seul. Pour achever de refermer les plaies de la division, serait-il encore dirigé par sa mère ? À vingt ans, Charles était légitimement avide d'indépendance. Mais il entendait surtout exercer sa liberté dans les loisirs : chasser sans contrainte, se divertir sans encourir les reproches. Les affaires de l'État qui exigeaient application, prudence et doigté l'ennuyaient. Impatient, il courait toujours aux solutions expéditives, s'en repentait souvent, sollicitait alors les avis de sa mère qui n'attendait que cela.

— Vous avez dû dire que j'avais une mauvaise cervelle, lançait-il parfois à Catherine qui, sans répondre, acquiesçait de la tête, prête à rattraper les foucades de son fils.

Le roi n'avait plus l'âge de se voir privé de son loisir favori, sa santé dût-elle en souffrir. Charles oubliait de se ménager dès que la chasse l'accaparait. Un jour, l'ambassadeur d'Espagne confia à Catherine ses inquiétudes sur ce point :

— C'est vrai, avait-elle répondu, mais on ne peut rien faire, car le roi veut se gouverner à sa tête.

— Qui donc pourrait mieux le gouverner que vous-même ? suggérait l'ambassadeur.

L'évidence s'imposait : Charles voulait s'émanciper de la tutelle maternelle. Il était marié, père d'un fils naturel. Ce n'était plus un enfant. Qui oserait lui reprocher sa passion pour les exercices violents ? Le jeu de paume, l'équitation, la chasse, la guerre n'étaient pas indignes du premier des gentilshommes. Ainsi le jeune monarque tenait-il à s'affirmer, mais il le faisait trop souvent à contretemps : dans les activités physiques, non dans la curiosité intellectuelle ; dans les plaisirs de plein air, au détriment du métier de roi.

Catherine blâmait la désinvolture d'un souverain qui n'hésitait pas à sacrifier une audience ou la présidence du Conseil pour une partie de chasse prometteuse. En retour, Charles, excédé par les reproches d'une mère toute dévouée au service de l'État, exagérait son humeur sauvage. Parfois, Catherine priait ses interlocuteurs de lui indiquer le moyen de rendre son fils plus sage, sollicitait un ambassadeur de parler pour elle au roi :

— Qui sait, disait-elle sans trop y croire, peut-être que cela fera quelque impression sur lui ?

Au monarque, le diplomate tenait à peu près le même langage : Sa Majesté se fatiguait trop, sa santé en souffrait, ses excès la vieillissaient et brouillaient son teint. Charles balayait la critique : c'est d'avoir fait couper sa barbe qui le faisait paraître moins jeune.

En adolescent attardé qu'exaspèrent les adultes, il regimbait devant les conseils, mais tentait de profiter des maladies de sa mère pour jouer au roi. Gagné par l'ennui aux réunions du Conseil, Charles prêtait en l'absence de Catherine une oreille d'autant plus attentive aux combinaisons diplomatiques qu'elles devaient demeurer secrètes. Quant aux perspectives de guerre à l'étranger, elles trouvaient toujours chez lui un écho favorable.

— Il faut agir ainsi, déclara-t-il à l'ambassadeur de Toscane qui sollicitait l'aide militaire de la France, non pas que par la suite ma mère n'ait pas à le savoir, car elle sera contente de ce qui me plaira.

Présente ou non, avertie ou laissée dans l'ignorance, Catherine obsédait les pensées et les actes de son fils :

— Il n'est pas nécessaire que vous en parliez à ma mère, prévenait-il souvent.

Il aurait tant aimé décider seul, sans rendre des comptes ; tant aimé conduire sans aide une action personnelle. Mais Catherine veillait, le laissait rarement seul, informée de tout, même de ce qu'elle feignait de ne pas connaître. Les enthousiasmes irréfléchis de son fils comme ses brusques revirements l'alarmaient. Au printemps 1571, Charles s'était enflammé pour la cause du grand-duc de Toscane qui s'estimait menacé par le pape et le roi d'Espagne. Charles IX était prêt à secourir militairement Cosme Ier de Médicis et s'impatientait d'entrer en guerre :

— Il faut se décider, disait-il. Ma mère est trop craintive.

Mais le roi dut refréner ses ardeurs : le grand-duc, qui avait désarmé la coalition hostile, s'était converti à la paix. Catherine, irritée par le bellicisme de son fils, le rappela au bon sens :

— Notez donc leur bonne volonté (celle de Cosme et de son héritier François) et tenez-vous à leur conseil de rester en paix, d'arranger les affaires de votre royaume. Car ce conseil est bon et sain.

— Madame, répondit Charles, tout penaud, je vous promets ma foi de le faire. Et je vous jure que je ne ferai jamais la guerre sans leur conseil et à votre insu.

Et il retourna chasser.

Charles IX nourrissait des velléités d'indépendance, mais ne pouvait se passer de sa mère. Pesante et indispensable tutelle. À chaque tentative royale pour secouer le joug de Catherine, il ne manquait pas de sages courtisans pour rappeler combien la reine mère était précieuse.

— Faites attention, lui déclara un jour le comte de Retz, car il vous convient de respecter votre mère, de lui obéir, car vous savez qu'elle vous aide, qu'elle gouverne tout le royaume. Et vous n'ignorez pas la part qu'elle tient en France, en Angleterre et ailleurs, de même que le duc d'Anjou qui a votre armée. Si tout cela vous manquait, vous vous trouveriez fort à sec!

Charles, à la santé délicate et à l'humeur maussade, était un roi corseté.

Le pardon des offenses

Le 12 septembre 1571, les bourgeois de la ville de Blois rassemblés sur l'esplanade du château assistèrent à une scène insolite que personne jusque-là n'eût osé imaginer : l'amiral de Coligny rentrait à la Cour. Le chef des réformés, le rebelle dont la fuite pour La Rochelle trois ans auparavant avait ouvert une nouvelle guerre civile, allait être reçu par le roi et sa mère.

Fallait-il s'en étonner? La réapparition de Coligny à la Cour n'était-elle pas la suite de la paix signée avec les huguenots à Saint-Germain depuis déjà un an? À dire vrai, Catherine avait insisté pour convaincre l'Amiral de rentrer. Car, malgré l'édit de pacification, les tensions demeuraient entre catholiques et protestants. La méfiance ne cédait pas. Il y avait eu trop de haine, trop de violence, trop de trahison pour que les suspicions s'éteignent d'un coup. La fin de la troisième guerre de Religion n'avait pas engendré des « lendemains qui chantent». Le Ciel lui-même ne parvenait pas à se montrer bienveillant. Après les pluies torrentielles de l'automne, l'hiver avait été si froid que presque toutes les rivières avaient été gelées.

Il avait fallu des trésors de diplomatie pour persuader Coligny de sortir de La Rochelle et se rendre à la Cour. Catherine tenait à ce retour, symbole de l'enracinement d'une paix encore trop fragile. Elle avait convaincu le roi. Ensemble, ils entendaient transformer la pacification récente en une réconciliation définitive.

Coligny avait cédé à l'invite royale. Sur le chemin de Blois, gardait-il en tête les mises en garde de ses compagnons qui tremblaient pour sa sécurité, soupçonnant un piège mortel tendu par « la Florentine » ? L'Amiral avait balayé leurs soupçons :

— Je me fie à mon roi et à sa parole. Il vaut mieux mourir un brave coup que de vivre cent ans en peine.

La confiance n'excluait pas les précautions. Avant de quitter son refuge, Coligny avait obtenu un engagement écrit du monarque et de Catherine l'assurant de la sûreté de sa personne. Escorté par cinquante gentilshommes, l'Amiral arriva à Blois et monta au château.

Le roi le reçut dans la chambre de sa mère qui était souffrante. Coligny mit genou à terre. Un très bref instant, le temps sembla suspendu, les gestes parurent figés. Mais Charles IX s'avança, releva son hôte, l'embrassa et lui souhaita la bienvenue. Très ému, l'Amiral salua Catherine qui l'accueillit avec « autant de bon semblant » qu'elle en était capable, sans toutefois – on le remarqua – lui donner l'habituel baiser de paix. Comme sa mère, Anjou fit bonne figure à son ancien adversaire, le vaincu de Moncontour.

Malgré son âge qui avait fait grisonner ses cheveux et sa barbe toujours soignée, l'Amiral avait la démarche noble et sa voix savait charmer. Mais pour les catholiques zélés, pour les combattants de la veille, pour les ambassadeurs des souverains catholiques, Coligny à la Cour, c'était le diable chez le Très-Chrétien.

Le roi d'Espagne ne s'embarrassait pas de scrupules lorsqu'il écrivait que Charles IX « s'honorerait par un acte de vrai courage s'il profitait de la présence de l'Amiral pour faire tomber la tête de cet exécrable personnage ». Mais le roi et Catherine ne songeaient qu'à la réconciliation. Ils invitèrent leur hôte à reprendre sa place au Conseil et Charles le combla de dons en dédommagement des pertes personnelles subies pendant la guerre. Du passé récent, le souverain et sa mère faisaient table rase : le retour de Coligny devait préluder à l'unité retrouvée des Français.

Comme il venait de le réussir avec Coligny, Charles IX pressa le duc de Guise de reprendre à son tour le chemin de la Cour. « Il ne peut exister d'union dans le royaume, confiait la reine mère, s'il n'en existe pas entre ces deux maisons. » En attendant l'hypothétique réconciliation des adversaires, Catherine désirait renforcer sa politique de tolérance civile en tissant des liens familiaux avec les protestants.

Un habile partage des tâches

Infatigable marieuse, la reine mère était convaincue que le mariage de sa fille Marguerite avec Henri de Navarre, premier prince du sang, élevé dans la religion réformée par sa mère Jeanne d'Albret, scellerait à jamais la politique d'union à laquelle elle travaillait sans relâche. Le projet n'allait pas de soi. Les deux jeunes gens étaient cousins : une dispense de parenté était donc nécessaire. Mais surtout la différence de religion entre la sœur du roi, catholique, et le fils protestant de la reine de Navarre exigeait une autre dispense pontificale plus difficile à obtenir.

— Impossible à accorder, fulminait le nonce à Paris, arguant ne pouvoir enfreindre les décrets du saint concile de Trente.

En outre, Catherine devait encore convaincre la mère d'Henri de Navarre, bien décidée à marchander son accord.

Pourtant, quoi de plus symbolique qu'un mariage pour réconcilier les confessions qui s'entre-déchiraient depuis près de dix ans ? Séduire les huguenots était pour la reine mère une nécessité.

Cependant Catherine ne s'engageait pas dans une tentative d'union à n'importe quel prix : elle œuvrait à une politique de concorde avec les protestants du royaume, mais refusait de se laisser entraîner dans une coalition des réformés dirigée contre l'Espagne. Or, le soutien militaire aux révoltés des Pays-Bas était devenu la raison d'être de l'amiral de Coligny, l'unique objet de ses pensées, le moteur de ses actes. Guillaume d'Orange et Louis de Nassau, âmes de la rébellion flamande, n'avaient-ils pas prêté main-forte à l'Amiral en 1568 lorsque, depuis La Rochelle, il avait pris les armes contre son roi ? Coligny se faisait un devoir d'aider à son tour ses coreligionnaires des Pays-Bas, et Louis de Nassau, resté en France, ne manquait aucune occasion de lui en rappeler l'urgence.

Pour conclure le mariage de Margot avec Henri de Navarre – signe visible et encouragement à sa politique de tolérance civile –, l'aide de Coligny et de Nassau était nécessaire à Catherine qui n'entendait pas pour autant, en acquiesçant à leurs demandes, risquer une guerre avec l'Espagne. Une fois encore, un destin exigeant lui demandait de concilier les contraires.

Charles IX n'avait pas ses préventions. Quatre ans plus tôt, il avait rejeté avec colère les mêmes requêtes présentées par Condé et Coligny. Aujourd'hui, il paraissait mieux entendre les demandes d'aide lancées par les protestants des Pays-Bas. Une intervention française aurait le mérite de canaliser l'ardeur belliqueuse des huguenots vers un champ de bataille étranger, de « jeter la guerre du dedans au dehors ». En cas de succès, quelle gloire pour Charles, jaloux des victoires militaires de son frère Anjou à Jarnac et Moncontour ! Décider de secourir les Flamands, ne serait-ce pas l'occasion d'inaugurer brillamment le règne personnel d'un roi de vingt et un ans, las de la tutelle de sa mère ?

En juillet 1571, Charles IX rencontra en grand secret, au château de Lumigny puis à Fontainebleau, des négociateurs huguenots auxquels s'était joint Louis de Nassau. Ils l'exhortèrent à secourir les leurs et à les libérer de la tyrannie de Madrid. Un partage des Pays-Bas, entre l'Angleterre, des princes allemands et la France, serait la récompense de l'intervention française.

Catherine persistait dans son refus de l'aventure militaire en Flandre. Mais, informée des initiatives diplomatiques de son fils, elle feignit de les ignorer. Le projet de mariage de Marguerite de Valois avec Henri de Navarre pouvait en être accéléré, grâce à l'ascendant de Louis de Nassau sur Jeanne d'Albret. Aussi décida-t-elle de ne pas interrompre les pourparlers en cours. Mais semblables tractations finissent toujours par s'ébruiter. Elles suscitèrent la colère des catholiques. Empressée à couvrir les braises, Catherine chargea Henri d'Anjou de les rassurer. Comment pouvait-on imaginer une guerre contre l'Espagne, première puissance mondiale et flambeau de la Contre-Réforme ? Heurter Philippe II aux Pays-Bas, ne serait-ce pas courir le risque d'ouvrir un conflit long et coûteux que le royaume ne pourrait supporter ?

Catherine laissait Charles IX promettre des secours aux protestants des Pays-Bas pour apaiser les huguenots français, mais confiait à Anjou le soin de décrisper les catholiques du royaume et d'apaiser les inquiétudes de Madrid. Tandis que le roi tendait la main aux réformés, son frère endossait l'habit de protecteur des catholiques. Mais n'était-ce pas les deux faces de la même politique, celle qui privilégiait la concorde intérieure ? La France de Catherine n'était pas un monstre à deux têtes ou le terrain d'affrontement de deux ambitions contraires. Sous l'autorité de la reine mère, la famille royale pratiquait un habile partage des tâches : à Charles IX le soin de l'entente avec les protestants, à

Henri d'Anjou le souci de ne pas rompre avec une Espagne que la victoire de Lépante (1571) en Méditerranée venait de consacrer comme superpuissance. Chacun dans son rôle, mais un unique but : éviter la reprise de la guerre civile.

Une jalousie imaginaire

Catherine n'était ni idéologue ni partisane. Sauf à considérer le royaume comme son parti. Le réalisme commandait sa politique. Il n'est nul besoin de l'attribuer à l'héritage de Machiavel ou d'y chercher les effets de la pusillanimité supposée de la reine mère. Le diagnostic de celle-ci manquait sans doute de panache, mais il était sûr : le royaume était épuisé par dix ans de guerre, son Trésor toujours vide, son armée réduite par mesure d'économie et ses soldats furieux de ne pas toucher leur solde. Aussi n'était-ce pas le moment de rompre avec l'Espagne ou de désespérer les protestants des Pays-Bas révoltés contre Madrid. Sur le fil du rasoir, cette politique avait ses risques. Elle agaçait l'Espagne et le pape, prompts à condamner la complicité du roi avec les réformés. Elle irritait les huguenots qui dénonçaient un monarque trop timide pour affronter Philippe II.

Toutefois, depuis l'automne 1571, les protestants du royaume se prirent à espérer. Coligny était revenu à la Cour : il ne quittait pas le roi, jouait à la pelote avec lui des heures durant, se baignait en sa compagnie à l'île Louviers, près de l'Arsenal, se laissait appeler « mon père » par Sa Majesté. « Il s'enivrait de ce vin, écrira Pierre Matthieu, car le roi ne faisait jeu ni exercice où il ne l'appelait. » Nombre de huguenots crurent – et les historiens après eux – qu'il dominait le jeune Charles IX, trop heureux d'échapper à sa mère. Dépossédée de son influence, Catherine aurait alors nourri envers l'Amiral une jalousie tenace qui l'aurait poussée à se débarrasser de son rival. Ainsi s'expliquerait l'attentat (manqué) contre Coligny, prélude à la Saint-Barthélemy.

La réalité est autre.

Si Coligny est bien arrivé à la Cour le 12 septembre 1571, il en repartit dès le 18 octobre pour son château de Châtillon où il passa le reste de l'automne, l'hiver et le printemps de l'année suivante. Il ne reparut à la Cour que le 6 juin 1572. Ses séjours auprès du roi furent donc trop brefs pour lui permettre d'exercer une emprise sur le souverain.

Sans doute Charles IX traita-t-il l'Amiral avec respect, mais ce n'était que faux-semblant. Les contemporains qui se réjouissaient ou s'inquiétaient de l'intimité entre les deux hommes ne manquaient pas de raisons pour falsifier la réalité. Si les prédicateurs catholiques dénonçaient la prétendue soumission du roi envers Coligny, c'était pour grossir le péril huguenot, tandis que les réformés exagéraient la position de Coligny par vanité. Mais il était des observateurs plus lucides. « Le roi, écrivait le protestant Michel de la Huguerye, *en affaires de peu d'importance* qui lui survenaient, *faisait contenance* de ne rien faire sans son avis. »

Trente ans après les événements, les historiens ne se sont pas davantage laissé duper. Pierre Matthieu était convaincu que les raisons défendues par Coligny d'intervenir aux Pays-Bas « étaient superflues au roi qui n'avait nul dessein à la guerre étrangère, mais *il faisait semblant* qu'elles étaient plus apparentes, les louait et admirait ». Le chroniqueur jugeait encore que « les caresses que le roi faisait à l'Amiral » ne faisaient « qu'épaissir la toile qu'il avait devant les yeux », indifférent à la promesse de Charles IX « de n'oublier jamais la [surprise] de Meaux ». Aux sages conseils de M. de

Téligny, son gendre, qui s'échinait à le mettre en garde contre la duplicité du souverain, le chef protestant restait sourd. Les parties de paume commune, les longues conversations en aparté, les marques de respect, « tout cela cillait les yeux aux plus clairvoyants ». Les bontés du roi pour Coligny étaient comme un baume qui couvrait les cicatrices sans guérir la plaie, le persuadait « d'oublier le passé et de n'appréhender l'avenir ».

Catherine n'avait rien à craindre de l'intimité de Coligny avec son fils. Sans doute avait-elle conseillé de leurrer l'Amiral, de l'endormir de belles paroles. La manipulation, on le sait, est aussi un moyen de gouvernement. La jalousie qu'on a prêtée à la reine mère est donc imaginaire.

La paix sauvée

Dans les premiers jours d'avril 1572, Catherine apprit une nouvelle qui risquait de rompre le fragile équilibre qu'elle défendait avec tant d'habileté. Les marins hollandais venaient de réussir un coup de main sur le port de La Brielle, à l'embouchure de la Meuse. Ce succès militaire, pourtant modeste, encouragea l'invasion des Pays-Bas par Guillaume d'Orange tandis que son frère Louis de Nassau prenait Mons et Valenciennes. Le rebelles espéraient un soulèvement général du pays contre les Espagnols. Plus que jamais ils réclamèrent l'aide de la France. L'événement obligeait le gouvernement royal à abandonner ses finasseries.

Coligny redoublait d'activisme. Convaincu d'être l'oracle et l'arbitre du royaume, il accablait Charles IX de mémoires, lui dépêchait des envoyés porteurs de ses projets. Le vent soufflait pour les va-t-en guerre, alors que le roi persistait à tergiverser, distribuant tantôt des messages encourageants à l'Amiral, tantôt des paroles pacifiques à l'ambassadeur d'Espagne. En secret, Charles IX paraissait partisan de secourir les rebelles, mais il répugnait à se déclarer ouvertement. Pourtant la victoire de La Brielle le contraignait à prendre parti.

Pour débattre de la paix ou de la guerre, le conseil du roi fut réuni. Catherine ne cacha pas son hostilité à l'intervention auprès des révoltés des Pays-Bas. Le royaume n'avait pas les moyens d'une guerre contre l'Espagne. Seul, ses chances étaient trop faibles devant la première puissance de la chrétienté. Or, on ne pouvait pas compter sur l'aide anglaise, souvent promise, toujours différée. Sans soutien, la France courait à l'échec. Ses troupes étaient insuffisantes et les places de la frontière du Nord si délabrées qu'elles ne résisteraient pas à une invasion ennemie. Face aux ressources infinies du roi d'Espagne, la guerre risquait non seulement d'être perdue mais d'être introduite dans le royaume. En outre, une improbable victoire renforcerait le parti huguenot qui tiendrait alors le roi en laisse.

Henri d'Anjou parla comme sa mère. Les membres du Conseil opinèrent dans le même sens, avec tant de conviction qu'il était difficile à Charles IX de les contredire.

Pourtant, malgré les interdictions officielles, les huguenots français, excités par la perspective d'une guerre contre Philippe II, se rassemblaient pour gagner les Flandres. Tous les jours, par petits groupes, ils passaient aux Pays-Bas. Les armuriers de Paris n'arrivaient plus à satisfaire la demande et devaient travailler les jours de fête.

Charles IX prétendait rester attaché à la paix et signa même une interdiction formelle aux gentilshommes du royaume de se rendre aux Pays-Bas sous peine de mort. Ce qui n'empêcha pas un corps français, commandé par le seigneur de Genlis – idole de la jeunesse réformée –, de se porter au secours de Mons assiégé par les

Espagnols. Charles IX l'avait-il autorisé en secret ? Catherine redoublait d'inquiétude. Mais Genlis et ses huguenots furent écrasés par les Espagnols. Officiellement, le roi se félicita de la défaite de ces protestants qui avaient enfreint son interdiction. Catherine était plus sincère : le désastre devant Mons confirmait la justesse de son analyse. La preuve était faite : sans allié, la France échouerait à heurter l'Espagne de front.

Coligny, au contraire, trouvait dans cet échec les raisons de reprendre le combat contre Philippe II, avec cette fois – il l'espérait – le soutien officiel du roi. Le chef huguenot était convaincu que la guerre extérieure rassemblerait les Français, catholiques et protestants réunis, derrière leur souverain et rétablirait la paix intérieure. Catherine, elle, travaillait inlassablement à préserver le royaume des périls et à renforcer la tolérance civile en défendant une politique de non-intervention aux Pays-Bas. Refuser l'aventure extérieure et maintenir la concorde à l'intérieur, tel était son programme. Le choix de la paix par le conseil du roi en était la première étape. La seconde viendrait avec le mariage de Marguerite avec Henri de Navarre.

Les noces de la désunion

Aucun mariage princier n'avait été jusque-là préparé avec autant de difficultés. Ardemment souhaitée par Catherine, admise après de rudes tractations par le jeune marié et sa mère, acceptée passivement par Margot, l'union ne suscitait que réprobation et colère. À croire que ce mariage n'était voulu que par la reine mère qui en faisait un gage de réconciliation entre catholiques et protestants, le parachèvement du traité de Saint-Germain, le symbole de l'union retrouvée, l'instrument de la paix civile. Les catholiques zélés n'y voyaient au contraire que scandale et provocation, et les huguenots ne songeaient qu'à leurs préparatifs pour les combats aux Pays-Bas.

Rien cependant n'avait détourné la reine mère de son projet. Ni les exigences de Jeanne d'Albret qui avait âprement négocié le montant de la dot et s'était montrée intraitable sur le déroulement de la cérémonie religieuse ; ni les insistantes remontrances des représentants de l'Église romaine, légat du pape et général des jésuites en tête. Catherine avait résisté aux pressions. Rallier à la maison de Valois l'héritier des Bourbons-Navarre était trop indispensable au royaume pour s'embarrasser des récriminations d'ecclésiastiques bornés. L'accord avait été conclu, le contrat signé, la date de la cérémonie arrêtée. Elle serait le prétexte à de somptueuses fêtes.

Cependant Catherine n'avait pas assez mesuré le climat survolté qui entourait les préparatifs de ce mariage. La fin du printemps et le début de l'été étaient lourds de menaces. À l'opposition farouche des catholiques qui dénonçaient l'union comme un « accouplement exécrable » s'ajoutait la montée en puissance de la rivalité haineuse entre Coligny et les Guise.

Par deux fois Henri de Guise avait réclamé au roi l'autorisation de venger l'assassinat de son père qu'il attribuait à l'Amiral. Par deux fois le conseil du roi avait sagement refusé le droit à la vendetta. On savait cependant qu'au profit des Lorrains s'organisaient des levées d'argent pour reprendre le combat. À Paris, la popularité du jeune duc de Guise grandissait autant que la haine contre Coligny et les protestants. L'injure constamment à la bouche, la populace ne cessait de hurler : « Mort aux huguenots. » Son indignation s'alimentait chaque jour des rumeurs de mouvements de troupes levées par les hérétiques pour secourir leurs coreligionnaires des Pays-Bas.

Tandis que Coligny s'irritait des refus répétés du conseil du roi à ses demandes d'intervention en Flandre, les catholiques parisiens écumaient de haine envers les huguenots. Tous leur paraissaient être des dangers menaçant leur foi et l'essence même du royaume. Charles IX n'avait-il pas signé un traité avec l'Angleterre d'Élisabeth, provoquant ainsi un spectaculaire renversement de la situation diplomatique européenne? Le royaume dont la souveraine avait été excommuniée, et qui avait secouru d'hommes et d'argent les huguenots français, devenait l'allié du Très-Chrétien, alors que la vocation naturelle de celui-ci était d'unir ses forces à la monarchie catholique d'Espagne.

Depuis plusieurs mois, Paris recevait d'inquiétantes nouvelles. On murmurait que Coligny avait finalement obtenu du roi l'autorisation de recruter des troupes « en son nom personnel » pour porter la guerre aux Pays-Bas. Aux yeux des catholiques, la coupable aventure en Flandre risquait d'entraîner la France dans une guerre avec l'Espagne, conflit contre nature quand l'hérésie, sûre d'elle-même, redressait la tête.

En s'opposant au pape – hostile au mariage huguenot –, en provoquant le roi d'Espagne – indigné par l'« exécrable union » et préoccupé par le traité anglais comme par la menace de l'intervention aux Pays-Bas –, le royaume n'allait-il pas basculer dans le camp hérétique ? Alors que le mariage princier était pour Catherine le garant de la concorde retrouvée et l'assurance d'une France en paix civile, l'opinion parisienne le considérait comme une initiative maudite.

Le mariage de Margot ne fut donc pas un de ces doux hymens ordinairement chantés par les poètes. Avant même d'être célébré, il aviva les haines qu'il était chargé d'apaiser et rouvrit des plaies jamais cicatrisées. Ses préparatifs s'achevèrent dans une atmosphère chauffée à blanc.

La cérémonie était fixée au 18 août. Le jeune Henri de Navarre avait fait dans Paris une entrée solennelle que les magistrats des cours de justice, indifférents au premier prince du sang, avaient ostensiblement boudée. Les premiers invités s'installaient dans la ville. Les fournisseurs s'activaient. Les artistes mettaient la dernière main aux décors. Mais la dispense pontificale n'arrivait toujours pas. Tandis que les prédicateurs fulminaient en chaire contre l'odieux mariage, une foule de seigneurs huguenots, Gascons en tête, badaudaient dans les rues de la capitale, bible aux lèvres, épée au côté, aussi chatouilleux sur l'honneur que désorientés par une ville étrangère et hostile. La chaleur de l'été avivait la nervosité.

Les chambres des auberges étaient toutes occupées. On ne trouvait pas le moindre galetas à louer. Les rues grossissaient encore de pauvres hères chassés par la disette des campagnes voisines. Paris ressemblait à une Babylone enfiévrée. La proximité de la fête ne fit pas taire les querelles politiques : elle les exaspéra. Le samedi 16 août, avant-veille du mariage, le Parlement de Paris, cour supérieure de justice, refusa d'enregistrer un édit fiscal proposé par le roi et déclencha la première grève de son histoire. Le barreau, la basoche l'imitèrent. Les élites de la magistrature comme le tout-venant des auxiliaires de justice manifestaient ainsi ouvertement leur opposition au souverain. Les autorités municipales partageaient la même défiance envers le roi et sa mère.

Tout aux préparatifs du mariage, Catherine négligea trop la résistance obstinée des grands corps de l'État siégeant à Paris, comme le mécontentement des responsables urbains. Elle mésestima la fureur de la bourgeoisie parisienne, quotidiennement stimulée par les prêches enflammés et haineux d'un clergé fanatique. Soumise à tant de pressions, la population tout entière, du notable au simple portefaix, était prête à obéir au moindre mot d'ordre pour courir sus aux huguenots et rompre un mariage honteux. Et la dispense pontificale se faisait toujours attendre.

Dans cette atmosphère enfiévrée furent célébrées les noces honnies par beaucoup. La cérémonie, dont la reine mère voulait faire un symbole de l'unité, aggrava encore la fureur des catholiques. Les fiançailles eurent lieu le 17 août au soir dans la grande salle du Louvre. Les noces furent célébrées le lendemain, alors que la dispense manquait toujours. Le cardinal de Bourbon, oncle du marié, officia. La cérémonie religieuse prit des libertés avec le rituel catholique : la mère du marié en avait fait la condition du mariage et Catherine les avait acceptées.

Le consentement des époux fut reçu sur le parvis de la cathédrale, devant le peuple. Puis le couple pénétra dans l'église jusque dans le chœur où Navarre laissa Marguerite aux mains d'Anjou qui conduisit sa sœur à l'autel, faisant office d'époux. Car le marié et les gentilshommes protestants sortirent de Notre-Dame pour attendre la fin de la messe à l'évêché. Cette impiété fit s'étrangler de colère les spectateurs catholiques qui crurent entendre Coligny murmurer, en montrant les drapeaux de Jarnac et de Moncontour suspendus dans le chœur :

— Dans peu de temps on les arrachera de là, et on en mettra d'autres à leur place, qui seront plus agréables à voir !

L'Amiral songeait-il aux drapeaux de la cause réformée triomphante dans le royaume, ou, hanté par la guerre aux Pays-Bas, aux prochaines victoires protestantes sur l'Espagne ?

Après le déjeuner, la Cour se transporta dans le palais de la Cité, ancienne demeure des rois, où commencèrent les fêtes que Catherine avait voulues somptueuses.

Le lendemain, on dansa au Louvre. Le mercredi 20, une mascarade allégorique, dite *Le Paradis d'Amour*, fut jouée dans la salle du Petit-Bourbon, face au palais. Pour les besoins de l'action, le décor mêlait deux constructions : le Paradis, assailli par des chevaliers errants voulant y ravir les nymphes, et l'Enfer, où le roi et ses frères réussirent à les repousser. Catholiques et protestants s'étaient faits acteurs. Curieusement, les huguenots conduits par Henri de Navarre ne figuraient que dans le camp des réprouvés. Mais les prisonniers de l'Enfer furent bientôt délivrés et, Mercure, Cupidon et les dames aidant, furent conduits aux Champs Élysées. Un ballet final et un feu d'artifice symbolisèrent le retour de l'union et de la paix.

Le jeudi 21, un tournoi opposa à nouveau deux camps. Charles IX, Anjou et François d'Alençon paradèrent habillés en Amazones, c'est-à-dire travestis en femmes armées de l'arc, tandis qu'Henri de Navarre et ses compagnons étaient costumés à la turque.

Curieux spectacle où les protestants étaient rejetés dans un monde infernal ou assimilés aux infidèles. S'agissait-il d'une humiliation sadique ? De l'annonce d'un massacre proche, comme on l'a cru parfois à tort ? L'issue des divertissements montre que telle n'était pas l'intention. Grâce au « suffrage de l'amour », les hôtes de l'Enfer finissaient par se hisser jusqu'au Paradis, les huguenots retrouvaient leur place, et la concorde triomphait. Toutes les fantasmagories imaginées par les metteurs en scène illustraient à merveille la politique de Catherine. Rien de tel que des réjouissances à thème pacificateur pour effacer les rivalités humaines et rétablir l'harmonie !

La population parisienne ne cultivait pas semblable optimisme. La cérémonie insolite du 18 août – l'épouse à la messe, le marié à l'extérieur de l'église – fut jugée scandaleuse et impie. Les plus hautes autorités l'avaient d'ailleurs boudée : la messe nuptiale avait été dite dans une cathédrale quasi vide. Par scrupule de conscience, trois évêques – dont Amyot, grand aumônier, et Ruzé, confesseur du roi, dont Catherine avait pourtant fait la carrière – s'étaient récusés pour procéder à la cérémonie. La décision royale de passer outre à la volonté du pape paraissait être non seulement une bravade mais un crime de lèse-catholicité.

Ainsi l'union imposée par Catherine défiait une opinion catholique unanime à refuser au sommet de l'État un mariage mixte, image de l'intolérable coexistence des deux religions. Non seulement le mariage ne restaura pas la concorde désirée par la reine mère, mais il exacerba la haine contre le protestantisme dont les chefs paradaient ensemble aux fêtes de la Cour. La concorde civile voulue par la reine mère était prématurée. Catherine avait par trop négligé les passions religieuses. Ce fut son irréparable erreur.

Non coupable

Il était onze heures du matin lorsque le vendredi 22 août, les réjouissances à peine achevées, une détonation retentit rue des Poulies. Coligny qui, après une séance du Conseil tenue au Louvre, rentrait à pied dans son hôtel de la rue de Béthisy, fut touché à la main et au coude. Il fut aussitôt ramené en son logis. Personne n'en douta : on avait voulu tuer l'Amiral. Qui avait tiré ? On apprit plus tard qu'il s'agissait d'un nommé Maurevert, déjà coupable quatre ans plus tôt de l'assassinat d'un fidèle de Coligny. S'agissait-il d'un tueur isolé ou d'un meurtrier appointé, bras armé d'un complot ? En tout cas, la maladresse du tireur était patente :

l'homme avait manqué l'Amiral. Mais il avait réussi à s'enfuir, abandonnant derrière lui son arquebuse encore fumante.

Longtemps on en fut persuadé : Catherine aurait ordonné l'assassinat de Coligny. On lui avait trouvé un mobile : jalouse de son influence sur le roi, elle aurait décidé de le frapper à mort. La passion du pouvoir – pouvoir qu'elle redoutait de voir lui échapper – expliquerait l'attentat. La reine mère avait voulu éliminer son plus dangereux rival. Comme femme et comme Italienne, elle était la coupable idéale.

On ne croit plus aujourd'hui à sa culpabilité. Certes l'insistance avec laquelle Coligny réclamait une intervention française aux Pays-Bas traversait les plans de la reine mère, hostile à la guerre contre l'Espagne. Mais on sait que 1° l'Amiral n'exerçait pas sur Charles IX l'ascendant qu'on lui a prêté – ruinant ainsi la thèse de la prétendue jalousie de Catherine – et 2° le conseil du roi unanime s'était officiellement opposé à toute intervention en Flandre, choisissant de préserver la paix avec Philippe II.

Un argument décisif plaide pour l'innocence de la reine mère. Celle-ci tenait trop à la réconciliation des Français, dont elle avait fait la priorité des priorités, une préoccupation de tous les instants, pour risquer de la compromettre par l'assassinat du chef militaire des réformés. Depuis plusieurs années, elle travaillait sans relâche à la concorde religieuse. Le mariage de sa fille devait en être le symbole. La paix, à laquelle ses finances la condamnaient, en dépendait. Comment imaginer qu'elle aurait ruiné elle-même son bel édifice, patiemment construit, en ordonnant d'arquebuser le premier des huguenots ? La reprise de la guerre civile – son cauchemar – eût été immédiate.

Il faut chercher à l'attentat du 22 août d'autres commanditaires. L'enquête montra que le lieu de l'embuscade était une maison louée à un prêtre, ancien précepteur du duc de Guise. Les Lorrains n'étaient peut-être pas étrangers à l'attentat. La haine inexpiable qui opposait leur illustre lignée à celle de Coligny en serait la cause. La vendetta ouverte depuis près de dix ans trouvait son dénouement dans le « méchant acte » de la rue de Béthisy.

Les Guise avaient-ils les moyens d'agir seuls ? Abattre l'amiral de France, membre du conseil du roi et chef des réformés n'était pas expédier un vulgaire malfrat, qu'un homme de main, à la tombée de la nuit, précipite dans la Seine ou poignarde au coin d'une rue. Le coup monté contre Coligny pouvait-il être un simple règlement de comptes entre deux maisons rivales ? Pareil attentat, dont il était facile d'imaginer les conséquences internationales, nécessitait, pour épargner aux Guise la condamnation de Charles IX, un soutien venu de plus haut.

L'Espagne pouvait offrir cette aide. Qui plus que Philippe II avait intérêt à la disparition de l'Amiral, à la mort de celui qui, hanté par les secours à apporter à ses coreligionnaires des Pays-Bas, souhaitait tant la guerre ? Le Roi Catholique avait de longue date recommandé à Charles IX de se débarrasser de ce gêneur. Ce dernier mort, la menace sur les Flandres s'évanouissait. À Paris, Philippe II ne manquait pas de complices pour parvenir à ses fins. Depuis quelques années, les Guise lui étaient dévoués. Pour réussir une opération aussi délicate, l'alliance de la première puissance catholique et de la famille qui incarnait les aspirations catholiques était nécessaire. Peut-être l'attentat a-t-il été préparé depuis Bruxelles par le représentant de Philippe II, le très efficace duc d'Albe, dont Coligny était l'ennemi numéro un.

Sur la culpabilité du Roi Catholique ou des Guise l'historien ne dispose d'aucune preuve. Seule l'examen des mobiles fonde son intime conviction. Concernant la responsabilité de la reine mère, sa certitude est en revanche absolue : Catherine est non coupable.

Maléfique Catherine ?

Le roi se trouvait au jeu de paume lorsqu'on vint l'avertir de l'attentat contre l'Amiral. Charles aurait, dit-on, brisé sa raquette de rage, en disant :

— N'aurai-je donc jamais de repos ? Quoi, toujours de nouveaux troubles !

Catherine fut aussitôt prévenue et s'enferma avec son fils, tandis qu'en toute hâte on dépêchait Ambroise Paré au chevet du blessé. Henri de Navarre et le prince de Condé se précipitèrent au Louvre, tout agités de colère, criant vengeance. Ils s'enflammèrent contre le duc de Guise, certains que le coup venait de lui. Le roi leur jura qu'il punirait les auteurs du crime « d'une manière dont Coligny et ses amis seraient satisfaits » et qu'il « en ferait un exemple à la postérité ». Catherine renchérit :

— C'est un grand outrage fait au roi (et), si on supporte cela aujourd'hui, demain on prendra la hardiesse d'en faire à mon fils autant dans le Louvre, une fois dans son lit, et l'autre dedans mon sein et entre mes bras.

La nouvelle de l'attentat s'était répandue dans la ville. Les esprits s'échauffaient dangereusement, libérant les colères, les peurs, les haines. Catherine redoutait la révolte des huguenots les plus désespérés. Les catholiques zélés, partisans de l'Espagne, craignaient le déclenchement de la guerre et le départ de troupes pour les Pays-Bas. La peur de l'émeute fit fermer les boutiques. Chacun pressentait l'explosion. Dans le quartier où Coligny soignait ses blessures, la foule exaltée des huguenots hurlait les noms des coupables. C'était à qui désignerait le plus exécré des catholiques, Guise surtout, ou le cardinal de Lorraine, parfois le duc d'Anjou ou la reine mère.

La famille royale eut à cœur de démontrer qu'elle était totalement étrangère à l'attentat. À l'adresse de l'opinion surchauffée, elle décida de se rendre au chevet de l'Amiral. Le roi, sa mère et ses frères échangèrent quelques mots avec Coligny aux mains des médecins. Charles IX prononça-t-il les belles paroles – en forme d'alexandrin – que l'historien De Thou lui prête ?

— La blessure est pour vous, la douleur est pour moi.

Coligny remercia le souverain de l'honneur qui lui était fait, protesta de sa fidélité malgré les calomnies contraires et le pria de lui témoigner encore sa confiance. Il lui recommanda de faire observer l'édit de pacification, non sans lui répéter une fois encore la nécessité d'intervenir en Flandre. Charles puis Catherine le rassurèrent sur le premier point, et gardèrent le silence sur le second. Au moment de partir, le monarque et sa mère prièrent le blessé de venir se réfugier au Louvre, tant ils redoutaient le déclenchement d'une émeute populaire qui pouvait menacer la vie de l'Amiral. La famille royale, on le voit, ne nourrissait guère d'illusions sur sa capacité à maintenir l'ordre en cette ville « enragée et turbulente ».

En se rendant officiellement auprès de Coligny, Charles IX et Catherine espéraient rassurer les huguenots auxquels ils avaient promis justice et annoncé l'ouverture d'une enquête. Avaient-ils convaincu ? Les plus exaltés des réformés songeaient à fuir Paris : ce qui signifiait la reprise immédiate de la guerre civile. D'autres, plus légalistes, espéraient voir les résultats de l'enquête confondre l'Espagne. Dans ce cas, le roi aurait été obligé de déclarer la guerre à Philippe II.

Les historiens anciens et quelques polygraphes d'aujourd'hui ont composé pour Catherine le rôle de commanditaire de l'attentat, aussitôt enrichi de celui d'instigatrice du massacre collectif des protestants. Ainsi naquit le noyau dur de la légende noire attachée à la reine mère. Que les témoignages retenus par ces auteurs aient été partiaux, lacunaires ou rédigés tardivement – une ou deux générations après les faits – ne changea rien à l'acte d'accusation. On oublia de souligner les invraisemblances du réquisitoire. On se contenta des préjugés les plus éculés, ressassés de livres en livres : la jalousie maternelle de Catherine, sa perfidie tout italienne, couplée avec la cruauté congénitale d'un roi presque débile. Catherine ne bénéficia jamais de la présomption d'innocence. D'avance, elle était condamnée.

De rares historiens ont reconnu que les relations des événements étaient souvent incomplètes, mensongères, peu dignes de foi. S'est-on avisé que les chroniqueurs du temps d'Henri IV, premier roi Bourbon, ne rechignaient pas à noircir les derniers Valois ? N'a-t-on jamais suspecté Agrippa d'Aubigné, le grand poète protestant, toujours si passionné, d'avoir falsifié la vérité ? Dans leur chronique du drame, catholiques zélés comme huguenots ont souvent fait œuvre de militants. Ainsi est née une légende, magnifiée par Jules Michelet et Alexandre Dumas, qui, pour beaucoup de nos contemporains, demeure l'intouchable vulgate. Les manuels d'histoire en ont longtemps rassemblé les principaux articles et nourri notre mémoire collective. En veut-on quelques exemples ?

Après l'échec de l'attentat qu'elle aurait commandité, Catherine craignit d'être démasquée par l'enquête ouverte sur ordre de Charles IX. La colère des huguenots prêts à se révolter risquait d'emporter le roi, sa mère et peut-être la monarchie. Catherine avait revêtu le masque de l'hypocrisie en visitant l'Amiral blessé, mais dès le lendemain, dans les jardins des Tuileries, elle arrêtait son plan machiavélique avec les Italiens de son entourage. Le soir venu, soutenue par Anjou, son fils préféré, elle avoua au roi qu'elle avait ordonné l'assassinat de Coligny, et prétexta un complot huguenot contre Sa Majesté pour obtenir de Charles IX l'autorisation de tuer les protestants rassemblés à Paris. Dans la nuit du 23 au 24, elle tint conseil, sans le roi, pour déterminer qui l'on tuerait. À minuit, redoutant un revirement d'opinion du souverain, elle se rendit dans sa chambre « où se trouvèrent les ducs de Guise et de Nevers, Birague, Tavannes et le comte de Retz, tous menés là » par le duc d'Anjou. « Ayant trouvé au roi quelque doute, entre autres propos pour l'encourager, (elle) y apporta ces paroles :

— Vaut-il pas mieux, aurait-elle dit, déchirer ces membres pourris que le sein de l'Église, épouse de Notre-Seigneur ? »

Terrorisé par sa mère, asservi par la peur et dominé par une colère convulsive, Charles aurait hurlé alors :

— Qu'on les tue tous, pour qu'il n'en reste pas un seul pour me le reprocher !

Ordre du roi : le massacre pouvait commencer. Catherine aurait elle-même ordonné de faire sonner le tocsin de Saint-Germain-l'Auxerrois, paroisse du Louvre, signal convenu. Dans Paris, on avait marqué d'une croix blanche les maisons où logeaient les huguenots promis à la mort. Un commando se rendit au logis de l'Amiral dont le corps fut percé de coups d'épée, décapité, émasculé, avant d'être jeté par la fenêtre. Son exécution enhardit les massacreurs. Le roi le voulait. Dans les rues, ce n'était que portes enfoncées, égorgements, cris de haine :

— Tue, tue !

La cour du Louvre ruisselait de sang. On pourchassait les gentilshommes réformés jusque dans les escaliers, les

Navarre et de les expulser du palais. Sa sécurité et celle des siens étaient à ce prix.

— Où est ma foi et la promesse que je leur ai donnée ? gémit-il.

Contraindre les huguenots à quitter le Louvre – leur dernier refuge –, les abandonner à la foule, c'était les condamner à mort. On vit dans un corridor du palais le doyen du Conseil, Jean de Morvillier, en verser des larmes de honte. Nul ne pouvait supposer le déferlement sanglant qui allait suivre. Charles IX sacrifia aux catholiques ultras et aux Guise une vingtaine de gentilshommes protestants, ainsi que Coligny resté dans son hôtel.

Vers trois heures du matin, en ce sinistre 24 août, fête de saint Barthélemy, on entendit non pas les seules cloches de Saint-Germain-l'Auxerrois comme le rapporte la tradition, mais celles de plusieurs églises parisiennes sonnant ensemble, dans un mouvement concerté, le début des massacres. Le clergé, ferment d'agitation et de haine depuis tant de semaines, participa à la sédition.

Un commando, dirigé par les ducs de Guise et d'Aumale, pénétra dans la maison de Coligny. Les quelques gardes placés l'avant-veille par le roi à sa porte n'offrirent aucune résistance. L'Amiral fut assassiné et sa tête envoyée au duc d'Albe.

Soldats séditieux, populace assoiffée de sang, mais aussi honnêtes artisans, bourgeois aisés et capitaines de milice consciencieux inaugurèrent la chasse aux huguenots, bien décidés à nettoyer dans une monstrueuse tuerie cette « lèpre » insupportable à Dieu.

On ignore le détail des circonstances de ce drame complexe. Versions romanesques écartées, il reste que la décision d'éliminer un nombre limité de chefs huguenots jugés les plus dangereux, dont Coligny, a été prise par Charles IX en son Conseil. Le choix du roi a-t-il été

galeries et les antichambres du palais. Aucune ruse ne pouvait les soustraire à leurs assassins. Seuls les princes du sang, Navarre et Condé, furent épargnés – Catherine l'avait exigé –, à charge pour eux d'abjurer leur foi réformée, tandis que leurs compagnons, traqués comme du gibier, étaient percés de coups d'épée. Charles IX, dont on connaît la passion pour la chasse, aurait arquebusé lui-même ses victimes d'une fenêtre du palais. Le duc d'Anjou et ses mignons n'auraient pas été en reste dans la tuerie. Tandis que le roi, assoiffé de sang, signait l'ordre de massacrer les protestants dans les provinces, Catherine, maléfique veuve noire, sortait inspecter les cadavres.

Fatalité du drame ou crime programmé ?

Les légendes sont tenaces. Malgré de savantes études, nombre de nos contemporains persistent à voir en Catherine de Médicis la servante criminelle de la raison d'État, manipulatrice et démoniaque, que suggère la reconstitution précédente, aussi classique qu'imaginaire. La reine est aujourd'hui disculpée de l'attentat contre Coligny. Mais quel fut son rôle dans les heures qui suivirent ? Celui de conseiller maléfique du roi, de pousse au crime, ou de complice impuissante ? Il faut l'admettre : on ne dispose d'aucun témoignage sérieux sur les paroles, les gestes, les initiatives, le comportement de Catherine en ces moments tragiques. D'ailleurs, d'une manière générale, les circonstances précises de la Saint-Barthélemy nous échappent : il est plus facile de dire ce qu'elle n'est pas, que de savoir ce qui s'est réellement passé. Ainsi, par exemple, malgré les récits fantasmés et les dialogues imaginés par des chroniqueurs écrivant un demi-siècle après l'événement, ignore-t-on ce qui s'est dit et décidé lors des Conseils que le roi et Catherine ont tenus au Louvre dans l'après-midi du samedi 23 août et dans la nuit du 23 au 24.

Si les récits circonstanciés font défaut, si les preuves formelles manquent, des indices – éclairés par la mise en perspective des faits – ont permis à des historiens récents de proposer une nouvelle lecture de la Saint-Barthélemy. La connaissance du rôle de Catherine n'y gagne pas en informations définitives, bien des interrogations demeurent, mais au moins peut-on se débarrasser des clichés les plus grossiers.

Le 23 août, lendemain de l'arquebusade manquée contre l'Amiral, l'émotion des Parisiens – catholiques et protestants – était à son comble. Dès le matin les esprits étaient surexcités et le désordre régnait dans la ville. Malgré les ordres du roi, la milice bourgeoise prit les armes, entrant ainsi dans l'illégalité. Charles IX eut beau dépêcher son frère Anjou à cheval dans les rues enfiévrées, pour tenter de calmer l'effervescence croissante et rassurer la population, rien n'y fit.

L'événement crucial eut lieu en fin d'après-midi : l'ambassadeur espagnol fit savoir qu'il quittait la Cour, rompant ainsi les relations diplomatiques avec la France. L'Espagne s'apprêtait à entrer en guerre si les Guise devaient être mis en cause dans l'attentat manqué. Coup de bluff, intimidation ou attitude déterminée ? On ne sait. Mais le gouvernement royal jugea la menace espagnole de la plus haute gravité : la monarchie française risquait une guerre civile doublée d'un conflit extérieur. Le roi et son Conseil étaient tétanisés. D'autant que les mauvaises nouvelles s'accumulaient comme feuilles en automne. On apprit que, quelques heures plus tôt, Henri de Guise et son oncle le duc d'Aumale étaient eux aussi sortis du Louvre pour regrouper leurs fidèles dans un hôtel faisant face au vieux palais. La bourgeoisie et la milice urbaine, en révolte contre le roi, avaient choisi le camp des Lorrains. Au Louvre, la panique fut à son comble lorsqu'on sut que les gardes françaises et suisses chargées d'assurer la sécurité du monarque et de sa famille avaient été débauchées.

Charles IX et Catherine étaient complètement isolés dans leur palais, sans autorité, exposés à tous les coups de main. Dans l'entourage du roi, beaucoup souhaitaient en finir avec les huguenots. Mais, tandis que les Guise concentraient leur cavalerie dans la ville, le gouvernement ne réussissait plus à se faire obéir. Les gardes faisaient progressivement défection, la milice refusait toujours de répondre aux ordres. À proximité du Louvre les premières échauffourées opposaient déjà celle-ci aux huguenots.

Menacé de guerre par l'Espagne, cerné au Louvre par une ville rebelle qui hurlait sa haine envers les protestants, le monarque laisserait-il massacrer les huguenots ? Vouloir assurer leur défense (avec quels moyens ?), c'était se condamner soi-même, risquer l'invasion du palais par la foule exaltée déjà rassemblée à ses portes. Où qu'il se tourne, Charles IX ne trouvait nulle issue. Plus vite que son fils, Catherine comprit que la partie était perdue. Le torrent de haine allait tout emporter. La reine mère était habile dans les négociations, mais démunie devant l'inévitable. On ne pouvait à la fois endiguer une foule hostile, commander à des troupes qui refusaient d'obéir, contraindre les rebelles guisards à déposer les armes.

Aussi le roi et sa mère décidèrent-ils d'admettre leur impuissance et de céder aux événements. Sans doute s'étaient-ils résignés à l'idée d'un assaut des Guise contre les principaux compagnons de Coligny, sans imaginer qu'il pût dégénérer en massacre collectif. Charles IX décida alors de se séparer en pleine nuit des gentilshommes protestants de l'entourage d'Henri de délibéré, volontaire, nourri par la crainte d'une sédition protestante que l'attentat manqué a rendue plus certaine, comme le pense l'historien Denis Crouzet? Ou Charles IX a-t-il été contraint devant le chantage à l'entrée en guerre de l'Espagne, la pression de l'émeute parisienne déclenchée par les Guise, l'incapacité à se faire obéir, selon l'interprétation de Jean-Louis Bourgeon? Il est difficile de trancher. Mais, selon leur scénario reconstitué, des historiens récents associent Catherine à la décision royale d'éliminer les principaux chefs huguenots soupçonnés de subversion, mais l'exonèrent de l'instinct de meurtre dont la légende l'a faussement gratifiée.

Le massacre parisien se prolongea jusqu'au 29 août, responsable de deux à quatre mille victimes, malgré les ordres de Charles IX qui tenta vainement de l'arrêter. Enfermés au Louvre, le roi, Catherine et le Conseil informèrent dès le 24 les ambassadeurs et les gouverneurs de province des événements parisiens. À tous ses correspondants, le monarque disait avoir été victime d'une « grande et lamentable sédition » déclenchée par les Guise, bien décidés à vider dans le sang leur querelle avec Coligny et les siens. Charles IX désignait ainsi les Lorrains comme responsables de la mort de l'Amiral et de ses partisans. De leur côté, Catherine comme Anjou confiaient dans leurs lettres leur « grand déplaisir » après les funestes événements, confirmant ainsi l'unité de vues au sein de la famille royale. Il se trouva d'ailleurs de nombreux protestants, convaincus par le message royal, pour se faire les défenseurs du gouvernement.

Malgré la légende, Charles IX n'a jamais ordonné aux agents de l'État d'étendre le massacre dans les grandes villes du royaume. Ses instructions rappelaient, bien au contraire, la nécessité de rétablir l'ordre et de faire respecter l'édit de pacification signé à Saint-Germain deux ans plus tôt. Mais, paralysé à Paris, le souverain n'était pas davantage obéi loin de la capitale. La fureur catholique se déchaîna sur les huguenots d'Orléans, Bourges, Angers, Rouen, Lyon, Bordeaux ou Toulouse, faisant des milliers de victimes. Les historiens sont aujourd'hui unanimes : le gouvernement royal est innocent de ces pogroms provinciaux.

Cependant dès le 25, et surtout le 26 août devant le Parlement de Paris, le roi donna une explication des événements différente de celle du 24. Les massacres de huguenots continuaient dans une ville où aucune autorité ne pouvait endiguer le déchaînement collectif. Tout se passait comme si, en prolongeant sans relâche le carnage, on voulait contraindre le gouvernement à abandonner son idéal de concorde pour s'aligner sur la politique des catholiques zélés. Charles IX changea alors l'argumentation qu'il avait soutenue jusque-là. Devant les magistrats parisiens qui ne cachaient plus leur hostilité au gouvernement, il reconnut sa responsabilité dans l'exécution de Coligny, coupable – lui et les siens – de conspiration contre l'État.

Quand le monarque dit-il la vérité ? Le 24, lorsqu'il attribue la mort de l'Amiral et de ses proches à une sédition déclenchée par les Guise ? Ou le 26, quand il affirme que l'imminence d'une conspiration huguenote l'a contraint à sévir ? À l'inverse d'autres historiens convaincus que les dépêches royales du 24 étaient mensongères, Jean-Louis Bourgeon croit à la sincérité du roi, contraint, pour ne pas perdre la face et faire cesser les tueries, d'endosser un crime qu'il n'a pas commis.

Face à des interprétations aussi contradictoires du drame, le lecteur est démuni. On ne peut nier ni la crainte de la subversion huguenote, enracinée chez Catherine et Charles IX depuis la surprise de Meaux, ni l'inquiétude de la reine mère et du roi devant les menaçantes pressions des catholiques ultras relayées par l'Espagne. Lequel de ces sentiments l'a emporté au Louvre dans la nuit du 23 au 24 août ? Sans doute l'ignorerons-nous toujours. Néanmoins une chose est sûre : l'histoire de la Saint- Barthélemy, revisitée aujourd'hui avec bonheur par des historiens sans préjugés, est un drame trop complexe et mystérieux pour l'encombrer de légendes travestissant Catherine de Médicis en vampire avide du sang huguenot.

CHAPITRE X

Eh! Ma mère!

> *Je ne suis pas de ces mères qui n'aiment leurs enfants que pour eux.*
>
> CATHERINE DE MÉDICIS

Il est parfois des approbations embarrassantes et d'encombrants alliés. La tragédie de la Saint-Barthélemy valut à Catherine une popularité dans le camp catholique dont elle se serait bien passée. Tandis que le peuple de Paris glorifiait la « mère du royaume » et la « conservatrice du nom chrétien », le pape Grégoire XIII faisait chanter un *Te Deum* de victoire et proclamait une fête annuelle d'action de grâces, mêlant dans la même reconnaissance la victoire chrétienne de Lépante sur les Turcs (7 octobre 1571) et le massacre des protestants français.

On frappa à Rome une médaille commémorative et Giorgio Vasari fut chargé de peindre au Vatican une fresque célébrant la mort de Coligny et la tuerie parisienne. Oublié, le refus pontifical d'accorder la dispense nécessaire au mariage « impie » de Marguerite de Valois avec Henri de Navarre! Oubliés, les reproches adressés à Catherine, jugée trop favorable aux protestants! Aussitôt la nouvelle de la Saint-Barthélemy connue, le pape chargea son légat en route pour la France de féliciter chaleureusement la reine mère et son fils pour leur zèle catholique.

À Madrid, l'annonce du carnage parisien fit sourire d'aise Philippe II, généralement peu expansif. Le roi ne manqua pas de louer Charles IX « d'avoir une telle mère, puis la mère d'avoir un tel fils ».

Catherine savait ce que valent les compliments des princes et les acclamations du peuple. Alors que le sang des victimes tachait encore le pavé parisien, elle renoua avec sa politique d'avant le 24 août, recherchant des alliances protestantes en Europe, songeant au mariage de son dernier fils, François d'Alençon, avec la reine d'Angleterre, réaffirmant l'importance qu'elle attachait à l'édit de pacification signé en 1570. Catherine maintenait le cap de la coexistence religieuse.

De sombres horizons

Malgré son esprit volontaire et sa nature optimiste, la reine mère ne pouvait pas échapper aux conséquences du drame récent. Aussi les mois qui suivirent furent-ils bien sombres. Elle se réjouit néanmoins lorsque, fidèles à leur promesse, Condé et Navarre abjurèrent. Le 24 août, les deux cousins n'avaient dû leur vie sauve qu'à leur rang de prince du sang. Mais à condition d'abjurer. Non sans résistance, Condé abandonna la foi calviniste entre les mains du nonce le 12 septembre et Navarre l'imita le 26. Trois jours plus tard, ce dernier assista à la cérémonie religieuse du chapitre de l'ordre de Saint-Michel. Lorsqu'il s'inclina profondément devant l'autel, Catherine ne put retenir un sonore éclat de rire. Au moins avait-elle réussi une chose : le mariage de sa fille Marguerite avait ramené Henri dans le giron de l'Église romaine.

Pourtant la reine mère avait peu de sujets de satisfaction. Une abjuration princière, l'ouverture de négociations avec les États protestants n'effaçaient pas les dix mille victimes de la semaine sanglante. Les huguenots avaient perdu leurs chefs, mais le parti n'était pas décapité : les pasteurs prenaient le relais des nobles auprès des fidèles, et la menace pour l'autorité royale en fut renforcée. Bien des réformés abjuraient ou émigraient, mais d'autres prenaient les armes et choisissaient la résistance au roi qu'ils dénonçaient comme un « tyran». La rébellion jaillit des villes à compter d'octobre. Nîmes et Montauban fermèrent leurs portes aux soldats du roi. La Rochelle, haut lieu des luttes protestantes et refuge des rescapés du massacre, refusa de recevoir le gouverneur que lui envoyait Charles IX. La lutte continuait, une nouvelle guerre s'ouvrait. La quatrième en dix ans.

S'il est un huguenot que Catherine aurait aimé voir mort au soir de la Saint-Barthélemy, c'était bien le comte de Montgomery, l'homme qui avait blessé mortellement le roi Henri II et qui, converti à la Réforme, combattait vaillamment les armées de Sa Majesté. Insaisissable Montgomery. Catherine ne le quittait pas de l'œil. On lui avait rapporté qu'il s'était illustré en Normandie, en Guyenne et en Béarn, compagnon d'armes de Coligny. En août 1572, sa présence avait été signalée à Paris. Sans doute logeait-il au faubourg Saint-Germain comme ses coreligionnaires. Mais il avait échappé au massacre et réussi à s'enfuir, d'abord chez lui en basse Normandie, puis à Jersey. La traque continuait : Catherine l'exigeait.

Même une naissance princière au Louvre ne réussit pas à l'égayer. En octobre, Élisabeth d'Autriche, épouse de Charles IX, était sur le point d'accoucher. Catherine rêvait d'un dauphin. Ce fut une fille. Décidément la reine mère enchaînait les déceptions. Et ce n'était pas la comète aperçue dans le ciel qui pouvait la rasséréner. Beaucoup reconnaissaient dans cette apparition le signe de la colère de Dieu et l'annonce de prochains malheurs.

Vers la fin de l'année, Catherine tomba malade et dut interrompre ses audiences. Mais, plus que la sienne, c'était la santé du roi qui l'inquiétait. Charles IX alternait les longues parties de chasse ou de paume avec des journées où il gardait la chambre. Ce prince, qui courait le cerf, chassait le loup, poursuivait le sanglier à la lance, c'est-à-dire à pied, jusqu'à six heures durant, ne se plaisait qu'en plein air, ne supportant pas d'être enfermé au Louvre ou dans quelque maison. Sa passion pour la vénerie l'entraîna même à écrire – ou plutôt à dicter – un célèbre manuel de la chasse au cerf, publié sous le règne de Louis XIII.

Sur la lande ou dans les bois, Charles oubliait le métier de roi et ses soucis. Là, l'arme au poing, entouré de ses plus proches compagnons, il était lui-même. Ses sorties étaient le rare endroit où Catherine ne l'accompagnait pas ; la chasse, la seule activité où elle ne lui donnait ni avis ni conseil. Mais le Nemrod royal ruinait une santé déjà fragile en épuisant son corps. Aussi devait-il souvent tenir le lit. Durant cet hiver où il débarrassa les environs de Paris d'une quarantaine de loups, il fut pris de violentes crises de toux. Quand s'y ajoutait la fièvre, plus tenace que les années précédentes, ses nuits étaient agitées. Elles le laissaient harassé, couvert de sueur, et cependant impatient de retrouver ses piqueux et ses chiens. La santé du roi ne cessait d'inquiéter Catherine.

Alors que la rébellion des huguenots ouvrait une nouvelle guerre, Charles IX gardait cependant assez d'autorité pour refuser le commandement de son armée à Henri d'Anjou. La sédition des Rochelais exigeait qu'on assiégeât la ville, prête à être secourue par les marins hollandais et anglais. Qui conduirait les soldats de Sa Majesté devant les murs de la cité huguenote ? Aux demandes de son frère cadet, Charles restait sourd. Henri revint à la charge au début de novembre, supplia presque en décembre. Ce ne fut qu'au début de 1573 qu'il finit, Catherine aidant, par obtenir le commandement désiré. Il quitta alors Paris le 12 janvier, accompagné d'un état-major qui rassemblait Albert de Gondi, alors comte de Retz, le duc de Nevers, Henri de Navarre, le prince de Condé et François d'Alençon. Anjou partait guerroyer pour le roi, alors que depuis juillet 1572 il était candidat au trône de Pologne.

La Rochelle ou Cracovie ?

Pour ses enfants, Catherine rêvait, on le sait, de couronnes et d'alliances royales. Le projet d'union d'Henri d'Anjou avec Élisabeth d'Angleterre avait fait long feu, mais la reine mère était trop convaincue des qualités exceptionnelles de son fils pour confiner celui-ci dans le rôle de brillant second du roi. Au duc d'Anjou il fallait un royaume. Or, la Pologne cherchait un roi. Curieux État que ce pays-là : c'était une république nobiliaire ayant à sa tête un souverain élu. Sigismond-Auguste Jagellon était mort le 7 juillet 1572, lorsque, à Paris, on achevait les préparatifs du mariage de Margot : la couronne de Pologne était disponible. Catherine dépêcha aussitôt à Cracovie une mission chargée de sonder les opinions et de présenter la candidature de son fils. Pendant les six premiers mois de 1573, la reine mère travailla à l'élection d'Henri dont elle surveillait par ailleurs l'action militaire devant La Rochelle assiégée.

Pour prendre la cité huguenote, Henri commandait à cinq mille fantassins et mille cavaliers auxquels il donnait tous les jours les preuves de son ardeur au combat et de son sens de l'organisation. Depuis Paris, Catherine l'encourageait. Religieusement bigarré, l'état-major de son fils avait de quoi la satisfaire. Aux côtés de Condé et de Navarre, fraîchement convertis, on trouvait les plus farouches défenseurs de la cause catholique comme le duc de Guise, son frère Mayenne, son oncle Aumale. Blaise de Monluc, pourfendeur des calvinistes, côtoyait le duc de Bouillon, protecteur des huguenots. La veille encore, adversaires irréconciliables, ces gentilshommes s'entretuaient ; aujourd'hui, ils combattaient côte à côte les rebelles. Catherine voulait y reconnaître le signe de la concorde religieuse retrouvée, au service de la monarchie.

Son dernier fils, François d'Alençon, impétueux comme personne, accompagnait Anjou. La ville investie, Catherine tremblait pour eux : pour Henri comme pour François, le « petit moricaud », moins aimé sans doute, mais dont elle espérait faire un roi d'Angleterre en le mariant avec Élisabeth Ire, après l'échec du projet d'union entre la Reine vierge et Anjou. Catherine ne manquait pas de suite dans les idées.

Dès le début, on comprit que la prise de La Rochelle demanderait du temps et des sacrifices. À chaque assaut, nombre de gentilshommes tombaient, blessés ou tués. La faim, le froid, la maladie ajoutaient leurs maux à la fonte des effectifs. La guerre de tranchées faisait de nombreuses victimes. Arrivée nombreuse et décidée sous les murs de la ville, la noblesse de France payait un lourd tribut. Catherine s'inquiétait.

Sa table de travail était encombrée de nouvelles en provenance du siège et de missives en partance pour la Pologne. Car elle suivait aussi attentivement les combats de La Rochelle que les négociations de Cracovie. Auprès des magnats polonais, elle avait dépêché l'évêque de Valence, Jean de Monluc, chargé de préparer l'élection du duc d'Anjou. Malgré ses talents de diplomate, le prélat se heurtait à bien des réticences. D'autres candidats s'étaient déclarés et la Saint-Barthélemy avait refroidi les électeurs protestants. Car, en Pologne, où une partie de la noblesse avait fait le choix de la Réforme, la tolérance régnait. Solliciter le vote des électeurs exigeait de tenir compte de la dualité des confessions religieuses. Il fallait ne déplaire à aucune et se montrer partisan de la coexistence pacifique entre catholiques et luthériens. Sans l'aide des protestants, nul n'avait de chance d'être élu. Les massacres parisiens du 24 août ne pouvaient pas plus mal tomber, même si Anjou dans ses lettres aux Polonais confiait son « grand déplaisir » après les sinistres événements qui avaient ensanglanté le royaume. Et l'on s'efforçait d'expliquer aux électeurs que seuls les excès de la populace parisienne en étaient responsables.

La campagne contre La Rochelle inquiétait aussi sur les bords de la Vistule. Monluc tâchait d'apaiser les craintes des Polonais tout en mettant en garde Catherine contre le mauvais effet qu'aurait sur les électeurs la destruction de la ville :

— S'il survenait, avant le jour de l'élection, quelque cruauté, nous aurions dix millions d'or pour gagner les électeurs, que nous n'y ferions rien !

Dans la cité huguenote, le siège durait. Début janvier, Charles IX avait ordonné de « prendre la ville par la force ». À la fin du printemps, Catherine recommandait de ne négliger « aucun point de ce qui appartient à la douceur » et de tenter « l'amiable » autant que possible. Laisserait-on longtemps encore ses fils, Henri et François, s'exposer à la mort pour des résultats aussi décevants : « Je ne m'en puis taire, et vous prie y aller sagement », écrivait-elle. C'était surtout la témérité des jeunes amis d'Henri qui la tourmentait.

Le prince était arrivé devant La Rochelle escorté par des jeunes gens dont il allait faire sa « petite troupe ».

Beaucoup avaient à peu près son âge. Ils se nommaient Saint-Luc, Caylus, La Valette, Saint-Sulpice, Beauvais-Nangis, François d'O. On les appela bientôt ses *mignons*. Loin d'être efféminés, ils étaient prêts à toutes les folies au combat et ne voulaient manquer aucune occasion de prouver leur courage. De leur audace, Henri devait se garder, sa mère ne manquait jamais de le lui rappeler.

À La Rochelle, la victoire tardait. Les assauts lancés par l'armée royale étaient décevants et toujours meurtriers. Parfois Henri cédait au découragement. Le 28 mai, un courrier de la reine mère compensa ses déconvenues. Il lui apprenait son élection à Cracovie. Catherine était la première à lui donner ce titre convoité : roi de Pologne ! Monluc, son homme de confiance, avait bien travaillé. Pour l'avenir de son fils, elle déborda d'enthousiasme. Malheur à ceux qui sous-estimaient la puissance de ce royaume lointain ! Parlant du maréchal de Tavannes, qui avait une piètre opinion de la Pologne, elle assurait qu'il en parlait mal parce qu'il ne voulait pas suivre Henri et s'éloigner « hors de son fumier ». Fierté de mère ? Sans doute, mais aussi vision stratégique : en fondant une dynastie à l'est de l'Europe, les Valois disposeraient d'une alliance de revers contre les Habsbourg de Vienne, anticipant le système créé en Europe centrale et orientale par la France d'après 1918.

Investi d'une aussi prestigieuse mission, le nouveau roi de Pologne s'enliserait-il dans les fossés de La Rochelle, impuissant à vaincre l'imprenable cité ? Catherine, plus pragmatique que jamais, encourageait son fils à abandonner le siège pour rejoindre son nouveau royaume. Elle lui dépêcha même son secrétaire Villeroy pour le convaincre de traiter au plus tôt avec les rebelles. Au camp, tous ne partageaient pas ses vues. Certains s'opposaient à une paix qu'ils jugeaient honteuse ; la petite « troupe » d'Henri se refusait à un abandon déshonorant ; le prince lui-même désirait achever la mission que lui avait confiée le roi. La reine mère s'irritait de ces résistances :

— Nous penchons beaucoup pour la composition [avec les rebelles], expliquait-elle au représentant de Venise. Mais les jeunes princes auprès de Monseigneur [Anjou], au camp, le persuadent de ne pas condescendre aux demandes des huguenots et espèrent toujours que La Rochelle sera enlevée par la force. Mon fils leur prête l'oreille. Car si l'accord ne se faisait pas comme il le voulait, il penserait partir de là avec une réputation amoindrie !

Mais la victoire semblait impossible à atteindre. La raison imposait une négociation avec les assiégés. Catherine la voulait, Charles IX l'ordonna.

— Il faut faire la paix si nous sommes sages, écrivit le roi à son frère, il faut la faire. Je vous enverrai les articles signés.

Un accord permit aux huguenots d'exercer librement leur culte dans la ville. Le 6 juillet, le siège était levé. La victoire désirée n'avait pas eu lieu, mais Henri d'Anjou avait gagné une couronne. Roi d'une république lointaine, certes. Roi d'un pays à forte minorité de protestants, frères de ceux qu'il venait de combattre, sans doute. Mais roi. Catherine exultait.

« Mon fils, lui écrivait-elle, je ne sais quelles grâces faire à Dieu de faire tant pour moi que je vous vois ce que je désirais pour vous. »

Son fils préféré, roi de Pologne ! La prophétie concernant ses enfants commençait de s'accomplir.

La joie en son cœur

Catherine était tout aux affaires polonaises. Il fallait recevoir et éblouir les ambassadeurs de Cracovie, négocier avec eux les conditions d'exercice du pouvoir du nouveau roi, préparer l'itinéraire du voyage d'Henri vers son royaume. Pour l'avenir de son fils préféré, Catherine ne chômait pas. Mais, au préalable, elle devait mettre un terme à la guerre avec les réformés. Le 11 juillet – cinq jours après la levée du siège de La Rochelle – elle fit signer l'édit de Boulogne, sévère aux huguenots. Tout en accordant aux protestants la liberté de conscience, l'édit restreignait beaucoup leur liberté de culte. Dans l'ivresse du succès de son fils en Pologne, Catherine était allée trop vite. Les réformés du nord de la Loire s'étant résignés à la paix, elle avait cru à leur approbation sincère du traité. Et surtout elle sous-estimait l'ardeur toujours combative des huguenots du Midi. Or, ceux-ci, restés en armes, comptaient arracher davantage de concessions au gouvernement. À peine signée, cette paix insuffisamment négociée n'était, une fois encore, qu'une trêve. Quand la reine mère prit connaissance des requêtes exigeantes des réformés du Midi, elle faillit s'étrangler de colère.

La délégation polonaise arriva à Paris au début d'août. Après un voyage long et difficile, une dizaine d'ambassadeurs et quelque deux cent cinquante gentilshommes firent leur entrée dans Paris le 19 août. Les badauds moquèrent les barbes longues et les nuques rasées de ces étrangers aux noms imprononçables, leurs armes d'un autre âge et les vêtements fourrés hors de saison, mais au Louvre ce ne fut qu'échanges de politesse et harangues flatteuses. Puis il fallut parler politique. Neuf séances de travail y furent consacrées. Henri sollicita le renfort du chancelier René de Birague, de Jean de Morvillier et de Catherine elle-même. Celle-ci entendit les délégués polonais lire les *Pacta Conventa*, c'est-à-dire les obligations personnelles du nouveau souverain, et les interminables *Articles henriciens* relatifs à l'exercice du pouvoir, et elle mesura le fossé qui séparait l'autorité du roi de France de celle d'un souverain soumis à la volonté des nobles. Henri comprenait lui aussi qu'à Cracovie il n'aurait guère plus de pouvoir que le doge de Venise. Aussi le ton monta entre les ambassadeurs et leur nouveau souverain. Catherine craignait par-dessus tout la rupture. L'élection laborieusement acquise ne devait pas être mise en cause par des malentendus. On finit cependant par trouver un arrangement et Henri signa tous les textes proposés par ses sujets.

La reine mère devinait chez son fils une sorte de réticence : Henri ne cultivait plus le même enthousiasme pour la Pologne. Se confia-t-il à elle ? Lui demanda-t-il où était son réel intérêt ? Abandonner le royaume, s'arracher à ses habitudes, se séparer de ses amis pour un simulacre de pouvoir ? Ou rester en France dans l'attente d'un signe de la Providence ? Charles IX n'avait toujours pas de fils. Sa santé s'altérait. Mettre tant de distance entre les deux frères risquait, en cas de mort du roi, de faciliter la prise de pouvoir par son cadet François d'Alençon qui ne rêvait que de trône. Malgré l'amour dont elle l'accablait, Catherine encouragea Henri à partir. La couronne de Pologne ne devait pas lui échapper. On ne pouvait pas faire mentir Nostradamus.

Le 10 septembre 1573, Henri prêta serment : il était pleinement roi de Pologne. Catherine avait tout fait pour apaiser ses craintes. Le succès d'Henri était son triomphe. Le même jour, Charles IX signa des lettres patentes qui assuraient sa succession : si Charles venait à mourir sans enfant mâle, Henri lui succéderait, puis, dans l'ordre de primogéniture, son frère cadet Alençon. Ainsi, en acceptant le trône de Pologne Henri n'abandonnait pas ses droits à la couronne de France. Droits, au reste, imprescriptibles d'après la loi de succession, composante essentielle des maximes fondamentales – la constitution coutumière –, du royaume.

Le moment était désormais aux cérémonies. Elles occupèrent plusieurs jours : *Te Deum* et banquet royal au Louvre le 13 septembre, entrée solennelle d'Henri à Paris le lendemain. Le soir, Catherine reçut dans son palais des Tuileries. Aimant elle-même la danse au point d'inventer des pas et de nouvelles figures, elle offrit à ses hôtes un ballet à nul autre pareil.

Dans la grande salle illuminée d'une infinité de flambeaux, on avait dressé un immense pavillon de bois pour lequel la reine, disait-on, avait sacrifié une haute futaie. Au fond de la pièce, dans un rocher « tout argenté », dit des Nymphes, étaient aménagées seize niches en forme de nuées. Autant de « dames et demoiselles des plus belles et des mieux apprises » y avaient pris place. Elles symbolisaient les provinces de France. En musique, elles descendirent dans la salle pour réciter et chanter des vers. À la voix d'un castrat resté au sommet du rocher répondait une femme accompagnée au luth, pleurant le départ du roi de Pologne, mais lui souhaitant le bonheur.

Le ballet commença : l'inspiration en était toute militaire. Alors que trente violons sonnaient « un air de guerre fort plaisant », les nymphes avancèrent « en forme de petit bataillon » vers Leurs Majestés et dansèrent une heure durant. L'originalité de la chorégraphie enchanta. Elle était si bien réglée que « par tant de tours, contours et détours, d'entrelassures et mélanges, affrontements et arrêts, aucune dame jamais ne faillit de se trouver à son point ni à son rang ». Chacune présenta à Charles IX, à la reine, à Henri, à François, au roi et à la reine de Navarre, aux princes et aux grands nobles de France et de Pologne « une plaque d'or émaillée où étaient gravés les fruits et singularités de chaque province ».

C'était le triomphe de la danse figurée où les interprètes dessinaient sur le sol des figures géométriques compliquées à signification allégorique. De ces savantes évolutions, Catherine comme ses contemporains attendaient des effets puissants, voire magiques. En ce mois de septembre 1573, une année seulement après la Saint-Barthélemy, le ballet offert par la reine mère en l'honneur de son fils devait inaugurer en France comme en Pologne le règne de l'harmonie.

Nymphes rhabillées, il fallait songer à la séparation d'avec Henri. Celui-ci montrait toujours aussi peu d'empressement à quitter les rives de la Seine. Catherine en connaissait les raisons : elles se nommaient Charles IX, victime début novembre « d'une ébullition de sang » dont on pouvait tout craindre, et Alençon, aux ambitions royales trop voyantes. Le roi pressait le départ d'Henri. Toutes ces cérémonies en l'honneur des envoyés polonais l'insupportaient : elles contrariaient ses plaisirs et il souhaitait reprendre ses parties de chasse au plus tôt. Henri en route pour Varsovie, c'était pour Charles la liberté de régner sans être surveillé par son brillant cadet.

Il était convenu que le roi escorterait Henri jusqu'à Metz, l'empereur ayant autorisé la traversée de l'Allemagne. Mais le 6 novembre, à Vitry-le-François, Charles était tombé malade « comme d'une langueur et fièvre lente, et se montra fort pâle et défait ». Pendant plusieurs jours il dut garder le lit. Henri et Alençon accoururent à son chevet. Les incertitudes de l'avenir créaient un climat délétère. Était-il opportun pour Henri de quitter la France ? Ne devait-il pas attendre encore un peu l'évolution de la maladie du roi ? Quelles intentions nourrissait, de son côté, François d'Alençon ? Avec un frère en partance pour le pays des Sarmates et un roi presque moribond, la couronne de France lui semblait à portée de main.

Henri fit cependant ses adieux au roi le 12 novembre. Les deux frères ne se reverront plus. Catherine accompagna le roi de Pologne jusqu'en Lorraine et ils logèrent quelques jours à Nancy. Ce fut le moment où la duchesse Claude, fille de Catherine, accoucha d'un fils dont la reine mère fut la marraine, tandis que l'attention d'Henri était attirée par une jeune princesse douce et grave nommée Louise de Vaudémont, qui deviendra un jour sa femme. À Blamont, dernière ville sur la frontière du duché, Henri quitta sa mère. Chacun versa bien des larmes. La reine mère aurait alors dit à son fils :

— Partez, mais n'y demeurez guère.

Comme beaucoup de mots historiques, celui-ci – prémonitoire – a été forgé après coup. On ne pouvait cependant mieux traduire l'attachement d'une mère pour son fils préféré.

Un fils « malcontent »

Chez Catherine, François d'Alençon trouvait moins d'affection. Enfant, il n'attirait guère sa mère qui ne détectait que « guerre et tempête en son cerveau ». En grandissant, il était devenu plus impétueux encore et parfois violent. Le jeune homme au physique ingrat, dont la variole avait tant déformé le visage qu'il paraissait avoir deux nez, souffrait de vivre dans l'ombre du roi et surtout dans celle de son frère Henri, plus beau, plus éloquent, plus aimé. Pour exister vraiment, François était prêt à courir toutes les aventures, quitte à forcer un destin jusque-là peu propice. Anjou ayant refusé d'épouser Élisabeth d'Angleterre, Catherine avait songé à Alençon pour le même projet. Il s'enflamma aussitôt. Rien, ni l'écart d'âge – il avait vingt et un ans de moins que la reine –, ni la différence de religion, ne freinait son ardeur. La couronne anglaise valait bien de renoncer à la messe. L'ambition du prince paraissait sans limites. Elle était une fin en soi.

Présent au siège de La Rochelle, il avait remâché sa jalousie, enrageant de servir sous les ordres d'Anjou. Il avait d'ailleurs été un combattant peu zélé, surtout impatient de voir arriver un vaisseau anglais qui l'emporterait auprès d'Élisabeth dont il s'imaginait déjà l'époux. Durant le siège, François avait été plus un souci qu'un secours. L'homme se délectait dans l'intrigue. Parmi les assiégeants, s'étaient rassemblés autour de lui des gentilshommes protestants mais loyalistes et des nobles catholiques modérés pour qui la différence de religion importait moins que la conduite des affaires du royaume. François fédérait ces « malcontents » qui espéraient une autre politique. Il était leur porte-drapeau et leur caution.

Avec l'élection d'Henri au trône de Pologne et son départ pour Cracovie, Alençon crut son heure arrivée. Il réclama la charge de lieutenant général du royaume désormais vacante. Le roi la lui refusa. Ni Charles IX ni Catherine ne voulaient prendre le risque de confier le commandement des armées royales à un aventureux à la fidélité douteuse. D'autant que François était lié aux puissants Montmorency, tous fils du connétable, – François, le maréchal, Damville, gouverneur de Languedoc, Méru et Thoré –, et qu'il comptait aussi comme allié Louis de Nassau, frère de Guillaume d'Orange, candidat au trône des Pays-Bas révoltés contre Philippe II.

Mortifié par le refus d'une charge qu'il estimait devoir lui revenir, Alençon décida de quitter la Cour, manière ordinaire chez les grands de signifier publiquement leur opposition à la politique royale et leur prise d'armes. Sur le chemin qui ramenait Charles IX et sa mère de Lorraine vers la capitale, ses partisans préparèrent sa fuite pour Sedan, alors principauté souveraine aux mains du très calviniste duc de Bouillon. À l'abri des murailles de la ville, Alençon comptait bien négocier favorablement son retour à Paris. Mais les espions de Catherine veillaient. Le prince échoua dans sa tentative de fausser compagnie à sa mère.

Pour les « malcontents », comme pour les ambitieux de tout poil, Catherine était l'ennemie. Dans le refus royal d'octroyer à François la lieutenance du royaume, ils reconnaissaient sa main. Elle était l'obstacle à la promotion de leur chef, tandis que la santé du roi déclinait. Elle s'opposait à toute intervention française aux Pays-Bas, alors qu'ils espéraient s'y tailler une place. Elle gouvernait le roi et, si celui-ci venait à mourir, s'arrogerait une fois encore la régence, indifférente à leurs projets de réforme.

Entre Catherine et Alençon la défiance dominait. La sévérité de la reine mère envers son fils, estimait le maréchal de Montmorency, faisait courir au royaume le risque d'une nouvelle guerre civile. Quant aux huguenots, leurs pamphlets dénonçaient le rôle néfaste dans l'Histoire des régentes ou des reines mères. Et chacun devinait derrière Brunehaut, Frédégonde ou Isabeau de Bavière, fossoyeuses du royaume, le nom de Catherine de Médicis.

Toi aussi, mon fils !

La santé du roi continuait de décliner : la fièvre ne lâchait pas prise. Chacun à la Cour s'efforçait de préparer l'avenir, l'après-Charles IX. Mais qui succéderait à ce jeune malade qui ne tenait plus sur ses jambes et crachait le sang ? Henri, légitime héritier, mais si loin du Louvre et engagé auprès de ses sujets polonais, ou l'impatient François dont les partisans voulaient gouverner autrement ? Pendant que Catherine passait les premiers mois de 1574 à veiller son fils, des conjurateurs en mal de changement projetaient de violer la loi fondamentale de primogéniture en imposant Alençon comme héritier de la Couronne. Pour réussir, il leur fallait écarter la reine mère du gouvernement.

Depuis quelques semaines, le duc de Guise avait averti Catherine de la préparation d'un complot, mais la reine n'avait pas voulu y ajouter foi. Pourtant, le samedi 27 février au soir, on apprit à Saint-Germain où résidait la Cour qu'une troupe de plusieurs centaines de cavaliers huguenots s'apprêtait à marcher sur le château. Aussitôt la peur saisit les courtisans dont beaucoup, « en grande alarme », abandonnèrent précipitamment, « à beau pied et sans lance », la résidence royale malgré la nuit et le froid. Catherine voyait renaître le spectre de la « tentative de Meaux ». Les Guise pressèrent le roi et sa mère de quitter eux aussi Saint-Germain et de se réfugier à Paris. Dans l'ignorance des intentions de la troupe qui menaçait le château, la famille royale décida de partir, mais sans donner l'impression qu'elle fuyait.

L'entourage de François d'Alençon avait encouragé le prince à profiter du désordre pour s'enfuir et se mettre à la tête des rebelles. Mais Catherine veillait. Elle sut percer les intentions de son fils qui, troublé, lui avoua tout. Alors, fortement escortée, mais sans hâte et en plein jour, la famille royale regagna Paris. Approfondissant son enquête, la reine mère recueillit des informations contradictoires. Les unes assuraient que les conjurés s'étaient révoltés dans la crainte d'une nouvelle Saint-Barthélemy. D'autres affirmaient qu'aux huguenots s'étaient joints un grand nombre de catholiques, tous « malcontents » de la politique du gouvernement, lassés des divisions religieuses, inquiets de voir les rangs des gentilshommes fauchés par les combats meurtriers, soupçonneux envers une monarchie accusée de piétiner les traditions du royaume et les libertés de la noblesse.

La rumeur ajoutait que les conjurés avaient eu l'intention de commencer par assassiner le chancelier René de Birague, un Italien de l'entourage de la reine mère, regardé comme disciple de Machiavel, et que serait venu ensuite le tour du roi, de Catherine, des Guise et des membres du Conseil. Rien de moins. Avec bon sens, Charles IX ramena la conjuration à de plus modestes desseins :

— Je ne doute point que peut-être d'aucuns ne veulent faire le loup plus grand qu'il n'est.

Et il pardonna aux conjurés, tandis que Catherine, toujours soucieuse de l'harmonie familiale, proclamait qu'elle aimait tous ses fils du même amour. Quant à Alençon et à Henri de Navarre, ce dernier prêt lui aussi à s'évader de la Cour si le complot avait réussi, la reine mère les contraignit à l'accompagner à Vincennes où l'air était plus sain et… la surveillance plus aisée.

Il ne fallut que quelques semaines pour voir renaître un complot en faveur du même prince et avec le même objectif : fausser compagnie à la Cour pour se mettre à la tête des rebelles. Deux gentilshommes proches du duc d'Alençon, Joseph de la Mole et Annibal de Coconat, avaient élaboré un plan. L'un et l'autre passaient aux yeux de Catherine pour des aventuriers. La Mole, surnommé « le baladin de la Cour », était connu comme un fieffé galant, adonné avec la même constance aux conquêtes féminines comme aux exercices de dévotion. Il ne rechignait pas à suivre plusieurs messes par jour, convaincu qu'elles lui permettaient d'expier ses péchés. Le roi, qui ne l'aimait guère, prétendait que pour connaître le nombre des maîtresses de M. de la Mole, il n'était que de compter ses messes !

Brave et intrigant, Coconat était d'une autre trempe. Originaire du Piémont dont il avait été banni, il s'était réfugié en France comme beaucoup de ses compatriotes. Recruté parmi les agents secrets de Philippe II, il servait les intérêts de l'Espagne et avait réussi à s'introduire dans l'entourage du duc d'Anjou qu'il avait accompagné en Pologne avant d'être brusquement renvoyé à Paris, Henri l'ayant accusé de lui avoir joué un « méchant tour », sans qu'on en sache davantage. « Un scélérat », avait tranché Charles IX.

La Mole avait recruté Coconat pour favoriser l'évasion de François d'Alençon et d'Henri de Navarre, bien décidés à prendre les armes à la tête des huguenots et des malcontents. Les conjurés écarteraient Catherine du pouvoir et tiendraient Alençon prêt pour succéder à un Charles IX moribond. De grandes dames de la Cour, comme la maréchale de Retz ou la duchesse de Nevers, s'étaient jointes au complot avec la même ferveur baroque que les belles frondeuses au temps de la minorité de Louis XIV. Marguerite, sœur du roi, énamourée de La Mole, n'était pas la dernière à intriguer contre son frère. L'évasion des princes était fixée au 10 avril.

L'avant-veille, Catherine fut avertie par l'astrologue Cosimo Ruggieri, recruté par les conjurés dans l'espoir que ses talents de magicien influenceraient favorablement l'entreprise. Ses aveux la firent échouer. La reine mère révéla au roi ce qu'elle venait d'apprendre. De colère, celui-ci jeta à terre la table qu'on avait disposée sur son lit de malade, avant de se calmer pour écouter sa mère :

— Mon fils, lui aurait dit Catherine, je regrette beaucoup d'avoir à vous dire que les coquineries de votre frère [Alençon] et de votre beau-frère [Navarre] ne sont pas terminées, ceux-là qui voulurent nous tuer, vous et moi, et faire un soulèvement dans le royaume. Je ressens de la peine, et vous pouvez en juger vous-même. Mais l'amour pour mon fils et pour mon gendre ne m'empêchera pas de vous dire ce que je pense. Il me semble que vous devez porter remède à cet état de choses. Je vous aime, et vous dois tant que je préférerai toujours à ces deux-là, et au reste, ce qui touche à votre service et votre royaume.

— On ne peut souffrir telle trahison et tant de méchanceté, répondit le roi, tout échauffé.

À une aveugle et prompte rigueur, la reine mère dit sa préférence pour un procès. Le 9 avril, tandis que la garde du roi avait été doublée et les portes de Paris fermées, on procéda aux premières arrestations. Navarre et Alençon furent consignés au château. Le lendemain, La Mole et Coconat furent arrêtés à leur tour et conduits à la Conciergerie. Les interrogatoires commencèrent le 11 avril, dimanche de Pâques, à Vincennes. Conduit devant le roi, Coconat se défendit en chargeant ses complices, compromettant Guillaume de Thoré et son frère le maréchal François de Montmorency ainsi que le duc de Bouillon, prince souverain de Sedan. Bavard, il avoua le plan de la conjuration : il était convenu de s'allier à Louis de Nassau qui, avec Alençon, devait troubler le royaume. Le 13, le frère du roi et Navarre durent s'expliquer devant Catherine. Alors que Charles IX voulait punir sévèrement les princes, la reine mère inclinait, une fois encore, au pardon.

Si le témoignage du nonce Salviati est fidèle, Catherine prit le temps de justifier la clémence qu'elle réclamait au roi. Réflexe de mère : elle ne pouvait nourrir aucun ressentiment contre son fils, à qui elle trouvait quelques excuses. Ne l'avait-elle pas trop négligé au profit du duc d'Anjou, mieux aimé ? Le *mea culpa* de Catherine était aussi politique. Condamner Alençon, c'eut été déplaire aux grands seigneurs et leur donner un prétexte pour s'armer contre le gouvernement. En outre, frapper son fils et son gendre reviendrait à s'aliéner la maison de Montmorency, et rompre l'équilibre que la reine mère tentait de préserver à la Cour : certainement les Guise en profiteraient pour se hausser du col et Catherine refusait d'être soumise à leur tutelle. Leur ambition était si dévorante! Ils ne faisaient presque pas mystère de prétendre à la couronne de France.

L'ambassadeur d'Espagne n'avait ni état d'âme ni crainte de blesser les grands. Il invitait la reine mère à la sévérité :

— Si Votre Majesté diffère avec cette punition, je ne sais pas ce qui peut s'ensuivre, sinon qu'un jour on tuera le roi votre fils.

Et de proposer l'aide militaire de Philippe II pour anéantir les huguenots du royaume.

Le procès dura jusqu'à la fin du mois d'avril. La Mole et Coconat furent torturés, décapités et écartelés (*sic*), malgré les pleurs des belles dames de la Cour. Marguerite de Valois et la duchesse de Nevers prirent le deuil. Sur ordre de sa mère, le roi accepta de pardonner à Alençon et à Navarre, mais les soumit à la plus sévère surveillance. Quant au maréchal de Montmorency et à son cousin le maréchal de Cossé, que Charles IX soupçonnait sans preuve d'avoir soutenu la conjuration, ils furent arrêtés et emprisonnés.

La mort d'un fils

La santé du roi désespérait Catherine : Charles maigrissait et s'affaiblissait chaque jour. Elle s'inquiétait aussi pour Henri qui s'ennuyait ferme en son royaume polonais. À Cracovie, l'argent lui était mesuré, ses ordres n'étaient pas toujours exécutés, son entourage avait fondu, car nombre de ses compagnons avaient demandé leur congé et prenaient le chemin de France. Henri restait bien seul et sa mère craignait que l'ennui n'altérât sa santé.

Discrètement, elle lui recommandait de ne pas s'éloigner de Cracovie, mais de rester à proximité de la frontière. En un mot, de se tenir prêt. Pour Henri, l'attente paraissait interminable, tandis qu'à Vincennes sa mère vivait des semaines d'épreuves.

À la mi-avril, Charles IX, accablé de fièvre et crachant le sang, ne put recevoir les ambassadeurs. Les médecins de la Cour et de la Ville se relayaient à son chevet, ne trouvant à prescrire au malade que du lait d'ânesse et autres vaines décoctions, se satisfaisant des purges et saignées qui, en réalité, achevaient de l'affaiblir. Charles avait le souffle de plus en plus court ; la fièvre quarte se faisait continue. « Il sortait du sang par les pores de la peau de ce prince, presque en tous les endroits », écrit Agrippa d'Aubigné, témoin oculaire. Le roi ne trouvait de court répit à ses souffrances qu'en écoutant ses poètes et musiciens.

Charles aurait-il été empoisonné ? Ou envoûté ? Les rumeurs couraient d'autant plus librement qu'on ignorait alors la nature véritable du mal, une tuberculose pulmonaire. Quand elle sut que Cosimo Ruggieri, complice de La Mole, avait été arrêté, Catherine souhaita l'interroger sur ce qui tuait son fils. Car l'astrologue-envoûteur, dit-elle, « avait fait une figure de cire à qui il a donné des coups à la tête, et c'est contre le roi ». Aussi insista-t-elle pour voir elle-même l'objet du maléfice, qu'elle supposait responsable de la maladie. Par nature, Catherine croyait aux sortilèges ; comme mère redoutant la mort prochaine d'un fils, elle s'en remettait encore plus facilement aux forces surnaturelles. Ruggieri, au moment de son arrestation, n'avait-il pas demandé « si le roi vomissait, s'il saignait encore et s'il avait des douleurs à la tête ? » Catherine lui ordonna de défaire l'enchantement. L'Italien protesta de son innocence, dit son impuissance à soulager le roi et fut condamné à neuf années de galère. Curieusement, il bénéficia à Marseille d'un régime de faveur et fut gracié peu de temps après. L'envoûteur ne manquait pas de disciples et d'admirateurs craintifs.

Les deux tentatives, de février et d'avril, n'étaient pas seulement conjurations de Cour. Si elles furent rapidement éventées, leur échec n'en faisait pas pour autant des complots d'opérette. Elles s'accompagnaient de prises d'armes et conquêtes de villes dans les provinces de l'Ouest et du Midi, qui ouvrirent la cinquième guerre de Religion. D'Angleterre, les huguenots attendaient une armée de secours. Le comte de Montgomery la commandait : il débarqua en Normandie le 11 mars. Catherine l'apprit aussitôt. Le meurtrier involontaire de son mari foulait à nouveau le sol de France à la tête de huguenots rebelles. Trois armées royales furent immédiatement dépêchées pour stopper son avance, écraser ses troupes et le capturer. Une première fois, Montgomery manqua être pris. Le coup réussit le 26 mai à Domfront grâce au maréchal de Matignon qui avait reçu des ordres pressants de la reine mère. Catherine se précipita chez le roi pour lui annoncer la bonne nouvelle. Charles parut ne pas s'en émouvoir.

— Quoi ! mon fils, lui dit-elle, ne vous souciez-vous point de voir entre vos mains celui qui a tué votre père ?

Charles, que rien ne pouvait sortir de sa faiblesse, se contenta de répondre :

— Je ne me soucie ni de cela ni d'aucune autre chose du monde.

Catherine sentit en cette minute, rapporte Brantôme, que son fils était perdu.

Le jeudi 27 mai, Charles vomit une « matière gluante, jaunâtre et fort noire », puis « entra en un grand frisson ». Sa mère et sa femme étaient à ses côtés, mais il ne voulut entendre que prières et oraisons. Le vendredi, il congédia son médecin et la plupart des gens de sa maison. Seule, ou presque, sa vieille nourrice, ci-devant huguenote, le veillait. La reine Élisabeth se tenait debout face au lit. Muette, les yeux humides, elle cherchait le regard de son mari. Catherine quittait le plus souvent possible les affaires de l'État pour rejoindre son fils. Elle assista, impuissante, à son agonie. Le dimanche 30 mai, Charles surmonta ses terribles souffrances pour se confesser publiquement, entendit la messe et communia. Catherine, qui avait prié dans la chapelle du château, entra dans la chambre, suivie du chancelier. Elle demanda au roi la régence. Charles la lui accorda.

— Faites tout ce que la reine ma mère vous commandera, ordonna-t-il, et lui obéissez comme à moi-même.

Puis, se tournant vers elle :

— Vienne la mort quand Dieu voudra, Madame, je suis prêt et appareillé à recevoir la volonté de mon Dieu. Une prière ai-je à vous faire : savoir qu'il vous plaise continuer les bons offices déjà dès longtemps commencés par vous à l'endroit de ce pauvre royaume.

Catherine pleurait. Charles était secoué de vomissements. Entre deux hoquets, il la supplia encore d'envoyer quelqu'un en Pologne. Ses dernières paroles furent pour elle :

— Maintenant, Madame, je sens bien qu'il faut que je vous dise adieu et que je prenne congé de vous. Adieu, Madame.

Puis, dans un spasme :

— Eh ! Ma mère.

Charles IX mourut en ce jour de Pentecôte 1574 à quatre heures de l'après-midi.

Pour la seconde fois, Catherine perdait un fils qui avait été roi.

CHAPITRE XI

« Je ne puis faire tout ce que je veux »

> *J'espère que ce royaume se sentira de mon travail et que le repos y durera.*
>
> CATHERINE DE MÉDICIS

Dans l'intimité du coche qui la conduisait vers Lyon, Catherine était tout à ses pensées de mère. Elle avait fermé les yeux à un fils que la mort venait de lui enlever, et elle partait à la rencontre de son cadet et préféré. Les images de Charles IX mourant, le corps couvert d'ecchymoses sanguinolentes, assaillaient encore sa mémoire. Elle l'avait beaucoup pleuré et avait « pensé crever » – c'étaient ses mots – lorsqu'elle l'avait embrassé pour la dernière fois. Mais, à chaque tour de roue qui l'éloignait de Paris, la douleur cédait à la joie de retrouver Henri. Pour celui qu'elle appelait « Mes yeux », Catherine était la plus amoureuse des mères. « Si je venais à vous perdre, lui avait-elle écrit, tourmentée par des pensées morbides, je me ferais enterrer avec vous toute en vie. » Seul son amour pour Henri était capable de lui faire écrire semblables outrances. De leurs retrouvailles prochaines, elle n'attendait que « contentement sur contentement ».

« Vous êtes mon tout »

Comme elle avait craint qu'il ne puisse s'enfuir de Pologne! Dans l'attente des nouvelles de Cracovie, le temps lui paraissait interminable. Son impatience grandissait. Elle devenait nerveuse. Elle ignorait que le 18 juin 1574 Henri avait profité de la nuit pour fausser compagnie à ses sujets polonais aussitôt lancés à ses trousses. Quatre jours durant, il avait galopé en direction de la frontière. Plusieurs fois il avait failli être rattrapé. Quel soulagement lorsque le « roi malgré lui » lui annonça qu'il était hors d'atteinte! « Grâce à Dieu », avait soupiré Catherine. Le sachant libre et sauf, elle s'impatientait davantage : que ne gagnait-il au plus tôt la France! Or, au lieu d'un retour direct, Henri musardait en Allemagne, s'arrêtait à Vienne où il rencontra l'empereur et se déroutait vers Venise dont le charme envoûtant le retint dix bons jours.

Toujours prévoyante, Catherine avait fait expédier dans la cité des doges des lettres de change pour honorer les dépenses de son fils, volontiers prodigue. Henri la remerciait, la rassurait, la cajolait, lui promettait de tenir compte de ses avis et de vouloir « jamais rien faire que ce qui [lui] plaira ». « Aimez toujours celui qui, à jamais, vous sera serviteur », écrivait-il à Catherine qui n'avait point besoin de cet encouragement. Son cœur de mère avait failli se rompre de bonheur lorsqu'il avait affirmé : « France et vous valent mieux que Pologne. »

Elle s'enflammait à l'idée d'avoir son fils rien que pour elle. Il était son préféré et il était roi. Nul besoin de rappeler à Henri le devoir d'obéissance envers un frère aîné : aujourd'hui il était le maître. Les premiers fils de Catherine avaient été des jeunes gens frêles, souvent malades, pas toujours raffinés. Henri était beau, infiniment séduisant, si cultivé et soucieux de culture qu'on croyait voir François Ier ressuscité. Qu'on n'attende pas de Catherine des jugements impartiaux sur son fils ! Pour tous les siens elle avait de l'affection : pour Henri elle nourrissait un amour exclusif. Sa fille Marguerite en témoigne : « Ce que ressentait ma mère qui l'aimait uniquement ne se peut représenter par paroles. »

Il convenait de protéger des dangers ce cher enfant de vingt-trois ans, de lui éviter les embûches, de diriger ses premiers pas de roi. Lorsqu'elle le sut près de Turin, chez le duc de Savoie, elle lui envoya des émissaires de confiance chargés de l'informer des affaires du royaume, l'invitant à ne rien ordonner avant de la rencontrer et de se garder des flatteurs et des ambitieux, comme ce Bellegarde dont elle se méfiait. Entraînée à guider le défunt roi, elle ne pouvait résister au désir d'accabler Henri III de conseils et de recommandations.

Et de lui faire partager ses antipathies, en lui désignant sa bête noire : Henri de Montmorency-Damville, maréchal de France et gouverneur de Languedoc. Ce grand seigneur n'avait pas supporté l'arrestation de son frère aîné, François de Montmorency, que Charles IX avait soupçonné de complicité dans le complot de La Mole et Coconat. Prompt à défendre son honneur et sa maison, Damville s'était tourné vers les huguenots languedociens qui l'avaient choisi pour protecteur. Qu'un catholique convaincu comme Damville, ancien allié des Guise, puisse pactiser avec les hérétiques remplissait Catherine d'inquiétude ! Cette redoutable alliance signifiait sans doute les prémices d'une rébellion des grands contre l'autorité royale au moment du changement de règne. Henri devait recevoir Damville au plus tôt. Rien pour Catherine ne remplaçait les contacts personnels. Elle-même avait tant de fois rencontré ses adversaires, plaidé devant eux, cherché à convaincre. Henri devait convoquer Damville à Turin pour l'arracher à ses alliances contre nature et trouver un accord.

Catherine avait quitté Paris pour aller à la rencontre du roi. Chaque jour, en chemin, elle attendait le résultat des entretiens de Turin. Que n'aurait-elle donné pour négocier elle-même avec le redoutable maréchal! Car elle se prenait parfois à douter de son fils : Henri n'avait pas la docilité de Charles IX. Elle le savait ombrageux, conscient de ses qualités, imprévisible. Le héros de Jarnac et de Moncontour qui avait vu l'ennemi en face, le lieutenant général du royaume blessé devant La Rochelle, n'était pas un être qu'on manœuvre à son gré. Henri n'avait pas la virginité politique d'un François II ou d'un Charles IX à leur avènement. Son règne en Pologne, pour bref qu'il ait été, l'avait-il changé? À Cracovie, il avait déjà goûté de la majesté royale et, sur le chemin du retour, s'était entretenu en Allemagne et en Italie avec les têtes couronnées. Connaissait-elle vraiment ses intentions? Se montrerait-il toujours soumis? D'autres, parmi ses compagnons, avaient pu s'emparer de son esprit et le détacher d'elle.

Puis, elle se ressaisissait. Ses inquiétudes étaient vaines. Sa longue pratique des affaires, son expérience valaient un brevet de longévité politique. De par la volonté de Charles IX, elle était régente de France et, par lettres, Henri l'avait confirmée dans ses fonctions. Malgré les complots récents, personne ne lui avait disputé son titre. Les gouverneurs des villes et des provinces, les magistrats des cours, les officiers de la Couronne, tous l'avaient implicitement reconnue. Elle avait même négocié une suspension d'armes avec les huguenots du Poitou et de Saintonge pour ne pas compromettre le changement de règne. Elle se le répétait : elle était indispensable.

Sur les chemins défoncés que ses chevaux parcouraient trop lentement, elle préparait mentalement le discours qu'elle destinait à Henri. D'abord, rappeler à ce prince amoureux du faste que les finances du royaume étaient épuisées. Plus que jamais la chasse à l'argent s'imposait. Augmenter les impôts, multiplier les taxes, aliéner quelques-uns des biens de l'Église ne suffiraient pas. Il fallait emprunter, à Venise, au grand-duc de Toscane, à d'autres encore. En matière d'expédients, Catherine était passée maître.

Ensuite, montrer à Henri les dangers qui le menaçaient. Elle allait l'accueillir en compagnie de son dernier fils, François, que l'on nommait désormais Monsieur, et d'Henri de Navarre, ses « prisonniers » depuis les complots du printemps. Combien de temps ces deux princes se tiendraient-ils tranquilles ? Comme elle ne pouvait pas les embastiller, leur évasion de la Cour était toujours à redouter. Certes, pendant les trois mois où le royaume attendait le retour d'Henri, Monsieur n'avait rien tenté. Mais Catherine connaissait son cadet : il ne resterait pas toujours inerte. Quant à Henri de Bourbon, prince de Condé, chef des huguenots, esprit maussade et obstiné, plus protestant que tous les pasteurs réunis, il s'était exilé en Allemagne pour y recruter des troupes prêtes à entrer en France pour secourir les réformés du royaume.

Face à tant de périls, le savoir-faire de Catherine la désignait – elle en était convaincue – pour continuer de gouverner aux côtés d'Henri. Elle avait quitté Paris pour recevoir en mère aimante son fils préféré. Elle allait aussi à la rencontre du monarque afin d'obtenir la confirmation de son autorité.

Un roi à part entière

Bourgoin, 5 septembre 1574. Catherine remerciait la Providence : son fils était de retour. Il lui parut encore plus beau qu'avant son départ. Ses traits étaient détendus et à sa distinction naturelle il ajoutait une majesté, certes innée mais plus assurée, et qui le désignait aussitôt aux regards. Il étreignit sa mère et embrassa, moins chaleureusement il est vrai, son frère et Navarre.

La France avait un roi. Les lois fondamentales, qui faisaient Henri roi dès la mort de Charles IX, avaient été respectées. Catherine avait aidé à cette succession sans heurt que la présence du souverain sur le sol du royaume garantissait définitivement. La Cour, les ministres, les ambassadeurs étrangers acclamèrent le nouveau monarque, mais chacun s'interrogeait. La France avait un roi, Catherine perdait la régence, mais qui, d'Henri ou de sa mère, conduirait réellement les affaires?

Démonstrations d'affection achevées, Henri III informa Catherine des initiatives qu'il avait prises à Turin. Sensible aux caresses du duc et de la duchesse de Savoie, sa tante, il avait promis de restituer trois places fortes que la France détenait en Piémont à titre provisoire depuis douze ans. Imprudente libéralité! En contrepartie, il avait espéré obtenir l'appui du duc dans ses négociations avec Damville, convoqué à Turin les derniers jours d'août. Catherine ne pouvait entendre prononcer le nom du maréchal sans se cabrer, elle qui l'avait théoriquement dépossédé de son gouvernement de Languedoc. Mais Henri III avait besoin de la soumission du maréchal, lié aux huguenots du Midi, et Damville cherchait à retrouver son crédit. Au cours de leur entretien, le roi n'avait rien promis, mais s'était gardé de rompre. Henri avait donc inauguré son règne en prenant le contre-pied de la politique de son prédécesseur. Catherine, qui avait été informée de la rencontre du maréchal avec son fils, avait expédié une lettre à celui-ci pour lui recommander de retenir son hôte prisonnier. Mais la missive était arrivée trop tard et Damville était reparti libre. Le premier entretien politique du roi parut à Catherine d'une fâcheuse maladresse. Mais elle ne montra pas sa déception.

Dans l'incertitude de l'avenir, elle prit la peine de rédiger à l'intention de son fils un long mémoire sur l'état du royaume. Les faux pas de Turin rendaient ses conseils nécessaires. Elle avait aussi à défendre sa place en mettant Henri en garde contre les faveurs trop légèrement consenties aux compagnons du voyage de Pologne.

Qu'Henri se garde de son entourage proche, de ses complices de plaisir! Un roi ne doit accorder sa confiance et ses faveurs qu'à des serviteurs compétents, à des collaborateurs zélés. « Que chacun fasse son état », recommandait-elle. Désormais Henri devait développer « la gravité que Dieu lui a donnée de nature » et se montrer « maître et non plus compagnon ». Aucun de ses proches ne devait accaparer sa faveur et la direction du pouvoir. « Qu'un homme ne tienne pas tout! » martelait Catherine, hostile à tout favori.

Le souverain appliquera ces sages conseils sans attendre, car elle savait d'instinct qu'un gouvernement doit, sitôt installé, entreprendre les réformes les plus difficiles. Henri « peut tout, affirmait-elle, mais qu'il le veuille ».

Henri était bon fils. Il aimait et admirait sa mère. Elle lui était nécessaire et elle sera toujours à ses côtés. Mais désormais il était le maître, prêt à entendre ses conseils mais sans en être prisonnier. Attentif à ses recommandations, il refusait de les recevoir comme des obligations. Catherine allait s'en apercevoir sans tarder : elle aidait son fils à gouverner ; elle ne le gouvernait pas. Bien des signes l'annonçaient.

Le roi entreprit d'améliorer la machine gouvernementale, réduisant les effectifs du Conseil par souci d'efficacité, bridant les initiatives trop personnelles des secrétaires d'État. Catherine se félicitait de le voir imposer sa volonté à ses conseillers, mais elle savait aussi que ces mesures utiles lui laisseraient, à elle, moins de liberté de manœuvre. Henri se révélait assidu aux affaires, soucieux de remplir ses devoirs, aimant s'informer et consulter ses dossiers sans se lasser. Elle-même bourreau de travail, elle appréciait un monarque travailleur, mais cette application risquait de la rendre moins indispensable. Charles IX, occupé à ses plaisirs de plein air, avait dû être guidé, orienté, parfois remplacé, alors qu'Henri était homme de bureau, appliqué, consciencieux. Il le resta sa vie durant : les contemporains l'admettaient, sa correspondance le prouve. Catherine redoutait d'être dispensée de s'occuper de tout.

En revanche, lorsque Henri III inaugura une nouvelle organisation de la Cour, elle comprit qu'elle pouvait en tirer profit. Elle lui avait conseillé de rendre à la personne royale sa grandeur. Le souvenir de François Ier, qui avait su si bien incarner la majesté, inspirait la reine mère. Mais elle craignait surtout de voir le jeune monarque trop familièrement traité par son entourage. Sur ce point, elle fut comblée : Henri dépassa ses espérances. Préserver la dignité royale fut le souci constant du dernier Valois. Sitôt arrivé à Lyon, il avait dressé le règlement de sa maison qui, de la cérémonie du lever à celle du repas, des audiences au grand coucher, rendait Sa Majesté moins familière. Catherine y gagnait. La mère du roi avait à la Cour une place privilégiée et un accès facile auprès du souverain. Elle en userait.

Ce qu'elle redoutait le plus était de voir le roi balayer les conseillers en place. Qui aurait alors la faveur du prince ? La question gâchait les nuits des courtisans et préoccupait la reine. Depuis plusieurs mois, Henri avait réfléchi à la constitution de sa Maison. Ses choix avaient valeur de test : ils révéleraient ou non son indépendance envers sa mère. Les premières nominations signalèrent sa volonté de s'entourer de fidèles plus dévoués à sa personne qu'à celle de Catherine. Pomponne de Bellièvre, au service de l'État depuis près de vingt ans, reçut la surintendance des finances. Cet habile diplomate avait, il est vrai, la confiance du roi et de Catherine. Le comte de Cheverny était davantage lié à Henri dont il avait été dans un passé proche l'homme de confiance. Sans titre officiel pour le moment, il devint le pivot du gouvernement. Pour les compagnons de La Rochelle et de Pologne sonnait l'heure des récompenses. Henri écarta les deux conseillers-informateurs de sa mère, Retz et Nevers, et leur substitua Villequier, nommé premier gentilhomme de la Chambre, et Du Guast, promu colonel du régiment des gardes-françaises. Catherine ne put empêcher Bellegarde d'accaparer la confiance du roi et d'accéder à la dignité de maréchal. La reine mère n'était plus maîtresse des nominations.

Qu'Henri veuille s'entourer d'hommes à lui n'était pas pour étonner. Tout chef d'État impatient de gouverner aime à choisir lui-même ses collaborateurs. Les promus n'étaient d'ailleurs ni les ennemis de Catherine ni ses confidents. L'avènement d'Henri III ne marquait pas une rupture. Ses choix indiquaient seulement un changement d'orientation. Ils démontraient que le roi n'était plus le jouet d'une mère accrochée au pouvoir.

La fille de Machiavel

Était-ce un phénomène de compensation ? Le (trop) bref état de grâce qui avait accompagné l'avènement d'Henri III contrastait avec la violence des pamphlets dirigés contre la reine. Les libellistes n'avaient pas attendu 1574 pour décocher leurs flèches. Mais les pamphlets se faisaient subitement nombreux et insultants. Le plus venimeux était le *Discours merveilleux de la vie, actions et déportements de Catherine de Médicis*, dont une version circula en 1575 et fut largement diffusée. On le nommait volontiers par dérision *La vie de sainte Catherine*. L'auteur anonyme accusait la reine de tous les péchés. L'intrigue, la duplicité, la trahison étaient ses méthodes de gouvernement. Mère dénaturée, elle n'avait pas hésité à corrompre ses fils, leur refusant toute bonne instruction, encourageant leur passivité, pour briser leur énergie et gouverner à leur place. Elle aurait privé Charles IX enfant de ses précepteurs pour l'encourager à « jouer à la toupie et faire (par un sinistre présage) jouter les coqs l'un contre l'autre ». Puis elle l'aurait environné de « maîtres de jurements et blasphèmes », de « moqueurs de toute religion », le faisant « solliciter par des maquereaux, qu'elle pos [ait] (comme en sentinelle) à l'entour de lui » et même lui servait « de maquerelle (...) afin de lui faire oublier tout désir de connaître les affaires du royaume, en l'enivrant de toutes sortes de voluptés ».

Les massacres de la Saint-Barthélemy n'avaient pas d'autres responsables. La reine mère favorisait les troubles pour accroître son pouvoir. Aucune de ses actions ne trouvait grâce aux yeux de l'auteur. Lorsque cette femme « sans conscience et sans religion » était indulgente envers les huguenots, c'était par intérêt, « pour son bien particulier ». Si, par un revirement aussi subit que suspect, elle devenait favorable aux catholiques, c'était pour se venger des réformés. Quant aux morts brutales des grands personnages du royaume, elles lui étaient imputées à crime. Elle tenait « son Machiavel » pour l'« Évangile ». La ruse, l'assassinat et le poison étaient ses armes favorites. Elle divisait les Français et ruinait la France. Les plus criminelles souveraines des temps mérovingiens, les Frédégonde ou les Brunehaut, étaient en comparaison de belles ingénues.

Pour commettre ses forfaits – poursuivait le pamphlet –, la maléfique Catherine n'était pas seule. Les Italiens de son entourage, Birague, Strozzi, Gonzague, Gondi et autres Sardini, étaient ses complices, pilleurs du Trésor public, exécuteurs de ses basses œuvres, fossoyeurs de l'État, diaboliques, fourbes, sodomites et sangsues du peuple. Anéanti par douze années de guerre civile, le royaume avait besoin d'un coupable : femme et étrangère, Catherine était toute désignée pour l'incarner.

Le *Discours merveilleux* n'était pas qu'un florilège ordurier. Au chapelet d'injures il ajoutait une vision politique. Il soutenait une thèse. Catherine de Médicis et son funeste cortège d'étrangers s'employaient à anéantir la meilleure noblesse du royaume. La reine n'avait-elle pas ordonné l'emprisonnement des maréchaux de Montmorency et de Cossé et relevé Damville de son gouvernement ? Elle ne recherchait pas l'extermination des seuls huguenots, mais de tous les grands, « sans égard de religion ». L'auteur le révélait : une liste de proscriptions avait été établie, déclinant les noms des plus notables gentilshommes, catholiques ou réformés. Les pernicieux conseils de l'Italienne, déjà coupable de toutes les turpitudes, visaient un but : établir en France une tyrannie comparable à celle qui régnait alors à Istanbul.

À ce sinistre projet, une seule réponse : l'union de tous les « bons et légitimes Français, tant d'une que d'autre religion ». La formule signait le pamphlet. Avec les huguenots, les malcontents l'avaient inspiré. Il servait les intérêts d'Henri de Navarre comme de Damville et de François d'Alençon, catholiques favorables à la tolérance civile. Chez les malcontents, Catherine avait ses plus grands ennemis, ceux qui encourageaient le souverain à se libérer des manipulateurs, ces Italiens agents de la subversion du royaume dont la reine mère était la satanique inspiratrice.

Catherine lut le *Discours,* comme elle eut sous les yeux le *Réveille-matin des Français,* qui le précéda en 1574, ou *Tocsin contre les massacreurs,* daté de 1577. Pierre de l'Estoile prétend qu'à la lecture du *Discours* elle rit à gorge déployée, fou rire factice qui dissimulait peut-être une profonde colère. Face à la multiplication des libelles, le conseil du roi encouragea la reine à en poursuivre les auteurs et les imprimeurs. Elle refusa, souffrant patiemment cette littérature dont une censure aurait encore accru l'audience.

Le goût démesuré qu'on lui prêtait pour le pouvoir pourrait-il s'exercer librement, Henri III régnant? Catherine avait rempli ses devoirs en soumettant au roi un ensemble de règles pour gouverner. Non seulement les premières initiatives du prince ne répondaient pas à ses espérances, mais elles révélaient au contraire des traits de caractère que la reine méconnaissait. Elle avait jugé bien long le voyage de retour de Pologne. Laisser filer le maréchal de Damville lui avait paru une faute politique. Maintenant, la sensibilité d'écorché de son fils la déconcertait.

Les amours d'Henri avaient toujours quelque chose d'excessif. « Ce que j'aime, écrivait-il, c'est avec extrémité. » Lorsqu'il avait appris la mort en couches de Marie de Clèves, son grand amour, il s'était évanoui. Trois jours durant, il avait gardé la chambre, prostré, en proie à la fièvre. Puis il avait accepté de se lever, toujours chancelant, toujours pleurant, secoué de tremblements. Ses proches craignaient pour sa vie. Catherine découvrit le goût de son fils pour l'outrance. En témoignait son habit couvert de petites têtes de mort semblables à celles que les capucins utilisaient comme emblèmes. Elle avait compris : Henri entretenait sa passion plutôt que de la vaincre. Son fils ne lui ressemblait pas.

La reine découvrait en lui un autre homme. Ainsi en Avignon où elle l'avait accompagné. Jusque-là, la piété du roi était restée discrète, mais dans la cité des papes elle trouva l'occasion de s'extérioriser. Henri s'était fait conduire chez les pénitents blancs et adhéra à leur association. Catherine, les membres du Conseil et les grands seigneurs ne purent moins faire que d'imiter le Très- Chrétien : ils s'affilièrent à la confrérie, y compris Navarre, même s'il « n'était guère propre à cela », déclara-t-il lui-même en raillant. Plusieurs jours durant, le roi fit non seulement ses dévotions, mais participa au milieu des confrères aux processions, portant à son tour la lourde croix. Pendant tout son séjour, il ne cessa d'afficher sa piété, ne manquant aucune prédication, s'associant à la ferveur collective quand, au milieu des pénitents, il parcourait les rues la nuit, flambeau à la main, sac de toile blanche pour vêtement.

La forme de religiosité d'Henri dut surprendre sa mère. Aurait-elle imaginé Henri II ou François Iᵉʳ en flagellant ? Mais la sincérité de son fils lui parut entière. Le roi de France serait mystique.

Catherine n'en songeait pas moins à le marier. Jusque-là les princesses qu'elle lui avait proposées pour épouse avaient été écartées. Roi désormais, il lui fallait prendre femme sans tarder. Experte en matière matrimoniale, Catherine dressa des listes, compara les qualités des jeunes filles, évalua les avantages de chacune. En la future reine de France elle voyait d'abord un ventre, une machine à enfanter. Elle-même l'avait été, non sans retard ni angoisse. L'épouse selon son cœur devait être douce, sans forte personnalité, peu tentée de jouer un rôle. Ni Marie Stuart ni Marguerite de Navarre. Une belle-fille effacée était son souhait, une docile la comblerait.

Elle oubliait qu'Henri avait ses exigences. Le roi écarta les prétendantes proposées par sa mère. Catherine de Bourbon, sœur d'Henri de Navarre, était trop huguenote. Veuve de Charles IX, Élisabeth d'Autriche lui était indifférente. L'infante Isabelle, fille de Philippe II d'Espagne, n'avait que sept ans. Les princesses de Suède et de Danemark étaient jolies femmes mais leurs « façons allemandes (*sic*) étaient contraires à son humeur et au contentement qu'il se promettait en son mariage ».

En réalité, Henri avait déjà fait son choix. Il se rappela la princesse de Lorraine rencontrée à Nancy sur le chemin de Pologne. Sa beauté l'avait frappé. Louise de Vaudémont serait sa femme. Sans doute était-elle issue de la branche cadette d'une maison souveraine mais non royale, sans fortune et sans prétention. Mais on la savait dévote, vertueuse, douce et soumise. Un instant déçappointée, Catherine se rallia au choix de son fils. La petite Cendrillon lorraine ne lui disputerait pas son influence.

Damville, l'ennemi de Catherine

En Avignon, l'odeur de sacristie ne monta pas à la tête de la reine mère. Les hosannas, les processions et les sonneries de cloches, qui enflammaient la piété pénitente du roi, ne la détournaient pas, elle, des affaires politiques. À peine installée dans la cité pontificale, elle avait dû affronter une fâcheuse nouvelle. Le maréchal Henri de Montmorency-Damville, qu'elle avait dépossédé officiellement de son gouvernement de Languedoc sans pouvoir le contraindre à abandonner sa fonction, avait annoncé depuis Montpellier, par déclaration publique du 13 novembre, qu'il rompait avec le roi et entrait en campagne.

Les années précédentes, confrontée à de semblables prises d'armes, Catherine s'était toujours escrimée à négocier. Promesses, concessions, séduction : elle avait usé de tous les artifices pour tenter de ramener les rebelles à la loyauté. En cet automne 1574, elle était au contraire d'humeur guerrière. Tant il est vrai que Damville était sa bête noire. Elle ne cessait de le répéter : le maréchal (en réalité bon catholique) était un huguenot déguisé. Il n'était pas un jour où elle ne reprochât mentalement à Henri III d'avoir laissé partir librement de Turin ce grand seigneur devenu opposant déclaré.

La reine souffrait de voir l'autorité royale bafouée par une révolte dès les premières semaines du nouveau règne. Le gouverneur de Languedoc, devenu indépendant comme un vice-roi, troublait avec éclat le climat favorable au souverain tant attendu. Mais en s'entêtant à poursuivre le maréchal de Damville de sa vindicte, la reine mère faisait une faute. Non seulement les gentilshommes catholiques favorables à la tolérance civile, qu'on appelait « malcontents », avaient rejoint le remuant gouverneur, mais les protestants du Midi s'apprêtaient à l'élire pour chef militaire. Jusque-là habile à diviser ses ennemis, Catherine ne sut pas empêcher l'union des malcontents et des huguenots contre le pouvoir royal.

Quelles raisons profondes avait-elle de s'opposer à Damville dont elle partageait l'objectif religieux : la réconciliation entre catholiques et réformés ? Elle-même, n'avait-elle pas œuvré pour voir les deux confessions vivre côte à côte dans l'attente de l'union retrouvée, chacune conservant sa liberté de conscience, « sans que l'une empêche l'autre en l'exercice accoutumé de sa religion » ? N'était-ce pas le fondement de sa politique de modération ? Pourquoi alors laisser parler les armes ?

La forte personnalité de Damville, dont le caractère orgueilleux et cassant l'avait déjà exclu de la faveur de Charles IX, n'explique pas tout. Grand seigneur irascible, le maréchal l'était assurément. Mais, plus encore, c'était sa quasi-indépendance dans son gouvernement qui était retenue à charge. Enfin, son diagnostic politique des malheurs du royaume s'opposait totalement à la manière qu'avait Catherine de gouverner. Chevalier accompli, talentueux chef de guerre, Damville s'estimait mal récompensé par le roi, attribuant sa défaveur aux mauvais conseillers italiens de la reine mère qu'il accusait de vouloir éloigner les grands du pouvoir, voire de les éliminer. Sous la diabolique influence d'un Birague ou d'un Gondi, la monarchie basculait, assurait-il, dans une « tyrannie turquesque ». Le maréchal soupçonnait Catherine et les siens de vouloir bafouer les libertés politiques, substituer à une vieille noblesse parée de toutes les vertus une noblesse récente, faite de la main du roi et docile, et d'adopter les maximes scélérates de Machiavel, bref, de travailler à la « subversion » des anciennes lois du royaume. Ce réquisitoire était celui des malcontents dont Damville était l'un des chefs. Catherine ne pouvait l'admettre.

Le danger était aux portes du trône lorsque ces opposants se mirent à la recherche d'un prince qui pût apporter une légitimité à leurs doléances. Ils n'eurent aucun mal, on le sait, à convaincre Henri de Navarre et François d'Alençon, frère du roi. Catherine avait-elle nourri un serpent en son sein ? Son devoir de mère et de reine lui imposait de préserver, fût-ce par la contrainte, l'unité de la famille royale. Navarre et Alençon étaient retenus à la Cour, sous sa surveillance. Restait Damville dont Catherine espérait la chute. La guerre que mènerait contre lui le roi, jusque-là « favori de Mars », aurait raison de sa prise d'armes.

La reine mère espérait une victoire décisive. Henri III n'était-il pas un brillant chef de guerre ? Le règne s'ouvrirait ainsi sur un succès militaire dont on avait un peu perdu le souvenir. Depuis son retour de Pologne, Henri n'était certes plus tout à fait le même. Sa sensibilité d'écorché, sa religion démonstrative troublaient sa mère. Mais elle faisait confiance à ses talents militaires, convaincue qu'il viendrait à bout de la révolte du Languedoc. « Vous voyant fort, lui écrivait-elle, les rebelles viendront à la raison ou, sinon, vous les y ferez venir. » Aussi n'envisageait-elle aucune trêve. Catherine, l'ondoyante Catherine, faisait une démonstration d'intransigeance. Quatre armées furent lancées contre les révoltés de l'Ouest et du Midi.

Las ! Damville, qui avait fortifié Montpellier, Nîmes et Beaucaire, s'empara de Saint-Gilles sur le Rhône et entra dans Aigues-Mortes, alors que, enfermé dans Avignon, le roi travesti en pénitent démontrait son impuissance. La cause royale n'eut pas plus de chance en Dauphiné où l'armée n'arriva pas à s'emparer de la petite cité huguenote de Livron, défendue seulement par le courage de ses habitants.

Dans l'Ouest comme en Provence, dans la vallée du Rhône comme en Languedoc, les combats, embuscades et coups de main ne trouvaient pas d'issue. Ainsi, Catherine s'était trompée. Doublement. Henri III n'avait pas démontré sa capacité à vaincre les rebelles et elle n'avait pas su empêcher l'association des catholiques « paisibles » du Midi avec les huguenots, tous décidés à appliquer au royaume entier une « réformation d'État ». Pour avoir quelque chance de vaincre les réformés, il aurait fallu les désunir des malcontents. Diviser pour gagner. Catherine avait oublié ce sage précepte. Elle ne tarda pas à s'en repentir.

Les audaces d'un cadet

Pour la Cour, la Ville et l'étranger, Catherine s'efforçait de montrer la famille royale unie, alors que les historiens romantiques ont reconnu plutôt chez les derniers Valois les lointains héritiers des Atrides, experts en trahisons, incestes et empoisonnements. Si Henri, François et Marguerite n'étaient pas les fils de Clytemnestre, ils nourrissaient volontiers les uns pour les autres jalousie et ressentiments. Les enfants de Catherine n'ignoraient pas les rivalités.

Dans celle qui opposait Henri III à sa sœur Marguerite, épouse d'Henri de Navarre, Catherine prit le parti de son fils bien-aimé. Au temps de leur adolescence, les jeunes gens avaient les mêmes curiosités intellectuelles que ne partageaient ni Charles IX ni François d'Alençon. Dans le tourbillon des intrigues de Cour, Henri et Margot avaient été souvent alliés, la sœur servant d'agent de renseignements privilégié à son frère, tenu éloigné de Paris par la conduite des opérations militaires. Un tendre sentiment les unissait que des romanciers en mal de scandale ont converti en relations incestueuses sur la foi des *Mémoires* de Marguerite, écrits à la fin de sa vie (elle mourut en 1615), peu crédibles et destinés surtout à noircir Henri III. Car leur tendre complicité ne dura guère. Quand Margot s'amouracha du beau duc de Guise, Catherine de Médicis, avec Charles IX et Henri en renfort, brisa brutalement l'idylle. Marguerite n'oublia pas la « traîtrise » d'Henri. Alors que celui-ci était en Pologne, elle se fit la complice de La Mole – qui était son amant – et de Coconat, artisans du complot destiné, on s'en souvient, à faire évader François d'Alençon de la Cour. Marguerite avait changé de camp : elle servait désormais les intérêts de son frère cadet et ne manqua aucune occasion de nuire à son aîné.

Entre Henri et Alençon, la défiance avait toujours régné. François, qui jalousait son frère plus doué, rêvait d'un destin royal. Catherine, qui l'aimait peu, ne lui accordait aucune confiance. Au Louvre, depuis l'échec du complot d'avril 1574, Alençon était, on le sait, dans une sorte de résidence surveillée. Henri III le considérait comme un rival, bientôt comme un ennemi. À défaut de lui imposer une obéissance absolue – en l'absence d'un dauphin, François était l'héritier de la Couronne –, le roi s'en prenait à l'entourage de son frère, laissant ses mignons braver les gentilshommes de Monsieur. Celui-ci jugeait intolérables les provocations contre les siens. Comme il estimait insupportable d'être retenu à la Cour sans fonction, alors que les malcontents du royaume le reconnaissaient pour chef. Aussi cherchait-il une issue : quitter la Cour, se retirer sur ses terres, s'emparer de quelques villes, solliciter l'appui de l'ambassadeur d'Angleterre, s'aboucher avec les protestants... Alençon n'était pas à court d'idées. Il était décidé à retrouver son indépendance et à prendre la tête d'une armée. Monsieur rêvait de rébellion.

Catherine avait pris la mesure du danger. Au Louvre, l'atmosphère devenait pesante. Parfois les pires rumeurs couraient les antichambres, comme celle qui naquit en juin 1575 lorsque le roi ressentit une forte douleur à l'oreille. Le mal – qui avait tué François II – était si soudain qu'on l'attribua au poison. François d'Alençon fut secrètement soupçonné d'avoir soudoyé un valet de chambre de Sa Majesté qui, en lui attachant la fraise au col, lui aurait égratigné la nuque avec une épingle empoisonnée. L'anecdote, rapportée beaucoup plus tard par Henri IV, est certainement fausse, mais elle témoigne du climat de défiance qui régnait au sein de la famille royale.

Pour le bouillant Alençon, Catherine crut trouver une solution. Aux ambassadeurs polonais venus en France pour signifier à Henri III qu'après sa fuite on élirait bientôt un nouveau roi de Pologne, Catherine dit son souhait que le choix se porte sur Monsieur. Henri III au Louvre, François d'Alençon au Wawel de Cracovie, la séparation des deux frères rivaux et un trône pour chacun étaient une garantie de paix à Paris. Mais les Polonais élirent le prince de Transylvanie, et Monsieur resta en France prêt à toutes les aventures.

Un jour, au début de septembre, on crut qu'il avait fui. Le roi commanda de fermer les portes du Louvre et le fit chercher. On le trouva. Catherine entra dans la chambre de son fils endormi, tira les rideaux du lit et l'éveilla sans ménagement :

— Vos desseins sont découverts, lui annonça-t-elle. Le roi les veut prévenir et vous empêcher de mal faire.

Alençon fit alors éclater ses ressentiments :

— Madame, mes desseins ne sont point mauvais. Mais, ne pouvant plus souffrir le mépris et les affronts que l'on me fait tous les jours, j'ai proposé d'aller à Saint-Lager pour y passer mon temps et m'ôter de devant les yeux de ceux qui ne me regardent que pour se moquer de moi ou pour me braver.

Monsieur excellait dans le rôle de victime innocente. À son tour le roi sermonna son frère, menaçant de le faire arrêter. Le ton monta. Ce ne fut que cris, plaintes, remontrances, soupirs et larmes, ingrédients traditionnels des disputes familiales chez les fils de la Florentine. Puis, Catherine aidant, vint la réconciliation d'apparence. La famille royale devait apparaître unie : la reine mère l'exigeait.

La repentance de Monsieur n'était que simulacre. Sa décision était prise : il fuirait la Cour et romprait avec le roi. Mais cette fois, il fallait préparer l'évasion plus soigneusement. Le 15 septembre, prétextant un rendez-vous galant, il quitta le Louvre sur les six heures du soir, surveillé à distance par les gardes du roi. La dame qu'il allait visiter logeait dans une maison à deux issues. Aussitôt entré, Monsieur sortit par la porte de derrière, rejoignit ses compagnons, quitta Paris et gagna Dreux, ville de son apanage.

Lorsqu'on découvrit sa fuite, l'émoi s'empara du Louvre. On lança des cavaliers à sa poursuite. En vain. Vers François d'Alençon convergeaient des centaines de gentilshommes décidés à se mettre à son service. Des troupes lui arrivaient de partout.

Le départ de Monsieur n'était pas le résultat d'une banale brouillerie familiale. Sa signification dépassait l'épisode d'une de ces querelles dont la Cour était prodigue. Il avait valeur politique. Il minait l'autorité du roi et menaçait l'État.

Henri III était abattu. La fuite de son frère équivalait à une prise d'armes. Elle ranimait la guerre et encourageait les rebelles, forts désormais de la caution d'un fils de France. Pour ses partisans, soutenir Alençon paraissait sans risque : en cas de succès, ils partageraient les fruits de la victoire ; si Monsieur échouait, le roi pardonnerait à son frère et chacun bénéficierait du pardon.

Monsieur ne faisait pas acte de rébellion, il œuvrait pour le bien public. C'est du moins ce qu'il prétendit dans une Déclaration solennelle publiée trois jours après sa fuite. Comme Damville et les malcontents, il y condamnait le gouvernement du roi, de la reine mère et de leurs conseillers italiens. Autoproclamé chef du parti des « vrais Français », il s'offrait comme un recours.

La fuite de Monsieur faisait revivre à Catherine des heures sombres. En 1561 déjà, François de Guise et Anne de Montmorency avaient manifesté leur opposition à sa politique de tolérance civile. À son tour, le prince de Condé avait pris les armes, en 1568, ouvrant la troisième guerre de Religion. Mais en ce mois de septembre 1575, c'était son propre fils, le frère de Sa Majesté, qui bravait l'autorité royale. Jamais, Charles IX régnant, son cher Henri ne s'était ainsi rebellé. S'il n'avait pas applaudi à toutes les décisions de son aîné, du moins était-il resté loyal. Là, Alençon, héritier du trône, créait une rupture dangereuse. À la tête d'une armée renforcée par de nombreux ralliements, il pouvait conjuguer ses forces avec celles de Damville et, comme le disait Catherine, mettre le royaume « en hasard ».

À ses proches elle confia son regret d'être encore en vie pour voir « si malheureuse chose ». Avoir enfanté un fils comme Alençon, écrivait-elle, ne lui procurait que douleur. Fallait-il qu'elle soit ébranlée pour envisager de faire enlever le fugitif par des hommes de main! Son abattement ne dura guère. Renouant avec ses habitudes, elle préféra négocier. Sa hantise était l'entrée en France de l'armée des reîtres levée en Allemagne par Condé pour secourir Monsieur. L'invasion devait coûte que coûte être arrêtée. Elle se précipita à Chambord pour rencontrer son fils rebelle. Espérait-elle le ramener au Louvre comme un enfant fugueur? Monsieur avait ses exigences : il demandait la libération des maréchaux de Cossé et de Montmorency et réclamait des villes pour sa sûreté, où le culte protestant serait libre. Catherine céda.

Contrainte à la paix

La fuite de Monsieur avait mis Henri III hors de lui. Ses instructions à sa mère interdisaient toute concession, réduisant ainsi la marge de manœuvre de Catherine. Sous le règne précédent, la régente avait eu les coudées plus franches. Désormais, elle devait prendre les avis du roi, solliciter son accord, attendre ses réponses. Certes, ses talents de négociatrice l'avaient naturellement désignée pour convaincre son fils cadet, mais elle n'avait pas pour autant la bride sur le cou. Chaque soir elle écrivait au roi pour rendre compte de l'avancement de la négociation. Alors que la rigueur dominait dans l'entourage de Sa Majesté, Catherine, elle, inclinait à la paix. Aussi devait-elle traiter autant avec Monsieur pour modérer ses prétentions qu'avec le roi pour lui arracher quelques concessions.

Le tout dans l'urgence : les reîtres se rapprochaient pour se joindre aux troupes des rebelles. Le roi envoya Henri de Guise, gouverneur de Champagne, s'opposer à leur marche. Il y réussit le 10 octobre à Dormans où, blessé à la joue et à l'oreille, il gagna le surnom de Balafré. La victoire autorisait Catherine à négocier en position de force.

À Champigny, elle rencontra Monsieur une seconde fois :

— Souvenez-vous, mon fils, lui déclara-t-elle avec un mélange d'affection et de colère, que vous n'avez autre qualité en ce royaume que celle de sujet du roi ; qu'il est né pour vous commander et vous pour lui obéir.

Mais Monsieur n'avait à la bouche que bien public, misère du peuple, réunion des états généraux, condamnation des conseillers du roi. La reine mère finit par obtenir une suspension d'armes de sept mois (novembre 1575-juin 1576). Le succès n'était pas négligeable tant les frontières continuaient d'être menacées. Car à Dormans, Guise n'avait arrêté qu'une partie des reîtres ; et d'Allemagne, Condé se faisait fort d'amener près de trente mille soudards en renfort aux malcontents.

La trêve devait préluder au traité de paix. Mais au Louvre on jugeait la négociation trop favorable aux rebelles et la négociatrice coupable de faiblesses envers son fils cadet. Catherine se cabra : si le roi était mécontent de ses services, elle menaçait d'abandonner le pouvoir, se retirerait en Auvergne, berceau de sa mère, d'où, lorsque « tous vous auront trahi et désobéi », écrivait-elle à Henri III, elle reviendrait à la Cour pour lui faire châtier « ces petits faiseurs de menées ». Entre le monarque et sa mère quelque chose s'était fissuré.

Brochant sur le tout, Henri de Navarre réussit à son tour à s'échapper du Louvre. Catherine n'aurait-elle pas favorisé sa fuite ? Bien des contemporains le pensèrent, et leurs arguments ne manquent pas de vraisemblance. La reine mère souhaitait contrarier les agissements du prince de Condé, actif recruteur en Allemagne de troupes destinées aux rebelles. En libérant Navarre, son cousin de la branche Bourbon, aîné et chef de famille, elle suscitait à Condé un rival. Monsieur, Navarre et Condé ensemble dans le même camp, c'était à coup sûr voir naître entre eux des jalousies. D'ailleurs, retenir Navarre au Louvre n'avait plus d'utilité. Le laisser filer procurerait sans doute la division chez les huguenots alliés aux malcontents.

Avec Navarre, qui s'empressa d'abjurer la foi romaine à laquelle la Saint-Barthélemy l'avait contraint, les protestants retrouvaient un chef. Sans doute le prince gagna-t-il son petit royaume pyrénéen et non l'armée d'Alençon, mais il fit dire à Monsieur que sa cause était la sienne.

Catherine poussait à la paix. Alors qu'Henri III paraissait découragé, elle se rendit à Étigny, près de Sens, où elle rencontra les rebelles. Elle signa avec eux un traité, confirmé par l'édit de Beaulieu du 6 mai 1576.

Jamais paix ne fut plus paradoxale. Les huguenots n'avaient remporté aucune victoire décisive, mais n'en obtenaient pas moins de substantiels avantages. Quant à la reine mère qui servait avec fidélité les intérêts de son fils préféré, elle avait conclu un traité qui consacrait les audaces de son cadet, celui qu'au moment de sa fuite du Louvre elle nommait « ce pauvre malheureux » !

Les édits qui avaient mis fin aux précédentes guerres avaient accordé, selon des modalités diverses, la liberté de culte aux huguenots, voire quelques places de sûreté. Tous ces traités avaient contribué avec plus ou moins de bonheur à la tolérance civile. Celle-ci désormais triomphait avec l'édit de Beaulieu qui rétablissait presque partout le culte réformé et assurait la sécurité aux protestants grâce à l'octroi de huit places fortes. Comme si, pensaient les catholiques zélés, la Saint-Barthélemy, dont les victimes étaient réhabilitées, avait été inutile.

Henri III ressentait une terrible humiliation. Autant que les avantages consentis aux huguenots, le succès des malcontents le faisait enrager. Il avait dû céder à leurs exigences : octroyer à leurs chefs des faveurs personnelles et convoquer les états généraux. Pour la première fois, la réunion des représentants du clergé, de la noblesse et du tiers état, acte éminent de la puissance souveraine, était imposée au roi par un traité. Quant aux rebelles, ils étaient largement récompensés, Monsieur le premier. Son apanage fut agrandi de l'Anjou, de la Touraine et du Berry. François d'Alençon porterait désormais le titre de duc d'Anjou (naguère celui d'Henri), et jouirait d'une assise financière considérable dont témoignait la multiplication par huit de ses revenus. Avec près de mille commensaux, les effectifs de sa Maison atteignaient des proportions vraiment royales. Les contemporains ne s'y trompèrent pas : Monsieur devenait une manière de « second roi, qui avait sa cour et ses favoris, à part ». La paix était sa victoire. D'ailleurs, on la nomma paix de Monsieur. Et c'est sa mère, pourtant peu indulgente envers le « petit moricaud », qui l'avait négociée ! Plusieurs mois durant Henri III bouda Catherine.

Aurait-elle pu agir autrement ? Elle avait dû taire ses préférences pour clore la guerre au plus vite, car les reîtres avaient rejoint les troupes de Monsieur et marchaient sur Paris, tandis que le roi n'avait aucune armée capable de les arrêter. Le souverain manquait d'argent. Il avait fallu emprunter et demander au duc de Lorraine d'être caution des emprunts. Pour offrir une garantie à ce dernier, la reine mère avait fait transporter à Nancy une partie des joyaux de la Couronne. Les difficultés financières obligeaient à la paix. Traité signé, il n'y avait plus un liard au Trésor pour payer le reliquat de la solde promise aux reîtres pour qu'ils quittent le royaume. « Ce sont des gens qui n'oublient rien, disait Catherine, pour petite que soit la somme. » Aussi les soudards, méfiants, avaient-ils pris des mesures radicales : ils n'acceptèrent de regagner la Rhénanie qu'en emmenant le ministre des Finances de Sa Majesté en otage !

Catherine n'avait trahi ni son fils préféré, ni les intérêts du royaume. Si elle avait signé le traité qui consacrait le succès de Monsieur, c'était sous la contrainte des événements. Sans doute son hostilité à Damville avait-elle précipité l'alliance des malcontents avec les huguenots. Mais elle avait négocié dos au mur. Encore lui incombait-il de travailler à la réconciliation des deux frères. À force de caresses et de brusqueries elle y parvint.

Elle réussit à prendre Monsieur dans les filets de la belle Charlotte de Sauves, qui lui était toute dévouée. La plus experte des dames galantes de la Cour savait se faire aimer à la fois d'Henri de Navarre, du duc de Guise et de François d'Anjou. Pour retrouver la belle, et triompher de ses rivaux, Monsieur était prêt à rejoindre la Cour. Sa réconciliation avait toutefois d'autres raisons. Il ne s'entendait guère avec les protestants, ses alliés de circonstance, et son entourage craignait d'être absorbé par l'armée huguenote. Le roi accueillit son frère en son château d'Ollainville le 7 novembre 1576.

Les deux hommes s'embrassèrent en se promettant l'oubli du passé. De cette réconciliation de surface, Catherine n'était pas dupe. Mais il fallait donner le change.

Deux années après l'avènement d'Henri III, elle comprenait mieux le rôle que le roi lui laissait jouer. À son retour de Pologne, Henri avait voulu s'émanciper de sa tutelle. Puis, guerre ouverte, il s'en était remis à elle, « à vos sages et prudents avis, lui avait-il écrit, pour faire conclure ce que vous pourrez pour le mieux ». Aujourd'hui, paix signée, il rejetait sur elle la responsabilité du succès de son frère. Catherine découvrait un autre Henri : le prince flamboyant d'avant 1574 s'était mué en monarque hésitant, désorienté, saisi par le doute. Face à la tempête, gouverner ne semblait plus être son souci exclusif. Catherine n'était jamais aussi indispensable que par gros temps.

Une paix définitive ?

Elle était trop experte en matière politique pour s'étonner des retournements de situation. Pourtant, celui qu'elle avait vécu en ce printemps 1576 la touchait plus que d'autres. Le roi, son fils préféré, se disait humilié par la paix qu'elle avait négociée, tandis que François, son cadet, faisait pour beaucoup figure de sauveur. Henri III semblait usé avant d'avoir régné, alors que Monsieur incarnait l'espérance.

Deux mois durant – une éternité ! – le souverain évita de rencontrer sa mère. Sa froideur disait assez son amour-propre blessé, et l'entourage de Catherine faisait les frais de son mécontentement. Sébastien de l'Aubespine, conseiller de la reine mère, paya ainsi de sa disgrâce sa participation à la rédaction de l'édit du 6 mai 1576.

Catherine, qui croyait en la pacification, découvrit que l'opinion catholique ne songeait qu'à saper la paix. À Paris comme en province, nobles et bourgeois réprouvaient l'édit de Beaulieu. Non seulement en des discours enflammés ou par condamnations verbales, mais activement. En Picardie comme en Bretagne, en Poitou comme en Guyenne, naissaient des associations de défense du catholicisme, nommées *ligues*, dont l'objectif était de résister à l'édit, l'application de celui-ci fournissant des occasions concrètes de lutte. Chaque ligue se donnait une organisation militaire, s'armait, publiait des manifestes, correspondait avec ses homologues. La paix était en sursis.

Paradoxalement, ces actions défensives contentaient le roi. Henri découvrait avec satisfaction qu'il n'était plus seul : sa réprobation de la paix de Beaulieu, qu'il avait signée, dit-on, les larmes aux yeux, était partagée. Le destin, hostile en mai, semblait lui sourire à l'automne. Il lui offrait même une chance. Aussi, de toutes les ligues, il se proclama le chef et les fondit en une seule, officielle. Récupération royale de mouvements nés en dehors de lui? Sans doute. Mais on peut y voir aussi la volonté de prendre de vitesse le duc de Guise qui aurait pu prétendre au titre de patron des ligues. Henri III, humilié et découragé, sortait de sa léthargie. Il apparaissait comme le chef des catholiques, bien décidé à rétablir l'unité religieuse du royaume.

L'engagement du roi convenait-il à sa mère? On peut sérieusement en douter. Depuis toujours, Catherine avait recommandé à ses fils de fuir l'esprit de parti, et à Henri de refuser le rôle de champion exclusif des catholiques. Henri III était le roi, le roi de tous les Français, non celui d'une faction. Dans la monarchie française, le souverain est un arbitre, non un partisan. Catherine devinait qu'Henri risquait gros à s'engager totalement au service d'une cause qui, pour être partagée par la majorité de ses sujets, ne faisait pas l'unanimité et risquait de le déborder. L'avenir confirma l'intuition politique de la reine mère.

Porté par l'opinion des catholiques fervents, le roi souhaitait la reprise de la guerre, seule propre à effacer le calamiteux édit de Beaulieu. En revanche, Catherine restait fidèle à la paix. Entre la mère et le fils, il n'y eut point débat. Catherine était trop prudente, et soucieuse d'afficher l'unité de vue de la famille royale, pour s'opposer de front au souverain. Son tempérament d'ailleurs y répugnait. Elle se contenta de glisser quelques allusions au danger de la guerre lorsque l'enthousiasme belliqueux du roi débordait. De toute façon, l'état des finances interdisait toute entreprise militaire prolongée. Le Trésor royal était vide. Le manque d'argent, qui avait contraint à la paix, contrariait le recours aux combats. Sauf si les états généraux, dont la convocation avait été imposée à Sa Majesté, autorisaient la levée de nouveaux impôts.

Les États s'ouvrirent à Blois le 6 décembre 1576. Des trois cent quatre vingt-trois députés, Henri attendait de recevoir les moyens de reprendre la lutte contre les protestants. Sans le montrer, Catherine espérait le contraire. Les représentants de la nation n'étaient-ils pas toujours divisés quand il s'agissait de consentir des sacrifices financiers? Elle était davantage préoccupée par les projets politiques défendus par les députés les plus radicaux. Les uns réclamaient le partage de l'autorité suprême entre le souverain, son Conseil et les états généraux, ceux-ci investis d'un pouvoir législatif supérieur à celui du roi. D'autres exigeaient la tenue régulière des États qui auraient le privilège de consentir l'impôt et donc la liberté de décider de la guerre et de la paix. Les députés semblaient saisis d'un gigantesque défoulement. Jamais pareilles exigences n'avaient été présentées à un souverain capétien. Les projets des États démonarchisaient la France et ruineraient l'œuvre de Louis XI et de François Ier.

À Blois, Catherine fut une spectatrice attentive et inquiète. Heureuse, certes, d'entendre son fils prononcer avec une éloquence sans pareille le discours d'usage. Déçue, lorsqu'il annula l'édit de Beaulieu, défaisant ce qu'elle avait tissé sept mois plus tôt. Tourmentée par l'attente de la décision des États d'accorder ou non les subsides nécessaires à la reprise des combats.

Noblesse et tiers état se prononcèrent pour le refus, le clergé n'accorda qu'une aumône. Catherine respirait : faute de ressources, la monarchie ne pourrait reprendre et perpétuer la guerre. La perspective de l'unité religieuse du royaume façonnée par les armes semblait s'éloigner. La paix était-elle sauvée pour autant ? Non, car, inquiets de l'orientation catholique du roi et des États à Blois, les malcontents et les huguenots avaient repris les combats.

Décidément, gouverner les Français n'était pas de tout repos. Le roi avait-il choisi le camp des catholiques fervents ? Les députés lui rognaient les ailes. Décidait-il de mettre en œuvre une politique d'unité religieuse ? On lui en refusait les moyens. Et, brochant sur le tout, il héritait d'une guerre !

Une fois encore, Catherine vivait cette expérience où le souverain devait combattre sans un sou vaillant, contraint pour payer ses armées de recourir aux habituels expédients, confronté à des rebelles difficiles à vaincre militairement, ne trouvant d'issue que dans la division de ses adversaires.

Sur ce terrain, Catherine redevenait indispensable. Diviser l'ennemi, briser les coalitions était son génie. N'avait-elle pas réussi à convaincre Monsieur de se rallier au roi ? Elle songeait maintenant à décourager

Henri de Navarre d'aider ses coreligionnaires révoltés. Et, ne s'arrêtant à aucune difficulté, elle tenterait de ramener à l'obéissance le maréchal de Damville lui-même.

À Navarre, elle proposa une rencontre sur ses terres pyrénéennes. Elle lui amènerait sa femme, Marguerite, restée à la Cour après la fuite du Béarnais. Il la réclamait. Les époux pourraient ainsi se réconcilier. Catherine ajoutait une promesse séduisante : elle faisait miroiter le mariage de Monsieur avec la sœur de Navarre, Catherine de Bourbon. La reine mère était marieuse.

Son succès serait complet si elle réussissait à rallier Damville. L'enjeu était à la hauteur de la difficulté. « C'est celui-là, écrivait-elle, que je crains le plus, d'autant qu'il a plus d'entendement, d'expérience et de suite. » Catherine se défiait toujours du maréchal, mais elle surmonta son antipathie pour renouer le contact, désignant le duc de Savoie comme intermédiaire. En même temps, elle incita la femme de Damville, Antoinette de la Marck, ardente catholique, à détacher son mari de ses alliés huguenots. Enfin, elle n'oublia pas les promesses : Damville gagnerait le marquisat de Saluces s'il ramenait le Languedoc à l'obéissance.

Catherine s'activait à desserrer la coalition nouée contre le roi. Lorsque Damville rompit avec les réformés du Midi et retrouva le chemin du loyalisme, elle mérita bien de la reconnaissance de son fils. La guerre dura peu. Monsieur reçut le commandement de l'armée royale et – dûment épaulé par de talentueux capitaines – s'empara de La Charité et d'Issoire, aux mains des protestants, tandis que le duc de Mayenne prenait Brouage, à quelques lieues de La Rochelle.

Le ciel souriait à nouveau à Henri III. Il avait quitté Blois pour Chenonceaux, propriété de Catherine. Parce qu'il y avait appris la reddition des villes huguenotes et le ralliement de Damville, il baptisa la demeure le « château des bonnes nouvelles ». La Cour renoua aussitôt avec les divertissements. À Plessis-lez-Tours, le roi offrit à son frère et à ses compagnons de combat un superbe festin où les invités étaient tous vêtus de soie verte, servis par des dames travesties en hommes. Catherine ne voulut pas être en reste. Elle donna à Chenonceaux un banquet aussi somptueux que singulier. Un parfum de scandale s'y ajouta. On prétendit que les jeunes filles de la Cour, même les plus honnêtes, firent le service « à moitié nues et ayant leurs cheveux épars comme des épousées ». On murmura aussi que la fête dévora cent mille francs qu'on leva sur les serviteurs du roi les plus riches et sur les courtisans italiens. Catherine savait faire payer ses divertissements à ses invités. Elle n'oubliait pas le rôle politique des fêtes. Le banquet polisson de Chenonceaux cherchait à satisfaire Monsieur dont la paillardise était notoire. Cette saturnale devait aider à s'attacher le frère ennemi du roi.

La paix était proche. Poitiers fut la revanche de Beaulieu. L'édit signé dans la capitale du Poitou le 17 septembre 1577 sanctionna la paix, vite qualifiée de « paix du roi » comme Beaulieu avait été la « paix de Monsieur ». La liberté de culte pour les réformés s'en trouva limitée. Si les plus ardents des protestants se récrièrent, les modérés des deux confessions y trouvèrent leur compte. Le Parlement de Paris enregistra sans barguigner ce qui semblait un compromis acceptable pour tous.

Le royaume était apparemment pacifié. Si Catherine, hostile à la guerre, avait été entendue, il aurait pu l'être dès le printemps 1576. Mais, dévouée à son fils dont elle n'avait pourtant pas partagé les vues, elle n'avait pas ménagé sa peine pour aider au succès. Elle avait en outre travaillé à la réconciliation entre Henri et

Monsieur, même si elle savait leur entente fragile. Le roi se défiait toujours de son frère. De retour au Louvre, il fit d'ailleurs renforcer sa garde personnelle pour parer à tout attentat contre lui et les siens. Mais ses soupçons éveillèrent en retour la colère de Monsieur, toujours prompt aux éclats. Entre un fils aîné devenu ombrageux et jaloux de son indépendance et un cadet encombrant et imprévisible, Catherine avait encore beaucoup à faire.

CHAPITRE XII

L'infatigable semeuse de paix

> *Ce qui conserve le bien de l'État, c'est votre autorité.*
>
> Catherine de Médicis

Le dimanche gras 9 février 1578, on célébrait au Louvre le mariage de François d'Espinay, seigneur de Saint-Luc, avec Jeanne de Cossé-Brissac. Le palais était en fête, et le roi tout à la joie d'honorer l'un de ses mignons qui avait été son compagnon d'armes au siège de La Rochelle et avait fait avec lui le voyage de Pologne. Festin, tournoi, bal devaient donner à la cérémonie le caractère fastueux et raffiné qui faisait la réputation de la Cour du dernier Valois. Autour du monarque se pressaient des jeunes gens élégants, nommés Caylus, Saint-Mégrin ou Maugiron, composant ce qu'Henri appelait lui-même sa « troupe » ou sa « chère bande ». L'heure était au divertissement.

Pourtant, beaucoup savaient que ces noces scellaient une rupture. Elles rompaient en effet la promesse de mariage que la fiancée avait faite au comte de La Roche-Guyon. Le roi l'avait voulu ainsi, comme il avait choisi lui-même Saint-Luc pour époux de la jeune fille. Cette union avait d'autres raisons que sentimentales. Henri III avait voulu offrir à son mignon une alliance prestigieuse avec la fille du maréchal de Cossé-Brissac et décidé d'attirer à lui ce puissant lignage des Cossé qui, jusque-là, appartenait à l'entourage de Monsieur. Le mariage de Saint-Luc illustrait une fois encore la rivalité jamais éteinte entre le roi et son frère.

Aux côtés d'Henri, Catherine assistait à la cérémonie et aux réjouissances qui suivaient. Cependant, son visage aimable cachait mal une inquiétude qui, au long de la journée, ne cessa de grandir. Monsieur ne s'était pas montré dans la grande salle du Louvre : il n'avait pas rejoint la famille royale, personne ne l'avait aperçu. Son absence fut bientôt remarquée de tous. Quand la reine mère apprit que son fils cadet avait décidé de bouder l'invitation du roi et se promenait ostensiblement au bois de Vincennes en compagnie de sa sœur Marguerite, elle comprit que Monsieur manifestait ainsi sa fâcherie avec Sa Majesté.

L'absence de François d'Anjou avait rendu Henri III furieux. La fête risquait d'être gâchée. Déjà le tournoi prévu était annulé. Catherine fit aussitôt prévenir son fils cadet et lui ordonna de paraître au bal le soir. Il dut y consentir. Mais devant la Cour assemblée, les mignons du roi moquèrent, non les favoris de Monsieur avec lesquels ils échangeaient d'ordinaire les provocations, mais Monsieur lui-même, raillant sa petite taille et son costume, brocardant la laideur de son visage, contrefaisant son maintien. Le frère de Sa Majesté était ouvertement ridiculisé. Les courtisans comprirent que les compagnons d'Henri III agissaient sur ordre de leur maître. Les quolibets devaient pousser Monsieur à la faute. Par favoris interposés, Henri défiait son frère. Catherine craignait la rupture.

La seconde évasion de Monsieur

Elle ne se fit pas attendre. François d'Anjou prit sa décision sur-le-champ : il quitterait la Cour au plus tôt. Le soir même de son humiliation, il confia à sa mère qu'il partirait chasser le lendemain à Saint-Germain. Ses préparatifs trop voyants donnèrent l'alarme : le roi et Catherine devinèrent que cette partie de chasse dissimulait une évasion, probablement pour Angers, en l'apanage de Monsieur. La fuite de 1575, qui avait encouragé la rébellion des malcontents, risquait de se répéter. Alors, le 10 février, en pleine nuit, la reine mère, avertie que le roi se précipitait chez son frère déjà couché, y accourut à son tour, « toute déshabillée (...), s'accommodant comme elle put avec son manteau de nuit », craignant le pire. Entre les deux frères l'entretien fut houleux, fait de menaces et de reproches sans fin. Dans l'espoir de saisir la preuve de la trahison de Monsieur, Henri fouilla la chambre, retourna oreillers et couvertures, vida les tiroirs. Mais il ne mit la main que sur un billet galant écrit par la belle Mme de Sauves. Dépité et furieux, il quitta la pièce, laissant ivre de colère un François d'Anjou que Catherine et Marguerite, appelée en hâte, s'efforcèrent d'apaiser.

Le lendemain, le roi écrivit une lettre aux gouverneurs de province où il se faisait gloire d'avoir convaincu son frère de rester. Tant il est vrai que ces querelles familiales n'étaient pas de simples brouilleries de Cour. Elles exprimaient les rivalités entre clans et traduisaient de fortes tensions politiques. Elles n'ont rien d'anecdotique. Marié depuis trois ans, le roi n'avait toujours pas de fils : Monsieur était donc héritier du trône. C'est dire combien Henri redoutait les troubles qu'aurait engendrés sa fuite.

Une nouvelle fois, une théâtrale, émouvante et fausse scène de réconciliation acheva provisoirement la querelle. Catherine l'avait exigée de ses enfants. Comme les précédentes, elle ne dura pas. L'évasion ratée du 10 réussit le 14 février suivant. Son déroulement fut rocambolesque. Réconcilié avec le roi, Monsieur n'en restait pas moins en liberté surveillée. Il crut, ou affecta de croire, sa vie menacée. Avec la complicité de Marguerite, il s'évada du Louvre par la fenêtre de la chambre de sa sœur. Comme dans les meilleurs romans, une corde lui permit de descendre dans le fossé. Tremblante, Marguerite surveillait l'opération et remonta la corde qu'elle brûla dans sa cheminée. Escorté par une poignée de familiers, le fugitif passa la Seine, sortit de la ville et chevaucha jusqu'à Angers. Il y arriva le 19 février.

Seule Catherine pouvait tenter de ramener son cadet à la Cour. Elle fit aussitôt atteler son coche et courut après le fugitif. Le 23, elle le rejoignit. Mais Monsieur refusa de la recevoir. Déjà circulaient dans le royaume des textes anonymes plaidant la cause de François d'Anjou, blâmant l'attitude des favoris du roi à l'égard de l'héritier de la Couronne. Monsieur, y lisait-on, était trop maltraité par les mignons qui lui refusaient la place que son rang lui destinait auprès du trône. Aussi son honneur lui interdisait-il de rester à la Cour. Aujourd'hui les libelles justifiaient sa fuite, demain ils légitimeraient sa révolte.

En mai, Catherine fit une nouvelle tentative : elle vit son cadet à Bourgueil. Celui-ci protesta de sa fidélité et assura à sa mère inquiète qu'il avait repoussé les offres de service présentées par les ligues catholiques. « S'étant étendu sur cela et m'en a parlé, écrivait-elle au roi, ce me semble fort franchement. » Était-elle dupe de la sincérité de son fils ? Peut-être pouvait-elle croire que la retraite de Monsieur en son apanage ne signifiait pas la reprise de la guerre civile. Mais dans ce cerveau qui n'était que « tempête », germait un autre dessein qui ne la rassurait pas.

Depuis quelques années, Monsieur rêvait de se tailler un royaume en Flandre, dans ces Pays-Bas espagnols en révolte depuis douze ans contre Philippe II. Il assura à sa mère que le soutien des grands seigneurs locaux lui était acquis. Catherine savait déjà que Margot encourageait les ambitions de son frère. Sous prétexte de prendre les eaux à Spa, la jeune femme avait travaillé l'année précédente à lui recruter des partisans.

Catherine était partagée. S'opposer au projet de son fils, c'était le livrer à ses vieux démons qui l'incitaient à prendre la tête des malcontents du royaume et à se dresser contre le roi. L'aider – en levant des troupes ou en lui procurant des subsides –, reviendrait à se brouiller avec l'Angleterre qui ne voulait pas des Français aux Pays-Bas, et à provoquer la guerre avec l'Espagne. Ne pouvait-on pas plutôt le marier ? Par exemple, avec la princesse de Mantoue, dont le Montferrat apporté en dot pourrait devenir le noyau d'un futur État promis à s'étendre, ou avec la fille de Philippe II qui offrirait la Franche-Comté ou le duché de Milan. Pour l'apaiser, Catherine promettait à Monsieur des châteaux en Espagne !

Une troisième fois, la reine mère rencontra son fils, en Alençon. Marguerite l'accompagnait. Catherine fit tous ses efforts pour dissuader Monsieur d'armer et d'entrer aux Pays-Bas. En vain. Le tempétueux « petit moricaud » ne voulut rien entendre. Il fallut que Catherine et Henri III désavouent officiellement la campagne militaire à venir, protestent de la volonté de la France de vivre en paix avec ses voisins, excusent l'ardeur de Monsieur en proie à de simples « folies de jeunesse ».

Mais, tandis que le roi commandait de disperser les troupes de son frère, la reine mère donnait discrètement l'ordre de les laisser gagner la frontière du Nord ! Catherine tenait un double langage. Ce n'était pas la première fois, dès lors que les impératifs de politique intérieure se heurtaient aux intérêts diplomatiques. Dangereux double langage qui, s'il était percé, vaudrait à la France la riposte militaire du roi d'Espagne. Mais Catherine jugeait que le maintien de la paix civile dans le royaume valait d'en prendre le risque.

Le voyage de pacification (1578-1579)

La reine mère s'était fixé une tâche, celle d'éteindre les incendies : entre le roi et son frère, entre Henri et Marguerite et, ajoutera-t-on, entre Monsieur et lui-même, tant les passions contradictoires agitaient le cerveau de son dernier fils. Au-delà de l'entente entre ses enfants, le maintien de la paix dans le royaume et le rétablissement de l'harmonie étaient sa raison de vivre. Ramener le maréchal de Damville à l'obéissance, dissuader Monsieur de s'opposer à l'autorité du roi, constituaient à ses yeux une ardente obligation. Elle avait tiré la leçon de son erreur de 1574 : désormais, elle était bien décidée à ne pas laisser se reconstituer l'union des malcontents avec les huguenots. Elle avait obtenu la réconciliation de Damville avec le roi, elle espérait aujourd'hui occuper Monsieur à autre chose qu'à des complots.

Restait à pacifier les provinces du Midi où l'édit de Poitiers (qui venait de mettre fin à la sixième guerre civile) était si peu appliqué. La Guyenne, le Languedoc, mais aussi la Provence et le Dauphiné l'ignoraient superbement. On ne pouvait laisser cette plaie ouverte gangrener la paix retrouvée. Tous les informateurs disaient à Catherine les désordres qui régnaient en ces provinces où les catholiques étaient tyrannisés et où les huguenots violaient leurs engagements. Damville lui-même, naguère encore allié des protestants et ennemi numéro un de la reine mère, l'avertissait du danger :

« Madame, il m'a semblé nécessaire de vous donner avis de tout ce qui s'est passé, étant ceux de la religion réformée toujours en opinion de ne vouloir désarmer, ni autrement exécuter l'édit, qu'ils ne soient les plus forts aux lieux qu'ils tiennent. »

Les nouvelles alarmistes s'entassaient sur la table de Catherine. Toutes mettaient le roi et sa mère en garde contre le péril renaissant. On y lisait que les gouverneurs locaux et les commandants des places se souciaient des ordres royaux comme d'une guigne, que les villes se comportaient en petites républiques indépendantes. Au moindre prétexte, les armes se remettaient à parler ; les recettes publiques étaient pillées, les catholiques rançonnés. L'anarchie, la sécession menaçaient.

Si l'autorité du Louvre, trop éloignée de ces provinces agitées, n'était pas respectée, le roi devait aller imposer sur place sa volonté. À ce déplacement, le Grand Tour (1564-1566) que Catherine avait fait accepter au jeune Charles IX constituait un heureux précédent. Un monarque présent commande et négocie, fait alterner caresses et sanctions, apaise les esprits échauffés et brise les résistances, bref restaure l'ordre. Mais Henri III ne partit pas. Ce fut Catherine qui fit le voyage. Le départ du roi et de tout l'appareil de l'État pour le Sud-Ouest risquait trop d'embraser les régions tenues par les huguenots et laisserait croire à une agression du Nord contre le Midi. La reine mère ferait mieux l'affaire. Le prétexte d'une descente en Guyenne était d'ailleurs tout trouvé : Catherine devait conduire sa fille Marguerite à Henri de Navarre qui, on le sait, réclamait sa femme. La reine mère en profiterait pour écouter les doléances des réformés et tenterait de réconcilier les partis.

Elle ne partit pas seule. Outre Marguerite, l'accompagnaient une dizaine des plus habiles conseillers du roi, un secrétaire d'État, d'anciens ambassadeurs, ainsi que quatre princes et princesses Bourbons, parents d'Henri de Navarre, mais restés catholiques. La duchesse d'Uzès, vieille amie et complice de Catherine, était du voyage, tout comme cet escadron de dames et demoiselles d'honneur qui étaient l'ornement de sa maison. De plus, trois cents personnes, dont Brantôme, suivaient Marguerite. Le tout faisait une Cour en réduction, riche de compétence et de charme.

La reine mère n'avait pas hésité : à près de soixante ans, elle affronterait les difficultés d'un voyage qu'elle prévoyait long. Malgré des à-coups de santé maintenant plus fréquents, elle était encore robuste et ne se préoccupait de ses petits malheurs physiques que pour émouvoir ses adversaires. L'inconfort d'un périple qui la retiendrait loin de Paris lui pesait peu. Elle allait devoir changer souvent de lit, élire pour étape, ici une abbaye ou un couvent, là une méchante auberge, chercher des lieux discrets pour donner ses audiences et négocier. Elle devrait parfois se contenter de manger sobrement, voire médiocrement, soumise à une intendance aléatoire. Affronter d'éventuelles épidémies et la nervosité des troupes huguenotes allait être son lot. Mais rien ne décourageait Catherine.

Tout au long de son voyage, elle rendit compte quotidiennement au roi de l'avancement des discussions, rédigeant chaque soir, malgré d'épuisantes journées, lettres sur lettres, qui mêlaient informations officielles et récits des menus incidents de la route. La reine mère était intarissable sur ses rencontres, jaugeant et jugeant avec finesse ses interlocuteurs, enchantée de rapporter quelques anecdotes piquantes, toujours prête à répéter les plaisanteries qui l'avaient fait rire.

Elle fit ses adieux à Henri III le 2 août 1578, passa Chenonceaux et Cognac et arriva le 18 septembre à Bordeaux où elle fut magnifiquement reçue. Dix jours durant, elle y attendit son gendre. Mais Navarre ne parut pas, boudant la ville qui l'avait naguère si mal traité, refusant de rencontrer le maréchal de Biron, gouverneur de la province, ardent catholique, rude soldat, puissant et irascible gentilhomme. Les deux hommes se détestaient. Catherine accepta de donner rendez-vous à Navarre dans un petit manoir près de La Réole. La rencontre eut lieu le 2 octobre.

Chacun parut avec toute sa suite. Cent cinquante gentilshommes de Guyenne, « fort en ordre et bien montés », escortaient Navarre. Catherine n'avait pas revu son gendre, et Margot son mari, depuis sa fuite du Louvre, vingt mois auparavant. Le Béarnais salua la reine mère « fort honnêtement, de très bonne grâce et, ce me semble, écrivit-elle, de très grande affection et avec fort grand aise ». Il monta dans le carrosse de sa belle-mère (qu'elle appelle simplement un chariot) pour gagner La Réole, « faisant toujours la plus grande démonstration de contentement ». Il s'empressa de conduire sa femme en sa chambre, « où ils couchèrent ensemble », puis retrouva Catherine. L'un et l'autre recherchèrent les moyens de pacifier la province. Les conseillers des deux camps rédigèrent avec soin l'instruction destinée aux commissaires royaux et protestants chargés de faire exécuter l'édit. La reine mère comme le roi de Navarre faisaient démonstration de bonne volonté. Cela durerait-il ?

Sur un point de la négociation qui touchait Biron, Navarre se cabra. Il ne supportait pas la morgue du maréchal que l'orgueil aveuglait jusqu'à lui manquer de respect. Catherine était convaincue qu'une rencontre d'homme à homme aplanirait le différend. Elle arrangea aussitôt un rendez-vous qui, s'il ne réconcilia pas des adversaires prompts à la colère et la menace toujours aux lèvres, ne les précipita pas dans la guerre ouverte. La reine mère s'en contenta : « Je vous assure, écrivit-elle au roi, que je fus en peine comment je rhabillerais tout (...). J'espère qu'en continuant, comme nous ferons, ils se remettront du tout au bon ménage que je désire pour le bien de votre service. »

Catherine n'avait qu'un mot à la bouche : réconciliation. Son entente avec son gendre augurait bien de la suite, même si Navarre cherchait souvent un prétexte pour s'esbigner et retarder la signature d'un accord. Un jour, c'était « un furoncle à la fesse pour lequel il gardait le lit », un autre une bouderie inexpliquée. On frôla la rupture lorsque, un soir de fête en Auch où catholiques et huguenots « dansaient et ballaient » ensemble, le Béarnais apprit qu'une troupe catholique s'était emparée par surprise de La Réole, une des places de sûreté accordées aux protestants par le dernier édit. Navarre apostropha la reine mère :

— Madame, nous espérions que votre venue assoupirait les troubles, et, au contraire, vous les allumez.

— Que dites-vous, mon fils ? interrogea Catherine. Qui vous fait parler ainsi ?

— Madame, répondit Navarre, le château de La Réole est pris.

Le chef protestant n'était pas homme à ruminer un échec. Aussitôt, il sauta sur son cheval et, avec quelques compagnons, alla prendre – par un de ces coups de main hardis dont il avait le secret – la petite ville royale de Fleurance, avant de revenir à Auch terminer la soirée.

Henri de Navarre respectait sa belle-mère, représentante du roi, mais nourrissait envers elle quelque défiance. Parce qu'ils partageaient la même ténacité, ces deux êtres matois et volontaires s'estimaient, sans cesser d'être sur leurs gardes.

Une talentueuse négociatrice

Catherine poursuivit son voyage, rassurée par l'accueil que lui ménageaient les villes. Agen lui offrit une entrée fastueuse; Toulouse, où le maréchal de Damville la rejoignit, ne fut pas en reste, tout comme Auch. À chaque étape, la guerre menaçait de reprendre, mais la petite cour de Catherine vivait dans les fêtes perpétuelles, occupée à « rire, danser et courir la bague ». Qu'on ne s'y trompe pas : ces divertissements n'étaient qu'apparence. Autant que les négociations, ils avaient un rôle politique en s'efforçant de disposer les adversaires à l'entente. La reine mère ne songeait en effet qu'à réunir catholiques et protestants dans une conférence de réconciliation. Mais à chaque instant, le moindre grain de sable menaçait de ruiner ses efforts. Alors, une fête réussie et quelques flatteries opportunes devraient prévenir toute tentation de rupture. « Quand je pense avoir fait d'un côté, confiait-elle au roi, je trouve que je suis tracassée par des difficultés imaginaires et sans raison, et que toutefois je ne puis vaincre qu'avec beaucoup de patience. »

La patience, la reine mère n'en manquait pas. On avait dépassé Noël et, d'atermoiements en retards, elle n'avait pas encore réussi à convaincre les représentants huguenots de s'asseoir à la table des négociations. À Nérac, où elle s'était installée depuis le 15 décembre, elle attendit encore six semaines leur bonne volonté. Enfin, le 4 février 1579, la conférence s'ouvrit. Les délégués des deux religions se rencontrèrent, non pour s'occuper de dogme, mais pour tenter de vivre ensemble pacifiquement. Encore fallait-il négocier les garanties réciproques de leur sécurité. Ce terrain convenait à Catherine, plus à l'aise que dans les subtilités théologiques.

Elle discuta de son mieux les interminables doléances des députés protestants, marchanda, finassa, sans se lasser. Tandis que les exigences des huguenots décourageaient jusqu'à ses conseillers, elle veillait à ne pas rompre le fil ténu des négociations. Jamais elle ne se rebuta, savait faire la chattemite ou, au contraire, parler haut, comme ce jour où elle menaça ses interlocuteurs de les faire « tous pendre comme rebelles ».

Cédait-elle à l'impatience ? S'apprêtait-elle à rompre ? Son agacement était en réalité habilement calculé. Catherine excellait dans les colères feintes comme dans les mises en scène soigneusement réglées. À peine avait-elle intimidé les réformés, que sa fille la suppliait publiquement de poursuivre son œuvre de paix. Marguerite était en service commandé, Catherine lui ayant demandé de jouer le rôle de pacificatrice afin de persuader les députés huguenots qu'ils l'avaient échappé belle.

Catherine alternait autorité et bienveillance, tenant souvent un authentique langage d'union. « Mère du roi, elle se voulait aussi montrer mère du peuple, écrit un contemporain, [ayant] dévotion de contenter tous ses sujets. » Parfois, elle précipitait le rythme de la négociation, conviant un soir quelques délégués à venir traiter avec elle dès le lendemain matin « non point par écrit, ni par articles, mais de parole, comme de gré à gré, pour avancer plus tôt les affaires ». À d'autres moments, elle faisait traîner les séances, retenant longtemps les négociateurs « sans manger », et profitait de leur fatigue pour leur faire approuver quelques articles à l'arraché, tard dans la soirée. La reine mère pratiquait les négociations-marathon, avec un art consommé de la dramatisation digne des conférences diplomatiques d'aujourd'hui.

De toutes les questions, l'octroi des villes de sûreté était la plus discutée. Le 28 février 1579, on parvint à un accord. Le traité confirma l'édit de Poitiers et accorda pour six mois aux protestants quatorze places de sûreté supplémentaires en Guyenne et en Languedoc. Catherine avait préservé la paix. Encore fallait-il la faire appliquer. Dans un souci d'équité, elle désigna autant de protestants que de catholiques pour convaincre les municipalités de respecter l'accord. Lui reprochait-on ses trop grandes concessions aux huguenots ? Elle répondit dans un discours prononcé à Agen sur le chemin du retour : un compromis valait mieux que la reprise de la guerre. La tâche accomplie, insistait-elle, répondait d'ailleurs au vœu du roi.

« Il est prince catholique, disait-elle d'Henri III, autant qu'il est possible de l'être. Il veut conserver l'autorité que Dieu lui a mise en main. Il vous aime plus que soi-même. Si l'honneur de Dieu, le bien de cet État et votre conservation requéraient qu'il prît la voie des armes, il n'y reculerait pas. Mais il a connu par expérience, et chacun l'a aussi pu voir, que les armes n'ont apporté que mal (…).

« Ayant mis fin à cette conférence, je m'en retourne devers lui. Je vous laisse le plus précieux gage que j'aie qui est ma fille, laquelle est catholique, et je m'assure qu'elle ne sera jamais autre, m'ayant Dieu fait la grâce que tous mes enfants l'ont été et le sont. Elle sera toujours protectrice des catholiques, prendra vos affaires en main, et aura soin de votre conservation. Adressez-vous à elle, et assurez-vous qu'elle y apportera tout ce que vous pourriez désirer. »

Catherine avait parlé avec autorité et bonté, attachée à cicatriser les plaies, soucieuse de laisser la Guyenne « en repos ». Au long de son périple, la reine mère s'était appuyée sur sa fille, qu'elle avait réconciliée avec son mari et promue garante des intérêts catholiques. Il était loin, le temps où l'amour de Margot pour le duc de Guise avait valu à la jeune fille une raclée mémorable !

Le chemin du retour ne fut pas de tout repos. À Castelnaudary, la reine mère dut assister à l'assemblée des états provinciaux du Languedoc pour obtenir le vote de subsides. Vers Uzès, elle rencontra la peste. « Tout est pestiféré tellement, écrit-elle, que les oiseaux, en passant, y meurent. Ce qui me fait prendre le chemin d'Agde, entre les étangs et la mer, où il faudra que nous couchions deux nuits dans des tentes.» À Montpellier, tenu par les réformés, elle ne franchit la porte de la ville qu'en empruntant un étroit passage entre deux haies d'arquebuses dont le bout touchait presque son chariot. Son courage fit l'admiration. « J'ai vu tous les huguenots de Languedoc (...), et j'en suis venue à bout aussi bien qu'en Guyenne», écrivit-elle, satisfaite.

Catherine, il est vrai, avait réussi à conserver au royaume ces deux provinces ombrageuses. Elle s'apprêtait à faire de même en Provence et en Dauphiné avant de rentrer à Paris. Elle pensait à son retour, s'imaginait en repos. « Ma commère, écrivait-elle à la duchesse d'Uzès, c'est à ce coup que vous me verrez dans un mois et saine et sauve, encore que j'aie à passer ou la mer, ou la peste, ou les Cévennes, que je crains bien autant que les deux premières. Je prie Dieu (...) nous conserver jusqu'à l'âge de sept vingt ans [cent quarante ans] que nous puissions souper ensemble aux Tuileries sans chapeaux ni bonnets.» La semeuse de paix rêvait à ses pantoufles !

Les égards d'une mère pour son roi

14 novembre 1579 : Catherine est à Paris. Le Parlement est allé à sa rencontre pour la complimenter. Les Parisiens lui font un accueil triomphal. Les efforts de la reine mère étaient récompensés : le périple dans le Midi avait été une réussite. Certes son œuvre de réconciliation restait fragile. En Dauphiné, agité par de violents troubles sociaux, elle n'avait pas réussi à arracher au maréchal de Bellegarde le marquisat de Saluces dont il s'était emparé, ni à le forcer à s'entendre avec

Lesdiguières, chef des huguenots de la province, mais elle avait apaisé leur différend. En ces temps agités où la moindre étincelle réveillait le feu de la discorde, interrompre, même provisoirement, les querelles était déjà un succès.

L'enthousiasme des Parisiens faisait oublier à Catherine les désagréments d'un voyage qui l'avait tenue dix-huit mois éloignée de la capitale. Elle avait eu son lot de fatigues et de crises de rhumatismes. Son catharre ne l'avait pas lâchée. Mais elle avait œuvré pour le roi. La santé d'Henri III la préoccupait plus que la sienne. Lorsque, au mois de septembre précédent, elle résistait aux exigences du tiers état du Dauphiné, elle avait reçu de bien fâcheuses nouvelles d'Henri. Depuis dix jours, le roi souffrait d'une otite si violente qu'on croyait ses jours en danger. Prostré, il répétait que ce mal avait tué son frère François II. Au Louvre, tout était suspendu à l'évolution de la maladie, tandis qu'à Grenoble Catherine redoutait le pire. On ne lui avait pas caché la gravité de l'état de son fils. Loin des siens, la *mamma* paraissait anéantie. « Croyez, confia-t-elle à la duchesse d'Uzès, que c'est une extrême peine d'être loin de ce que l'on aime comme je l'aime, et le savoir malade : c'est à mourir à petit feu. »

L'abcès creva. Henri guérit. Catherine revint à la vie.

L'intense activité politique de la reine mère dans le Midi suppléait-elle la paresse du souverain enfermé au Louvre ? Longtemps les historiens l'ont cru. Comme ils l'imaginaient dominant un fils plus préoccupé de futilités que de son métier de roi. La réalité est autre. Tandis que Catherine tâchait de rétablir l'ordre en Guyenne, Henri régnait et gouvernait. Sa mère à peine sortie de Paris, le monarque promulguait en août 1578 un nouveau règlement de la Cour qui, pour la première fois, fixait l'emploi du temps royal. Henri travaillait ainsi à discipliner son entourage. En décembre de la même année, il créait l'ordre du Saint-Esprit destiné à forger une relation privilégiée avec des gentilshommes dont la fidélité exclusive à sa personne devait être le premier devoir. Le roi légiférait, animé par un authentique souci de réforme dont témoigne l'interminable ordonnance publiée à Blois en mai 1579. Enfin, en imposant aux gouverneurs – ses représentants en province – la collaboration d'un magistrat pour les assister dans leurs tâches judiciaires, le monarque contribuait à la genèse de l'institution des intendants que les rois Bourbons perfectionneront.

Une fois encore, les Valois pratiquaient le partage des tâches. À Catherine le soin, sur place, de garder l'unité du royaume; au monarque, resté à Paris, les affaires générales de l'État. Henri III ne fut pas un roi fainéant, abandonnant son pouvoir entre les mains de sa mère. Dès l'avènement de son fils, Catherine l'avait compris : Henri était le roi, jaloux de son autorité. Elle n'était qu'une sorte de principal ministre. Qu'Henri en décide, et la reine mère irait soigner son catharre aux Tuileries ou à Chenonceaux! Le pouvoir qu'il lui confiait était une grâce. Si la maladie l'y contraignait ou les difficultés du moment l'imposaient, le souverain sollicitait les services de sa mère, mais la part d'autorité qu'il lui abandonnait ne l'était que par *délégation*.

Dans ses lettres à son fils, Catherine usait d'infinis ménagements. Non seulement – et c'était le moins – elle l'informait de tout, ses rencontres, ses déplacements, ses conversations, les confidences qu'elle recevait, les initiatives qu'elle envisageait, mais elle le consultait sans cesse, sollicitant ses avis, l'assurant qu'elle n'agissait que sur son ordre. Être trop longtemps éloignée du Louvre lui était source d'inquiétudes. Le roi ne risquait-il pas d'accorder sa confiance à d'autres? Elle redoutait que des ambitieux ne profitent de son absence pour la desservir.

Les jeunes gens de la « petite bande » d'Henri III pouvaient devenir ses rivaux. Si leur apparence efféminée choquait le bourgeois, les mignons étaient en réalité de redoutables hommes de guerre, braves et ardents au combat, toujours prêts à tirer l'épée. Tous étaient au service exclusif de Sa Majesté. Distingués par Henri III parmi la gentilhommerie de province, et non parmi les grands lignages, ils lui devaient tout : charges, places, fortune. En retour leur fidélité était sans faille. S'ils servaient le roi avec fougue, quelques-uns cherchaient à se distinguer, à capter son amitié. Parmi les mignons, n'y avait-il pas place pour d'archimignons ?

Rompue à toutes les manœuvres de Cour, Catherine surveillait spécialement ceux qui partageaient déjà l'intimité d'Henri, connaissaient ses pensées, recevaient ses confidences : François d'O, Anne de Joyeuse ou Jean-Louis d'Épernon, astres montants, alors qu'elle s'occupait, loin de Paris, à dresser la liste des places de sûreté destinées aux huguenots !

Aussi laissa-t-elle partir pour la Cour sa « chère commère », la duchesse d'Uzès, chargée de l'informer des nouvelles du Louvre et d'être son ambassadrice auprès du monarque qui semblait avoir peu de secrets pour elle. « Mandez-moi, incontinent que vous aurez vu le roi et la reine, de leurs nouvelles, ordonnait-elle à sa vieille amie. Je vous porte grande envie que vous ayez plus tôt que moi ce bien. » Au côté d'Henri III, la duchesse serait le double de Catherine. « Je suis bien aise, lui écrivait-elle encore, que vous gouvernez le roi, la reine, son frère et le Conseil. Et, ajoutait-elle avec humour, tenez-moi en leurs bonnes grâces. »

Pour conserver son ascendant sur le souverain, le mieux n'était-il pas de réussir sa mission dans le Midi ? Encore ne fallait-il pas contrarier un fils à la susceptibilité d'écorché. Aussi ménagea-t-elle les mignons qu'Henri lui envoyait et ne manqua-t-elle aucune occasion de les louer. Cependant son souci de ne pas perdre la confiance du roi ne la paralysait pas. Quand elle nomma gouverneur de Provence, contre le sentiment du souverain, Henri d'Angoulême, fils naturel d'Henri II, elle justifia son choix dans une longue lettre où elle vanta la fidélité de son protégé : « Partout où vous le mettrez, il vous servira fidèlement et bien. » Et elle termina respectueusement : « Je vous supplie de m'excuser si j'en ai trop dit et m'aimer toujours. »

Catherine ne résistait pas à l'envie de prodiguer nombre de conseils à Sa Majesté. Sans répugner parfois à user de fortes paroles qui frôlaient le blâme. Le rappel à l'ordre qu'elle lui écrivit un jour est emblématique : « Quant à moi, je suis sûre que si vous commandez bien ferme et que vous fassiez observer la paix, vous vous verrez à la fin de cette année "hors de page", comme disait le roi votre grand-père en citant le roi Louis XI. Je vous en supplie : faites vos affaires et, après, contentez les autres. » L'algarade était vive, mais l'expérience politique la dictait. D'ailleurs, en fin de missive, la mère adoucissait le ton employé par la reine : « Pardonnez-moi, je vous dis la vérité et vous parle d'affection comme je vous la dois. »

Une série de déconvenues

Catherine savait qu'il n'était pas nécessaire d'espérer pour entreprendre. Elle s'informait, échafaudait des plans, pesait les risques, estimait les chances, mais l'action était sa raison de vivre. Agir, rencontrer ses adversaires, négocier, convaincre valaient toutes les méditations. Catherine n'était pas femme de cabinet. La philosophie politique ne lui était pas étrangère, le néo-platonisme inspirait son ambition de rétablir l'harmonie entre les Français, mais, acquise à cette urgente nécessité et en charge des affaires, elle aimait à agir prestement, sans s'illusionner jamais sur la pérennité de ses succès, l'expérience lui ayant montré qu'une victoire était rarement acquise pour toujours. Aussi était-elle constamment en mouvement.

Dans le Midi, elle avait assoupi les différends, sans les régler définitivement. Dans un royaume écartelé entre les rivalités confessionnelles, les ambitions personnelles, les particularismes provinciaux, sa tâche était, non de tout résoudre grâce à une solution globale, mais de recoudre ici, de panser là, dans l'espoir que ce ravaudage politique ne se déferait pas dès son retour au Louvre.

Bien des signes lui montrèrent, s'il en était besoin, que l'heure du repos n'était pas venue. Par respect et gratitude, Henri III était allé au-devant d'elle à Orléans pour l'accueillir, au retour de sa mission, le 9 novembre 1579. Mais François d'Anjou prétexta un « dévoiement d'estomac » pour ne pas venir saluer sa mère, refusant en réalité de se rencontrer avec le roi. À Catherine de rabibocher, une fois encore, les deux frères. Aussitôt elle se remit en route pour rejoindre Monsieur à Verneuil, près d'Évreux, où elle l'entendit discourir sans fin sur ses ambitions aux Pays-Bas.

Les provinces du nord de la France étaient source d'autres inquiétudes. Écrasée d'impôts, la Normandie était prête à se soulever. Elle avertit le roi : « Vous êtes à la veille d'avoir une révolte générale ; et qui vous dira le contraire ne vous dit la vérité. » En Picardie, Condé, l'irascible prince protestant, à qui les catholiques refusaient qu'il vienne prendre possession de son gouvernement, s'apprêtait à s'y établir par la force. Le 29 novembre 1579, il s'empara de La Fère. Cette conquête rouvrait officiellement les hostilités.

Catherine allait de déceptions en déconvenues. Elle n'avait pas réussi à ramener Monsieur à la Cour, n'avait pas obtenu le vote d'un impôt supplémentaire par les états provinciaux de Normandie, avait échoué à convaincre Condé de rendre La Fère. Tout annonçait une nouvelle guerre. La reine mère avait-elle perdu la main ?

En Guyenne, non seulement les huguenots refusaient de restituer les places de sûreté concernées par l'accord de Nérac, mais ils multipliaient les coups de main. Catherine craignait, par-dessus tout, une nouvelle alliance entre eux et les malcontents ; elle redoutait l'invasion du royaume par les mercenaires allemands appelés au secours par les protestants ; elle appréhendait l'embrasement général. Lorsqu'il prit les armes le 15 avril 1580, reniant ainsi sa signature de Nérac, Henri de Navarre confirma ses craintes. « Je ne puis croire, lui écrivit-elle, qu'il soit possible que vous vouliez la ruine de ce royaume (…) et la vôtre, si la guerre se recommence. » Si le Béarnais s'entêtait, elle lui prédisait bien des malheurs : « Vous vous trouveriez seul, accompagné de brigands et gens qui par leurs méfaits ont mérité la corde. » Mais elle échoua à lui faire entendre raison.

Moins que d'autres cette guerre avait sa raison d'être. L'opinion la nomma curieusement « guerre des Amoureux », ne relevant que les causes anecdotiques de son déclenchement. La prise d'armes d'Henri de Navarre s'expliquait, disait-on, par les railleries du roi de France envers lui. Henri III et ses mignons auraient pris un plaisir douteux à moquer publiquement les infidélités conjugales de Margot et la complaisance de son infortuné mari. Blessé, Navarre aurait trouvé dans ces ragots motif à guerroyer. Il est vrai que la peu farouche Marguerite collectionnait les amants, mais Navarre n'était guère plus fidèle.

Catherine n'avait pu empêcher la reprise des hostilités. Une fois encore, les combats ne furent pas décisifs. Aussi la paix fut bien vite signée dans un château du

Périgord, à Fleix, en novembre 1580. Elle ne changea rien aux conventions acceptées un an et demi plus tôt à Nérac. La guerre des Amoureux n'avait été qu'une parenthèse, mais son déclenchement avait démontré que l'habileté reconnue à la reine mère avait ses limites.

Le royaume avant ses enfants

Catherine n'eut pas plus de succès avec Monsieur qui s'obstinait à ne pas reparaître à la Cour et renouait avec ses chimères : conquérir un royaume ou épouser une reine. François d'Anjou rongeait son frein. Le roi ne lui accordait ni confiance ni responsabilité, alors que les mignons d'Henri III accaparaient la faveur royale. Monsieur enrageait de ne pouvoir jouer un rôle. Catherine, qui redoutait ses initiatives intempestives, allait souvent le rencontrer sur ses terres, à Bourgueil (avril 1580), en Alençon (mai 1581), à Mantes (juillet 1581), pour tenter de modérer ses ardeurs et infléchir ses plans. Au début de la guerre des amoureux, elle obtint que le roi le nomme lieutenant général du royaume, mais Henri III se garda de lui confier aucun commandement. Guerre achevée, elle réussit à convaincre le monarque d'abandonner à son cadet, dûment encadré par Bellièvre et Villeroy, la direction des négociations de paix. Lorsque celle-ci fut signée à Fleix, Monsieur, convaincu de ses talents de pacificateur, réclama sa récompense : l'autorisation de s'emparer des Pays-Bas.

En ce pays, divisé lui aussi entre catholiques et protestants et en révolte contre son maître le roi d'Espagne, la première tentative de François d'Anjou en 1578 avait échoué. Aujourd'hui, la fortune semblait tourner. Les événements se montraient favorables. Tandis que les provinces du Sud, majoritairement catholiques, restaient fidèles à Madrid, celles du Nord, nommées Provinces-Unies, à dominante calviniste, faisaient sécession. À la recherche d'un régime politique, elles se décidèrent pour une monarchie où le pouvoir du prince serait limité par les états généraux. Elles firent appel au frère du roi de France. La couronne tant convoitée était à portée de main.

Catherine craignait que le projet de Monsieur ajoute, aux combats dans le Midi, la guerre avec l'Espagne et l'invasion des armées de Philippe II. Elle prévoyait des troubles dans le royaume si François recrutait des soldats destinés à gagner la frontière du Nord. Mesurant tous ces dangers, elle s'efforça de dissuader son fils. Ne pouvait-il pas, pour devenir roi, se contenter d'un mariage ? Une union pour un royaume ! Soucieuse de modérer l'ardeur conquérante de François d'Anjou, elle passa mentalement en revue les épouses possibles, indifféremment protestantes ou catholiques. Ses préférences allaient une fois encore à Élisabeth d'Angleterre qu'elle avait jadis envisagé de marier à Henri III. Il fallait convaincre Monsieur. Et persuader la reine anglaise. Catherine affirma que, malgré son âge et ses infirmités, elle était prête à traverser la Manche pour la rencontrer.

Londres ou les Flandres ? Monsieur n'écartait aucune solution. En septembre 1580, il reçut à Plessis-lez-Tours les émissaires hollandais porteurs du contrat de règne. Il lut ses clauses qui exigeaient du futur roi le respect des libertés et franchises du pays, et restreignaient à l'avance son autorité. Mais, impatient de régner, il accepta de signer, bien décidé à renier ses engagements le moment venu pour gouverner en roi absolu. L'acceptation de Monsieur effaroucha sa mère qui préférait le mariage anglais à la guerre aux Pays-Bas. Pour gagner du temps, elle lui demanda – on était à l'automne 1580 – de rester dans le midi de la France jusqu'à la pacification complète avec les huguenots de Navarre.

Dans de longues lettres, elle mettait en garde son fils contre les dangers qu'il faisait courir au royaume : Monsieur aux Pays-Bas, c'était la guerre avec le Roi Catholique, « le plus puissant prince de la chrétienté », avant même que les huguenots ne retrouvent le chemin du loyalisme. Une guerre étrangère réveillait toujours les factieux de l'intérieur. En outre, l'expédition militaire pour délivrer Cambrai assiégée par les troupes espagnoles d'Alexandre Farnèse n'était pas assurée du succès. « Vous n'avez pas, écrivait-elle, quasi de quoi faire monter à cheval ceux desquels vous entendez vous servir et (vous) voulez aller combattre une armée hors du royaume, forte et gaillarde ! » Pour espérer réussir, il fallait d'importants moyens, une armée plus nombreuse et aguerrie, une logistique sans faille tant les pilleries des soldats sur le chemin des Flandres insupportaient aux provinces du nord du royaume. Catherine plaidait pour l'ajournement du projet. Avec énergie, elle rappelait le prince à ses devoirs de fils de France et d'héritier de la Couronne. « Combien que vous ayez cet honneur que d'être frère du Roi, vous êtes néanmoins son sujet, vous lui devez toute obéissance, vous devez aussi préférer le bien public de ce royaume, qui est le propre héritage de vos prédécesseurs, duquel vous êtes héritier présomptif, à toute autre considération. »

Quand les intérêts vitaux du royaume étaient en jeu, la *mamma* attachée à ses enfants s'effaçait devant la reine mère, davantage préoccupée de la sauvegarde de l'État que des ambitions brouillonnes des siens.

Caprice ou diversion au Portugal ?

En temps de paix civile, un monarque, capable d'imposer sa volonté et délivré du souci de sa succession, aurait interdit à Monsieur toute initiative belliqueuse à l'étranger. À Henri III ces conditions favorables manquaient cruellement. On ne pouvait traiter l'héritier du trône comme un simple gentilhomme encombrant, d'autant que la mauvaise santé du roi pouvait laisser craindre un précoce changement de règne. De son côté, Catherine redoutait que Monsieur rassemble à nouveau sous sa bannière malcontents et huguenots. Elle voulait éviter de revivre le cauchemar de 1575. Aussi devait-elle ménager son fils cadet. Le projet de François d'Anjou était aventureux pour lui et dangereux pour le royaume mais, convaincue de son exécution prochaine, elle laissa faire, s'efforçant seulement d'en atténuer l'écho.

L'imminence de l'offensive de Monsieur sur Cambrai provoqua la colère d'Henri III. Décidément, Anjou restait sourd aux conseils de prudence. Le roi s'apprêtait à disperser les troupes que son frère se préparait à conduire à la frontière, lorsque Catherine, épouvantée par un combat fratricide, réussit à convaincre Henri de s'incliner devant le fait accompli et de feindre l'ignorance.

Les premiers succès militaires de François d'Anjou à Cambrai et au Cateau-Cambrésis adoucirent le roi. L'entreprise n'était peut-être pas aussi folle. Catherine n'en poursuivait pas moins ses négociations matrimoniales avec Élisabeth Ire. Durant l'hiver 1581-1582, à la saison où les combats se raréfient, Anjou fit le voyage de Londres. Élisabeth l'accueillit avec ferveur, déclara qu'il était l'homme qu'elle admirait le plus, assura qu'elle serait heureuse d'être sa femme. Elle l'appelait le « prince Grenouille ». Il la nommait sa « déesse ». Dans l'attente du mariage, Monsieur rentra en France, plus brûlant encore du désir de régner.

Le printemps revenu, il reprit les armes à la demande des états généraux des Pays-Bas qu'effrayaient les succès de l'armée espagnole. Henri III répugnait toujours à aider son frère, malgré les prières de Catherine soucieuse de ne pas « laisser perdre Monsieur ». Alors elle se décida à aider François comme une particulière. Malgré le roi, elle aliéna une partie de ses biens personnels pour recruter des troupes afin de donner toutes ses chances à son fils.

Un regard superficiel sur cette affaire embrouillée pourrait laisser croire au double jeu de la reine mère, officiellement hostile à l'expédition aux Pays-Bas, tout en la finançant en sous-main. Mais la conquête d'un trône en Flandre pouvait servir les intérêts du royaume. En tentant d'apaiser la colère du roi, Catherine s'efforçait d'éviter une rupture définitive entre ses deux fils. En aidant discrètement ce qu'elle ne pouvait empêcher, elle pensait écarter le risque d'une reprise des troubles dans le royaume. Sans doute risquait-on une guerre avec l'Espagne. La politique, on le sait, est l'art du possible. Catherine a pesé les avantages et les risques, familiaux, politiques, diplomatiques. Sa marge de manœuvre était réduite. L'apparente politique de Gribouille qu'elle conduisit, et qui laisse parfois croire à sa duplicité, n'était en fait que la soumission aux réalités les plus contraignantes. L'entreprise de Monsieur aux Pays-Bas n'est pas le domaine où Catherine s'est révélée homme d'État, mais la reine mère n'était pas le maître du royaume.

En revanche, elle ne prit pas les mêmes précautions lorsqu'elle courut elle-même une autre aventure, celle de la succession du Portugal, qui exposa le royaume à la guerre étrangère. En 1578, à la mort sans descendance du roi Sébastien, dernier souverain de Lisbonne, cinq à six prétendants avaient fait valoir leurs droits. Catherine s'était mise sur les rangs, arguant de prétentions personnelles bien faibles mais qu'elle défendit avec son ardeur coutumière. La reine mère n'abandonnait jamais aucun héritage, si modeste ou si difficile à justifier soit-il. Ainsi se souvint-elle un jour qu'elle était la fille du duc d'Urbino, et avait porté le titre de *duchessina*, pour faire valoir ses droits sur ce duché d'Italie lorsque quelques-uns de ses habitants, hostiles au souverain régnant, souhaitèrent changer de prince. Pour prétendre au trône de Lisbonne, elle n'hésita pas à déclarer bâtarde la famille royale portugaise, arguant d'un mariage célébré trois siècles auparavant entre un infant de Portugal et une Mathilde, comtesse de Boulogne, qu'elle comptait parmi ses ancêtres maternels.

Les véritables raisons de sa candidature à la succession restent mystérieuses. Espérait-elle vraiment ajouter le royaume lusitanien à la France ? Convoitait-elle le Brésil, possession portugaise ? Était-ce une revanche sur ses origines familiales que beaucoup à la Cour avaient jugées trop modestes ? À moins que ce ne fût un moyen de pression sur le roi d'Espagne qui, de son côté, faisait valoir ses titres à l'héritage : Catherine aurait pu abandonner ses prétentions si Philippe II avait accepté de marier une de ses filles avec Monsieur et tailler dans ses possessions un royaume pour le jeune couple. Catherine, on le sait, était marieuse et avait toujours deux fers au feu. La succession portugaise avait d'autres mérites : elle détournerait l'attention du Roi Catholique des affaires des Pays-Bas – salutaire diversion –, et offrirait à la noblesse de France, toujours encline à entretenir les troubles dans le royaume, un exutoire à ses ardeurs guerrières.

La candidature de Catherine semble aujourd'hui une chimère. En 1580, c'était une manière de pari, certes chargé de risques, mais qui, à défaut de la couronne portugaise, avait ses avantages diplomatiques. Un moyen, non pas une fin.

En outre, Catherine n'engageait qu'elle-même. Ses ambitions étaient personnelles : elles n'étaient pas celles d'Henri III. Elle n'agissait pas au nom de la France, mais en son nom propre, comme une particulière qui défend un héritage familial. En conséquence, elle assura le financement de son entreprise.

Philippe II avait pour lui d'authentiques titres généalogiques que le déploiement sur la frontière d'une armée commandée par le duc d'Albe rendait plus convaincants encore. Il envahit le Portugal et s'en proclama roi en septembre 1580, avant d'être officiellement reconnu par les Cortès en avril suivant.

Tout à son projet, Catherine ne s'avoua pas vaincue. Elle tenta un débarquement sur les côtes portugaises que la tempête fit échouer, puis soutint la résistance au roi d'Espagne dans l'archipel des Açores, sur la route américaine des galions espagnols. Peut-être est-ce la raison de l'aide qu'elle décida d'apporter à Monsieur aux Pays-Bas : en Flandre comme dans l'Atlantique, la reine mère obligeait l'Espagne à combattre sur deux fronts.

Une longue année fut nécessaire pour armer la flotte chargée de débarquer aux Açores, avant que Philippe II ne s'y établisse. Philippe Strozzi, cousin de Catherine, la commandait, secondé par le comte de Brissac. Aucun n'avait jamais navigué. Les soixante-trois navires et les six mille soldats de l'escadre française rencontrèrent à la fin de juillet 1582 la flotte espagnole dirigée par le célèbre amiral Alvarez de Bazan, marquis de Santa Cruz, un des vainqueurs de Lépante. Inférieurs en nombre, indécis et maladroits, les Français subirent un effroyable désastre. Strozzi fut tué. Le rêve portugais de Catherine sombra au large de l'île de San Miguel.

Passé le premier mouvement de stupeur, la reine mère laissa éclater son indignation. La cruauté des Espagnols, qui avaient fait décapiter et pendre les prisonniers comme de vulgaires bandits, l'horrifiait. Elle réclamait vengeance, d'autant qu'elle apprit que le cher Strozzi, son parent florentin, blessé d'une arquebusade, avait été sauvagement achevé lorsqu'on l'amena devant l'amiral espagnol. Elle, qui d'ordinaire savait masquer ses sentiments, disait sa haine de l'Espagne. L'expédition qu'elle avait ordonnée avait été ridiculisée, l'honneur du royaume bafoué. Henri III partageait l'indignation de sa mère.

Catherine n'était pas femme à se laisser abattre. Non seulement elle recommença à armer une nouvelle flotte – ce qui était déraisonnable –, mais elle accrut en hommes et en argent son aide à l'armée de Monsieur. Car celui-ci ne pouvait guère compter sur les contributions des villes flamandes, peu disposées à se soumettre au pouvoir absolu du prince qu'elles avaient choisi. Catherine conseilla-t-elle à son fils de s'emparer d'Anvers, la plus grande place de commerce de l'Europe du Nord, afin d'imposer son autorité à ses bourgeois ombrageux ? On ne peut écarter la responsabilité de la reine mère. Le coup de force fut un échec. Monsieur fut chassé de la ville le 17 janvier 1583.

En six mois, de l'archipel des Açores à la ville de l'Escaut, la France accumulait les défaites. N'y avait-il donc plus personne au Louvre capable de prouesses guerrières, menant les troupes à la victoire ?

Monsieur quitta les Pays-Bas, licencia ses troupes faméliques et regagna le royaume. À dire vrai, il ne dépassa pas Château-Thierry, prêt à la moindre occasion à rejoindre la frontière. François d'Anjou espérait toujours, contre toute espérance, car personne aux Pays-Bas ne lui laissait entrevoir un rappel. Mais le prince avait l'opiniâtreté des perdants. Henri III s'en inquiéta. Il ordonna à son frère d'abandonner définitivement ses « entreprises, causes de la ruine de la France ». La condamnation valait pour Catherine.

Querelles de famille

Les épreuves les plus douloureuses ne parvenaient pas à entamer l'énergie de la reine mère. Alors que, face aux difficultés, le roi s'enfermait parfois dans la mélancolie ou fuyait les réalités dans le mysticisme, Catherine ne cultivait ni accablement ni désespoir. Les deux échecs dont elle était comptable ne la détournèrent pas d'autres tâches qui, pour être de sa compétence de mère, n'étaient pas moins difficiles.

Catherine avait un souci constant : rétablir ou maintenir l'entente entre ses enfants. Le couple Henri de Navarre-Marguerite, qu'elle avait rabiboché, n'était guère solide, Marguerite était en guerre ouverte contre Henri III et Monsieur refusait toute réconciliation avec le roi. Catherine elle-même sentait que son ascendant sur le monarque faiblissait alors que l'influence des archimignons, Joyeuse et d'Épernon, grandissait. Le roi les comblait de faveurs. Au début, consciente des capacités réelles des bénéficiaires, elle avait encouragé leur ascension. Elle louait volontiers le zèle de Joyeuse et s'était montrée satisfaite des services d'Épernon. Mais elle n'avait pas prévu l'exceptionnelle promotion qu'Henri leur destinait. La dignité de duc et pair accordée à l'un et à l'autre en 1581, la fonction d'amiral de France pour Joyeuse et de colonel général de l'Infanterie pour d'Épernon, leur admission dans l'ordre du Saint-Esprit en 1583 ne récompensaient pas de longues carrières au service du roi : Joyeuse ne dépassait pas vingt-trois ans, Épernon en avait trente.

Les gratifications colossales et répétées offertes par le roi paraissaient disproportionnées, tandis que l'octroi de gouvernements, à Metz pour Épernon, en Normandie pour Joyeuse, donnait aux favoris une puissance qui finissait par inquiéter la reine mère. Plus que les décorations, les titres prestigieux et les bienfaits, elle redoutait surtout leur intimité avec le roi. Les archimignons bénéficiaient du privilège le plus envié : l'accès direct, constant et bientôt exclusif à sa personne. En outre le roi les avait admis au Conseil dont ils étaient devenus l'âme. D'Épernon recevait les requêtes adressées à Sa Majesté et faisait les réponses. Toutes les demandes présentées au roi passaient par ses mains. L'accès au prince était soumis à son accord. Que restait-il à Catherine, mère du roi et jusque-là principal ministre ? Elle devait désormais recourir aux services d'un Épernon pour traiter avec son fils. Le danger était grand. Ne risquait-elle pas d'être écartée du gouvernement ?

L'échec de Catherine au Portugal et l'aide – au reste inutile – qu'elle avait apportée à Monsieur risquaient de précipiter sa mise à l'écart. Il lui fallait reconquérir son fils, reprendre l'initiative en matière de politique intérieure, jouer son rôle de mère préoccupée de réconcilier ses enfants.

Avec Henri de Navarre, elle réussit peu. Pour s'assurer de la volonté pacifique du Béarnais, elle l'avait appelé à la Cour. Mais il retarda sa venue et quand il se mit en route, il ne dépassa pas le Poitou tant il était amouraché de Françoise de Montmorency, dite la belle « Fosseuse », qu'il ne se décidait pas à quitter. Partie à sa rencontre, Catherine chassa la jeune femme qui déshonorait sa fille Marguerite, et fit la morale à son gendre qui avait insulté Margot et menacé de venger sa passion contrariée. « Vous n'êtes pas le premier mari jeune et non pas bien sage en telles choses, lui écrivit-elle, mais je vous trouve bien le premier et le seul qui fasse, après un tel fait advenu, tenir tel langage à sa femme. » Le souvenir de ses malheurs conjugaux autorisait Catherine à blâmer sévèrement Navarre. Malgré ses incartades avec lady Fleming et Diane de Poitiers, Henri II, lui, respectait son épouse, ne lui faisant jamais

« ni pire visage et moins mauvais langage ». La reine mère appelait son gendre à plus de discrétion : « Ce n'est pas la façon de traiter les femmes de bien et de telle maison que de les injurier à l'appétit d'une putain publique. »

Catherine défendait la réputation de la maison de Valois et de sa fille alors que la conduite de la belle Margot ne méritait guère cet excès d'honneur. À vingt-neuf ans, éloignée de son mari, la reine de Navarre vivait dans les plaisirs, affichait ses amants, narguait Joyeuse et d'Épernon, provoquait le roi, scandalisé par la réputation sulfureuse de sa sœur. Sujet à des accès de colère contre elle, Henri III lui ordonna de rejoindre son mari en Béarn, puis se ravisa et fit fouiller ses bagages et arrêter ses suivantes. Ne trouvant aucune preuve des déportements de Marguerite – ni amant ni enfant de l'amour – il laissa partir sa sœur volage vers son mari infidèle.

Navarre protesta énergiquement contre l'insolence faite à sa femme (*sic*), exigea réparation et menaça le roi de France d'une guerre ! Catherine changea de rôle : elle s'efforça de le calmer. Que de lettres dut-elle écrire pendant l'hiver 1583 pour apaiser les (fausses) susceptibilités, préparer un arrangement, excuser l'emportement du roi et suggérer à sa fille une vie plus réglée ! Le psychodrame s'acheva en avril 1584 avec la réconciliation des deux époux.

La mésentente entre le roi et son frère exigeait aussi sa médiation. En matière de conquête des Pays-Bas, Monsieur ne renonçait pas à ses illusions et se montrait rancunier envers Henri III qui avait d'autant plus fermement condamné ses initiatives qu'elles avaient échoué. En novembre 1583, lorsque le roi réunit à Saint-Germain-en-Laye une assemblée de notables chargée de promouvoir un ambitieux programme de réformes, il invita Monsieur. Catherine, qui participa activement à la conférence, fut chargée de l'amener. Elle se rendit auprès de son fils mais essuya un refus. La réconciliation attendrait.

Indifférente à la fièvre chronique qui altérait sa santé, Catherine se fit un devoir de jouer à nouveau les intermédiaires entre ses fils. Elle se rendit à Château-Thierry pour convaincre Monsieur de faire la paix avec le roi. Elle y réussit. Le 9 février 1584, François d'Anjou arriva à Paris, se jeta aux pieds de son frère, demanda pardon et jura fidélité. Les deux hommes s'embrassèrent. Catherine versa une larme. « Je ne vous dirai point l'aise que j'ai eue de voir venir mon fils se remettre entre les bras du roi, écrivit-elle. Je n'eus jamais une plus grande joie depuis la mort du roi mon seigneur. »

Elle était décidément sur tous les fronts, d'autant plus indispensable qu'Henri III, disait-on, « faisait le moine » et laissait gouverner sa mère. Depuis 1582, le souverain vivait une crise morale et religieuse. Dieu restait sourd à son vœu le plus cher : avoir un fils, donner un héritier à la Couronne. Henri était assidu au devoir conjugal, la reine Louise courait les pèlerinages et prenait des eaux réputées favoriser la fécondité, mais aucune grossesse ne venait récompenser leurs efforts. Henri brassait des idées noires. Il se montrait instable, changeait sans cesse de résidence puis songeait à vivre retiré en quelque couvent. Le roi se laissait gagner par la dépression. N'était-ce pas le châtiment de ses péchés ? Henri considéra qu'implorer la bonté divine ne suffisait plus. Le temps était venu de faire pénitence. Il se tourna vers des exercices de piété, fit retraite. Sa mère, qui ne partageait pas sa ferveur brûlante et trouvait son zèle excessif, héritait ainsi des affaires de l'État.

Autant que la crise mystique du roi, la santé détériorée de Monsieur la préoccupait. Depuis de longues années, François d'Anjou souffrait de fortes fièvres et d'une toux persistante. Son corps si mal bâti paraissait consumé de l'intérieur. Longtemps, sa mère n'en fut pas inquiète. Désormais, elle devait se rendre à l'évidence : la dégradation s'accélérait. Toutefois, dès que la fièvre lâchait provisoirement son emprise, elle se reprenait à espérer. Mais à la fin de mars 1584, un mois seulement après la réconciliation avec le roi, l'entourage de Monsieur devina que sa fin était proche. Catherine se rendait fréquemment à son chevet. À Château-Thierry, la reine mère était garde-malade. En avril, on se demandait à l'étranger si Monsieur était mort ou vivant. Une nouvelle crise l'emporta. « Tout sec et étique », crachant ses poumons, « baigné de sueurs sanglantes qui, jadis, avaient épouvanté les commensaux de Charles IX », François mourut de tuberculose le 10 juin 1584. Il n'avait pas trente ans. Catherine, alors en son château de Saint-Maur, l'apprit aussitôt.

Malgré ses préventions envers ce fils turbulent, elle fut accablée de douleur :

— Je suis si malheureuse de tant vivre que je vois tant mourir devant moi, répétait-elle.

De ses dix enfants, seuls Henri et Marguerite survivaient. Mais d'héritier de la Couronne, point. La dynastie des Valois était-elle condamnée ? Catherine connaissait assez les lois fondamentales du royaume pour savoir que si le roi mourait à son tour sans fils, s'imposerait alors comme successeur Henri de Navarre, l'époux infidèle de l'infidèle Margot, le protestant Henri de Navarre, le fils de la très huguenote Jeanne d'Albret, le rescapé de la Saint-Barthélemy, le « prisonnier » du Louvre, le chef des réformés. Monsieur vivant, Catherine n'avait cessé de lutter contre les « brouilleries » que cet esprit chimérique engendrait. François d'Anjou mort, c'est l'absence d'héritier direct du roi qui ouvrirait des « brouilleries » encore plus tragiques.

CHAPITRE XIII

Telle qu'en elle-même

> *Si ce n'était que je me divertis le plus que je puis, je pense que je serais malade.*
>
> Catherine de Médicis

En imposant l'image d'une vieille dame au corps alourdi, dissimulé sous d'éternels habits de deuil[1], l'Histoire nous fait oublier que Catherine a été une jeune fille charmante et une intrépide cavalière. De même sa participation, trente années durant, aux affaires de l'État laisse croire à une femme vampirisée par la politique. Or, Catherine de Médicis a cultivé d'autres passions. Elle fut une mère attentive, une femme à la curiosité insatiable, cultivée, aimant se divertir, catholique et superstitieuse, mécène, bâtisseuse, collectionneuse et avide de nouveautés.

Une extraordinaire vitalité

Les maternités ont épaissi sa silhouette et l'âge a empâté son visage. Un nez fort, des lèvres épaisses, un double menton tôt apparu, tous les portraits montrent une maîtresse femme. Catherine n'a jamais été jolie, mais elle savait charmer. À soixante ans, son physique imposant dégage toujours une indéniable majesté, mais le charme ne l'a pas quittée. Catherine sait sourire, se faire caressante, prononcer d'aimables paroles. Son regard retient l'attention du plus distrait de ses interlocuteurs. Elle est de ces êtres qui possèdent une incontestable aura et savent en jouer.

L'âge ne semble pas avoir de prise sur sa vitalité. Malgré le handicap de ses maladies, elle ne cesse de voyager, acceptant de courir les routes presque jusqu'à sa mort. Chutes et blessures ne la rebutent pas : jusqu'à un âge avancé, elle reste excellente cavalière. Elle aime toujours marcher et chasser, ayant souvent en promenade une arbalète prête, car « quand elle voyait quelque beau coup, elle tirait ».

Elle s'accommode de son embonpoint, n'imaginant pas le combattre en mangeant moins. Catherine est grosse mangeuse, friande notamment de « culs d'artichauts », « de crêtes et de rognons de coq ». Les indigestions ne tempèrent pas ce robuste appétit. Au cours d'un festin, un jour de juin 1575, elle mangea tant, assure Pierre de l'Estoile, « qu'elle faillit crever et fut malade au double de son dévoiement ». Jamais elle ne songea à brider sa gourmandise. Se risque-t-on à lui dire, lorsqu'elle se plaint de maux de ventre, qu'elle « passait pour se tuer avec les fruits » ? Elle répond que « c'étaient autres melons et fruits que ceux de ses jardins qui lui causaient ces maladies ». En matière d'appétit, Catherine est reine absolue.

La cuisine française lui doit de s'être renouvelée. Grâce à elle et aux cuisiniers, sauciers et pâtissiers amenés d'Italie dans ses bagages, la Cour puis la Ville ont découvert des légumes jusque-là inconnus (artichauts, brocolis, petits pois, tomates), et se sont régalés de sorbets aux fruits et de confiseries nouvelles. Bientôt la *pasta* fit la conquête des Français.

Indispositions et maladies n'y changent rien : la reine mère est toujours occupée, jamais en repos. Bourreau de travail, elle l'est assurément. Lorsque les séances du Conseil ou les audiences lui laissent un moment de répit, elle brode pour se délasser, mais surtout elle écrit. Lettres sur lettres, parfois jusqu'à vingt d'affilée.

Catherine fut une infatigable épistolière. Elle lisait, note Brantôme, « toutes les lettres de conséquence qu'on lui écrivait et, le plus souvent de sa main, en faisait les dépêches ». Elle écrivait à la diable, sans discipliner sa pensée, experte en digressions, reine du coq-à-l'âne. Catherine met le lecteur à rude épreuve : son orthographe n'appartient qu'à elle, et elle en change à sa guise à l'intérieur d'une même lettre. Les conjugaisons sont délicieusement fantaisistes (« *il tombit* », « *il répondat* »); ses graphies anarchiques (« *enbision* », pour ambition; « *par ayfayst* », par effet). Elle invente de surprenantes liaisons de mots : « *car y n'y an y é poynt* » = car il n'y en est point. Catherine écrit phonétiquement (« *cet metron* », pour se mettront), comme elle parle. Aussi ses lettres obligent-elles aujourd'hui à une lecture à voix haute : « Monsieur mon fils, j'é reseu anuit heune letre de V.M., par laquele ay entendeu la maladie de la Royne ma fille, que encore que me fasiés set bien de m'aseurer de son amendement, dont je ne vous puis asés afectionément remersier et ausi de l'hauneur qu'i vous plest luy fayre et du souign que aveé de sa santé [2]. »

Ses correspondants réussissaient-ils à déchiffrer ses missives? Pour leur épargner trop d'efforts, elle faisait parfois recopier par un secrétaire la lettre qu'elle venait d'achever. Aussi le destinataire recevait-il en même temps l'original – qui authentifiait la lettre – et la précieuse copie, lisible.

Ses lettres renseignent-elles sur sa façon de parler? Longtemps les historiens ont raillé son « épouvantable accent italien», raison supplémentaire de son impopularité, dont le cardinal Mazarin fut aussi la victime au siècle suivant. Les réalisateurs de cinéma qui ont ressuscité Catherine sur les écrans ne manquent jamais d'exiger de l'interprète féminine de la reine la maîtrise d'un fort accent d'outre-monts, preuve solide d'authenticité. Or, Catherine avait appris le français à Florence vers l'âge de douze ans alors qu'on la destinait à un fils du roi Très-Chrétien. Brantôme, rarement défavorable il est vrai, prétend qu'elle « disait et parlait fort bien français, encore qu'elle fût italienne (...). Elle honorait la France et sa langue, et faisait fort paraître son beau dire aux grands, aux étrangers et aux ambassadeurs qui la venaient trouver toujours après le roi ». Jamais, au plus fort de la campagne hostile à la reine mère, on ne blâma sa langue ou son accent. Une Catherine de Médicis sans accent italien marqué n'est plus vraiment la Catherine d'Alexandre Dumas ou de Patrice Chéreau. Mais ce qu'elle perd en exotisme, elle le gagne en vérité.

À une vitalité inaltérable, Dame Catherine ajoutait une joie de vivre dont elle ne se départit jamais malgré les malheurs de sa vie privée et les épreuves de la vie publique. Optimiste, elle l'était par nature. Lorsque les aléas de l'existence risquaient d'émousser ce trait de caractère, elle s'efforçait de paraître de bonne humeur. Catherine était gaie aussi par volonté.

Ses proches sont unanimes : la reine mère aimait à rire – les farces de la comédie italienne avaient sa prédilection, elle « en riait son saoul » – et n'était en rien collet monté. À soixante-six ans, elle s'amusait d'une pantalonnade où le surintendant des finances Bellièvre et le cardinal de Bourbon apparaissaient déguisés en femmes et « coiffés de rideaux de lit ». Les plaisanteries gaillardes ne la choquaient pas. Le XVIe siècle n'avait pas les pudeurs du XIXe, la verdeur du langage ne trouvait pas de censeurs effarouchés. Catherine aimait à se divertir joyeusement. C'était à ses yeux le rempart contre la mélancolie menaçante et le garant de sa santé. « Si ce n'était que je me divertis le plus que je puis, écrivait-elle quelques années avant sa mort, je pense que je serais malade. »

Ses habits de veuve, qu'elle portait comme la reine Victoria après le décès de son cher Albert, n'en font pas pour autant une femme prude, à la différence de la reine d'Angleterre. Fut-elle vertueuse ? Épouse exemplaire et aimante, elle eut – Henri II vivant – de la tendresse pour son cousin germain Pierre Strozzi. Un homme de Cour, François de Vendôme, vidame de Chartres, avait, disait-on, la « réputation de la servir ». Mais l'affection de la reine pour le premier était légitime et chaste. Quant au second, qui portait ses couleurs, il était son chevalier servant à la mode du temps, en tout bien tout honneur. À lire les pamphlets huguenots, elle aurait eu, devenue veuve, des faiblesses coupables pour le cardinal de Lorraine et pour le duc de Retz. De telles liaisons demeurent invraisemblables et ne sont étayées par rien. On n'écrit pas l'histoire avec des pamphlets. Catherine, elle le confia au soir de sa vie, n'a jamais rien fait contre son « honneur » et sa « réputation ». Les amateurs d'anecdotes scabreuses doivent se résigner : sa vie durant, Catherine demeura irréprochable.

Longtemps, elle veilla à la bonne tenue de la Cour et au respect des bienséances, ne relâchant son attention qu'au temps d'Henri III. Brantôme en convient. Lorsque M. de Matha, écuyer d'écurie, traita Mlle de Méré, fille d'honneur de Catherine, de « grande courcière bardable », « la reine fut en telle colère, qu'il fallut que Matha vidât de la Cour pour aucuns jours (…) et, d'un mois après son retour, n'entrât en la chambre de la reine et des filles ».

Cependant, pour beaucoup, Catherine porte la responsabilité d'avoir gâté les mœurs de certaines de ses demoiselles d'honneur en soumettant leurs charmes à la raison d'État. L'« escadron volant » n'est pas un mythe. Catherine n'a pas dédaigné la collaboration de dames de sa Maison pour accélérer ou parfaire des négociations politiques. Elle plaça ainsi quelques belles filles sur le chemin de son fils François d'Anjou – enfui du Louvre en septembre 1575 – et de son entourage, tant l'alliance des huguenots avec les malcontents dont il était le chef était une menace pour le royaume. Elle ne répugna pas davantage à obtenir les confidences des compagnons de son gendre et d'Henri de Navarre lui-même en utilisant les services de quelques beautés peu farouches. Il est vrai que la vie de la Cour, riche en divertissements, bals, parties de chasse, offrait mille occasions de nouer des intrigues amoureuses.

Mais quelques manœuvres suspectes de l'escadron volant n'ont pas transformé l'entourage de la reine mère en école de débauche. Au temps où Brantôme dissertait lestement « sur les dames qui font l'amour et leurs maris cocus » et s'interrogeait « sur les femmes mariées, les veuves et les filles, à savoir desquelles les unes sont plus chaudes à l'amour que les autres », on relève seulement quatre scandales majeurs et publics à la Cour. Toutes les femmes compromises ont été durement traitées. Chassée, lady Flaming, gouvernante de la jeune Marie Stuart, accusée de déshonorer la Cour et la reine Catherine pour avoir proclamé les faveurs reçues d'Henri II. Exilée, la malheureuse Françoise de Rohan, enceinte du séduisant duc de Nemours qui, après s'être engagé à l'épouser, l'abandonna. Coupable, la belle Jeanne de Piennes séduite par François de Montmorency qui, reniant sa parole, épousa, en fils obéissant, Diane de France. Cloîtrée, Mlle de Limeuil après avoir accouché, dans la garde-robe de Catherine de Médicis, d'un fils dont on ne sut exactement s'il était du prince de Condé ou du secrétaire d'État Robertet.

Entre l'austérité qui dominait à Nérac chez Jeanne d'Albret et les débordements de quelques fêtes licencieuses – comme celles de Chenonceaux, le 9 juin 1577, où le service était assuré par des jeunes filles de la Cour à moitié nues, tandis que le roi s'était présenté habillé en femme comme ses mignons que quelques beautés faciles tentaient de séduire –, entre ces extrêmes, Catherine s'efforça de faire régner décence et bienséance. Plutôt que les calomnies et les invectives d'un Agrippa d'Aubigné, on retiendra les exigences de Catherine pour discipliner les courtisans et affiner les manières de la Cour.

« Dieu garde mes enfants »

Un portrait sur trois de la prodigieuse collection de Catherine représentait ses enfants. « Il suffit que ce soit au *créon* », demandait-elle à l'artiste, préférant toujours, par impatience, un portrait dessiné et rapidement exécuté à un portrait peint. Pour voir la « mine » des siens, elle commandait régulièrement de ces portraits qui servaient ainsi de bulletins de santé. Comme elle était une mère inquiète, les portraits se multiplièrent.

Sa correspondance confirme son attachement à ses enfants. Leur santé est sa première préoccupation. Ainsi lorsque sa fille Isabelle, devenue reine d'Espagne, contracta la petite vérole en décembre 1560, Catherine, aussitôt avertie, exigea de l'ambassadeur à Madrid des nouvelles fréquentes. Rien ne devait ralentir les missives. « J'envoie ce courrier en toute diligence, écrivait-elle le 15 janvier 1561, m'assurant que, avant son arrivée, vous m'en avez dépêché un autre pour me tenir d'heure à autre avertie de sa santé. Si vous n'avez fait, je vous prie, à l'arrivée de cestuy, m'en redépêchez un frais. » Catherine guettait les nouvelles, harcelait ses informateurs, exigeait des réponses rapides. Volontiers elle distribuait ses conseils. Contre le risque de taches de vérole sur les yeux, elle recommanda à sa fille « le sang de pigeon et la crème (qui) sont d'excellents remèdes ». Une fois guérie, Isabelle prendra garde de ne pas sortir avant vingt jours car, précise-t-elle, « quand on sort plus tôt, le flux de ventre est fort dangereux ».

Quand Isabelle et sa cadette Claude, épouse du duc de Lorraine, furent enceintes, leur mère, qui dix fois enfanta, multiplia les recommandations, encouragea, dorlota, rudoya tout à la fois. Que la reine d'Espagne fasse « un peu d'exercice pourvu qu'il ne soit violent (...). Elle n'en sera que plus saine et son enfant s'en portera mieux »! La grossesse de sa fille aînée lui rappelle les siennes. Juge-t-elle qu'Isabelle garde trop longtemps la chambre ? Dans le même état, et plus âgée que sa fille, Catherine se souvient qu'elle était si malade qu'elle ne pouvait marcher. « Et avec tout cela, écrit-elle, je m'efforçais encore de me faire soutenir à deux personnes pour ne me laisser acoquiner (*sic*) dans le lit. » À l'ambassadeur à Madrid, elle ajoute, évoquant Isabelle : « Je la connais bien de façon que du moindre mal qu'elle a, elle ne voudrait bouger de coucher et que cela l'affolerait à la fin. » La jolie reine d'Espagne, qui mourut en couches en 1568, semblait trop délicate pour la robuste Catherine.

La forte personnalité de la reine mère a-t-elle paralysé ses enfants ? Il est sûr qu'elle leur a inspiré de la crainte. La même Isabelle avoua n'ouvrir jamais une lettre de sa mère sans redouter d'y trouver un reproche. Lorsque Catherine la presse d'intervenir en faveur de la France auprès de Philippe II son mari, elle ne recule pas devant le petit chantage à l'amour filial : « Si vous voulez que j'aie repos et si m'aimiez, ma mie, faites tant envers votre roi et mari », etc.

Quant à Marguerite, elle renchérit sur les craintes exprimées par son aînée : « Non seulement je ne lui ose parler, écrit-elle de sa mère, mais quand elle me regarde, je transis de peur d'avoir fait quelque chose qui lui déplaise. » Avertie des angoisses de sa fille, Catherine la convoque. « Votre frère (le futur Henri III) m'a entretenue de la conversation qu'il a eue avec vous. Pour lui, vous n'êtes plus une enfant, vous n'en serez donc plus pour moi. Je vous parlerai comme si c'était à lui que je parlais. Seulement obéissez-moi : ne craignez pas de discuter de toutes choses sans détour avec moi. C'est tout ce que je souhaite. » Le ton est vif, l'injonction pressante et l'amour maternel ne s'embarrasse pas de tendresse, mais il sonne juste. Marguerite en tira d'ailleurs, a-t-elle écrit en ses *Mémoires*, un « bonheur sans mesure (...). J'obéis à son souhait et ne manquai jamais d'être la première à son lever et la dernière à son coucher, et elle me faisait quelquefois l'honneur de parler avec moi pendant trois ou quatre heures ».

Catherine aimait ses enfants comme un père. Avec autorité.

Les uns sont appelés à régner, en France ou ailleurs, du moins l'espère-t-elle. Les filles épouseront des rois ou des princes. Tous doivent tenir leur rang. S'il manque peut-être de tendresse, l'amour de Catherine est attentif, dévoué, mais exigeant.

Que l'un d'eux meure et la reine s'effondre. Lorsqu'on lui apprend en public la mort à vingt-trois ans d'Isabelle, elle ne dit mot, se retire dans son oratoire pour laisser éclater son chagrin et revient après une heure dans la salle du Conseil, les yeux humides, mais impassible. Le 30 mai 1574, Charles IX mourut en tenant sa main. « J'ai pensé devenir désespérée, confia-t-elle. J'ai vu mourir un autre de mes enfants. Je prie Dieu qu'il m'envoie la mort avant que je n'en voie plus. » Catherine apprend encore la mort en 1575 de sa seconde fille, Claude, puis, en 1584, celle de François d'Anjou. Le moins aimé de ses fils lui cause pourtant un immense chagrin. « Vous pouvez penser tel qu'il peut être de me voir si malheureuse de tant de vivre, que je voie tout mourir devant moi : encore que je sache bien qu'il se faille conformer à la volonté de Dieu, et que tout est à lui, et qu'il ne fait que nous prêter, pour tant qu'il lui plaira, les enfants qu'il nous donne. »

Ces malheurs l'affligent, mais ils ne l'anéantissent pas, tant est grande sa force d'âme. Sa foi – elle le confie elle-même – l'a aidée à accepter les épreuves : « Si ce n'était l'espérance que j'ai en Dieu et qui m'a tant de fois aidée, je ne sais comment je pourrais porter les maux, les ennuis que j'ai eus et ai occasion d'avoir. » À Catherine, les peines, les souffrances n'ont jamais manqué. Orpheline à sa naissance, veuve à quarante ans, privée de trois de ses enfants morts en bas âge, en pleurant cinq autres : la mort, si présente en ce siècle, a été la trop fidèle compagne qui a brisé l'amour de sa vie, lui a arraché ses enfants, la laissant vieillir presque seule comme pour mieux l'éprouver.

Une insatiable curiosité

« Elle tourne ses pensées non seulement vers les choses politiques, mais vers d'autres si nombreuses que je ne sais pas comment elle peut s'occuper à des intérêts aussi divers » : l'envoyé de Venise est bluffé par la curiosité de la reine. Elle a cette curiosité universelle partagée alors par les hommes de la Renaissance. Très ouverte aux nouveautés de son temps, elle s'informe, enquête, expérimente. Ainsi, par exemple, aida-t-elle à la diffusion du tabac. L'ambassadeur de France au Portugal, Jean Nicot, avait rapporté de Lisbonne des graines de tabac, appelé alors « petun », que lui avait données un marchand revenant des Amériques. Le diplomate n'était pas le premier à introduire ces graines dans le royaume – le cosmographe franciscain André Thévet en cultivait dans son jardin angoumois depuis quelques années –, mais il eut l'habileté d'y intéresser Catherine, l'« herbe à Nicot » ayant la vertu de guérir ses migraines. Bientôt, à l'exemple de la reine mère, les hommes et les dames de la Cour consommèrent ce qui n'était encore qu'un médicament, administré en cataplasme, fumigation, onguent, voire en clystère. Cette panacée prit le nom d'« herbe à la reine » en l'honneur de Catherine, avant de s'appeler « nicotiane ».

Dans la longue galerie des reines de France, Catherine fut la plus savante. Littérature, mathématiques, astronomie, sciences naturelles avaient sa prédilection. Avide de culture, elle aimait les livres et les manuscrits. Elle lisait l'italien et le français, le latin et probablement le grec. Elle fit transférer la bibliothèque royale, de Fontainebleau où François Ier l'avait installée, à Paris, sensible au vœu du philosophe Pierre Ramus qui lui avait rappelé que ses ancêtres Médicis n'avaient pas laissé leurs livres dans leurs villas de Toscane, mais les avaient rassemblés à Florence.

Sa « librairie » personnelle, connue par un inventaire tardif dressé huit ans après sa mort, contenait plus de trois mille volumes. Les manuscrits, « rares et précieux », en représentaient environ le quart. Catherine n'a cessé d'en augmenter le nombre, ne négligeant aucun moyen pour les acquérir. Une partie fut achetée à son cher cousin Pierre Strozzi, qui les tenait du cardinal Ridolfi, neveu du pape Léon X. La reine en fit acheter d'autres en Italie et en Grèce. Ce superbe fonds, de parchemins mais aussi de papyrus, était conservé rue

Plâtrière, proche de l'hôtel parisien de la reine, sous la responsabilité de son aumônier, Jean-Baptiste Benciveni, abbé de Bellebranche. Les manuscrits grecs dominaient, qu'ils traitassent de théologie (les Pères de l'Église étaient bien représentés), de philosophie, de poétique et de grammaire, de médecine, d'histoire ou de sciences. Moins nombreuses étaient les œuvres latines et plus rares les manuscrits hébreux.

Les livres imprimés étaient en grande partie conservés au château de Saint-Maur, une des résidences champêtres de la reine. Ils témoignent de l'éclectisme de ses curiosités. Nombreux, les ouvrages d'histoire traitaient de la France, de l'Italie, de l'Angleterre. Les livres de piété les suivaient de près. À feuilleter l'inventaire de sa bibliothèque, on voit défiler les ouvrages de littérature, d'astronomie, d'astrologie et d'alchimie, de médecine et de géographie. Dame Catherine avait l'esprit ouvert, la curiosité toujours en éveil.

Sa culture ne se nourrissait pas seulement de livres. Elle était vivante. La reine mère aimait à fréquenter créateurs, poètes et artistes. En 1571, elle reçut le Tasse, alors âgé de vingt-sept ans, qui travaillait à son chef-d'œuvre, *La Jérusalem délivrée*. Le génial poète présenta à Catherine *L'Aminta*, une pastorale, qui remporta un grand succès à la Cour. La reine aida ainsi à diffuser dans le royaume ce genre littéraire en honneur en Italie. Son goût pour la pastorale ne fut pas le caprice d'un jour. Elle fit jouer aussi *Il Pastor Fido*, de Guarini, rival du Tasse, ainsi que *Genièvre*, donnée à Fontainebleau en 1564, la première pastorale française, adaptée d'un épisode du *Roland furieux*. Ces idylles rustiques qui ravissaient la Cour étaient interprétées par les courtisans comédiens.

Si la comédie et la tragédie ne faisaient pas encore partie des divertissements réguliers du Louvre, Catherine, comme ses fils Charles IX et Henri III, était amateur de théâtre. Après le succès de la *Cléopâtre captive* d'Étienne Jodelle – notre première tragédie moderne – donnée devant Henri II en février 1553, la reine eut l'idée de commander à Mellin de Saint-Gelais et à l'humaniste Jacques Amyot une traduction de Trissino, *Sophonisbe*, représentée en avril 1556 devant la Cour réunie à Blois. Mais, convaincue que cette pièce « avait porté malheur aux affaires du royaume » (quelques années avant l'accident mortel d'Henri II et l'ouverture des guerres de Religion), Catherine décida de n'en plus faire jouer. Au théâtre sérieux, elle préférait les divertissements plus aimables, la pastorale et surtout la comédie, applaudissant aux spectacles des *Gelosi*, célèbre troupe italienne invitée à Paris par Henri III. La reine mère riait à gorge déployée aux pantomimes de Zani et de Pantalon que le royaume entier aima à son tour.

Fervente de pronostications

Pour beaucoup de nos contemporains, le nom de Catherine de Médicis est étroitement lié à celui de Nostradamus. Dans l'imaginaire collectif, la reine semble avoir toujours gouverné avec le chancelier de L'Hospital et avoir constamment dirigé sa vie en compagnie de son mage préféré. Le célèbre magistrat peinant à convaincre celle qui, selon l'opinion commune, aurait ordonné les massacres de la Saint-Barthélemy, l'astrologue dominant une femme crédule et influençable. La tolérance pour l'un, la magie noire pour l'autre, résumeraient les deux aspects de son gouvernement, le premier lumineux et moderne, le second obscur, inquiétant et maléfique. Pourtant ni la vie ni l'action de Catherine ne furent écartelées entre ces deux hommes.

La curiosité de Catherine pour la divination et l'astrologie divinatrice était en son temps largement partagée. L'hostilité des humanistes et la condamnation de l'Église, qui repoussaient l'idée que les astres puissent influer sur le destin des hommes, n'y changeaient rien. Le recours aux horoscopes à la naissance d'un enfant était commun chez les élites. Traditionnellement, les rois, les princes et même le pape utilisaient les services d'astrologues patentés. Mais Catherine fut la souveraine la plus curieuse d'astrologie. Pour chacun de ses dix enfants elle commanda un horoscope. Sa vie durant, elle fut en relations avec des astrologues français ou italiens comme le Napolitain Luca Gaurico, Jérôme Cardan ou Michel de Nostredame, natif de Saint-Rémy-de-Provence, médecin à Salon, invité à la Cour par Catherine pour dresser des horoscopes, et qui, on l'a vu, eut l'honneur de recevoir chez lui la reine mère et le jeune Charles IX en 1564[3]. Catherine entretenait régulièrement à son service d'autres mages, comme Renieri ou le fameux et inquiétant Ruggieri. Au cours d'une consultation demandée par la reine, celui-ci avait fait apparaître ses fils, l'un après l'autre, dans un miroir qui montrait une grande salle. François n'avait fait qu'un tour dans la pièce, Charles quatorze, Henri quinze. Et, après une courte apparition du duc de Guise, Henri de Navarre était apparu, avait fait vingt-deux tours et s'était brusquement évanoui.

Que ces « astrologiens », comme on les nommait alors, se trompassent, n'empêchait pas la reine, indulgente, de continuer à recourir à leurs prédictions. Une décision à prendre, une rencontre à prévoir, une négociation à entreprendre ou un combat à livrer, et Catherine consultait ses mages ! La légende s'est emparée de cette marotte pour accuser Catherine de magie noire. Côme Ruggieri en aurait été le complice. Statuettes de cire percée d'épingles à l'effigie d'un adversaire dont on veut la mort, envoûtements, drogues mortelles, gants empoisonnés, tel aurait été l'arsenal hétéroclite des pratiques maléfiques en usage dans l'arrière-cabinet de la Veuve noire.

La réalité est heureusement moins tragique. La mort brutale des rivaux de Catherine ne doit rien aux poudres suspectes. Elle est naturelle. Catherine partageait les « superstitions » de son temps (dont le XVIe siècle n'a pas le monopole) : elle était attentive aux signes célestes, aux comètes et aux éclipses ; comme les femmes du peuple qui refusaient de faire la lessive ce jour-là, elle redoutait le vendredi, jour où Henri II avait été blessé à mort. Depuis, elle était convaincue qu'elle ne pouvait « rien faire de bien » le vendredi. Elle possédait et portait sur elle des talismans aux vertus magiques. Le chroniqueur parisien Pierre de l'Estoile prend soin de les décrire mais ne s'en étonne jamais. Enfin, le musée de la Renaissance à Écouen conserve un minuscule livre d'astrologie en bronze doré ayant appartenu à la reine. Sur ses pages sont représentées des constellations tournant sur des pivots, permettant ainsi de déterminer les conjonctures favorables. Le format – quinze centimètres sur onze – en faisait un livre de poche quotidiennement utilisable.

À l'image de ses contemporains, Catherine était convaincue de vivre dans un univers où de mystérieuses correspondances reliaient le cosmos et le microcosme. Comme eux, elle était persuadée que les arts – la poésie, la musique, la danse – permettaient de capter et de reconnaître les signes divins, d'agir ainsi sur les hommes et, en harmonie avec l'ordre cosmique, de rétablir entre eux l'unité et la concorde que les divisions et les luttes avaient brisées. Cette pensée néoplatonicienne, la reine ne se contentait pas de l'approfondir par ses lectures et ses conversations avec les initiés. Elle prétendait la mettre en pratique.

Tel est le sens profond des fêtes données à Fontainebleau en février 1564 où Catherine réunit les ennemis qu'elle tenta de réconcilier avant que ne s'ouvre le Grand Tour du royaume, ou celles de Bar-le-Duc, chez les Guise, en mai suivant. Ce dessein pacificateur présida aussi aux fêtes de Bayonne en 1565, ou encore aux divertissements qui accompagnèrent les noces de Marguerite avec Henri de Navarre. Le relais fut pris ensuite par Henri III, organisateur de fêtes raffinées chargées de rétablir sur terre l'ordre du monde céleste.

Le goût de la collection

On savait que Catherine avait été amateur de portraits dessinés. Elle avait commandé ceux de ses enfants, de la famille royale, de ses dames et demoiselles d'honneur, de quelques courtisans. Ces dessins n'étaient pas tous destinés à servir d'études préparatoires à des tableaux peints, mais avaient été réalisés pour eux-mêmes. On savait aussi qu'elle possédait des albums reliés de portraits dessinés, chacun renfermant plusieurs dizaines de portraits *copiés* d'après les originaux des peintres du roi. Elle passait régulièrement commande de ces recueils pour les offrir à ses amis.

Aujourd'hui, les historiens de l'art ne se contentent plus d'évoquer le simple intérêt de la reine mère pour les portraits. Ils reconnaissent en elle une grande collectionneuse, capable de rivaliser avec son cousin Côme Ier de Médicis, avec Giorgio Vasari ou avec son beau-père François Ier. L'exposition tenue au château de Chantilly à l'automne 2002 l'a révélé au public[4]. La collection de Catherine est restée longtemps mésestimée. Les raisons en sont simples. L'objet collectionné – le portrait dessiné – n'avait pas aux yeux des critiques la noblesse de la peinture. Il se rencontrait dans les collections, mais ne paraissait en être qu'un élément secondaire. N'était-il pas destiné à servir d'esquisse à un portrait peint, seule œuvre jugée accomplie ? En comparaison avec ce dernier, le portrait dessiné jouissait d'un statut inférieur auquel le renvoyait la modestie de sa technique : une feuille de papier blanc et trois crayons, pierre noire, sanguine et craie blanche.

À la mort de Catherine, la dispersion de sa collection interdit de mesurer quantitativement son importance. On évalue néanmoins ce trésor à plusieurs centaines de pièces. Celles-ci étaient rangées dans des boîtes – et non pas reliées comme les albums – prêtes à être extraites pour en faire réaliser une copie, une peinture ou une miniature comme celles qui ornent le livre d'heures de la reine conservé à la Bibliothèque nationale. Il rassemble les portraits de la famille royale, depuis la mère de François Ier et les enfants de celui-ci, jusqu'aux enfants de Catherine, leurs maris et leurs épouses, et ses petits-enfants.

La reine réunit probablement les premières feuilles dès son arrivée en France. Dauphine, elle cultivait donc déjà sa passion, alors qu'elle ne possédait que de rares tableaux italiens. François Ier, heureux de lui voir partager son goût, lui offrit ses premiers dessins. Jean Clouet était alors au sommet de sa gloire, créateur prolifique de portraits peints commandés par le roi et de portraits au crayon dont il perfectionna la technique. À sa mort en 1540, Catherine acquit tous les dessins de son atelier.

Devenue reine, elle confia ses commandes à des peintres du roi, comme Germain Le Mannier, Bouteloup et surtout François Clouet, fils de Jean, « le plus excellent ouvrier de ce temps-là », qu'elle appréciait.

Catherine aimait contempler les visages des êtres chers, reconnaître et garder en mémoire ceux qu'elle voyait peu. Ces feuilles avaient l'usage de nos modernes trombinoscopes. L'utilité justifiait leur existence ; mais la reine ajoutait à cet intérêt documentaire un souci esthétique affirmé. La recherche de la ressemblance était sa priorité. L'effigie d'Henri II qu'elle avait commandée devait être faite – elle l'exigeait – « le plus mieux et le plus près du vif qui sera possible » et offrir « le plus beau visage que vous pourrez faire, et jeune et plein ». Les œuvres la décevaient parfois. Ainsi lorsqu'elle examina le portrait du dauphin François, alors âgé de cinq ans, dont « le visage ne lui repporte (ressemble) pas du tout ». Catherine laissait toute liberté aux artistes, mais s'arrogeait néanmoins le droit, en amateur éclairé, de critiquer leur travail.

La reine est reconnue aujourd'hui comme une collectionneuse avisée. L'importance de sa collection le suggère. Ses exigences de qualité le confirment. Il faut l'imaginer, entre deux séances de travail, « commandant des crayons, les recueillant, les examinant, les comparant aux originaux vivants, les classant, en annotant un certain nombre ». Cette passion tranquille humanise la redoutable maîtresse de l'État.

« Un bon esprit sur les bâtiments »

Parce qu'il reste peu de chose de ses constructions dont les plus célèbres sont restées inachevées, Catherine n'a pas la réputation d'être bâtisseuse. Rien n'est plus faux. Elle fut au contraire passionnée d'architecture et fit construire. Née Médicis, elle tenait de sa famille l'amour des arts. En charge des affaires du royaume, elle savait le rôle de l'architecture comme instrument de prestige et d'autorité de la monarchie. Son goût personnel a fait le reste. Philibert de l'Orme, évoquant les exigences de la reine pour le château de Saint-Maur, écrit : « Elle l'a fait achever avec une grande magnificence, suivant le bon esprit et jugement qu'elle a très admirable sur le fait des bâtiments. »

Catherine nourrit une véritable passion pour la bâtisse, dont elle était capable de lire et comprendre les projets, les plans et les devis. Elle ne craignait point de prendre elle-même le crayon pour préciser ses souhaits aux hommes de l'art, rectifiant ici la disposition intérieure d'un logis, enrichissant là le décor d'une façade. Sa bibliothèque comptait des manuels d'architecture, notamment le traité du Bolonais Sébastiano Serlio. De l'Orme lui dédia son *Premier tome de l'architecture,* publié en 1567, écrivant en guise d'éloge : « Vous même, prenez la peine de protraire et esquicher les bâtiments qu'il vous plaît commander être faits, sans y omettre les mesures des longueurs et largeurs, avec le département des logis. »

Pour nombre de théoriciens du temps, le prince avait une légitime prétention à être son propre architecte. François Ier le fut, comme le seront Louis XIV et Louis XV. Le paradoxe veut que si Charles IX – malgré Charleval, inachevé –, Henri III et François d'Anjou restèrent indifférents à l'architecture, leur mère s'y intéressa avec ferveur et compétence.

S'il est vrai que les impressions de la petite enfance orientent les goûts de l'adulte, Catherine est arrivée en France l'esprit imprégné des richesses artistiques de son pays natal. Élevée dans le palais familial de la via Larga à Florence, elle avait fréquenté à la belle saison les villas médicéennes de Toscane avant de séjourner auprès de son oncle dans le solennel palais du Vatican. Lorsque, mariée au fils de François Ier, elle arriva en France, elle ne fut pas dépaysée. Certes, le château de Fontainebleau, cher au roi, ne rompait pas complètement avec le passé médiéval. Le matériau employé, le grès, avait quelque chose de rustique, et l'irrégularité du plan ignorait les exigences nouvelles de la symétrie.

Mais la qualité et la modernité du décor intérieur rattrapaient tout. La galerie François Ier et les appartements royaux faisaient de Fontainebleau un foyer artistique digne de l'Italie, une « nouvelle Rome ». Les peintres qui y travaillaient étaient les compatriotes de la dauphine : Rosso, le Florentin, Primatice, originaire de Bologne. Les joyaux de la collection royale de peinture étaient signés Léonard de Vinci, Raphaël, Andrea del Sarto. Le mécénat de François Ier n'avait rien à envier à celui des Médicis. Peut-être songeait-elle dès cette époque à poursuivre l'action d'un roi qu'elle admirait tant.

Reine, elle disposa des moyens financiers nécessaires pour satisfaire sa passion. Dès 1548, elle inaugura son « règne artistique » en faisant ouvrir auprès de sa chambre un cabinet au plafond à caissons et aux boiseries sculptées par Scibec de Carpi, qui avait travaillé à la galerie François Ier, dans le goût des *studioli* italiens.

En matière architecturale, elle ne fut prisonnière ni d'un style ni des préjugés de nationalité des artistes, employant indifféremment Français ou Italiens. Les choisissant elle-même, elle ne se laissa pas aveugler par la vengeance lorsqu'elle employa Philibert de l'Orme. L'artiste avait été en faveur auprès de Diane de Poitiers, édifiant pour la maîtresse du roi le château d'Anet et lançant à Chenonceaux un pont sur le Cher. La mort d'Henri II et le renvoi de Diane sonnèrent sa disgrâce. À la surintendance des bâtiments, il fut remplacé dès le 12 juillet 1559, deux jours seulement après la mort du roi, par Le Primatice qui reçut sept mois plus tard la direction des bâtiments de la reine mère. Mais De l'Orme ne fut écarté que sous le règne de François II, au temps où les Guise étaient maîtres du royaume. Catherine, qui reconnaissait le génie de l'architecte d'Anet, ne tarda pas à se l'attacher à nouveau. Dès 1563 elle lui confia la prestigieuse commande des Tuileries avec le titre d'architecte de la reine mère.

Maisons des champs, palais de ville

Les premiers travaux d'architecture de Catherine étaient encore modestes. En août 1556, Henri II lui avait offert le petit château de Montceaux-les-Meaux [5] qu'il avait acquis l'année précédente. À De l'Orme, qui était encore surintendant des bâtiments, elle commanda la construction d'un pailmaille (jeu de paume) couvert qui fut réalisé en quelques mois, et un bâtiment situé sur la crête dominant la vallée proche, constitué d'une grotte partiellement enterrée – probablement un nymphée –, d'une loggia ouverte au rez-de-chaussée surélevé pour « voir jouer » à la paume et d'un étage.

Au-delà du pont de Charenton, sur les bords de la Marne, Saint-Maur-des-Fossés [6], sur une hauteur dominant la célèbre abbaye, appartenait au cardinal Jean du Bellay. De l'Orme l'avait construit en 1542. Ce n'était alors qu'un seul corps de logis, assez prestigieux pour recevoir François Ier et assez réussi pour fonder la réputation de l'architecte. En 1563, Catherine en devint propriétaire et fit d'importants travaux. S'ajoutèrent à la construction existante trois nouveaux bâtiments fermant une grande cour carrée, dotés chacun d'un pavillon d'angle. La commodité l'emportait sur l'esthétique à en juger par les gravures du XVIIe siècle – le château fut détruit en 1796 – qui montraient, côté jardin, un corps de neuf travées sur trois niveaux de galeries couronné d'un énorme et disgracieux fronton. Catherine considérait Saint-Maur comme une sorte de villa à l'italienne, une maison dont la campagne proche faisait tout le charme. « Il y a là, observait un voyageur, des hauteurs, des prés verts, un fleuve aux eaux limpides et calmes, des arbres ombreux, du gibier en abondance, en un mot une vallée du Tempé en tous points délicieuse. »

Dès la mort d'Henri II, Catherine avait quitté définitivement l'hôtel des Tournelles à proximité duquel le roi avait été mortellement blessé. Elle avait pris en horreur cette résidence qu'elle fit raser en 1564 et dont elle lotit l'enclos. Du produit de la vente des matériaux et des parcelles, elle espérait pouvoir financer ses travaux au Louvre. Car, fuyant les Tournelles, Catherine s'était installée dans le palais avec le jeune roi. Elle y résidait souvent lorsque, entre ses missions en province et les séjours en Val de Loire, elle était à Paris.

Du vivant de son mari, elle avait été témoin des transformations du Louvre : l'élévation par Pierre Lescot de l'aile sud-ouest, chef-d'œuvre du classicisme, puis du haut pavillon du Roi, qui contenait la chambre de parade et la chambre à coucher d'Henri II, enfin – entre la future cour Carrée et la Seine – de l'aile sud, à peine achevée à la mort de Charles IX, au rez-de-chaussée de laquelle elle s'était réservé un appartement exposé au midi, tandis que la reine régnante logeait à l'étage noble. Le palais, pour prestigieux qu'il soit, était la disparité même : les bâtiments récemment construits, au savant décor, se raccordaient tant bien que mal avec le vieux château médiéval.

À son tour, Catherine imposa sa marque, accentuant encore l'hétérogénéité du palais en l'orientant dans une autre direction. Depuis le pavillon du Roi, elle fit lancer vers l'ouest, en 1566, un passage de trois arches au-dessus du fossé, puis, perpendiculairement à la Seine, fit élever une galerie basse, ouverte par sept arcades sur le futur jardin de l'Infante, et couverte en terrasse. Sous le règne de Louis XIV, elle deviendra, surélevée d'un étage, la galerie d'Apollon. Avec ses bossages florentins, le décor s'inspirait de l'Italie, mais Catherine l'avait fait réaliser par un Français, nommé Pierre Chambiges. La reine mère prévoyait ensuite de relier cette petite galerie avec une grande galerie qui devait courir le long du fleuve, en direction de l'ouest. Mais, faute d'argent, elle en interrompit les travaux. Henri IV l'achèvera.

Les Tuileries

Catherine caressait le projet d'unir le Louvre au château des Tuileries auquel elle faisait alors travailler. Dans l'histoire de France, celui-ci fut, avec le Luxembourg dû à Marie de Médicis, le seul palais construit par une reine. Catherine tenait à posséder une maison qui fût tout à elle. En 1563, elle en décida la construction. Le site retenu, en bordure de Seine, était hors de l'enceinte de la ville. L'endroit, champêtre, accueillait encore des ateliers de fabrication de tuiles, des terrains, propriété de la famille de Villeroy, et quelques maisons. Catherine racheta les terres, démolit les maisons et constitua un vaste domaine, entre le fleuve et le faubourg Saint-Honoré, destiné à une somptueuse résidence et à un immense jardin.

La reine mère en demanda les plans à Philibert de l'Orme. Le palais imaginé par l'architecte devait être grandiose, plus vaste que le Louvre auquel Lescot continuait de travailler. Les Tuileries prendraient la forme d'un vaste quadrilatère de 188 mètres sur 118, aux façades largement ouvertes sur le jardin, avec cinq cours intérieures et deux grandes salles ovales. Selon l'architecte lui-même, Catherine collabora au projet en dessinant le plan des logements avec les « mesures de longueurs et de largeurs » et en imposant un abondant décor et une polychromie toute italienne pour les façades.

Les Bâtiments du roi n'avaient aucune autorité sur le chantier, qui dépendait uniquement d'une administration particulière – avec intendant, contrôleur, trésorier... – où, originalité sans précédent, dominaient les dames, amies et proches de la reine mère. Ainsi, la responsabilité principale était assurée par Marie de Pierrevive (au nom prédestiné), dame du Perron, femme d'Antoine de Gondi, « l'une des dames ordinaires de la chambre de la reine ». En l'absence de Catherine, qui abandonna Paris deux ans durant pour le Grand Tour, Mme du Perron surveilla de près les travaux des Tuileries.

La réalisation fut en deçà du projet. De l'Orme ne put édifier du côté occidental que le pavillon central, qui contenait un fameux escalier suspendu, et les deux ailes basses qui l'encadraient. À sa mort en 1570, Catherine lui donna pour successeur Jean Bullant, créateur à l'extrémité sud de l'alignement d'un gros et austère pavillon qui porta son nom. Du gigantesque plan primitif, n'avait été édifié qu'un long corps de logis composé de pavillons entre cour d'honneur et jardin.

L'aménagement de celui-ci fut confié à Bernard Palissy pour le décor sculpté, et à un Florentin nommé Bernardo Carnesecchi pour les plantations. Six grandes allées partageaient le domaine dans le sens de la longueur et huit en largeur, découpant dans la tradition de la Renaissance des compartiments rectangulaires dédiés à des pelouses, des parterres de fleurs, des massifs d'arbres et à un labyrinthe de cyprès. Une fontaine monumentale ornait le tout, tandis que Bernard Palissy, qu'on appelait dit-on Bernard des Tuileries, composait une grotte tapissée de fausses rocailles et de coquillages et animée de lézards, de serpents et de tortues, « sculptés et émaillés si près de la nature, prétend le célèbre céramiste, que les autres lézards naturels et serpents les viendront admirer ». Par la volonté de Catherine, Paris possédait ainsi une délicieuse villa italienne et un lieu de promenade privilégié.

Mais à la fin de l'année 1571, le chantier s'interrompit brusquement : Catherine faisait arrêter les travaux en cours. Sa décision surprend aujourd'hui comme elle dérouta ses contemporains. On en cherche les raisons. Le coût exorbitant de la construction en un temps de difficultés financières a probablement freiné les ardeurs de la reine. Elle avait attendu la paix d'Amboise (mars 1563), qui avait mis fin à la première guerre civile, pour ouvrir le chantier des Tuileries, comme elle avait fait travailler dans le même temps à Saint-Maur. Cinq années de paix avaient permis d'avancer les travaux. Mais les guerres avaient repris et Catherine eut le souci de mieux orienter les dépenses. En ces temps de troubles, la sécurité de la famille royale devint une priorité, la « surprise de Meaux » ayant laissé un fâcheux souvenir. Or, dans une résidence comme les Tuileries située hors des murs de la ville et largement ouverte vers l'extérieur, Catherine courait des risques. On raconte que la veille de la Saint-Barthélemy, la reine mère en promenade dans le jardin entendit distinctement les menaces lancées par les troupes huguenotes rassemblées à proximité.

Finalement, Catherine n'habita pas les Tuileries, mais y fit de fréquents séjours, s'y rendant parfois à pied depuis le Louvre. Le château servait de maison de plaisance. La reine mère aimait surtout à fréquenter le jardin où elle traitait les affaires politiques en marchant dans les allées. Elle y donna de somptueuses réceptions, recevant en juin 1572 les représentants de la reine d'Angleterre, accueillant le 14 septembre 1573 au soir les ambassadeurs polonais venus à Paris négocier avec leur nouveau roi, Henri d'Anjou, les conditions d'exercice de son pouvoir à Cracovie. Une tapisserie de la série dite *Les Fêtes des Valois*, sur un carton d'Antoine Caron, restitue l'atmosphère de la fête sans fidélité excessive au cadre architectural.

Catherine laissa les Tuileries aussi inachevées que le Louvre, abandonnant aux successeurs des Valois le soin de compléter l'œuvre entreprise. Même imparfait, son héritage était riche de promesses. Elle venait d'amorcer le tracé d'un axe monumental de la ville en direction de l'ouest. La capitale était jusque-là tournée vers le nord (Saint-Denis) et l'est (Vincennes). Désormais la reine mère apprit aux Parisiens à regarder en direction du couchant, les préparant à prolonger le jardin des Tuileries par la place de la Concorde, les Champs-Élysées, l'Étoile et la Défense.

L'hôtel de la reine

Lorsque Catherine interrompit le chantier des Tuileries, elle avait déjà engagé les travaux de son hôtel situé au cœur de la ville, à proximité du Louvre. Dès 1570, elle avait acheté les maisons existantes, annexé des portions de rues, fait déplacer un couvent de religieuses afin de se tailler un domaine assez vaste pour y construire un grand hôtel et aménager un vaste jardin, indispensable à toute bâtisse. Ses acquisitions exigèrent du temps et beaucoup d'argent. Le chantier fut confié à Jean Bullant. Il ne reste presque rien du bâtiment, dont l'entrée principale s'ouvrait rue des Deux-Écus. En 1606, il prit le nom d'hôtel de Soissons, avant d'être remplacé par la Halle au blé, aujourd'hui Bourse de commerce.

L'hôtel de la reine, où Catherine passa les dernières années de sa vie, était un véritable palais : les appartements – cinq au total – étaient d'une ampleur princière. Chacun de ses hôtes pouvait y vivre en toute indépendance, à la différence des résidences royales où les pièces se commandaient les unes les autres. Catherine multiplia les galeries richement décorées qu'elle parcourait en travaillant : celle qui longeait la rue des Deux-Écus était longue de quarante mètres. Elles permettaient aussi d'accueillir de brillantes réceptions.

L'appartement de la reine mère comportait des pièces somptueuses. On admirait deux cabinets de peinture, un cabinet des émaux, un autre de miroirs dont les lambris étaient ornés de cent dix-neuf miroirs en glace de Venise qui, le soir venu, reflétaient la lumière des chandelles. Dans son hôtel, Catherine conservait ses collections, gemmes, objets en cristal de roche, minéraux, cartes géographiques, dessins, bijoux et curiosités, comme ces « quatre petits canons montés sur roue avec leur culasse, le tout en fonte » ou ce caméléon empaillé. Six mois après sa mort, on procéda à un inventaire des biens qui en révèle l'abondance et la qualité. Le mobilier – coffres, lits, tables, armoires, cabinets, fauteuils... – était fait de précieux matériaux ; les tapis, de Turquie, « persiens » ou « querins » (c'est-à-dire du Caire) comme les tentures de cuir et les tapisseries de Bruxelles, de Flandres ou de Beauvais étaient d'une richesse inouïe. Le premier tissage, disparu, de *L'Histoire d'Artémise* comme les huit pièces de la série des *Fêtes des Valois* ornaient les murs. Catherine donna ces dernières en dot à sa petite-fille Christine de Lorraine, à l'occasion de son mariage avec le grand-duc de Toscane. Elles sont aujourd'hui au musée des Offices.

Comme la reine mère mourut à Blois, son hôtel était alors partiellement « démeublé », le mobilier et les objets entreposés dans les galetas. Aussi ignorons-nous le décor des appartements et l'emplacement des objets précieux.

Dans le vaste jardin à l'italienne, Catherine avait fait édifier le jeu de paume indispensable aux nobles résidences et, dans un angle de la cour d'honneur, avait élevé une colonne haute de près de quarante mètres qui reste le seul vestige de la résidence. Jean Bullant l'avait imaginée à l'exemple des colonnes monumentales de la Rome antique. On l'appelait la colonne astronomique ou de l'Horoscope. À l'intérieur de son fût cannelé et sculpté se logeait un étroit escalier à vis de cent quarante-sept marches, desservi sur plusieurs niveaux par des portes ouvrant sur les appartements. Au sommet, un édicule, composé de cercles et d'arcs de fer – sorte de haute sphère armillaire –, couvert de feuilles de plomb, permettait au travers de lucarnes d'observer le ciel. Était-ce une tour de guet, pour donner l'alarme en cas d'incendie ou signaler un mouvement armé dans la ville ? Un monument funéraire élevé à la mémoire d'Henri II, apparenté aux lanternes des morts ? Ou, probablement, un observatoire à la disposition des astrologues de la reine ?

Parallèlement à l'édification de son hôtel parisien, Catherine se préoccupa de Chenonceaux. Acquise au moment de la disgrâce de Diane de Poitiers, cette demeure de rêve a toujours été l'une de ses résidences favorites. Elle y faisait de fréquents séjours, offrant à ses fils des fêtes champêtres mémorables. À partir de 1570, elle décida de l'agrandir en commandant à Jean Bullant la construction, sur le pont à cinq arches, de deux étages de galeries dont le comble permettait de loger son service domestique. Mais Catherine nourrissait des projets plus ambitieux : elle souhaitait faire de Chenonceaux une grande résidence de la Cour. Un programme grandiose fut établi en 1576, connu par la gravure d'Androuet du Cerceau. Il ajoutait un salon ovale à l'extrémité de la galerie sur le Cher, deux corps de logis rectangulaires élevés dans le lit de la rivière à proximité du château existant, une cour d'entrée aux petits côtés terminés en exèdres, ainsi qu'une vaste avant-cour de communs disposés en trapèzes.

Mais la réalisation fut vite abandonnée. Catherine réussit mieux en aménageant les jardins. Si l'agrément y avait sa part, l'utilité n'y était pas oubliée. La reine développa le vignoble existant, déjà riche de plants d'Anjou, d'Arbois et de Beaune, en y introduisant ceux de Champagne. Elle fit planter des mûriers et élever des vers à soie. En « bon ménager », la reine mère créa ainsi une magnanerie et une filature. Par testament, elle légua la demeure à Louise de Lorraine, épouse d'Henri III, qui, veuve, s'y retira, confirmant ainsi la vocation de Chenonceaux d'être le « château des dames ».

La nouvelle Artémise

Dans l'ancienne résidence de Diane comme ailleurs, Catherine n'a cessé de porter son deuil avec ostentation, imposant à chacun l'image de sa fidélité conjugale par-delà la mort de son mari. À la mémoire de celui-ci, elle fit ériger deux monuments funéraires. L'un, chef-d'œuvre de Germain Pilon, destiné à l'église parisienne des Célestins (mais aujourd'hui au Louvre), devait accueillir le cœur du roi défunt et, le moment venu, celui de sa femme. Trois Grâces en marbre, dos à dos, se donnant la main et dansant (malgré leur tunique légère et leur poitrine nue, les religieux les baptisèrent Vertus), portaient sur leur tête l'urne funéraire de bronze, tandis que sur le piédestal trois inscriptions gravées dans le marbre célébraient la piété, l'amour et l'union spirituelle des cœurs des deux époux.

D'une tout autre ampleur fut le grand chantier que Catherine ouvrit en 1573 à Saint-Denis, nécropole des rois. Elle commanda à ses architectes (De l'Orme, Jean Bullant, Primatice, la paternité est incertaine) l'édification d'une chapelle funéraire de trente mètres de diamètre à proximité de l'église abbatiale. L'édifice circulaire à deux niveaux fut nommé la rotonde des

Valois[7]. En son centre, au droit de la coupole, il devait abriter le tombeau d'Henri II et de Catherine, tandis que les chapelles latérales accueilleraient les tombeaux de leurs successeurs. On attribue à la rotonde de grands ancêtres : le Panthéon romain, les baptistères toscans, le Tempietto de Bramante. Par sa forme, elle prétendait rivaliser avec le tombeau que la reine Artémise, au IVe siècle avant Jésus-Christ, avait fait édifier pour son mari, le roi Mausole. Aussi, aux yeux de ses contemporains lettrés, Catherine était-elle la nouvelle Artémise.

Dessiné par Primatice, le tombeau d'Henri II fut le plus fastueux de la Renaissance française. Orants de bronze au sommet, gisants de marbre bien visibles dans la chambre funéraire, Vertus aux angles et bas-reliefs, la sculpture régnait en maître. En 1583, Catherine commanda encore deux gisants supplémentaires du roi et d'elle-même en costume de sacre sur un lit de parade en bronze qui prendraient place près de l'autel principal de la rotonde. L'ampleur du décor sculpté, le nombre et la qualité des artistes mobilisés pour l'entreprise, permettent de comprendre que, vingt ans durant, la chapelle des Valois constitua une référence pour l'art français. Elle confirme avec éclat la passion de Catherine pour les arts.

En célébrant glorieusement la mémoire de son mari, la veuve d'Henri II rappelait la légitimité de son autorité, le fondement de son pouvoir. Les fêtes fastueuses qu'elle offrait à la noblesse et aux représentants étrangers avaient vocation à réconcilier les adversaires politiques et à rétablir l'harmonie trop souvent compromise. Par l'édification ou l'extension des résidences royales, la reine mère était convaincue de servir le prestige de la monarchie.

Comme d'autres princes, Catherine ne séparait pas le gouvernement des hommes de son goût pour les arts.

Lorsqu'elle écrivait de son ample écriture mouvementée une lettre officielle à l'un de ses ambassadeurs à l'étranger, elle oubliait rarement ses préoccupations artistiques. Entre la préparation d'une combinaison diplomatique et la levée de mercenaires, Catherine recommandait à son envoyé de s'enquérir de tel manuscrit à dénicher, ou de tel objet exceptionnel à acheter. Non sans rappeler la nécessité d'en discuter le prix et de taire l'identité du commanditaire, de peur de voir les pièces convoitées renchérir. Tout Catherine est là : collectionneuse comme une Médicis, éprise de faste et prodigue comme une reine, parfois économe comme une particulière.

CHAPITRE XIV

« Trouvez des remèdes
aux choses qui n'en ont point »

> *Je ne plains ma peine, sinon quand elle ne vous sert de rien.*
>
> CATHERINE DE MÉDICIS

Dans l'opinion, la mort de Monsieur, le 10 juin 1584, fit l'effet d'une bombe : le royaume risquait d'échoir à un protestant. Depuis les heures sombres de la guerre de Cent Ans, la France n'avait pas connu pareille incertitude sur son avenir. Henri III n'avait que trente-deux ans, mais neuf années de mariage ne lui avaient toujours pas donné d'enfant. Les lois fondamentales désignaient Navarre comme héritier, mais le Béarnais s'entêtait à rester huguenot. Comment un roi protestant pourrait-il prononcer le serment du sacre qui prévoyait l'engagement solennel d'extirper l'hérésie ? N'imposerait-il pas à tous ses sujets la foi nouvelle, à la manière des princes luthériens d'Allemagne ou du souverain anglais ?

Pour les catholiques zélés, nul autre qu'un prince catholique ne pouvait ceindre la couronne de France : la loi successorale devait céder devant l'impératif religieux. Aussi le seul héritier légitime ne pouvait être que l'oncle d'Henri de Navarre, le cardinal Charles de Bourbon, cadet de sa maison, mais catholique convaincu.

Si le chef huguenot demeurait paisible en son petit royaume pyrénéen, les catholiques mobilisèrent leur énergie. On vit alors renaître des associations de défense du catholicisme, l'une parisienne et bourgeoise, bientôt nommée Sainte Ligue ou Sainte Union, mais encore secrète ; l'autre, princière, née à l'initiative des Guise et du cardinal de Bourbon, aussitôt publique. La mort de Monsieur, note un contemporain, « rompit toutes les digues qui tenaient le débordement de la Ligue ». Le nouveau souci de Catherine fut de ne pas laisser son fils et le royaume emportés par ce flot ravageur.

L'humiliation plutôt que la guerre

Les cérémonies funèbres de Monsieur achevées, la reine mère ne tarda pas à gagner Chenonceaux puis Blois où elle demeura jusqu'en octobre. Elle ne manquait ni d'espions ni d'informateurs pour savoir avec quelle force les catholiques, par paroles, discours ou imprimés, revendiquaient le trône pour le cardinal de Bourbon. Elle apprit qu'à Paris le duc de Guise présidait à de nombreux banquets publics, occasion rêvée pour le Balafré, au milieu de centaines de gentilshommes et de milliers de curieux, de tester sa popularité, de montrer sa force et de prédire les « remuements » les plus graves si la couronne de France s'égarait sur la tête d'un hérétique.

Chaque jour, Catherine sentait enfler les menaces qui pesaient sur le roi et sur la monarchie. Au mois de septembre, on lui rapporta que les Guise (le duc Henri, ses frères Louis, cardinal, et Charles, duc de Mayenne) et de grands seigneurs s'étaient réunis à Nancy chez leur cousin le duc de Lorraine (gendre de la reine mère), tous bien décidés à défendre dans le royaume la religion catholique qu'ils jugeaient en péril. Elle sut aussi – quelques semaines seulement après l'événement – qu'au château de Joinville, propriété des Guise, deux ambassadeurs du roi d'Espagne avaient signé avec le Balafré, le 31 décembre, un traité d'alliance. Philippe II qui, depuis toujours, cherchait inlassablement à affaiblir le royaume, s'y consacrait avec d'autant plus d'ardeur qu'il avait une revanche à prendre après l'aventure de Monsieur aux Pays-Bas et les folles prétentions de Catherine sur le Portugal.

Guise venait donc de signer à l'insu de son roi un accord avec une puissance étrangère, dirigé contre la monarchie française. Le Lorrain, qui tenait pour nulle la loi de succession, liait la Ligue à l'Espagne contre un subside annuel de six cent mille écus et la promesse de secours militaires destinés à lutter contre Henri de Navarre. Ainsi, la ligue des princes devenait dans le royaume le parti de l'étranger.

Les initiatives des Lorrains étaient d'autant plus dangereuses que Catherine ne doutait pas que, sous l'apparence de défendre la «vraie foi», Guise servait ses propres intérêts. Qui l'ignorait? Le cardinal de Bourbon, candidat des catholiques zélés, était un vieil homme, manquant d'intelligence, facile à manœuvrer. De ce vieillard, le duc de Guise pouvait espérer un règne bref, un règne de transition, prélude à son accession à la Couronne. Sur le trône de saint Louis, les Guise succéderaient ainsi aux Valois.

Les préparatifs de la sédition étaient en marche. Durant l'hiver, toutes les nouvelles qui parvenaient à Catherine témoignaient de l'activisme de la Ligue. Henri de Guise – elle le savait par ses espions – correspondait avec le gouverneur espagnol des Pays-Bas, avec le duc de Savoie et avec l'empereur, gendre et beau-frère de Philippe II. Elle n'ignorait rien du recrutement de soldats dans les provinces gouvernées par les Guise, du trafic d'armes qui convergeaient vers la Champagne, des images de propagande dont les presses guisardes inondaient la capitale et les grandes villes.

Aussi ne fut-elle pas étonnée d'apprendre que ces initiatives faisaient partie d'un plan que le Balafré et ses partisans rendirent officiel le 30 mars 1585 depuis la ville picarde de Péronne. Le manifeste détaillait les raisons de s'opposer à ceux qui voulaient « subvertir la religion catholique et l'État ». Un long réquisitoire dénonçait pêle-mêle les sombres menaces des protestants, l'intolérable fiscalité royale, la rapacité des favoris d'Henri III. Rétablir partout la religion catholique, supprimer les impôts nouveaux, rendre ses droits à la noblesse, réunir les états généraux tous les trois ans, constituaient un programme destiné à séduire bien des mécontents, un programme attrape-tout.

Catherine ne s'y trompait pas : une nouvelle guerre civile s'annonçait. Qui se rangerait derrière le roi ? Les finances publiques ne permettaient pas de lever des troupes et le souverain avait perdu l'estime de ses sujets. Ses actes de dévotion paraissaient une insulte à la vraie religion. On dénonçait son hypocrisie ; ses excentricités irritaient. De ses favoris, ces « mignons de couchette », on ne retenait que leurs mœurs dépravées, leur rapacité et leur superbe. Sa Majesté avait-elle encore des partisans ?

À l'adresse du roi, le manifeste de Péronne ne manquait pas d'habileté : tout en condamnant la politique royale, les ligueurs protestaient de leur dévouement à Henri III, assuraient qu'ils mettraient bas les armes dès que la défense du catholicisme serait acquise et ils suppliaient la reine mère « de ne nous vouloir à ce coup abandonner, mais y employer tout le crédit que ses peines et laborieux travaux lui devaient justement attribuer (…) auprès du roi son fils ».

Catherine n'était pas dupe de cette invite, mais elle trouvait au moins une qualité au programme de Péronne : celui-ci condamnait sans appel les archimignons, Joyeuse et Épernon, ses rivaux, qui accaparaient l'autorité à sa place.

Face au danger, Henri III ne resta pas inerte. Il fit appel à des mercenaires suisses, montrant ainsi qu'il ne négligeait pas le recours à la force. Au moins le déclarait-il. D'ailleurs des secours s'offraient. La reine Élisabeth ne lui proposait-elle pas son aide et Henri de Navarre – naguère hostile – son alliance ?

Impossible ! trancha Catherine. Le remède – en l'occurrence cette double potion protestante – serait pire que le mal. Ne pourrait-on pas, suggérait le roi, porter le fer à Châlons où le Balafré paradait dans l'attente de renforts ?

Ces mesures radicales n'étaient pas du goût de la reine mère. Discuter, traiter, gagner du temps, séduire étaient sa méthode. Impressionnée par la force de la Ligue, prenant la mesure du danger, elle préféra négocier. En ces circonstances, son goût du compromis ne l'abusa-t-il pas ?

Car, aux ligueurs, elle n'imposa pas la négociation : elle la sollicita. Elle n'ouvrit pas les débats en position de force, mais sur la défensive. Alors qu'elle dissuadait le roi d'intervenir, « dix ou douze mille hommes de pied et mille à douze cents chevaux eurent le loisir de parvenir jusqu'à Châlons » et de sauver le Balafré. La fortune souriait à Guise l'audacieux. Ses partisans purent se déployer. Le calendrier des succès guisards est éloquent. Le 20 mars 1585, le duc se rendit maître de Châlons, ce qui fit écrire au représentant du roi qu'« indubitablement le sort est jeté et le Rubicon passé » ; le 27, Guise entrait dans Reims ; le 3 avril, le bruit courait qu'il s'apprêtait à assiéger Troyes ; le 7, on sut que Mézières, Dijon, Auxonne, Mâcon avaient pris le parti de la Ligue. En quelques mois, la marée guisarde recouvrit des provinces entières. À la Champagne s'ajouta la Bourgogne dont le duc de Mayenne était gouverneur. La Picardie du duc d'Aumale, la Normandie du duc d'Elbeuf – tous cousins des Guise – les imitèrent. La Bretagne hésitait encore, mais Orléans, Bourges et Lyon passèrent à l'ennemi.

En préférant la négociation suggérée par Catherine, le roi se réfugiait dans l'inaction. « Sans la reine mère, affirma plus tard Beauvais-Nangis, le parti de la Ligue était ruiné. »

En avril, Catherine s'était mise en route pour la Champagne, province hostile, agitée, « farcie de gens qui ne promettent rien de bon ». En litière, par petites étapes car elle était malade, elle arriva à Épernay où elle s'enferma à l'abri des murailles de la ville et de l'abbaye qui l'hébergea. Du roi, elle avait obtenu carte blanche pour négocier. Alors, consciente de son rôle, elle adopta, malgré les circonstances difficiles, un comportement de souveraine. Au milieu de sujets hostiles et d'hommes de guerre, elle parlait en reine, comme au Louvre. Sa maladie trahissait toutefois cette impressionnante dignité. Durant les semaines où elle occupa le devant de la scène, elle ne cessa de souffrir de la fièvre, secouée par une toux chronique, la jambe tenaillée par la goutte, incapable de trouver le sommeil. À soixante-six ans, sa mauvaise santé la faisait paraître plus que son âge. Deux médecins l'assistaient en permanence et rendaient compte quotidiennement à Miron, premier médecin du roi.

Le 9 avril – dix jours après son départ de Paris –, elle rencontra Henri de Guise qui avait fini par accepter le rendez-vous. Catherine se fit aimable. Le Balafré se montra buté, taciturne, gardant le silence. Chacun ignorait jusqu'où son interlocuteur irait dans les concessions. La reine ne put apprendre quelles étaient les intentions des ligueurs ; mais elle cacha soigneusement au duc la marge de manœuvre que lui avait laissée le roi. Guise parti, elle n'en sut pas davantage ni avec le duc de Lorraine ni avec le cardinal de Bourbon, d'ordinaire bavard. Pourtant, elle n'avait pas lésiné sur les moyens pour les amener à parler. On prétend qu'elle avait mis en scène ses douleurs (réelles) pour émouvoir ses interlocuteurs et les pousser à entrer en négociations. Ses souffrances physiques n'étaient-elles pas l'image d'un royaume malade ?

Elle souhaita une seconde entrevue avec Guise, moins pour aboutir à un accord que pour gagner du temps, permettre au roi de rassembler des forces et détourner les « bons sujets » du camp guisard.

Depuis son lit de douleurs, elle commanda de faire sortir de Reims la recette des impôts convoitée par les ennemis, d'expédier partout des agents chargés de lever des troupes et elle réussit à contrarier les entreprises des ligueurs en Champagne.

Dans chacune de ses lettres, elle pressait Henri III d'accroître ses forces afin de pourvoir à la sûreté des places, tant les rebelles convoitaient des villes comme Metz ou Toul, ou encore Verdun qu'ils prirent le 22 avril.

Elle obtint un second entretien avec le Balafré et le cardinal de Bourbon le 29 avril. On décida une suspension d'armes dont les modalités furent détaillées avec une précision d'horloger.

Catherine ne négligeait aucun moyen pour retarder la guerre ouverte. Des semaines durant, elle s'efforça de diviser ses adversaires. En multipliant les égards, par la parole et le geste, envers le cardinal de Bourbon, elle laissait croire à une entente secrète avec lui et excitait la méfiance du duc de Guise envers le vieux prélat.

À chaque occasion, elle cherchait à « pratiquer » l'un ou l'autre de ses interlocuteurs, c'est-à-dire à employer toute la palette des techniques de l'influence et de la persuasion pour les manipuler. Elle fit confidence de sa méthode : « Nous voyons bien que M. de Guise, et tous ceux de son parti qui sont ici, étaient en grande peine et doute que nous parlions si longtemps ensemble à part, et pour cette occasion y demeurai-je le plus que je pus, et (je) voudrais qu'ils fussent tellement divisés que nous puissions les séparer. » La négociation, on le sait, est un art et Catherine y excellait.

Elle devait d'autant plus s'échiner à affaiblir les chefs ligueurs que le royaume se donnait à la Ligue. Il n'y avait bientôt plus que les provinces du Midi et de l'Ouest à rester fidèles au roi. Catherine échoua à entamer l'hostilité des Guise à la tolérance civile et dut se soumettre à leurs exigences en demandant à Henri III la révocation des précédents édits de pacification et la reconnaissance de la seule religion catholique. Mais Guise exigeait davantage : il réclamait pour ses partisans des places de sûreté et des gouvernements de province. Plusieurs conférences y furent consacrées. Sur ce terrain, Catherine retrouvait l'occasion de ruser. Tandis que les discussions duraient, les ligueurs ne pouvaient s'emparer de nouvelles villes. Catherine multipliait alors les obstacles de forme, se dérobait, exigeait que ses adversaires présentent leurs demandes par écrit, arguait de conversations avec le roi pour différer ses réponses. Elle gagnait du temps.

La menace d'une offensive sur Paris, ville ultra-catholique dont Guise était le héros, l'obligea cependant à conclure. Ces négociations de renard s'achevèrent par un accord conclu à Nemours le 7 juillet 1585. C'était une véritable capitulation royale. Les princes lorrains obtenaient la restauration de l'unité de la religion. Désormais, le culte protestant était interdit, ses fidèles contraints d'abjurer ou de s'exiler, la liberté de conscience supprimée. Henri III avait consenti à voir Henri de Navarre déchu de ses droits à la succession s'il persistait à rester huguenot.

Cependant, au cœur de cette authentique défaite, la négociation conduite par Catherine eut quelque mérite. La reine mère avait contraint les guisards à rabattre de leurs prétentions quant aux places de sûreté. Le cardinal de Bourbon avait demandé Rouen, il eut Soissons ; le duc de Guise avait exigé Metz : il obtint Verdun, Toul et Saint-Dizier qu'il contrôlait déjà ; le duc de Mercœur convoitait Nantes et Saint-Malo, on lui accorda Le Conquet et Dinan ; quant au duc de Mayenne, il reçut le château de Dijon et non la ville.

Ainsi, face à la déferlante ligueuse qui eut raison du roi, Catherine sauva quelques lambeaux d'une autorité monarchique sévèrement mise à mal. Toutefois, le bilan restait maigre. Quel sentiment l'anima lorsque, le 13 juillet, en sa demeure de Saint-Maur, le roi et les Guise se prêtèrent à une comédie de réconciliation publique ? Deux jours plus tard, de retour au Louvre, elle refusa la cérémonie que les très catholiques Parisiens voulaient lui offrir. Il est des applaudissements compromettants.

Les déçus de la paix

Catherine croyait avoir évité la guerre au prix d'une paix humiliante. Elle partageait avec le roi l'humiliation et allait avoir la guerre.

Le traité de Nemours avait indigné Henri de Navarre et déclenché la levée d'armes des huguenots. « Votre Majesté, écrivit le Béarnais à Henri III, a traité une paix avec ceux qui se sont élevés contre son service. Je laisse à juger en quel labyrinthe je me trouve. » La peur des malheurs qu'il redoutait lui fit en une nuit, dit-on, blanchir la moustache. Sa colère n'épargnait pas Catherine. Il lui faisait la leçon, l'assurant qu'il s'opposerait de tout son pouvoir à « ceux qui voudraient entreprendre la ruine de la couronne et maison de France ».

Le traité de Nemours mortifiait le roi, conscient qu'en liant son sort à ses adversaires il ruinait lui-même sa propre autorité. Il était un roi sans moyens pour agir et devenait un monarque spectateur de son règne.

Catherine ne pouvait pas davantage se satisfaire de ce qu'elle avait signé. Sa vie durant, elle s'était efforcée de tenir l'équilibre entre catholiques et protestants. Après cet accord, son fils n'était plus l'arbitre entre les partis, sans pour autant devenir le champion de la cause catholique, ce rôle étant exercé par le duc de Guise.

La reine mère savait qu'on l'accusait de complicité avec la Ligue, alors qu'elle ne lui avait cédé, non sans résister, qu'en raison de sa puissance. Entre huguenots et ligueurs, elle avait choisi de pactiser avec ceux dont la force était la plus redoutable pour l'autorité royale. C'était là sa méthode : tenter d'arracher quelques concessions à l'adversaire, s'allier avec lui pour éviter de plus grands maux et attendre patiemment des occasions plus favorables, comme l'astrologue guette dans le ciel une meilleure configuration astrale. En 1585, était-ce toujours la plus heureuse formule ? Certains de ses proches en doutaient. Ainsi, même le très modéré secrétaire d'État Nicolas de Villeroy prédisait que la paix signée à Nemours n'apporterait que « troubles, sang et désolation » et ruinerait bientôt le royaume. Déjà Navarre s'abouchait avec le maréchal de Damville, gouverneur de Languedoc, et les deux hommes scellèrent un accord, ressuscitant l'alliance entre huguenots et malcontents qui avait tant nui à Catherine dix ans plus tôt.

Au roi allié malgré lui aux ligueurs, s'opposait la coalition des partisans de la coexistence religieuse.

La traité de Nemours avait plongé le roi dans d'infinies contradictions. Il devait faire la guerre à Navarre avec des alliés de circonstance qu'il craignait comme peste. Certes, la prise d'armes des huguenots obligeait à les combattre, mais Henri III ne souhaitait nullement les écraser. Leur défaite profiterait trop aux Guise. Aussi le monarque s'apprêtait-il à faire la guerre sans zèle excessif.

Henri ne partit pas lui-même mais, pour commander l'armée royale chargée d'accrocher Navarre en Guyenne, il désigna le duc de Mayenne, et non le Balafré. Il ne lui déplaisait pas d'exploiter la sourde rivalité qui opposait les deux frères. Le gros Mayenne était un capitaine expérimenté, mais sans génie, donc un adversaire moins redoutable pour Navarre. En outre, le roi le flanqua du maréchal de Matignon, lieutenant général en Guyenne, homme modéré, défiant envers les excès des ultra-catholiques, tout dévoué au roi. Lorsque Mayenne, confronté à une épidémie qui décima ses troupes, réclama des renforts, Matignon montra peu d'empressement à le secourir. Le roi avait donné des ordres !

Aucun combat ne fut décisif. De la médiocrité des opérations militaires, le roi s'accommodait, quand il ne retenait pas secrètement ses troupes. Il souhaitait seulement prendre l'avantage sur Henri de Navarre pour le convaincre d'abjurer. Il fallait ménager l'avenir. Comme il l'avait fait en septembre précédent lorsqu'il avait refusé de publier la bulle pontificale qui excommuniait le Béarnais et son cousin Condé et leur barrait ainsi l'accès au trône.

Catherine jugeait dangereuse la passivité du roi, et blâmait le manque d'esprit combatif de l'armée royale. Sa hantise était de voir les ligueurs, lassés des atermoiements d'Henri III, se retourner contre le monarque. Le royaume, déjà épuisé, ne s'en remettrait pas. Elle s'irritait du peu d'enthousiasme de son fils pour la guerre : Henri, le vainqueur de Jarnac et de Moncontour, n'était plus le favori de Mars. Elle ne comprenait pas qu'il délaisse les affaires de l'État pour d'interminables exercices de piété. Henri s'enfermait plusieurs semaines durant dans son ermitage du bois de Vincennes, prêchait, participait à des cérémonies quotidiennes de flagellants. Il ne résidait presque plus à Paris, ne travaillait plus. À la fin de novembre, il interrompit encore son séjour au Louvre pour un pèlerinage à pied à Notre-Dame de Chartres. De retour dans la capitale, il passa le mois de décembre à fréquenter les oratoires des pénitents, à jeûner et à prier. Catherine le mettait en garde : ses excès de dévotion compromettaient sa santé et lui faisaient négliger ses devoirs de roi.

Aussi, dès qu'un combat était gagné par l'armée royale, elle s'empressait de le mettre en valeur afin de prouver l'engagement sincère d'Henri III auprès de la cause catholique. Lorsque le roi se querella avec le pape, soutien de la Ligue, jusqu'à risquer d'interrompre les relations diplomatiques avec Rome, elle désapprouva son fils qui, rappelait-elle, avait besoin de l'accord pontifical pour aliéner les biens du clergé. « Si j'étais crue, écrit-elle, je ferais le doux à tous papes et rois pour avoir le moyen d'avoir les forces telles que je puisse commander et non leur obéir. » Elle était prête, malgré les ans et la longueur du voyage, à aller elle-même jusqu'à Rome pour « rhabiller ce désaccord ».

Catherine sentait que le roi s'éloignait d'elle. Henri lui en voulait d'avoir conclu la paix ; elle ne le comprenait plus. La confiance que son fils mettait en elle s'était émoussée : il la tenait désormais à l'écart des affaires. Quand il se retirait en quelque couvent, c'étaient les secrétaires d'État qui devaient faire face à la tâche. La reine mère n'avait plus le même crédit.

Les entretiens de Saint-Brice

Pourtant elle ne méritait pas l'accusation : Catherine n'était pas l'alliée de la Ligue. Elle avait certes pactisé avec les Guise, non pour des raisons religieuses, mais parce qu'elle craignait qu'ils ne dévorent le royaume et son roi. Pas plus que son fils, elle ne souhaitait le triomphe militaire des ligueurs. Seulement le duc de Guise finirait par vaincre si Henri de Navarre s'obstinait à rester huguenot. À Paris comme dans nombre de provinces, le principe de catholicité l'emportait dans les esprits sur la loi de succession. Bien des Français préféraient pour roi un Guise catholique à un Navarre légitime mais protestant. Si le Béarnais abjurait, les lois fondamentales en feraient aussitôt l'héritier naturel de la Couronne. Un Bourbon, aîné de sa maison et devenu catholique, c'étaient les prétentions des princes lorrains ruinées. Henri III renoua alors avec Catherine pour lui confier la tâche de convaincre Henri de Navarre.

La reine mère s'empressa d'accepter. Malgré son âge et ses échecs, elle avait toujours confiance en ses dons ; mais elle sous-estimait son gendre. En effet, la tâche s'annonçait rude : Navarre n'avait pas été vaincu militairement, rien ne pouvait le contraindre à abjurer.

Au début de juin 1586, l'annonce de l'ouverture de pourparlers avec l'hérétique scandalisa Paris et les ligueurs. Aussitôt les prédicateurs grimpèrent en chaire pour dénoncer l'entente diabolique entre le roi, sa mère et le chef des protestants. Des pamphlets insultaient Henri et Catherine et, pour la première fois, les injures s'accompagnaient de menaces de mort. La reine mère n'était plus encensée comme la négociatrice du traité de Nemours ; elle était traînée dans la boue comme pactisant avec le diable. « Je crains toujours les desseins de la reine mère, confiait Henri de Guise à l'ambassadeur d'Espagne, qui se doit voir, dans peu de jours, avec le roi de Navarre, et que sur cette conclusion, elle veuille troubler le repos des catholiques de ces deux couronnes (de France et d'Espagne) qui consiste en l'union. »

Le 24 juillet, Catherine quitta le Louvre pour le Poitou. Mais son gendre était peu disposé à la rencontrer. Plusieurs fois il se déroba, ne promettant sa venue que pour obtenir la trêve indispensable au repos de ses hommes. Le rendez-vous avait été fixé pour le 10 octobre à Champigny, mais le roi de Navarre resta invisible. On s'accorda ensuite sur un autre lieu, Saint-Maixent, et sur la date du 6 novembre, mais Navarre repoussa encore la rencontre à la mi-décembre en un château proche de Cognac. Quatre mois furent ainsi nécessaires pour le convaincre d'accepter l'entrevue. Quatre mois de périple en litière pour une femme âgée et malade, sur des chemins peu sûrs et dans des étapes inconfortables. Quatre mois à sillonner une province frappée comme d'autres par les conséquences d'un été pourri, ravagée par la famine, éprouvée précocement par un hiver qui s'annonçait encore plus rigoureux que le précédent. Dans la mémoire collective, les années 1586-1587 laissèrent de bien sinistres souvenirs. La misère était partout. Catherine la vit. Plusieurs fois les pauvres affamés dévalisèrent ses provisions, les pillards guettaient le passage de sa caravane. Avec ses conseillers et ses dames d'honneur, la reine mère arriva enfin au château de Saint-Brice, sur les bords de la Charente. Navarre, Condé et Turenne l'attendaient, escortés par huit cents chevaux et deux mille hommes de pied. La conférence s'ouvrit le 13 décembre. Elle ne manqua pas de relief.

Face à la vieille dame engoncée dans ses voiles noirs, le corps alourdi et perclus de rhumatismes, mais à l'esprit volontaire, Navarre, sur ses gardes, moustache conquérante, l'œil vif et moqueur. Elle était l'emblème d'un pouvoir affaibli mais non sans ressources. Il incarnait une force nouvelle, mais manquant encore d'assurance.

Tous deux excellaient à ruser. On échangea plus de reproches qu'à l'ordinaire. Chacun jugeait l'autre sans complaisance.

— Eh quoi ! gémissait Catherine. Serai-je toujours dans cette peine, moi qui ne demande que le repos ?

La réponse jaillit, cinglante :

— Madame, cette peine vous plaît et vous nourrit ; si vous étiez en repos, vous ne sauriez vivre longuement.

Catherine demanda à Navarre de se faire catholique et de revenir à la Cour. Le Béarnais éluda. Il assura que ses troupes étaient capables de vaincre et que, renforcées par le secours de reîtres, et alliées à l'armée d'Henri III, elles pourraient avoir raison de la Ligue. Changer de religion, assura-t-il, n'apporterait rien de plus. Rejoindre Paris serait en outre trop dangereux. La reine mère avait la réputation méritée d'être une redoutable négociatrice. Aussi son gendre esquiva-t-il une nouvelle fois en déclarant vouloir consulter les Églises protestantes. Pour le fléchir, Catherine n'hésita pas à proposer un bien peu digne marché : la conversion de Navarre contre la dissolution de son mariage avec Marguerite.

Pourquoi la reine voulait-elle rompre une union qui avait été son œuvre, et punir sa fille ? Depuis longtemps, Margot menait une vie libre, extravagante, provocante. Henri III et sa mère la jugeaient scandaleuse. Fille de France, elle n'avait pas hésité à comploter avec François d'Anjou et à intriguer contre le duc d'Épernon et contre le roi lui-même. On lui prêtait quantité d'amants et on la soupçonnait d'avoir un fils illégitime. Depuis avril 1584, Henri de Navarre avait accepté le retour de sa femme à Nérac, mais le couple continuait de se déchirer et la princesse, dans sa haine pour Henri III, était entrée en contact avec les ligueurs. À une vie tapageuse s'ajoutait la trahison.

En mars 1585, Marguerite alla se réfugier en Agen, ville de son apanage. Elle était alors sans ressources. Catherine eut un réflexe de mère : ayant appris que sa fille n'avait « pas moyen d'avoir de la viande pour elle », elle lui fit envoyer des secours. Mais quand elle sut que Margot fortifiait la ville et se déclarait en révolte ouverte contre elle et contre le roi – allant jusqu'à demander asile au duc de Lorraine –, la reine mère perdit patience. Elle parlait de sa fille comme d'une « créature » que Dieu lui avait envoyée en punition de ses péchés : « mon fléau, disait-elle, en ce monde ».

La vie privée de Marguerite éclaboussa une fois encore sa famille. Elle affichait un nouvel amant nommé Aubiac. Ce n'était ni un prince ni un grand seigneur, mais un petit gentilhomme de Guyenne. La jeune femme finit par scandaliser les Agenais eux-mêmes : ils la chassèrent de leur ville, la contraignant de fuir jusque dans le Massif Central. Marguerite vécut d'abord au château de Carlat où elle donna probablement naissance à un second enfant, puis au château d'Ibois, près d'Issoire, cadeau de sa mère. Elle y avait amené son amant. Aussi la reine mère, exaspérée, demanda-t-elle au roi de faire enfermer son incorrigible sœur. On avait trop tardé à faire cesser cette « honte » et ce « tourment insupportable ». Henri III n'avait pas besoin de se faire prier : il lui attribua le château d'Usson comme prison. Dans ce nid d'aigle imprenable, Margot fut confiée à la surveillance du marquis de Canillac, gouverneur de Haute-Auvergne. Le roi rendait sa haine à Marguerite. « Je ne la veux appeler (...) que sœur, ordonna-t-il à son secrétaire chargé de rédiger une lettre officielle, sans chère et bien-aimée. Ôtez cela. »

Ainsi Catherine, en accord avec le roi, offrit à Navarre, s'il abjurait, d'enfermer Margot dans un couvent, de faire annuler son mariage et de le remarier avec sa petite-fille, Christine de Lorraine, qu'elle avait pris soin d'emmener avec elle en Poitou.

Mais Navarre refusa : il entendait rester protestant. Il fit traîner encore les négociations jusqu'en mars et finit par lasser la patience de sa belle-mère. Au Louvre, Henri III s'irritait. Il commanda de rompre. Catherine quitta son gendre – elle ne devait jamais le revoir – et, à petites étapes, rentra à Chenonceaux le 13 mars 1587, épuisée. Elle avait échoué. L'habile ravaudeuse semblait avoir perdu la main.

D'échec en échec

À Paris, la reine mère constata aussitôt que le climat s'était encore alourdi. Comme dans tout le royaume, les vivres avaient enchéri, des mendiants affamés affluaient dans la ville en quête d'un secours ou d'un maigre travail. La pression fiscale atteignait l'intolérable. Les prédicateurs savaient exploiter ces difficultés. Chaque acte royal était prétexte à indignation. Les ligueurs ne lâchaient pas le monarque. Pas un jour où ils ne l'accablaient d'invectives. Lorsqu'ils apprirent en mars l'exécution à Londres, sur ordre d'Élisabeth Ire, de la reine d'Écosse, la romanesque Marie Stuart, ils redoublèrent de haine contre les huguenots et accusèrent Henri III d'avoir abandonné et trahi son infortunée belle-sœur, quand ils ne le soupçonnaient pas de vouloir livrer la capitale à une armée d'hérétiques impatiente de perpétrer une Saint-Barthélemy à rebours. À ce rythme, les esprits les plus modérés se découvraient pleins de haine pour le roi.

Le soir de son arrivée au Louvre, le 26 mars, la reine mère s'entretint deux heures durant avec son fils. À son habitude, elle l'avait quotidiennement tenu informé de ses conversations avec Henri de Navarre. Au cours de leur tête-à-tête, le monarque se plaignit de la guerre de propagande que lui livraient ses adversaires. Il confia qu'à deux reprises les ligueurs parisiens avaient tenté de l'enlever, une fois au retour de l'oratoire de Vincennes où il était toujours faiblement escorté, l'autre fois à la foire Saint-Germain.

Les jours suivants, Henri III se remit à consulter régulièrement sa mère. Un contemporain, l'historien Davila, prétend qu'« aux heures les plus secrètes de la nuit (il) s'en allait de sa chambre en celle de la reine sa mère. Là, il entrait en de longues conférences où étaient appelés, comme plus confidents que les autres », le maréchal de Retz, l'abbé Pierre d'Elbene, aumônier du roi, le duc d'Épernon et le ministre Villeroy. Face à la fièvre qui montait à Paris, Henri ne pouvait plus temporiser. Son autorité risquait de sombrer définitivement. À trop ménager Navarre, buté en son protestantisme, le roi risquait de se perdre.

Mais comment reprendre la main lorsque l'argent fait défaut? Lorsque tout impôt nouveau manque de provoquer refus de paiement ou révolte? Catherine ne partageait pas le pessimisme de son fils. Malgré ses maladies, elle ne rechignait pas à le servir de son mieux et à lui rendre courage. « Je crois, écrivait-elle confiante à Bellièvre à la fin mars, que bientôt le roi sera au-dessus de tous ses maux et qu'il sera bien servi et bien conseillé et qu'il ne tiendra qu'à lui que tout n'aille comme il doit. Il y faut de la force, de la patience et de la continuation. »

Une fois encore, elle donna une preuve supplémentaire de son absolu dévouement : elle aida son fils de ses propres deniers, assurée désormais de jouir d'une partie de l'héritage des Médicis, si longtemps disputé.

Le manque d'acharnement de l'armée royale envers les huguenots contrastait avec le zèle guerrier du duc de Guise qui promettait « de ne descendre jamais de cheval tant que la religion catholique ne serait bien établie en ce royaume». Sur la frontière de Champagne, le Balafré se montrait actif pour dix. Il n'avait pas hésité à assiéger, sans autorisation royale, les villes de Sedan et de Jametz, repaires de protestants, mais cités étrangères au royaume et possessions du duc de Bouillon. L'ardeur de Guise, pensa le roi, méritait d'être blâmée. Henri III commanda à Catherine d'aller à Reims rencontrer, une fois encore, les ducs d'Aumale et de Guise et le cardinal de Bourbon.

Rentrée du Poitou à la mi-mars, la reine mère reprit la route le 12 mai 1587. En chemin, la vieille dame apprit la naissance de son second arrière-petit-fils, Victor Amédée, fils de l'infante Catherine et du duc de Savoie. Cette heureuse nouvelle suffit-elle à la rendre de joyeuse humeur ou espéra-t-elle jouer de son charme avec les Lorrains? Lorsque les Guise se portèrent à sa rencontre, « par les champs», à quatre lieues de Reims, elle les salua avec toute l'amabilité nécessaire, les embrassant, comblant de flatteries le vieux cardinal. Elle demanda une trêve pour le duc de Bouillon, agressé par Guise. Les pourparlers durèrent trois semaines, souvent interrompus par les soins que réclamait la santé de Catherine. La négociation n'aboutit pas. Les Guise ne daignèrent accorder qu'un mois de trêve et refusèrent de rendre au gouverneur de Picardie deux villes, Doullens et Le Crotoy, dont ils s'étaient emparés.

En moins de deux ans, après les conférences d'Épernay et celles de Saint-Brice, Catherine venait d'essuyer son troisième échec. Et ce n'était pas le manque de temps qu'elle invoquait – « Quand on va en quelque lieu, l'on ne peut en vingt jours accommoder les affaires » – qui pouvait l'excuser. Âgée, usée, fatiguée, la reine mère semblait ajouter l'incapacité à ses maux.

À Paris, Henri III, dont les atermoiements risquaient de mobiliser contre lui les princes ligueurs, prit la décision de combattre franchement les huguenots. Il annonça qu'il commanderait en personne une de ses armées. Les reîtres, appelés par les protestants, se rassemblaient à la frontière de l'Est, et Navarre remontait vers la Loire. Le monarque avait mis en place le dispositif guerrier. Au duc de Guise, le soin d'arrêter l'invasion des Allemands. En Poitou, l'archimignon Joyeuse – qui penchait plutôt du côté de la Ligue – s'opposerait au Béarnais. Henri III se tiendrait sur la Loire moyenne. En prenant la tête de ses troupes, le souverain espérait ôter aux ligueurs tout motif de critique.

Mais aucun de ses actes ne trouva grâce aux yeux des prédicateurs parisiens qui continuaient à vomir leurs injures contre le roi et ses ministres, tandis que les ligueurs n'attendaient qu'un prétexte pour soulever le peuple. Henri n'en quitta pas moins Paris le 12 septembre, « suivi des larmes des reines et des dames de la Cour ». Par sécurité, il laissa dans la capitale sa mère comme « régente », avec pleins pouvoirs. Catherine était toujours nécessaire.

Au soir de sa vie, elle renouait avec les responsabilités que lui avait confiées son mari en 1552 à l'occasion de la campagne d'Allemagne. La confiance renouvelée de son fils lui insuffla une nouvelle énergie. Ses lettres en témoignent. Aidée de ses fidèles Bellièvre et Villeroy, elle fit office de munitionnaire, d'ingénieur militaire, d'officier d'état-major, expédiant ses ordres en province, cherchant de l'argent, empruntant, augmentant les taxes. Pendant près de quatre mois, Catherine administra seule un royaume que le roi tentait de sauver.

Rien de ce qu'Henri III avait espéré ne se produisit. Le 20 octobre, le duc de Joyeuse fut battu à Coutras par Navarre en moins de trois heures de combat. On dénombra dans l'armée royale deux mille victimes. Le favori était du nombre. Le roi, qui n'était pas responsable de la défaite, était un roi vaincu. L'opinion le jugeait ainsi et Catherine pensait de même. « C'est un grand malheur, écrivit-elle à son fils, que la perte que vous avez faite en Guyenne dont je suis en très grande peine (...) et j'en eus une telle émotion que je n'en ai pas été bien à mon aise depuis. »

Coutras était la défaite du roi. Que Guise soit victorieux des reîtres et Henri III deviendrait un roi inutile ! Le Balafré se jeta à la poursuite de l'armée germanique, la culbuta à Vimory et, une seconde fois, à Auneau. Dans Paris surexcité, on chanta les louanges du héros, alors que le roi apprit la victoire sans plaisir. Après la mort de Joyeuse, la victoire de son rival ! Le seul succès du souverain fut d'obtenir l'éloignement, moyennant compensations financières, des troupes d'Allemagne. Ainsi évitait-il le pillage des provinces du Bassin parisien par la soldatesque. Mais beaucoup le soupçonnèrent d'avoir voulu ainsi priver Guise d'un troisième succès.

Henri III rentra à Paris le 23 décembre. Catherine et la reine Louise l'accueillirent avec joie. Elles avaient tant prié pour sa sauvegarde ! En mère admirative, Catherine tirait une grande fierté de la campagne de Sa Majesté. « Nous n'avons plus rien à faire, écrivit-elle, qu'à remercier Dieu, nous ayant tellement aidé que c'est un vrai miracle, et a montré à ce coup qu'il aime bien le roi et le royaume. » Bien peu, à Paris comme dans le royaume, partageaient son enthousiasme.

CHAPITRE XV

La mort de la « mère de l'État »

> *Jamais je ne me vis si peu de clarté pour en bien sortir.*
>
> Catherine de Médicis

Le roi avait réuni son Conseil. Mais ce n'était pas une séance ordinaire. Poussé à bout par les ligueurs, Henri III avait besoin de consulter ses fidèles. On était à la mi-avril 1588. À Paris, depuis des semaines, des torrents d'injures se déversaient quotidiennement sur le monarque. S'y ajoutaient des menaces d'attentat. Les prédicateurs ne se contentaient plus d'invectiver le roi, ils tramaient une insurrection, n'attendant que le duc de Guise – alors sur ses terres – pour agir. Henri III avait bien essayé de séparer le duc de la Ligue populaire parisienne moyennant une cascade de bienfaits, mais le Balafré avait refusé avec orgueil. Récemment encore, le roi venait de lui envoyer le surintendant des finances Bellièvre dans l'espoir de le ramener au loyalisme. Mais les pourparlers s'éternisaient. Sans doute, le duc se contentait-il d'amuser le ministre de Sa Majesté. Le roi ne pouvait supporter davantage d'avanies. Mais comment réagir ?

Une négociation de plus ?

Catherine s'était assise à la table du Conseil. Avait-elle encore la confiance de son fils ? Longtemps elle l'avait conseillé, rassuré, encouragé, aidé à prendre ses décisions. Elle avait gouverné en son nom. Mais depuis quelques années ses talents de négociatrice s'étaient émoussés. Récemment, avec les Guise comme avec Henri de Navarre, elle n'avait obtenu que de piètres résultats. Les ans, la maladie en étaient probablement la cause. Son fils ne lui reprochait rien. Si elle avait perdu son ascendant sur lui, c'est qu'Henri ne partageait plus la même vision des choses. La reine mère avait pour Guise des yeux trop indulgents et pour d'Épernon trop de méfiance pour complaire au roi.

Le duc d'Épernon entra à son tour dans la salle du Conseil, salua Sa Majesté, fit une profonde révérence à la reine mère qui n'y porta guère d'attention. Catherine détestait l'archimignon qui l'avait supplantée dans l'esprit de son fils. Henri III, souvent en proie à l'indécision, avait besoin d'Épernon, de son caractère affirmé, de son goût pour l'action. Elle enrageait de cette préférence et ne cessait de s'opposer au duc dont la position s'était encore renforcée lorsque, après la mort de Joyeuse à Coutras, le roi lui avait attribué les charges du défunt : le gouvernement de Normandie (qu'il cumulait avec six autres gouvernements) et la charge d'amiral de France. Personne ne pouvait entamer la confiance d'Henri pour son favori. Personne, pas même Catherine, qui reprochait au duc d'être trop favorable à Navarre et farouchement hostile à la Ligue. Aussi ne manquait-elle jamais une occasion d'humilier le favori. Un jour, celui-ci dut rester agenouillé une heure devant la reine mère, chapeau à la main – étiquette oblige –, avant que Catherine ne l'invite à se relever. Depuis, au Conseil, les deux rivaux échangeaient les plus vifs propos.

Une fois encore, ils se retrouvaient face à face. Chacun avait en tête l'arrogance de la Ligue. Non seulement le roi n'était plus guère obéi, mais il était constamment défié par ses adversaires. Au mois de février précédent, le Balafré, assisté de tout l'état-major ligueur, lui avait expédié depuis Nancy une requête inouïe. Henri avait failli s'étrangler de colère en lisant les incroyables revendications : il devait s'unir à la Ligue, épurer son Conseil, disgracier d'Épernon, introduire l'inquisition dans le royaume... Folles exigences, inacceptables surenchères suggérées par l'Espagne pour développer l'anarchie en France.

Hésitant comme jamais, le souverain interrogea les membres de son Conseil sur la conduite à tenir. D'Épernon était l'homme des mesures énergiques. Au roi de prendre les armes contre ceux qui refusaient de lui obéir. Tout au contraire, Catherine conseilla la négociation et proposa d'offrir aux Guise de réelles satisfactions. On ne pouvait entendre avis plus opposés. À la ferme proposition d'Épernon, la reine mère répondit, insinuante :

— Ceux qui conseillent au roi de tourner les armes contre des princes catholiques sont des huguenots, ou bien ils tiennent leur parti.

Le favori, piqué au vif, répondit avec colère qu'il était bon catholique et qu'il n'avait parlé que pour le service de Sa Majesté.

Ce mot fit bondir Catherine :

— Comme reine mère du roi, je ne connais personne qui pût porter plus d'intérêt que moi au service de mon fils.

En présence de Sa Majesté et de ses conseillers, les deux rivaux s'exprimaient vivement, mais encore avec retenue. En réalité, ils nourrissaient des desseins autrement plus radicaux. Dans une lettre à son fils, Catherine proposait de jouer les intermédiaires entre le roi et les Guise, mais elle plaidait avec force pour la disgrâce d'Épernon. Le favori renvoyé, assurait-elle, Guise promu principal conseiller du roi, c'était la paix avec la Ligue.

De son côté, d'Épernon accusait Catherine de sacrifier les intérêts du roi au profit de son petit-fils, Henri, marquis de Pont-à-Mousson, enfant de sa défunte fille Claude et du duc Charles III de Lorraine. La reine mère souhaitait, disait-on, faire du jeune prince l'héritier du trône, malgré la loi salique, et gagner à sa cause le duc de Guise. Ainsi Navarre aurait-il été écarté. Déjà l'obstination du Béarnais à demeurer protestant le disqualifiait. Quant à sa parenté avec les Valois, Catherine prétendait, d'après l'historien Mézeray, que le lien familial – Henri III et Navarre étaient cousins au vingt-deuxième degré – était dans ce cas trop distendu et « que le sang était bien morfondu au-delà du sixième degré, que les Bourbons n'étaient pas plus parents [d'Henri III] que d'Adam et Ève, et qu'il était plus naturel de laisser la succession à ses neveux qu'à des gens si éloignés ». Catherine, on le voit, avait fait son choix.

Au milieu des barricades

En cette fin d'août 1588, tandis que le roi contemplait son impuissance que les avis opposés de sa mère et de son favori rendaient plus aiguë encore, le duc de Guise s'apprêtait à passer à l'action. Appuyé par une trentaine de milliers de Parisiens excités contre le souverain, les princes ligueurs préparaient une prise d'armes qu'ils avaient coordonnée avec la gigantesque expédition maritime lancée par l'Espagne contre l'Angleterre hérétique. Les Guise étaient chargés d'arracher au royaume des ports utiles au ravitaillement de l'Armada de Philippe II qui embarquerait des troupes sur les côtes des Pays-Bas avant d'atteindre l'Angleterre. Le Roi Catholique se préparait à faire une extraordinaire démonstration de force propre à terroriser les huguenots français et à impressionner un roi de France jugé trop pusillanime.

Tout paraissait alors possible au duc de Guise : le soulèvement de Paris, la capitulation d'Henri III, le recours au Balafré, homme providentiel. Il suffirait d'agir au moment où l'Armada appareillerait.

Conscient des périls, car bien informé, le roi avait décidé d'interdire au duc d'entrer dans Paris. Trois fois au moins il lui fit passer ses ordres, le 24 avril, les 5 et 6 mai. Pourtant, malgré les commandements royaux, le duc de Guise entra dans la capitale le 9 mai vers midi, seulement accompagné, par bravade, d'une maigre escorte. L'acte avait été soigneusement préparé. Dès que le Balafré fut reconnu dans la rue, les acclamations fusèrent :

— Vive Guise! criait-on. Vive le pilier de l'Église!

Néanmoins, le Balafré se rendit d'abord chez Catherine en son hôtel des Halles, la sachant bienveillante envers sa famille.

La reine mère avait-elle fait secrètement appeler le duc à Paris? Certains le pensent, d'autres n'y croient guère. On ne peut rien prouver. Le récit par un ligueur anonyme de l'arrivée de Guise chez Catherine décrit la surprise de celle-ci. Malade, la reine mère était alitée. Sa naine, regardant par la fenêtre, s'écria que le duc était à la porte. Peu disposée à plaisanter, Catherine dit « qu'il fallait bailler le fouet à cette naine qui mentait ». Mais « à l'instant, elle connut qu'elle disait vrai » : le duc entrait dans sa chambre. Un témoin la vit « trembler, frissonner, changer de couleur », tout en étant « émue d'aise et de contentement », ce qui semble contradictoire. Pour l'ambassadeur de Venise, elle « resta toute sens dessus dessous». Les émotions contraires de la reine mère – qui savait donner le change – interdisent de percer ses véritables sentiments. Surprise par la désobéissance du duc, craignait-elle le pire ? Ou bien Guise arrivait-il trop tôt ? Mesurait-elle alors le danger d'un soulèvement ligueur, déclenché par la présence du Lorrain ?

Le Balafré obtint de Catherine ce qu'il désirait : elle l'accompagnerait au Louvre. Sa présence atténuerait peut-être la colère prévisible du roi, ou même retiendrait son bras. Guise gagna le palais du souverain à pied, la reine mère en chaise à porteurs à ses côtés. La petite escorte du matin s'était muée en une marée humaine qui envahit les rues, hurlant sa joie. « Il n'y avait pas assez de chapeaux ni de genoux pour le saluer », constate un témoin. C'était un interminable brouhaha d'adulation.

Catherine avait fait prévenir son fils de la présence du duc. Arrivée au Louvre, elle conduisit Guise dans la chambre de la reine Louise alors souffrante. Elle s'assit près du lit. Guise se tint près de la fenêtre, bavardant avec les dames. Le roi entra. Laissant à peine le Balafré achever sa révérence, il l'interpella :

— Qui vous amène ici ?

Henri était blême d'une colère mal contenue.

À cet instant, les récits divergent. Catherine avouat-elle qu'elle avait appelé l'indésirable ? Ou, pour apaiser son fils, endossa-t-elle la responsabilité de l'avoir fait venir ?

Dans un premier mouvement, le roi, dont l'autorité était ainsi publiquement bafouée, avait décidé de se débarrasser de son rival. Puis il s'était repris et décida de n'en rien faire. Sur un ton cinglant, il déversa ses griefs, accusa le duc de trahison, étendant ses reproches à toute la maison de Lorraine. Ému et pâle, le Balafré prétendit être venu pour « se purger des calomnies (...) que l'on lui avait prêtées de vouloir entreprendre contre son État». Et il protesta de sa fidélité.

Catherine observait le roi dont elle connaissait si bien ce que cachait son visage. Elle craignit qu'il ne se satisfasse pas des bonnes paroles du Balafré. Elle le tira à part pour lui dire «ce qu'elle avait vu de l'affluence du peuple et qu'il n'était pas encore temps de se porter à des résolutions précipitées». La menace de la rue exigeait de temporiser. La duchesse d'Uzès, son amie, tint le même langage.

Le duc de Guise prit congé. Devant le Louvre, la foule attendait son héros. Quand elle le vit sortir libre, elle cria victoire. Pour le roi, la présence de Guise et les acclamations des Parisiens étaient un camouflet dont il se souviendrait. Sachant combien les ligueurs étaient décidés, il prit aussitôt d'importantes mesures de sécurité. Assurément Henri III était menacé.

Les jours suivants, Catherine se mit en quête d'un improbable accord. Le 10 mai, elle demanda à Guise la restitution au roi des villes picardes. Ce geste démontrerait sa bonne volonté et satisferait Sa Majesté. Mais le duc s'excusa de ne pouvoir rien faire. Le lendemain, recevant dans sa chambre, elle s'aperçut d'un changement inquiétant chez le roi. Dès l'arrivée du duc, Henri détourna ostensiblement la tête.

Au matin du 12 mai, la reine mère fut réveillée comme les Parisiens par le bruit de bottes des soldats qui pénétraient dans la ville. Quatre mille Suisses et deux mille gardes-françaises entraient dans la capitale à l'appel du roi décidé à lutter contre l'insurrection annoncée. Ce déploiement de forces, méthodique et rapide, provoqua aussitôt un souffle de révolte dans la ville.

Catherine n'avait pas été dans la confidence. La décision d'appeler des renforts avait été prise sans elle au soir du 10 mai. Elle était atterrée. La réaction populaire fut aussi rapide que l'entrée des Suisses. Par les domestiques qu'elle envoyait aux nouvelles, elle apprit que, pour immobiliser les royaux, le peuple tendait des chaînes en travers des rues. Pour la première fois de son histoire, Paris se hérissait de barricades.

Malgré le danger, la reine mère décida de se rendre à l'hôtel de Guise. Craignait-elle que le roi ait donné l'ordre de l'encercler et de faire prisonnier son hôte ? Elle trouva le duc « en pourpoint » et, rassurée, le pria d'ordonner le retour au calme. Guise évita de répondre, prétendant ne savoir « autre chose que ce qu'aucuns bourgeois lui avaient rapporté (...). Qu'il n'était point colonel ni capitaine. (Que les armes) avaient été prises sans lui et que cela dépendait de l'autorité des magistrats de la ville ».

Déçue, Catherine retourna au Louvre. L'insurrection avait progressé. Place Maubert, sur le pont Notre-Dame, les Suisses se faisaient massacrer et les soldats immobilisés place de Grève et aux Innocents risquaient de subir le même sort.

Alors le roi préféra s'humilier. Il fit demander au duc de Guise d'empêcher que les troupes soient taillées en pièces par la foule. Vers quatre heures, vêtu d'un pourpoint blanc, chapeau à la main, sans armes, le Balafré sortit de son hôtel. Les barricades s'ouvraient devant lui. Lui qui n'était « ni colonel ni capitaine » donna ses ordres et sauva les soldats du roi. Henri duc de Guise était maître de Paris.

Après une nuit blanche, Catherine se rendit dès huit heures chez le roi. Des officiers municipaux et les présidents du Parlement l'escortaient. À son fils, elle conseilla de renvoyer l'ensemble des troupes et de décommander le régiment de Picardie qui devait entrer dans la ville. Les ordres furent exécutés dans la matinée. Puis, accompagnée de la reine Louise – cousine des Guise et aimée des Parisiens –, elle se rendit à pied à la Sainte-Chapelle pour entendre la messe. Les rues étaient barrées mais à chaque barricade elle se faisait ouvrir un passage que l'on refermait derrière elle.

« Elle montrait, note un témoin, un visage riant et assuré, sans s'étonner de rien. » À Catherine, le courage n'a jamais manqué. Mais rentrée à son hôtel, sa maîtrise de soi céda. « Tout le long de son dîner, elle ne fit que pleurer. »

L'après-midi, au Louvre, le conseil du roi eut à débattre de la protection de Sa Majesté. Les émeutiers resserraient leur étreinte autour du palais. Henri allait-il être pris comme dans un souricière ? Pour y échapper, beaucoup conseillaient la fuite. Catherine fut la seule à soutenir le contraire : le roi devait rester à Paris. Elle était convaincue que Guise retrouverait le chemin du loyalisme. Elle se proposa d'aller une fois encore le rencontrer pour lui demander de faire cesser la révolte.

À travers les barricades, elle reprit le chemin de l'hôtel de Guise. Le duc se montra d'une grande froideur. Arrêter le peuple, comme la reine mère le lui demandait, était, dit-il, aussi malaisé que retenir des « taureaux échauffés ». Avec la même rudesse, il refusa de se rendre auprès du roi. Catherine comprit que le temps de négocier était passé.

— Madame, il est trop tard, lui aurait répondu le Balafré.

Aussi, fit-elle dire au roi qu'il lui fallait de toute urgence quitter Paris.

Tandis qu'elle s'humiliait devant Guise, Henri III était sorti dans le jardin des Tuileries et, par la Porte Neuve, avait quitté la ville. Une poignée de fidèles l'accompagnait dont le chancelier Cheverny et trois secrétaires d'État. À toute bride, la petite troupe gagna Saint-Cloud, Trappes, puis Rambouillet où elle passa la nuit.

Catherine était encore à l'hôtel de Guise quand le duc apprit la fuite du roi.

— Madame, se serait-il exclamé, me voilà mort! Tandis que Votre Majesté m'occupe ici, le roi s'en va pour me perdre.

Le lendemain, Henri III était à Chartres, sauf et libre.

Catherine resta à Paris, promise sans doute à engager de nouvelles négociations.

« *En haine de la reine mère* »

Les ligueurs se prévalaient-ils d'avoir chassé le roi? C'est le contraire qui est vrai. Le 13 mai au soir, les Parisiens ne chantèrent pas victoire. Certains ne décoléraient pas d'avoir laissé le souverain s'échapper. Mais chez une majorité perçait un sentiment de culpabilité : celui d'avoir renié leur roi. Le maître parti, ils se sentaient un peu orphelins. La fuite du roi était leur punition.

Dès qu'il sut le départ d'Henri, Guise comprit qu'il avait été joué. Quelques heures plus tôt, se croyant maître du jeu, il parlait haut à Catherine venue en son logis implorer sa bienveillance, alors que le roi s'enfuyait à la barbe des ligueurs. Pour le Balafré, tout désormais serait moins simple. Le royaume ne suivrait pas aveuglément l'agitation parisienne. Paris commence les révolutions, mais la France y met fin.

Aussi, contrarié par la sortie du monarque, Guise se répandait-il en déclarations d'obéissance, en protestations de fidélité. Lui aussi était passé maître dans l'art de feindre. Il est vrai que sa situation était devenue brusquement inconfortable. Seul désormais avec les Parisiens, il devait contenir les ligueurs les plus radicaux tout en leur donnant des gages. À d'aussi encombrants alliés, il ne pouvait pas tout passer.

Depuis son hôtel, Catherine observait comment Paris secouait la tutelle monarchique : le prévôt des marchands (ou maire) avait été démis de ses fonctions, la municipalité épurée et un nouveau gouverneur de la Bastille, ligueur bon teint, avait été désigné. Le Balafré était maître des institutions monarchiques et disposait des ressources du Trésor royal.

Dans ses lettres aux Parisiens, Henri III justifiait son départ en assurant que le peuple avait été trompé sur ses intentions. Reprendre le combat contre les hérétiques était, répétait-il, son souci constant. Il comptait sur sa mère pour « assoupir [à Paris] ledit tumulte, ce qu'elle n'a pu faire en notre présence, quelque peine qu'elle y ait employée». À chaque délégation venue lui rendre hommage à Chartres, il disait sa confiance en Catherine et soulignait l'importance du rôle qu'il lui avait confié. Ainsi, aux représentants du Parlement, il déclara : « La reine, ma mère, vous fera toujours entendre ma volonté, à laquelle je dois beaucoup, non seulement que d'avoir eu cet honneur d'être sorti de son ventre, mais aussi pour l'avoir reconnue par expérience très soigneuse de l'état de mon royaume.»

Pour les Parisiens qui souhaitaient le retour à l'ordre, Catherine maintenait la continuité dynastique tout en renseignant son fils sur les affaires de la capitale. Elle était restée à Paris, écrivait un contemporain, « pour ne pas sembler se défier de l'obéissance des bourgeois. Mais, à vrai dire, elle s'y tenait pour voir elle-même tout ce qui s'y passait en attendant l'ordre du roi». Investie de l'autorité royale dans la ville révoltée tout en inspirant confiance aux ligueurs, elle n'avait de cesse d'écrire aux conseillers de Sa Majesté que rien n'était perdu. « Je sais bien, écrivait-elle à Bellièvre le 2 juin, que, ayant le cœur qu'il [le roi] a, c'est une dure médecine à avaler et l'*on loue ceux qui savent céder au temps pour se conserver*.» Cette phrase, frappée comme une maxime, était son discours de la méthode.

« Céder au temps » n'était pas passivité. Catherine faisait aussi du renseignement militaire, ne manquant jamais de signaler aux royaux les villes du sud ou de l'est de la capitale que le duc de Guise rançonnait pour assurer le ravitaillement de Paris.

Au Balafré, elle offrit de servir de médiatrice. D'autant plus indulgente avec lui qu'il était vainqueur, elle tâcha de le réconcilier avec le roi en rejetant la responsabilité du drame récent sur d'Épernon dont elle réclamait avec insistance le renvoi. Quant à son fils, elle l'encourageait à marcher sans tarder contre les huguenots de Guyenne.

La Ligue présenta ses exigences. Elles étaient sévères : reconnaissance par le roi des événements parisiens récents, diminution des impôts, disgrâce d'Épernon, reprise de la guerre contre les protestants. Catherine encouragea Henri à tout accepter. Les circonstances l'exigeaient. La paix était d'autant plus nécessaire que la reine estimait certaine la victoire de l'Armada espagnole sur l'Angleterre. Comment refuser un accord – fût-il humiliant pour le roi – aux ligueurs vainqueurs lorsque ceux-ci étaient soutenus par la première puissance mondiale ?

Le roi signa cette capitulation, nommée édit d'Union, le 16 juillet 1588. Comme après le fâcheux traité de Nemours de 1585, il en voulut à sa mère de servir ainsi les intérêts des Guise et de lui avoir imposé la disgrâce de son archimignon. Lorsqu'elle lui demanda, pour parachever la réconciliation, de rentrer au Louvre, il refusa. Elle supplia et, à son habitude, versa quelques larmes :

— Comment, mon fils, que dira-t-on de moi quand on me verra ainsi éconduite de vous, et que moi, que Dieu a fait naître votre mère, aie si peu de crédit en votre endroit ? Serait-il bien possible que vous eussiez changé tout à coup votre bon naturel, car je vous ai toujours connu de bonne nature, prompte et aisée à pardonner.

Aux récriminations de sa vieille mère, le fils préféré répondit en persiflant :

— Il est vrai ce que vous dites, Madame, mais que voulez-vous que j'y fasse ? C'est ce méchant d'Épernon qui m'a gâté et m'a tout changé mon bon naturel.

Le roi ne songeait qu'à prendre sa revanche. Le 16 juillet avait été un jour néfaste ; à la mi-août, le destin se montra enfin clément. Le salut ne vint ni de Paris ni de Guyenne, mais de l'Atlantique. En travaillant à accorder Guise au roi, Catherine estimait sauver le royaume d'une intervention espagnole. Si l'Invincible Armada était victorieuse d'Élisabeth d'Angleterre – la reine anglicane qui avait fait décapiter Marie Stuart –, le roi d'Espagne dominerait l'Europe. Il achèverait la reconquête des Pays-Bas révoltés et imposerait sa loi – Guise aidant – à la France.

Henri III, au contraire, pariait sur la défaite de l'Espagne. Il connaissait les risques de l'entreprise et, depuis le départ de la flotte, n'ignorait rien de ses difficultés. Déportée vers Calais, l'Armada était devenue la proie des navires anglais, puis, poussée vers la mer du Nord, avait manqué le rendez-vous avec les troupes des Pays-Bas. La tempête et le naufrage firent le reste. Le projet d'invasion de l'Angleterre échoua. Le désastre espagnol était complet. Il amoindrissait le triomphe de Guise à Paris. Privé de l'aide du Roi Catholique, le Balafré s'imposerait-il encore longtemps au roi ?

En cette fin d'août, Henri III était décidé à agir. Mais, cette fois, libéré de ses tutelles, celles de sa mère comme des conseillers liés à elle. Le 8 septembre, il renvoya toute l'équipe ministérielle qui depuis tant d'années travaillait à ses côtés : Cheverny, le souple Cheverny, le surintendant des finances Bellièvre, et trois secrétaires d'État, Villeroy – qui paraissait tellement irremplaçable –, Claude Pinard et Pierre Brulart.

Même si elle avait été avertie quelques jours auparavant, Catherine demeura « fort ébahie ». Le changement du 8 septembre était une sorte de séisme politique. Dans l'histoire de la vieille monarchie, jamais semblable renversement n'avait eu lieu.

Et chacun de s'interroger sur les raisons de cette mutation, « si subite et inopinée » selon les mots de Pierre de l'Estoile. Elle signifiait assurément un changement d'orientation dans la conduite des affaires. Peu de temps suffit à la reine mère pour en décrypter le sens. Les serviteurs démis étaient trop liés à elle pour conserver en ces temps difficiles la pleine confiance d'Henri. Catherine exigea de son fils une explication. Le roi se justifia. Ce qu'il reprochait aux ministres déchus valait condamnation de la politique de sa mère. Villeroy, ennemi personnel d'Épernon, était trop indulgent aux ligueurs ; Bellièvre était toujours prêt à négocier avec l'adversaire et à lui céder ; Henri ajouta que Cheverny, cupide comme personne, ruinait les finances publiques, que Brulart était une nullité et Pinard un coquin.

Tous, en réalité, avaient le tort de tenir leurs fonctions de Catherine. Ce péché originel les condamnait. Hier hommes de confiance, aujourd'hui suspects. Henri ne pardonnait à aucun de lui avoir conseillé de céder aux vainqueurs des barricades. Les observateurs ne s'y trompaient pas : « Tous ces seigneurs renvoyés, jugeait Étienne Pasquier, avaient trop d'intelligence avec la reine mère, comme elle pareillement avec les seigneurs de la Ligue. »

La décision avait été prise par le roi seul, par un roi qui avait retrouvé la force d'agir, sans les recommandations précautionneuses de sa mère dont le grand âge renforçait sa tendance à éviter les affrontements et à s'allier au plus fort. Plusieurs fois, Madame Catherine avait sauvé la monarchie. Mais aujourd'hui, prête à beaucoup accorder aux Guise, elle paraissait faire litière de l'autorité de son fils. Henri était devenu insensible à ses conseils pacifiques. Comme Ulysse qui s'était rendu sourd aux chants des sirènes, le roi ne voulut écouter ni sa mère ni les avis des conseillers qui lui devaient tout.

Pour préparer la reconquête de son autorité, il ne devait pas s'embarrasser de temporisateurs suspects.

— J'ai maintenant trente-sept ans, déclara-t-il au nonce. Je veux m'appliquer moi-même sans faiblir à l'administration de mon royaume et voir si, en gouvernant à ma guise, je pourrais obtenir de meilleurs résultats que par les conseils de ceux dont je me suis séparé.

À sa mère, Henri témoignerait encore des égards, mais elle n'inspirerait plus sa politique. Pour le meilleur comme pour le pire, le roi gouvernerait lui-même. La vieille dame en ressentit une grande amertume. Dans une lettre au malheureux Bellièvre, elle se plaignit « du tort qu'on m'a fait d'apprendre au roi qu'il faut bien aimer sa mère et l'honorer, comme Dieu le commande, mais non lui donner tant d'autorité et créance qu'elle puisse empêcher de faire ce que l'on veut ».

« Monsieur de Guise est mort »

Cinq semaines après le coup de balai ministériel qui avait sonné comme un désaveu, Catherine recevait un bel hommage de son fils. Le 16 octobre, dans le discours qui ouvrait les états généraux réunis à Blois, Henri III loua sa mère d'avoir tant de fois conservé l'État qu'elle ne méritait pas seulement le nom de mère du roi, « mais aussi de mère de l'État et du royaume ». Catherine n'était pas dupe. La louange disait la gratitude du roi, mais elle signifiait surtout sa retraite forcée des affaires.

Son âge ne pouvait lui laisser espérer une « traversée du désert ». C'était bien son congé définitif que le roi lui signifiait.

Après la journée des Barricades et sa fuite du Louvre, le roi avait décidé de convoquer les états généraux afin de retrouver une nouvelle légitimité. Encore fallait-il que les élections des députés lui fussent favorables ! Elles furent calamiteuses. Le clergé et le tiers état envoyèrent des députés qui étaient majoritairement favorables à la Ligue.

Pourtant, dès la séance d'ouverture, Henri parla haut et fort. Il assena ses vérités. Il redoublerait de zèle pour extirper l'hérésie, il réformerait le gouvernement, il transformerait en lois inviolables les résolutions des États. Mais il rappela aussi les drames récents et décocha quelques flèches à son rival, le duc de Guise. Le roi voulait bien oublier le passé, mais, poursuivit-il :

— Comme je suis obligé (...) de conserver la dignité royale, je déclare atteints et convaincus de lèse-majesté ceux de mes sujets qui y tremperaient [dans les ligues] sans mon aveu.

Les rodomontades royales étaient aussi mordantes que vaines.

À cette phrase, le Balafré avait blêmi. Séance achevée, ses proches vinrent exiger du roi que ce passage du discours soit retranché de la version imprimée. À défaut, on encouragerait les députés à quitter Blois sur-le-champ.

Catherine s'autorisa à donner un ultime conseil à son fils : il fallait satisfaire les Guise. Henri céda.

Ce ne fut pas la seule humiliation. Huit semaines durant, le roi subit bien des avanies. Chaque jour son autorité était mise à mal. Les députés ne se contentaient pas de blâmer la pratique gouvernementale, leurs prétentions touchaient à l'essence même de la monarchie.

Henri III était un prince trop averti pour accepter de voir son autorité limitée. Mais comment répondre à la détermination des députés ? Comment résister à leur impatience de voir Henri de Navarre déclaré inapte à la succession ? Le monarque usa des leçons enseignées par sa mère : il éluda les demandes, troqua de maigres concessions contre de grandes promesses. Bref, tâcha de gagner du temps.

Toutes ses manœuvres furent sans effet. En 1588, Henri III découvrit qu'on ne gouvernait plus les représentants de la nation avec les méthodes de sa mère.

Catherine, désormais tenue à l'écart, ne s'occupait plus que de ses affaires personnelles. Le jeu politique lui était interdit, mais elle restait marieuse, l'une de ses passions. Depuis plusieurs années, elle avait en tête de marier deux de ses petits-enfants, le marquis de Pont-à-Mousson et sa sœur Christine de Lorraine, nés de sa fille Claude et du duc Charles III. Pour le premier, elle songeait à lui faire épouser la fille aînée du duc de Toscane. Mais le projet avorta. Quant à Christine, sa préférée, Catherine était restée interdite lorsque le roi avait pensé l'unir au duc d'Épernon. Une mésalliance insupportable, une promotion imméritée pour ce Gascon orgueilleux. Pour celle qu'elle avait élevée à la Cour depuis la mort de sa mère, Catherine songeait à un prince souverain ou à l'héritier d'une couronne, au prince de Mantoue ou au duc de Savoie.

Le destin fit mieux. À Florence, Ferdinand de Médicis, ci-devant cardinal, venait d'accéder au trône. Il lui fallait se marier. Aussitôt, Catherine mena tambour battant une campagne matrimoniale qui réussit. Elle donna à sa petite-fille une belle dot et tous ses biens de Florence. Les articles du contrat furent signés à Blois le 24 octobre 1588. Les cérémonies du mariage devaient suivre. Mais la maladie de la reine mère les retarda.

Il y avait si longtemps que Catherine se plaignait de divers maux qu'on l'imaginait malade depuis toujours. La goutte, les rhumatismes, le catharre étaient de tenaces et de fâcheux compagnons. Le sentiment d'abandon qu'elle ressentait désormais, le désœuvrement, sinon la solitude, rendaient ses maladies plus douloureuses. La toux persistante l'affaiblissait tant qu'elle devait garder la chambre. Dans la première quinzaine de décembre, une congestion pulmonaire mit ses jours en danger. Tandis que le roi bataillait avec les états généraux, Catherine ne comptait déjà plus. Henri III pouvait s'abandonner en toute liberté à l'esprit de vengeance contre le duc de Guise, jugé responsable de tous ses malheurs.

Se défaire du Balafré arrêterait, pensait-il, l'entreprise d'humiliation dont il était la victime. Chacune des concessions royales, suggérées ou non par sa mère, avait été autant de points marqués par son rival. Désormais, il ne restait que la force. Le 18 décembre, Henri soumit sa décision à des hommes de confiance. Le plan fut arrêté dans la nuit du 20 au 21. Le roi rompait ainsi avec les leçons dont sa mère s'était faite la championne : céder devant l'adversaire le plus fort, contourner l'obstacle, attendre des jours meilleurs.

Le 23 décembre au matin, le Balafré fut assassiné par les Quarante-Cinq, la garde personnelle du roi, au château de Blois, tandis que son frère, le cardinal de Guise, était arrêté.

— Enfin je suis roi, aurait déclaré Henri aux membres de son Conseil. Quiconque osera (...) donner atteinte à mon autorité apprenne par cet exemple ce qu'il doit attendre de moi.

Le monarque descendit annoncer la nouvelle à sa mère. Un médecin et diplomate florentin, Philippe Cavriana, se tenait à côté d'elle. Il rapporte la scène.

— Bonjour, Madame, je vous prie de me pardonner. M. de Guise est mort, et on n'en parlera plus. Je l'ai fait tuer, n'ayant fait que prévenir le même dessein qu'il avait formé contre moi. Je ne pouvais plus tolérer son insolence.

Catherine resta muette, pétrifiée. Son fils expliqua les raisons de son acte : s'il avait pardonné les barricades du 13 mai, il avait des preuves que le Balafré menaçait sa vie, son pouvoir et son État.

— Puisque ma patience ne me valait que honte et dommage, que chaque jour j'étais irrité et offensé par de nouvelles perfidies, Dieu est venu à mon secours et m'a finalement inspiré et aidé (...). Je veux être roi et non prisonnier et esclave comme je l'ai été depuis le 13 mai jusqu'à présent, où je commence de nouveau à être roi et maître.

Catherine écoutait toujours. Henri poursuivit, sans être interrompu.

— Je continuerai la guerre contre les huguenots avec plus d'ardeur et de courage, car je veux de toute façon les extirper de mon royaume.

L'unique témoin de la scène laisse penser que la reine mère ne dit mot. Des chroniqueurs, comme l'ambassadeur de Venise, lui prêtent au contraire des paroles d'approbation. Non pas la fameuse : « Mon fils, c'est bien taillé, mais il faut coudre », mais :

— Mon fils, cela me fait plaisir, pourvu que ce soit pour le bien de l'État (...). Du moins, je le désire ardemment.

La réserve nuançait son peu sincère acquiescement.

Le 31 décembre, Cavriana assure qu'elle était bouleversée (*molto turbata*) : « Quoique très prudente et très expérimentée dans les choses du monde, elle ne sait toutefois quel remède donner à tant de maux présents, ni comment prévenir les maux à venir. »

À cette date, Catherine avait appris le second meurtre commandé par son fils, celui du cardinal de Guise, le 24 décembre au matin. Le roi avait fait aussi arrêter le fils du Balafré, le duc d'Elbeuf, le jeune duc de Nemours et la duchesse douairière de Guise. Seul de la maison de Lorraine, le duc de Mayenne avait pu s'enfuir à temps. Quant au cardinal de Bourbon, il fut arrêté. On emprisonna enfin les plus farouches députés ligueurs.

Le roi était certain d'avoir privé les ligues de leurs chefs. À ses yeux, l'ordre de tuer Guise n'était pas un assassinat. Au nom de la justice retenue qu'exerce le souverain en cas de péril, il avait commandé une exécution, non un meurtre. Ce « coup de majesté » devrait lui permettre de reprendre la main.

Catherine, elle, en doutait. Elle aurait confié à un père capucin son sentiment véritable :

— Ah! le malheureux, qu'a-t-il fait? Priez pour lui, qui en a plus besoin que jamais et que je vois se précipiter à sa ruine, et je crains qu'il ne perde le corps, l'âme et le royaume.

La mort d'une reine

Catherine voyait juste. Henri III hérita d'une tempête d'une violence inédite dans un siècle qui pourtant n'en manquait pas. À l'annonce du double meurtre, les Parisiens se déchaînèrent, criant leur haine pour le roi et décidés à se venger. La reine mère eut sans doute d'autres entretiens avec son fils, mais on en ignore la teneur. Le 1er janvier, elle quitta sa chambre de malade pour visiter le cardinal de Bourbon, retenu dans ses appartements. Elle venait l'assurer qu'il aurait la vie sauve. Lui demanda-t-elle de servir d'intermédiaire entre la maison de Lorraine et le roi, attachée qu'elle était à renouer les fils ? Certains contemporains le supposent. Sa présence provoqua la colère du prélat :

— Madame, si vous ne nous aviez trompés et ne nous aviez amenés ici avec de belles paroles et avec garantie de mille sûretés, ces deux hommes [le duc et son frère] ne seraient pas morts, et moi je serais libre.

Catherine sortit, la tristesse au cœur, et retourna dans sa chambre « sans souper ». La visite au cardinal de Bourbon fut son dernier acte politique. Sans doute avait-elle pris froid dans les longs couloirs glacés du château. La fièvre la reprit, mais elle n'avait plus la force de lutter.

De sa chambre, où son fils faisait de brefs passages, elle entendait la rumeur du monde, les nouvelles terribles en provenance de Paris insurgé. Elle étouffait et, lucide, se sentait mourir. Le 5 janvier 1589 au matin, veille des Rois, elle laissa au roi le soin de dicter son testament à sa place. La politique, sa grande passion, en était absente. Seul son salut comptait. Comme un particulier, elle précisa le lieu de son inhumation, abandonnant au roi le détail de la cérémonie funèbre. En bonne catholique, elle approuva la liste des fondations pieuses, des aumônes et des legs qu'elle avait préparée. Elle instituait le roi comme unique héritier, mais n'eut pas un mot ni un geste pour Margot. « Ladite testatrice a déclaré ne pouvoir signer, pour sa débilité », précise le tabellion.

Vers une heure, elle reçut les derniers sacrements. On prétend que sa mort fut précipitée par l'arrivée de l'aumônier dont on lui dit le nom. Un devin lui avait en effet autrefois prédit que « pour vivre longuement, elle se devait donner garde d'un Saint-Germain ». Aussi, depuis cette prédiction, avait-elle évité de séjourner à Saint-Germain-en-Laye, voire au Louvre qui dépendait de la paroisse de Saint-Germain-l'Auxerrois, de crainte « d'y rencontrer sa mort ». Le choix de l'hôtel qu'elle avait fait construire à Paris ne devait rien au hasard : il était situé sur la paroisse Saint-Eustache. Catherine était femme de précautions.

Le prêtre s'approcha du lit. Il se nommait : Julien de Saint-Germain.

Catherine reçut les sacrements de l'Église et mourut. Il était une heure et demie de l'après-midi. Elle allait avoir soixante-dix ans.

Le roi commanda de procéder à l'autopsie. « On trouva le poumon attaqué, le sang répandu dans la cervelle, avec un abcès dans le côté gauche. » À la nouvelle de sa mort, la réaction des Parisiens ne fut pas unanime. Les uns, convaincus qu'elle avait donné son consentement à l'assassinat des Guise, l'exécraient et menaçaient, si elle était enterrée à Saint-Denis, de jeter sa dépouille à la voirie ou dans la Seine. Toute inhumation comme reine de France était donc impossible. On garda son corps à Blois. Mais comme les drogues nécessaires à l'embaumement manquaient, on enterra simplement et au plus tôt le corps en pleine terre, de nuit. Il y resta vingt et un ans[1].

D'autres, à l'annonce de sa mort, se montrèrent plus indulgents, quoique toujours prudents, comme le prédicateur ligueur Guincestre :

— Elle a fait beaucoup de bien et de mal, et je crois qu'il y a encore plus de mal que de bien. Aujourd'hui se présente une difficulté : savoir si l'Église catholique doit prier pour elle, qui a vécu si mal et soutenu souvent l'hérésie, encore que sur la fin elle ait tenu, dit-on, pour notre droite Union et n'ait pas consenti à la mort de nos bons princes. Sur quoi je vous dirai que si vous voulez lui donner à l'aventure, par charité, un *pater* et un *ave*, il lui servira de ce qu'il pourra, je vous le laisse à votre liberté.

Au moment de sa mort comme de son vivant, Catherine de Médicis restait une reine controversée. Une épitaphe, recueillie par Pierre de l'Estoile, résume les opinions contradictoires des contemporains et les difficultés de juger la reine mère. Le texte hésite entre respect et réprobation :

> *La reine qui ci-gît fut un diable et un ange,*
> *Toute pleine de blâme et pleine de louange :*
> *Souhaite-lui, passant, Enfer et Paradis.*

Conclusion

> *De penser contenir [le peuple de France] en obéissance et concorde pendant que les esprits sont ainsi agités (...) il n'y a personne en ce monde qui ne le juge impossible.*
>
> CATHERINE DE MÉDICIS

On jugeait autrefois un règne à son bilan. Comptables méticuleux, les manuels d'histoire aimaient à confronter, sur deux colonnes, l'actif et le passif, sans nuances intermédiaires. Étaient ainsi évalués l'agrandissement du territoire ou, au contraire, le nombre des provinces perdues, l'œuvre législative, le rayonnement culturel et artistique, les années de guerre et de paix... L'action de Catherine de Médicis ne peut être mesurée à cette aune. Son « règne » fut en réalité celui d'Henri II et de ses fils, et sa participation aux affaires de l'État variable selon les souverains.

Du vivant de son mari, alors qu'on l'imagine épouse effacée, elle joua un rôle politique épisodique mais prometteur. Cet apprentissage révéla un précoce savoir-faire et de l'autorité. Sous le très court règne de François II (1559-1560), Catherine, sans fonction officielle, sut toutefois imposer entre les Guise et les Bourbons son indispensable médiation. De l'accession au trône de Charles IX (1560) date son véritable avènement politique. Elle conquit le titre de gouvernante de France, et, majorité du roi proclamée (1563), conserva la réalité du pouvoir jusqu'à la mort du souverain. Henri III (1574-1589), jaloux de son autorité, régna et gouverna. Mais, souvent malade ou absorbé par ses exercices de dévotion, il n'en consulta pas moins sa mère et lui confia des missions de confiance qui firent de Catherine une sorte de principal ministre, dont la collaboration se révéla aussi indispensable que précaire.

Ainsi, Catherine de Médicis a-t-elle alterné premier et second rôles. La discontinuité et le poids relatif de ses responsabilités lui épargnent d'être jugée sur un bilan qui, pour être sien, devrait prendre en compte trente années d'exercice continu du pouvoir.

La reine mère gouverna au temps de la pire guerre civile de l'ancienne France. Elle inaugura son pouvoir avec le déclenchement de la première des guerres de Religion et celles-ci l'accompagnèrent jusqu'à sa mort. Elle ne sut pas y mettre fin, multiplia les trêves et les édits de pacification, signa des traités, apaisa les querelles, sans parvenir jamais à éteindre la guerre civile. Le mérite en revint à son gendre, Henri IV, et à l'édit de Nantes (1598). La réussite de Catherine est ailleurs. La découvrir exige de se débarrasser des chefs d'accusation qui, de son temps comme après sa mort, émaillent son procès. Bien peu résistent à l'examen.

On a parfois reproché à la reine mère d'alimenter les troubles afin de se maintenir au pouvoir. Entretenir les brandons de la discorde aurait été pour elle le plus sûr moyen de se rendre indispensable. Pour qui connaît la force des passions qui, pendant trente-six ans, ont tenaillé le royaume, nul n'est besoin d'imaginer une diabolique manipulatrice appliquée à ranimer l'incendie. Si Catherine était seule responsable des guerres civiles, sa mort y aurait mis fin : or, elles se prolongèrent encore pendant dix ans.

À l'inverse, la reine mère est blâmée – par ceux-là mêmes qui lui reprochent la mort de Coligny et le massacre de la Saint-Barthélemy – d'avoir manqué de pugnacité dans le combat contre ses adversaires. Jugée trop encline aux négociations, trop portée aux compromis, elle aurait négligé les occasions de triompher de ceux qui menaçaient le pouvoir royal au profit d'un improbable jeu de bascule. La critique est fondée lorsque, âgée et impressionnée par la puissance de la Ligue, elle ménagea les Guise qui virent dans ses atermoiements un encouragement à la sédition. Mais le goût de Catherine pour les transactions n'était pas pusillanimité. Les difficultés du temps lui imposaient de composer. On oublie combien les moyens, financiers et militaires, lui manquaient. Faute d'écus pour assurer la victoire, traiter avec les rebelles devenait une nécessité.

Le nombre et la diversité des forces hostiles l'obligèrent sans cesse à louvoyer. À défaut de posséder une autorité pleine, la dissimulation, la ruse, le double jeu ont été les seules armes capables de compenser sa faiblesse politique. Le contenu des traités de pacification qu'elle signait ne la comblait pas toujours, mais l'arrêt des combats lui importait davantage que les concessions accordées. L'état du Trésor royal, l'épuisement du royaume, la crainte de l'invasion étrangère l'ont souvent contrainte à pactiser avec l'adversaire, à sacrifier beaucoup (octroyant, ici, des places fortes ; payant, là, la solde des troupes rebelles) pour sauver l'essentiel : le pouvoir de ses fils.

Par tempérament et par nécessité, elle s'est toujours défiée des solutions radicales. À défaut d'être lionne, il lui fallait être renarde. Celle que l'historiographie actuelle innocente de l'assassinat de Coligny et de la préméditation de la Saint-Barthélemy n'a jamais cru à la force. Il a fallu la menace de l'invasion pour la décider à recourir à la solution militaire. Résister à l'usage de la violence en un siècle dominé par celle-ci était s'exposer à être taxée de faiblesse, et même à être suspectée de trahison. « La dextérité vaut mieux, écrivait-elle, que la force contre le mal présent. » On attribue trop vite à Machiavel ce qui n'était en réalité que pragmatisme bien compris.

Le goût du compromis signifie-t-il indifférence en matière religieuse ? Irrités par les concessions accordées aux huguenots, les catholiques trop zélés l'ont prétendu. L'accusation ne tient pas. La foi de Catherine était sincère, si les subtilités théologiques lui restaient étrangères. La persécution des « mal sentants de la foi », inaugurée par François Ier et poursuivie par Henri II, lui semblait vaine. En 1560, la France comptait dix pour cent de protestants. Un noble sur trois avait adhéré à la Réforme : une force portée à la lutte armée, capable d'entraîner une vaste clientèle et de convertir des provinces entières à la foi de Calvin. Les bûchers n'y changeraient rien. Catherine le comprit. Contre l'opinion commune – c'est là son mérite –, elle œuvra pour établir une tolérance, condition du rétablissement de l'harmonie entre les Français. Que la protection accordée aux huguenots loyalistes ait suscité des haines rendit son combat d'autant plus courageux. Catherine de Médicis, la première, a su distinguer l'adhésion à la Réforme de la fidélité au roi, séparer l'État de la religion.

Débarrassé des clichés, son portrait gagne en vérité. On admire la force de caractère de cette femme, exceptionnelle dans l'épreuve. Depuis son enfance, rien ne lui a jamais été donné. Elle a dû conquérir sa place, forger sa vie, conforter une autorité toujours précaire. Sans doute avait-elle reçu l'habileté en héritage. Mais le goût de l'action – qui défia l'âge et la maladie –, la ténacité et le courage la définissent mieux que l'adresse politique. Elle eut ses faiblesses, négligea trop la sincérité des convictions religieuses, céda parfois aux Guise, sous-estima Henri de Navarre, s'entêta contre le maréchal de Montmorency-Damville, eut une indulgence excessive pour Henri III. Elle connut des échecs, fut impuissante devant la turbulence de son dernier fils, François d'Alençon, se perdit en intrigues aux Pays-Bas, s'aventura imprudemment au Portugal. Jamais elle ne céda au découragement.

« Pour gouverner, écrivait Paul Valéry, il faut un moi. » Le moi fondateur de Catherine de Médicis fut une extraordinaire énergie au service de l'État. Elle a réussi à préserver le patrimoine de ses enfants et, malgré les obstacles, à défendre l'autorité monarchique. Jusqu'à son dernier souffle, elle a travaillé à maintenir l'unité du royaume et l'union des Français. Là est le bilan de Catherine de Médicis. Le seul homme de la famille, a-t-on dit. On ajoutera : une femme qui fut un roi.

Notes

1. « Une seule branche reverdit »

1. Le lecteur pourra se reporter à la généalogie des Médicis placée en annexe.
2. Julien de Médicis, duc de Nemours, frère de Léon X, était mort en 1516.

2. Un berceau longtemps vide

1. Avant, il est vrai, sa conversion à une répression renforcée dans les dernières années de son règne.

3. Reine à demi

1. Que les Espagnols appellent Isabelle et que nous nommerons ainsi désormais.

4. Une prudente entrée en scène

1. Elle ne quitta ses austères vêtements de deuil que pour les noces de ses fils, Charles IX et Henri III.

6. Contre « ceux qui veulent tout perdre »

1. Par le traité d'Hampton Court, signé avec Élisabeth Ire, Condé avait promis de livrer Calais en échange de l'aide anglaise à sa cause.
2. Elle n'était accordée qu'à certaines personnes (les seigneurs hauts justiciers) et à certains lieux (les faubourgs d'une ville par bailliage).

7. « Le repos de cet État »

1. Selon l'usage, le frère cadet du roi de France est nommé *Monsieur*. À cette date, il s'agit d'Henri, duc d'Orléans, bientôt titré (1566) duc d'Anjou. C'est le futur Henri III.

13. Telle qu'en elle-même

1. Contrairement à l'usage qui voulait que les reines de France portent le deuil en blanc, Catherine s'habilla de noir.
2. Lettre de Catherine à Philippe II, du 15 janvier 1561.
3. Voir le chapitre VII.
4. *Les Clouet de Catherine de Médicis. Chefs-d'œuvre graphiques du musée Condé*, Catalogue d'Alexandra Zvereva, Paris, Somogy, 2002.
5. Seine-et-Marne.
6. Val-de-Marne.
7. Elle fut détruite au XVIIIe siècle.

15. La mort de la « mère de l'État »

1. En 1610, sa dépouille fut enfin transférée dans la rotonde des Valois par les soins de Diane de France, fille illégitime d'Henri II, puis, après la démolition de la chapelle en 1719, déplacée dans l'église abbatiale. Comme tous les cercueils royaux, sa tombe fut violée en 1793 et ses restes jetés à la fosse commune.

ANNEXES

I. Portraits croisés de Catherine de Médicis

1. Par Voltaire

Si Catherine de Médicis avait eu de quoi acheter des serviteurs et de quoi payer une armée, les différents partis qui troublaient l'État auraient été contenus par l'autorité royale. La reine mère se trouvait entre les catholiques et les protestants, les Condé et les Guise. Le connétable de Montmorency avait une faction séparée. La division était dans la Cour, dans Paris et dans les provinces. Catherine ne pouvait guère que négocier au lieu de régner. Sa maxime de tout diviser afin d'être maîtresse augmenta le trouble et les malheurs [...].

Enfin, au milieu de tant de désolations, une nouvelle paix (celle de Saint-Germain, en 1570) semble faire respirer la France ; mais cette paix ne fait que la préparation de la Saint-Barthélemy. Cette affreuse journée fut méditée et préparée pendant deux années. On a peine à concevoir comment une femme telle que Catherine de Médicis, élevée dans les plaisirs, et à qui le parti huguenot était celui qui lui faisait le moins d'ombrage, put prendre une résolution si barbare. Cette horreur étonne encore davantage dans un roi de vingt ans. La faction des Guise eut beaucoup de part à l'entreprise. Deux Italiens, depuis cardinaux, Birague et Retz, disposèrent les esprits. On se faisait un grand honneur alors des maximes de Machiavel, et surtout de celle qu'il ne faut pas faire le crime à demi. La maxime, qu'il ne faut jamais commettre de crimes, eût été même plus politique ; mais les mœurs étaient devenues féroces par les guerres civiles, malgré les fêtes et les plaisirs que Catherine de Médicis entretenait toujours à la Cour. Ce mélange de galanterie et de fureurs, de voluptés et de carnage, forme le plus bizarre tableau où les contradictions de l'espèce humaine se soient jamais peintes [...].

La cour de France était [...] un mélange de luxe, d'intrigues, de galanteries, de débauches, de complots, de superstitions et d'athéisme. Catherine de Médicis, nièce du pape Clément VII, avait introduit la vénalité de presque toutes les charges de la Cour, telle qu'elle était à celle du pape. La ressource, utile pour un temps et dangereuse pour toujours, de vendre les revenus de l'État à des partisans qui avançaient l'argent, était encore une invention qu'elle avait apportée d'Italie. La superstition de l'astrologie judiciaire, des enchantements et des sortilèges était aussi un des fruits de sa patrie transplantée en France.

Voltaire, *Essai sur les mœurs et l'esprit des nations*,
Neuchâtel, éd. de 1773, tome VI,
p. 284-285, 297-298, 337.

2. Par Chateaubriand

Catherine de Médicis, sans être régente du royaume sous la minorité de Charles IX, jouit d'une autorité qui se prolongea pendant tout le règne de ce prince et celui d'Henri III. On a tant de fois peint le caractère de cette femme, qu'il ne présente plus qu'un lieu commun usé ; une seule remarque reste à faire : Catherine était italienne, fille d'une famille marchande élevée à la principauté dans une république ; elle était accoutumée aux orages populaires, aux factions, aux intrigues, aux empoisonnements, aux coups de poignard ; elle n'avait et ne pouvait avoir aucun des préjugés de l'aristocratie et de la monarchie françaises, cette morgue des grands, ce mépris des petits, ces prétentions de droit divin, cet amour du pouvoir absolu en tant qu'il était le monopole d'une race ; elle ne connaissait pas nos lois et s'en souciait peu : elle voulait faire passer la couronne à sa fille. Elle était incrédule et superstitieuse ainsi que les Italiens de son temps ; elle n'avait en sa qualité d'incrédule aucune aversion contre les protestants ; elle les fit massacrer par politique. Enfin, si on la suit dans toutes ses démarches, on s'aperçoit qu'elle ne vit jamais dans le vaste royaume dont elle était souveraine qu'une Florence agrandie, que les émeutes de sa petite république, que les soulèvements d'un quartier de sa ville natale contre un autre quartier, la querelle des Pazzi et des Médicis dans la lutte des Guise et des Châtillon.

Chateaubriand, *Analyse raisonnée de l'histoire de France,*
dans *Œuvres complètes,* Paris, 1866,
t. VIII, p. 299.

3. Par Balzac

Catherine de Médicis [...] a sauvé la couronne de France ; elle a maintenu l'autorité royale dans des circonstances au milieu desquelles plus d'un grand prince aurait succombé. Ayant en tête des factieux et des ambitions comme celles des Guise et de la maison de Bourbon, des hommes comme les deux cardinaux de Lorraine et comme les deux Balafré, les deux princes de Condé, la reine Jeanne d'Albret, Henri IV, le connétable de Montmorency, Calvin, les Coligny, Théodore de Bèze, il lui a fallu déployer les plus rares qualités, les plus précieux dons d'homme d'État, sous le feu des railleries de la presse calviniste. Voilà des faits qui, certes, sont incontestables. Aussi, pour qui creuse l'histoire du seizième siècle en France, la figure de Catherine de Médicis apparaît-elle comme celle d'un grand roi. Les calomnies une fois dissipées par les faits péniblement retrouvés à travers les contradic- tions des pamphlets et les fausses anecdotes, tout s'explique à la gloire de cette femme extraordinaire, qui n'eut aucune des faiblesses de son sexe, qui vécut chaste au milieu des amours de la cour la plus galante de l'Europe, et qui sut, malgré sa pénurie d'argent, bâtir d'admirables monuments, comme pour réparer les pertes que causaient les démolitions des calvinistes qui firent à l'art autant de blessures qu'au corps politique.

Serrée entre des princes qui se disaient les héritiers de Charlemagne, et une factieuse branche cadette qui voulait enterrer la trahison du connétable de Bourbon sous le trône, Catherine, obligée de combattre une hérésie prête à dévorer la monarchie, sans amis, apercevant la trahison dans les chefs du parti catholique et la république dans le parti calviniste, a employé l'arme la plus dangereuse, mais la plus certaine de la politique, l'adresse ! [...] Aussi, tant qu'elle a vécu, les Valois ont-ils gardé le trône. Il comprenait bien la valeur de cette femme, le grand de Thou, quand en apprenant sa mort, il s'écria : – Ce n'est pas une femme, c'est la royauté qui vient de mourir. Catherine avait en effet au plus haut degré le sentiment de la royauté ;

aussi la défendit-elle avec un courage et une persistance admirables.

Balzac, *Études philosophiques. Sur Catherine de Médicis*,
dans *Œuvres complètes*, Paris, 1956,
t. XVI, p. 74-76.

4. Par un historien contemporain, Henri-Cathelin Davila (1576-1631)

Sa prudence ne manqua jamais d'expédients, ni pour remédier aux soudains revers de la Fortune, ni pour détourner les coups et dangereuses pratiques de la malice des hommes. Par elle, en la minorité de son fils, on la vit soutenir fortement le pesant faix des guerres civiles et tout à même temps combattre les animosités de la Religion, l'obstination des sujets, la nécessité des finances, la dissimulation des grands, et ces épouvantables machines que l'ambition avait élevées. Tellement que les effets de cette même prudence doivent bien plutôt être admirés séparément en chacune de ses actions particulières, qu'ils ne peuvent être confusément ébauchés dans l'éloge universel de sa vie.

Cette haute constance, par qui n'étant qu'une femme, et une femme étrangère, elle osa bien entreprendre, contre de si puissantes têtes, le gouvernement de l'État, l'obtenir après l'avoir entrepris, et le maintenir après l'avoir obtenu, contre les pratiques de ses ennemis et les tempêtes de la fortune, fut un effet comparable à la générosité d'un courage viril, versé de longtemps et endurci aux grandes affaires du monde, plutôt que d'une femme accoutumée aux délicatesses de la Cour et qui ne s'était mêlée de rien durant la vie de son mari.

Mais la patience, l'adresse, la tolérance et la modération, moyens par lesquels au milieu des ombrages que son fils avait pris d'elle, après tant de preuves qu'il avait eues de sa vertu, elle sut se conserver toujours dans l'autorité du gouvernement si bien que, sans son conseil et sans son approbation, le roi n'osait pas faire les choses mêmes dans lesquelles il la tenait pour suspecte, furent la plus haute preuve et par manière de dire le dernier effort de la grandeur de son âme.

À ces qualités visiblement remarquées dans le cours de toutes ses actions, en furent jointes plusieurs autres, par lesquelles bannissant les défauts et la fragilité de son sexe, elle se rendit toujours victorieuse de ces passions qui ont accoutumé de faire égarer du droit sentier de la vie les plus vives lumières de la prudence humaine. Car il se remarqua en elle un esprit poli, une magnificence royale, une humeur affable, une façon de parler puissante, et une inclination extraordinaire pour les choses grandes. Elle était avec cela généreuse au dernier point, favorable aux gens de bien, irréconciliable avec les méchants et d'humeur à ne point favoriser ni élever par trop ses domestiques. Et toutefois elle ne put si bien faire, qu'étant italienne, sa vertu ne fut choquée par les Français et que ceux qui avaient envie de troubler le royaume, la connaissant tout à fait contraire à leurs desseins, ne lui voulussent un mal de mort [...].

Ce n'est pas pourtant que je veuille dire que parmi tant d'excellentes vertus ne se soit glissée quelque imperfection, comme il n'est point de si bon grain où il n'y ait de l'ivraie. Car on tient qu'il n'y avait point de foi en ses paroles, vice qui a toujours été fort commun, mais qui l'était particulièrement en ce siècle-là. Qu'elle se plaisait à voir répandre le sang humain, plus qu'il n'était convenable à la tendresse de son sexe, comme, en effet, elle l'avait donné à connaître en plusieurs occasions ; et que pour venir à bout de ses desseins, elle estimait honnêtes tous les moyens qui l'y pouvaient conduire, quelques pernicieux et méchants qu'ils fussent d'eux-mêmes.

Quoi qu'il en soit néanmoins, ceux qui savent bien juger des choses avoueront, je m'assure, que tant d'autres vertus qui éclataient hautement en elle couvraient la plus grande partie de ses défauts qui étaient causés par les troubles du temps et par la nécessité des affaires. Le roi ne l'abandonna point, jusques au dernier soupir de sa vie, qu'elle finit fort chrétiennement.

Henri-Cathelin Davila, *Histoire des guerres civiles de France*,
4ᵉ édition, 1666, tome II, p. 561-564.

II. Huit guerres de Religion

1560-janvier 1562 : tentative de tolérance civile.
1562-1563 : première guerre, achevée par l'édit d'Amboise.
1563-1567 : deuxième tentative de politique modérée.
1567-1568 : deuxième guerre, terminée par l'édit de Longjumeau.
1568-1570 : troisième guerre, achevée par l'édit de Saint- Germain-en-Laye.
1570-1572 : troisième essai de tolérance civile.
1572-1573 : quatrième guerre, achevée par l'édit de Boulogne.
1574-1576 : cinquième guerre, terminée par l'édit de Beaulieu.
1576-1577 : sixième guerre, achevée par l'édit de Poitiers.
1579-1580 : septième guerre dite des Amoureux, terminée par la paix de Fleix.
1585-1598 : huitième guerre, achevée par l'édit de Nantes.

III. Chronologie

1519

13 avril : Naissance de Catherine de Médicis à Florence. – 28 avril : Mort de sa mère. – 4 mai : Mort de son père. – 28 juin : Charles de Habsbourg est élu empereur sous le nom de Charles Quint. – Octobre : Catherine est envoyée à Rome auprès du pape Léon X.

1520

Février : Mort d'Alfonsina Orsini, grand-mère de Catherine.

1521

1er décembre : Mort du pape Léon X. Son successeur, Adrien VI, est élu pape le 9 janvier 1522.

1523

14 septembre : Mort d'Adrien VI. – 19 novembre : Le cardinal Jules de Médicis est élu pape sous le nom de Clément VII. Catherine est envoyée à Florence.

1526

21 février : Fin de la captivité à Madrid de François Ier. – 17 mars : Échange sur la Bidassoa entre le roi de France et ses deux fils, François et Henri, qui prennent sa place dans la prison de Charles Quint.

1527

Mai-juin : Sac de Rome par les Impériaux et fuite du pape Clément VII. – 16 mai : Alexandre et Hippolyte de Médicis sont chassés de Florence où la république est proclamée. – 7 décembre : Catherine est conduite au couvent des Murate.

1529

Juin : Les Florentins proclament le Christ roi de Florence. – Octobre : Les troupes pontificales et impériales assiègent Florence.

1530

19 juillet : Transfert de Catherine, des Murate au couvent de Sainte-Lucie. – 3 août : Défaite, à Gavinana, de l'armée républicaine de Florence devant les troupes impériales. – 12 août : Capitulation de Florence, après onze mois de siège. Chute de la république et proclamation de la restauration des Médicis. – 30 octobre : Catherine quitte Florence pour Rome. – Novembre : Projet de mariage de Catherine avec Henri d'Orléans, fils de François Ier.

1531

27 avril : Alexandre de Médicis proclamé duc perpétuel et héréditaire de Florence. – 10 juillet : Retour de Catherine à Florence.

1533

1er septembre : Catherine quitte Florence pour la France. – 11 octobre : Arrivée de Catherine et de Clément VII à Marseille. – 23 octobre : Entrée officielle à Marseille de Catherine de Médicis. – 28 octobre : Célébration du mariage de Catherine avec Henri d'Orléans.

1534

25 septembre : Mort de Clément VII. – 13 octobre : Alexandre Farnèse est élu pape sous le nom de Paul III. – 17 octobre : Affaire des Placards en France.

1535

21 janvier : Cérémonie expiatoire à Paris après l'affaire des Placards.

1536

10 août : Mort de François, fils aîné de François Ier. Henri d'Orléans devient dauphin.

1537

25 septembre : Assassinat d'Alexandre de Médicis, duc de Florence, par son cousin Lorenzino, dit aussi Lorenzaccio. Cosme de Médicis, dit le Jeune, fils de Jean des Bandes noires, devient le maître de la ville.

1538

Août : Naissance de Diane de France, fille d'Henri d'Orléans et de Filippa Duci. Henri et Diane de Poitiers deviennent amants.

1544

19 janvier : Naissance du futur François II. – 14 avril : Victoire française sur les Impériaux à Cérisoles. – 18 août : Paix de Crépy-en-Laonnais entre François Ier et Charles Quint. – Septembre-octobre : Le dauphin Henri assiège Boulogne.

1545

18 avril : François Olivier, chancelier de France. – 9 septembre : Mort de Charles, duc d'Angoulême, troisième fils de François Ier. – 13 décembre : Ouverture du concile de Trente.

1546

2 avril : Naissance d'Élisabeth (Isabelle) de Valois, fille de Catherine et du dauphin Henri. – 7 juin : Traité d'Ardres entre la France et l'Angleterre. – Juillet-septembre : répression à Paris contre des réformés. – 2 août : Mise en chantier du nouveau Louvre.

1547

31 mars : Mort de François Ier. – 25 juillet : Sacre d'Henri II. – 12 novembre : Naissance de Claude de Valois, deuxième fille de Catherine et d'Henri II.

1548

23 septembre : Entrée solennelle d'Henri II à Lyon, suivie le lendemain de l'entrée de Catherine. – 8 octobre : Diane de Poitiers est titrée duchesse de Valentinois.

1549

3 février : Naissance de Louis de Valois (il meurt en 1550). – 10 juin : Couronnement de Catherine.

1550

27 juin : Naissance de Charles Maximilien, futur Charles IX. – 1er octobre : Entrée solennelle d'Henri II et de Catherine à Rouen.

1551

Mai : Naissance d'Henri, chevalier d'Angoulême, fils naturel d'Henri II. – 19 septembre : Naissance d'Alexandre Édouard, futur Henri III.

1552

Avril-juin : Occupation par Henri II de Metz, Toul et Verdun. – 26 juillet : Soulèvement de Sienne contre sa garnison espagnole.

1553

14 mai : Naissance de Marguerite de Valois. – 13 décembre : Naissance d'Henri de Bourbon-Vendôme, futur Henri IV.

1554

2 août : L'armée franco-siennoise est battue à Marciano par les Impériaux. – Septembre : Strozzi résiste dans Sienne assiégée.

1555

18 mars : Naissance d'Hercule François de Valois, dernier fils de Catherine. – 17 avril : Capitulation de Sienne.

1556

16 janvier : Abdication de Charles Quint comme roi de Castille, d'Aragon et de Sicile en faveur de son fils Philippe II. – 5 février : Trêve de Vaucelles entre Henri II et Charles Quint. – 24 juin : Naissance de Jeanne et Victoire, dernières filles de Catherine.

1557

10 août : Défaite française à Saint-Quentin. Le connétable de Montmorency est fait prisonnier. – 13 août : Catherine devant une assemblée extraordinaire de Paris. – 4 septembre : Assemblée de réformés rue Saint-Jacques à Paris. – 20 octobre : François de Guise nommé lieutenant général du royaume. – Novembre : Banqueroute royale.

1558

4-8 janvier : Prise de Calais par François de Guise. – 24 avril : Mariage du dauphin François avec Marie Stuart, reine d'Écosse. – 13-19 mai : Démonstration de force des réformés au Pré-aux-Clercs à Paris. – 20 juin : Mort de Pierre Strozzi, maréchal de France, au siège de Thionville. – 13 juillet : Défaite de Gravelines. – 21 septembre : Mort de Charles Quint. – 15 novembre : Henri II annonce à son Conseil sa volonté d'abandonner ses conquêtes en Italie. – 17 novembre : Avènement d'Élisabeth Ire d'Angleterre.

1559

20 janvier : Claude de Valois, seconde fille de Catherine, épouse Charles III, duc de Lorraine. – 2-3 avril : Signature du traité du Cateau-Cambrésis. – 25-29 mai : Premier synode national des Églises réformées de France. – 2 juin : Édit d'Écouen contre les réformés. – 22 juin : Mariage à Paris par procuration d'Élisabeth de Valois avec Philippe II d'Espagne. – 28 juin : Fiançailles de Marguerite de France, duchesse de Berry, sœur d'Henri II, avec le duc Emmanuel-Philibert de Savoie. – 30 juin : Henri II mortellement blessé. – 9 juillet : Mariage de Marguerite avec le duc de Savoie. – 10 juillet : Mort d'Henri II, avènement de François II. – 18 septembre : Sacre de François II.

1560

Février-mars : Conjuration d'Amboise. – 8 mars : Édit d'apaisement concernant les réformés. – 17 mars : François de Guise nommé lieutenant général du royaume. – Mai : Édit de Romorantin. – 30 juin : Michel de L'Hospital, chancelier de France. – 21-26 août : Assemblée des notables à Fontainebleau : Coligny s'engage publiquement aux côtés des réformés. – 5 septembre : Échec protestant à Lyon. – 31 octobre : Arrestation du prince Louis de Condé. – 5 décembre : Mort de François II, avènement de Charles IX. – 8 décembre : Alexandre Édouard, futur Henri III, est titré duc d'Orléans. Il est désormais *Monsieur*. – 13 décembre : Ouverture des états généraux d'Orléans. – 21 décembre : Catherine de Médicis obtient du conseil du roi le titre de *gouvernante de France*.

1561

Janvier : Ordonnance d'Orléans. – 31 janvier : Clôture des états généraux. – 27 mars : Antoine de Bourbon, prince du sang, est nommé lieutenant général du royaume. – 7 avril : Formation du Triumvirat (François de Guise, Anne de Montmorency, Jacques d'Albon de Saint-André). – 5 mai : Sacre de Charles IX. – 1er-27 août : États généraux de Pontoise. – 9 septembre-14 octobre : Colloque de Poissy. – 19 octobre : Les Guise, puis le connétable de Montmorency, quittent la Cour. – 21 octobre : Contrat de Poissy signé entre le clergé et le gouvernement.

1562

17 janvier : Édit de pacification de Saint-Germain, appelé édit de Janvier. – Mi-février : Coligny et ses frères quittent la Cour. – 1er mars : Le massacre de Wassy marque le début des guerres de Religion. – 16 mars : Guise rentre triomphalement à Paris. – 23 mars : Le prince de Condé quitte Paris. – 27 mars : Coup de force de Guise et d'Antoine de Navarre contre le roi et Catherine de Médicis qui sont ramenés de Fontainebleau à Paris. – 2 avril : Prise d'armes de Condé à Orléans. – 6 juin : Catherine rencontre Condé à Toury. – 20 septembre : Traité d'Hampton Court fixant l'aide d'Élisabeth d'Angleterre aux huguenots. – 3-6 octobre : Débarquement anglais au Havre et à Dieppe. – 26 octobre : Prise de Rouen par les chefs catholiques. – 17 novembre : Mort d'Antoine de Bourbon. – 19 décembre : Victoire royale à Dreux sur Condé.

1563

5 février : François de Guise met le siège devant Orléans. – 18 février : Guise mortellement blessé. – 24 février : Mort de François de Guise. – 19 mars : Édit de pacification d'Amboise. – 23 juillet : Capitulation du Havre. – 17 août : Charles IX est déclaré majeur. – 5 décembre : Clôture solennelle du concile de Trente.

1564

Janvier : L'ordonnance de Paris fait commencer l'année officielle le 1er janvier et non plus à Pâques. – 24 janvier : Départ de la Cour pour un Grand Tour de France royal. – Février : Fêtes de Fontainebleau. – 13 mars : La Cour quitte Fontainebleau. – 27 mai : Mort de Calvin. – 14 juillet : Édit de Crémieu qui restreint les libertés municipales.

1565

15 juin-2 septembre : Entrevue de Bayonne.

1566

Février : Ordonnance de Moulins. – 8 février : Henri, fils de Catherine, est titré duc d'Anjou et son frère François, duc d'Alençon. – 25 avril : Mort de Diane de Poitiers à Anet. – 30 avril : Retour de Catherine à Saint-Maur. – 1er mai : Fin du Grand Tour à Paris. – Août : Début de la révolte des Pays-Bas contre le roi d'Espagne.

1567

26-28 septembre : Surprise de Meaux. – 30 septembre-1er octobre : La « Michelade » de Nîmes. – 10 novembre :

Bataille de Saint-Denis où le connétable de Montmorency trouve la mort. – 12 novembre : Henri d'Anjou est nommé lieutenant général du royaume.

1568

23 mars : Paix de Longjumeau. – 28 avril-13 mai : Maladie de Catherine. – 5 juin : Exécution des comtes d'Egmont et de Hornes à Bruxelles. – Juin : Disgrâce du chancelier de L'Hospital. – Août : Alliance des huguenots avec les « gueux » des Pays-Bas. – 23 août : Le départ des chefs protestants pour La Rochelle marque le début de la troisième guerre de Religion. – Septembre : Jean de Morvillier est nommé garde des Sceaux. – 23 septembre : Édit de Saint-Maur. – 3 octobre : Mort d'Isabelle de Valois, épouse de Philippe II d'Espagne.

1569

13 mars : Victoire du duc d'Anjou à Jarnac. Mort du prince de Condé. – 7 mai : Mort de François d'Andelot. – 3 octobre : Nouvelle victoire du duc d'Anjou à Moncontour.

1570

L'armée de Coligny dévaste le Sud-Ouest, remonte la vallée du Rhône et, maîtresse de La Charité, menace Paris. – Février : Cosme de Médicis est couronné grand-duc de Toscane. – 25 février : Élisabeth d'Angleterre est excommuniée par le pape. – Juin : Idylle interrompue entre Marguerite de Valois et Henri de Guise. – 8 août : Paix de Saint-Germain, « boiteuse et mal assise ». – 26 novembre : Mariage à Mézières de Charles IX avec Élisabeth d'Autriche.

1571

6 mars : Entrée de Charles IX à Paris. – 17 mars : Le garde des Sceaux René de Birague est nommé chancelier. – Été : Séjour de la Cour en Normandie. Henri d'Anjou repousse le projet d'union avec la reine Élisabeth d'Angleterre. – Juillet : Entrevue de Charles IX avec Louis de Nassau. – 12 septembre : Retour de Coligny au conseil du roi (mais il quitte Paris le 18 octobre). – 7 octobre : Victoire de la flotte chrétienne de la Sainte-Ligue sur les Turcs à Lépante.

1572

1er avril : Les « gueux de la mer » s'emparent de La Brielle, à l'embouchure de la Meuse. – 19 avril : Traité d'alliance défensive entre la France et l'Angleterre. – 6 juin : Retour de Coligny à la Cour. – 9 juin : Mort de Jeanne d'Albret, mère du futur Henri IV. – 7 juillet : Mort de Sigismond-Auguste Jagellon, roi de Pologne. – 17 juillet : Défaite de Genlis, gentilhomme protestant de l'entourage de Coligny, devant Mons. – 16 août : Grève du Parlement de Paris opposé aux édits bursaux. – 18 août : Mariage de Marguerite de Valois avec Henri de Navarre. – 22 août : Attentat manqué contre l'amiral de Coligny. – 24-30 août : Massacres de la Saint-Barthélemy. – 12 septembre : Abjuration de Condé. – 26 septembre : Abjuration d'Henri de Navarre. – Octobre : Prise d'armes des huguenots du Midi et de l'Ouest, qui marque le début de la quatrième guerre de Religion.

1573

Février-6 juillet : Siège de La Rochelle par Henri d'Anjou. – 13 mars : Mort du chancelier de L'Hospital.

– 17 mars : René de Birague est nommé chancelier de France. – 11 mai : Henri d'Anjou est élu roi de Pologne. – 11 juillet : Édit de Boulogne. – 14 septembre : Entrée solennelle à Paris d'Henri, roi de Pologne, suivie de la somptueuse fête offerte aux Tuileries par Catherine de Médicis aux ambassadeurs polonais. – 12 novembre : Henri d'Anjou se sépare de Charles IX. – 2 décembre : Henri d'Anjou quitte la Lorraine pour Cracovie.

1574

16 février : François de Montmorency quitte la Cour. – 27-28 février : Menace protestante sur la Cour à Saint-Germain-en-Laye. – Avril-mai : Conspiration de La Mole et Coconat. – 4 mai : Arrestation de François de Montmo- rency. – 30 mai : Mort de Charles IX. Catherine de Médicis est régente. – 5 septembre : Retrouvailles de Catherine de Médicis avec Henri III de retour de Pologne. – 10 septembre : Règlement du Conseil et de la Cour. – 13 novembre : Prise d'armes et manifeste d'Henri de Montmorency-Damville. – 16 novembre : Catherine de Médicis et Henri III quittent Lyon pour Avignon.

1575

12 janvier : Alliance entre Montmorency-Damville et les huguenots languedociens. – 13 février : Sacre d'Henri III à Reims. – 15 février : Mariage du roi avec Louise de Vaudémont. – 15 juillet : Les Polonais déclarent le trône vacant et élisent roi de Pologne Étienne Bathory. – 15 septembre : François d'Alençon quitte la Cour pour la première fois. – 18 septembre : Déclaration de François d'Alençon. – 10 octobre : Victoire du duc de Guise à Dormans sur les reîtres.

1576

3 février : Henri de Navarre s'enfuit de la Cour et retourne au calvinisme. – 6 mai : Édit de Beaulieu, appelé paix de Monsieur. François d'Alençon devient duc d'Anjou. – 5 juin : Naissance d'une ligue catholique à Péronne. – 7 novembre : Retour de François d'Anjou, Monsieur, à la Cour. – 6 décembre : Ouverture solennelle des états généraux de Blois. – Fin décembre : Les huguenots reprennent les combats en Poitou et en Guyenne, ouvrant ainsi la sixième guerre de Religion.

1577

17 janvier : Séance de clôture des états généraux. – Avril : Montmorency-Damville se réconcilie avec le roi. – 14 septembre : Signature de la paix de Bergerac. – 17 septembre : Édit de Poitiers, publié le 8 octobre suivant.

1578

9 février : Querelle entre les mignons. – 14 février : Monsieur quitte la Cour pour la deuxième fois. – 27 avril : Célèbre duel des mignons. – 10 mai : Les Guise quittent la Cour. – Juillet : Premier voyage de Monsieur en Flandre. – 2 août : Départ de Catherine pour le midi de la France. – 4 août : Mort au combat du roi Sébastien de Portugal. – 11 août : Règlement de la Cour. – 2 octobre : Rencontre entre Catherine et Henri de Navarre à La Réole. – 23 décembre : Échec de François d'Anjou devant Mons. – 31 décembre : Henri III fonde l'ordre du Saint-Esprit.

1579

6 janvier : Union d'Arras. – 23 janvier : Union d'Utrecht entre les sept provinces du nord des Pays-Bas – 4 février : Ouverture des conférences de Nérac. – 8 février : Traité de Nérac. – 16 mars : Retour de Monsieur à Paris. – Mai : Ordonnance de Blois. – 14 novembre : Retour de Catherine de Médicis à Paris. – 29 novembre : Prise de La Fère par Condé. Début de la septième guerre de Religion, dite des Amoureux.

1580

31 janvier : Mort du cardinal Henri, roi de Portugal. Catherine de Médicis fait état de ses prétentions au trône de Lisbonne. – 15 avril : Prise d'armes et déclaration d'Henri de Navarre. – Juillet-août : Philippe II d'Espagne s'empare du Portugal. – 12 septembre : Philippe II est proclamé roi de Portugal. – 26 novembre : Paix de Fleix.

1581

Août : Anne de Joyeuse est élevé à la dignité de duc et pair. – 21 septembre : La Valette devient duc et pair sous le nom d'Épernon. – 24 septembre : Mariage du duc de Joyeuse avec Marguerite de Vaudémont, demi-sœur de la reine Louise. – 15 octobre : Représentation de *Circé ou Le Ballet comique de la Reine*.

1582

Henri III traverse une crise morale. – Règlement de la Cour. – 26 juillet : Défaite de la flotte française aux Açores.

1583

17 janvier : Échec de Monsieur à Anvers. – 18 novembre : Ouverture de l'assemblée des notables à Saint-Germain-en-Laye. – 24 novembre : Mort du chancelier René de Birague ; Philippe Hurault, comte de Cheverny, déjà garde des Sceaux depuis 1578, est nommé chancelier.

1584

9 février : Réconciliation du roi avec sa sœur Marguerite. – Avril : Réconciliation entre Henri de Navarre et sa femme. – 10 juin : Mort de François d'Anjou. – Septembre : Conférence des Guise à Nancy et fondation d'une ligue. – Novembre-décembre : Naissance de la ligue parisienne. – 31 décembre : Traité secret de Joinville entre les Guise et Philippe II d'Espagne.

1585

30 mars : Publication à Péronne du manifeste de la Ligue et prise d'armes des Guise. – Avril : Marguerite de Navarre s'installe à Agen. – 9 avril-28 juin : Négociations de Catherine de Médicis avec les chefs de la Ligue. – 7 juillet : Traité de Nemours entre Henri III et la Ligue. Prise d'armes des huguenots. – 18 juillet : Édit royal interdisant le culte réformé. – 9 septembre : Le pape Sixte Quint excommunie Navarre et Condé.

1586

24 juillet : Catherine de Médicis part pour le Poitou. – Décembre : Ouverture des négociations au château de Saint-Brice entre Catherine de Médicis et Henri de Navarre.

1587

18 février : Exécution de Marie Stuart. – 7 mars : Rupture des négociations de Saint-Brice. – 26 mars : Retour de Catherine au Louvre. – 12 mai : Catherine s'apprête à rencontrer les Guise. – 12 septembre : Henri III part en campagne. – 20 octobre : Bataille de Coutras et mort de Joyeuse. – 26 octobre : Victoire de Guise à Vimory sur les Suisses. – 24 novembre : Victoire de Guise à Auneau sur les reîtres. – 27 novembre : Le roi traite avec les Suisses. – 8 décembre : Henri III ontient la capitulation des reîtres.

1588

Janvier-février : Réunion des Guise à Nancy. – 5 mars : Mort d'Henri de Condé. Henri de Navarre devient le chef unique des réformés. – 9 mai : Entrée du duc de Guise à Paris, malgré les ordres d'Henri III. – 12 mai : Journée des Barricades. – 13 mai : Henri III s'échappe de Paris. – Juillet : Disgrâce d'Épernon. – 16 juillet : Le roi signe l'édit d'Union avec les ligueurs. – Juillet-août : Défaite de l'Invincible Armada. – 8 septembre : Henri III renvoie son équipe ministérielle. – 16 octobre : Ouverture des états généraux de Blois. – 23 décembre : Assassinat à Blois du duc de Guise. – 24 décembre : Assassinat du cardinal de Guise.

1589

5 janvier : Mort de Catherine de Médicis.

GÉNÉALOGIES

LES MÉDICIS

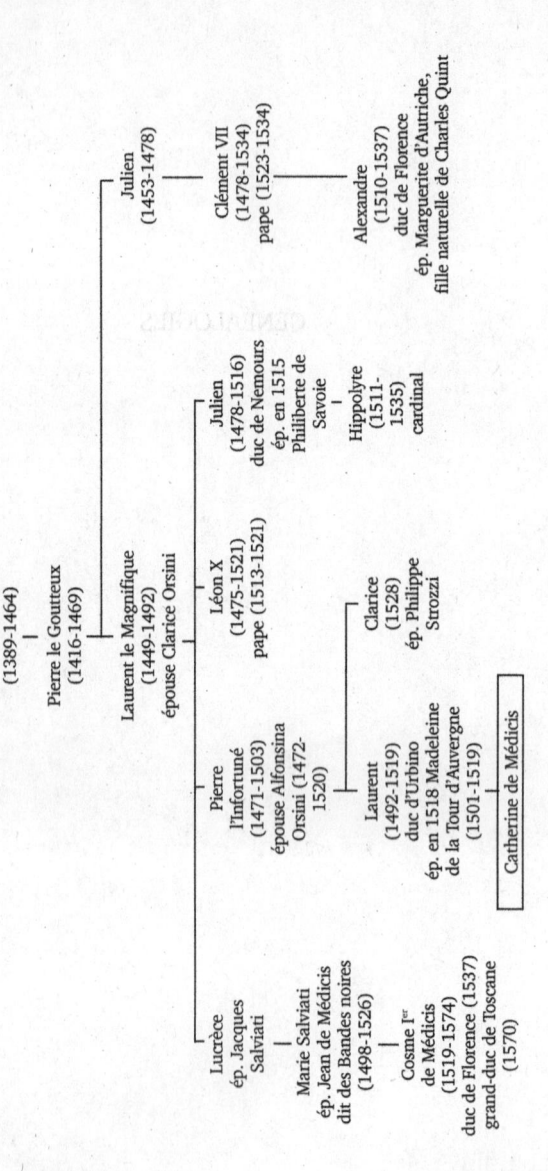

Cosme l'Ancien (1389-1464)
│
Pierre le Goutteux (1416-1469)
│
├── Laurent le Magnifique (1449-1492) épouse Clarice Orsini
│   │
│   ├── Pierre l'Infortuné (1471-1503) épouse Alfonsina Orsini (1472-1520)
│   │   │
│   │   ├── Laurent (1492-1519) duc d'Urbino ép. en 1518 Madeleine de la Tour d'Auvergne (1501-1519)
│   │   │   │
│   │   │   └── **Catherine de Médicis**
│   │   │
│   │   └── Clarice (1528) ép. Philippe Strozzi
│   │
│   ├── Léon X (1475-1521) pape (1513-1521)
│   │
│   ├── Julien (1478-1516) duc de Nemours ép. en 1515 Philiberte de Savoie
│   │   │
│   │   └── Hippolyte (1511-1535) cardinal
│   │
│   └── Lucrèce ép. Jacques Salviati
│   │
│   └── Marie Salviati ép. Jean de Médicis dit des Bandes noires (1498-1526)
│   │
│   └── Cosme Iᵉʳ de Médicis (1519-1574) duc de Florence (1537) grand-duc de Toscane (1570)
│
└── Julien (1453-1478)
    │
    └── Clément VII (1478-1534) pape (1523-1534)
        │
        └── Alexandre (1510-1537) duc de Florence ép. Marguerite d'Autriche, fille naturelle de Charles Quint

LES VALOIS

François Ier, roi de France
(1494-1547)
épouse 1. Claude de France
2. Éléonore d'Autriche

Henri II, roi de France (1519-1559) — épouse en 1533 Catherine de Médicis (1519-1589)

Madeleine (1520-1537) — épouse en 1537 Jacques V, roi d'Écosse

Charles, duc d'Angoulême (1522-1545)

Marguerite, duchesse de Berry (1523-1574) — épouse en 1559 Emmanuel-Philibert de Savoie

Enfants de Henri II et Catherine de Médicis :

- **François, dauphin** (1518-1536)
- **François II, roi de France** (1544-1560), épouse en 1558 Marie Stuart, reine d'Écosse (1542-1587)
- **Élisabeth** (1545-1568), épouse en 1559 Philippe II, roi d'Espagne
- **Claude** (1547-1575), épouse en 1559 Charles III, duc de Lorraine
- **Louis** (1549-1550)
- **Charles IX, roi de France** (1550-1574), épouse en 1570 Élisabeth d'Autriche (1554-1592)
- **Henri III, roi de France** (1551-1589), épouse en 1575 Louise de Lorraine-Vaudémont (1553-1601)
- **Marguerite** (1553-1615), épouse en 1572 Henri de Bourbon, roi de Navarre, futur Henri IV
- **François** (1554-1584), duc d'Alençon puis d'Anjou
- **Victoire** (1556)
- **Jeanne** (1556)

Enfants naturels d'Henri II avec Filippa Ducci : – Diane de France (1538-1619), duchesse d'Angoulême
Jane Fleming : – Henri d'Angoulême (1551-1586), grand prieur de Malte

Fils naturel de Charles IX avec Marie Touchet : – Charles de Valois (1573-1650), comte d'Auvergne puis duc d'Angoulême

LA MAISON DE BOURBON

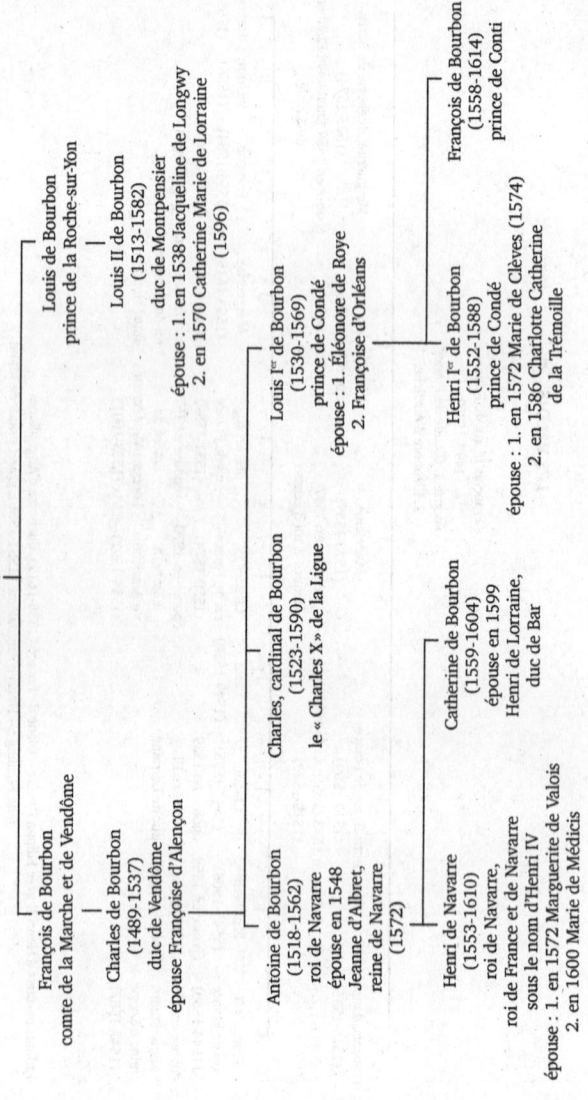

Jean II de Bourbon, comte de Vendôme

- François de Bourbon, comte de la Marche et de Vendôme
  - Charles de Bourbon (1489-1537) duc de Vendôme épouse Françoise d'Alençon
    - Antoine de Bourbon (1518-1562) roi de Navarre épouse en 1548 Jeanne d'Albret, reine de Navarre (1572)
      - Henri de Navarre (1553-1610) roi de Navarre, roi de France et de Navarre sous le nom d'Henri IV épouse : 1. en 1572 Marguerite de Valois 2. en 1600 Marie de Médicis
      - Catherine de Bourbon (1559-1604) épouse en 1599 Henri de Lorraine, duc de Bar
    - Charles, cardinal de Bourbon (1523-1590) le « Charles X » de la Ligue
    - Louis Ier de Bourbon (1530-1569) prince de Condé épouse : 1. Éléonore de Roye 2. Françoise d'Orléans
      - Henri Ier de Bourbon (1552-1588) prince de Condé épouse : 1. en 1572 Marie de Clèves (1574) 2. en 1586 Charlotte Catherine de la Trémoille
      - François de Bourbon (1558-1614) prince de Conti
  - Louis de Bourbon, prince de la Roche-sur-Yon
    - Louis II de Bourbon (1513-1582) duc de Montpensier épouse : 1. en 1538 Jacqueline de Longwy 2. en 1570 Catherine Marie de Lorraine (1596)

LA MAISON DE LORRAINE ET LES GUISE
René II, duc de Lorraine

Claude de Lorraine, 1ᵉʳ duc de Guise (1496-1550)
épouse en 1513 Antoinette de Bourbon-Vendôme

Antoine, duc de Lorraine (1490-1544)
épouse Renée de Bourbon-Montpensier

- **François Iᵉʳ, duc de Lorraine (1517-1545)** épouse Chrétienne de Danemark
- **Nicolas de Lorraine (1524-1577)** comte de Vaudémont duc de Mercœur (1576)
  épouse : 1. Marguerite d'Egmont
  2. Jeanne de Savoie
  3. Catherine de Lorraine

Marie de Lorraine (1515-1560) épouse en 1538 Jacques V Stuart, roi d'Écosse
- **Marie Stuart (1548-1587)** épouse de François II, roi de France

Enfants de Nicolas de Lorraine :
- **Charles III, duc de Lorraine (1543-1608)** épouse en 1559 Claude de France, fille d'Henri II
- **Louise de Lorraine (1553-1601)** épouse Henri III, roi de France
- **Philippe-Emmanuel (1558-1602)** duc de Mercœur
- **Marguerite (1564-1625)** épouse en 1581 Anne de Joyeuse

François de Lorraine (1519-1563) duc de Guise épouse en 1549 Anne d'Este, fille du duc de Ferrare. Veuve, elle épousa Jacques de Savoie, duc de Nemours

Charles, cardinal de Lorraine (1524-1574) archevêque de Reims

Claude de Lorraine (1526-1573) duc d'Aumale grand veneur de France colonel général de la cavalerie légère épouse en 1547 Louise de Brezé

Louis, cardinal de Guise (1527-1578) archevêque de Sens

François de Lorraine grand prieur et général des galères (1534-1563)

René de Lorraine (1536-1566) marquis d'Elbeuf général des galères épouse en 1554 Louise de Rieuc

Enfants de François de Lorraine :
- **Henri de Lorraine, dit le Balafré (1550-1588)** duc de Guise grand maître de France épouse en 1570 Catherine de Clèves
  - **Charles de Lorraine (1571-1640)** prince de Joinville puis duc de Guise
- **Catherine Marie de Lorraine (1552-1596)** épouse en 1570 Louis II de Bourbon, duc de Montpensier
- **Charles de Lorraine (1554-1611)** duc de Mayenne (1573) amiral et grand chambellan épouse Henriette de Savoie
- **Louis de Lorraine, cardinal de Guise (1555-1588)** archevêque de Reims

Enfant de Claude de Lorraine :
- **Charles de Lorraine (1555-1631)** duc d'Aumale grand veneur de France épouse en 1576 Marie de Lorraine

MONTMORENCY ET CHÂTILLON

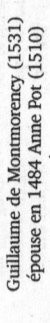

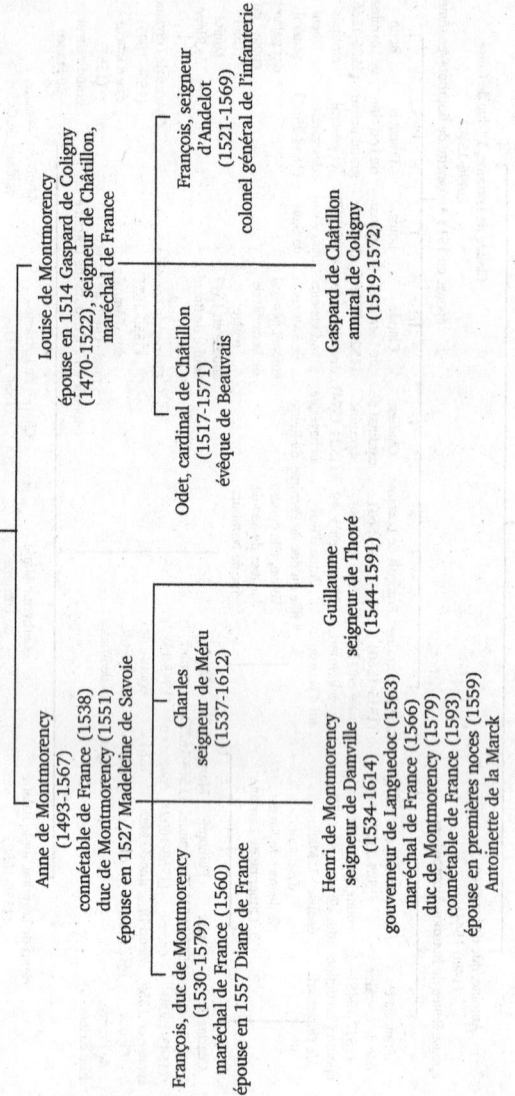

Guillaume de Montmorency (1531)
épouse en 1484 Anne Pot (1510)

┌───┴───┐

Anne de Montmorency
(1493-1567)
connétable de France (1538)
duc de Montmorency (1551)
épouse en 1527 Madeleine de Savoie

Louise de Montmorency
épouse en 1514 Gaspard de Coligny (1470-1522), seigneur de Châtillon, maréchal de France

---

Descendants d'Anne de Montmorency :

- **François, duc de Montmorency** (1530-1579)
  maréchal de France (1560)
  épouse en 1557 Diane de France

- **Henri de Montmorency, seigneur de Damville** (1534-1614)
  gouverneur de Languedoc (1563)
  maréchal de France (1566)
  duc de Montmorency (1579)
  connétable de France (1593)
  épouse en premières noces (1559) Antoinette de la Marck

- **Charles, seigneur de Méru** (1537-1612)

- **Guillaume, seigneur de Thoré** (1544-1591)

Descendants de Louise de Montmorency :

- **Odet, cardinal de Châtillon** (1517-1571)
  évêque de Beauvais

- **Gaspard de Châtillon, amiral de Coligny** (1519-1572)

- **François, seigneur d'Andelot** (1521-1569)
  colonel général de l'infanterie

Bibliographie sélective

La bibliographie la plus complète à ce jour est donnée par Arlette Jouanna dans *La France de la Renaissance. Histoire et dictionnaire*, Robert Laffont, Bouquins, 2001, p. 1155-1191, et dans *Histoire et Dictionnaire des guerres de Religion*, Robert Laffont, Bouquins, 1998, p. 1405-1476.

PARMI LES SOURCES

L'*Histoire universelle* d'Agrippa d'Aubigné (éd. André Thierry), celle de Jacques-Auguste de Thou ; l'*Histoire de France sous les règnes de François I*er* à Louis XIII*, par Pierre Matthieu, l'*Histoire des guerres civiles en France, 1559-1598*, d'Henri- Cathelin Davila ; les *Lettres historiques pour les années 1556-1594* d'Étienne Pasquier (éd. D. Thickett), la *Chronologie novénaire* de Palma-Cayet ; les *Archives curieuses de l'histoire de France*, par L. Cimber et F. Danjou ; les *Discours politiques et militaires* de François de la Noue (éd. F.E. Sutcliffe) ; le *Journal* de Pierre de l'Estoile (éd. L.R. Lefèvre et l'édition en cours de M. Lazard et G. Schrenck) ; le *Journal d'un ligueur parisien, 1588-1590* (éd. Xavier Le Person) ; *Les Négociations diploma-*

tiques de la France avec la Toscane (éd. A. Desjardins) ; le *Discours merveilleux de la vie, action et déportements de Catherine de Médicis* (éd. Nicole Cazauron) ; les *Œuvres complètes* de Brantôme (éd. A. Lalanne) ; les *Mémoires* de Cheverny (éd. Michaud et Poujoulat), de Claude Haton (éd. Laurent Bourquin), de Michel de la Huguerye (éd. A. de Ruble), de Marguerite de Navarre (éd. Y. Cazeaux et B. Barbiche), de Gaspard de Saulx-Tavannes (éd. Petitot), de Villeroy (éd. Michaud et Poujoulat) ; et surtout les *Lettres de Catherine de Médicis* (éd. H. de la Ferrière et G. Baguenault de Puchesse, 10 volumes).

Parmi les ouvrages

Le temps des guerres de Religion

Cornette (Joël), *Le Livre et le Glaive. Chronique de la France du XVIe siècle*, A. Colin et Sedes, Paris, 1999.

Jouanna (Arlette), *La France au XVIe siècle*, PUF, Paris, 1996.

Journal de la France et des Français. Chronologie politique, culturelle et religieuse de Clovis à 2000, Gallimard, Paris, 2001 (« De Louis XII à Henri IV », par Élie Barnavi).

Catherine de Médicis

Bertière (Simone), *Les Reines de France au temps des Valois*, t. II, *Les Années sanglantes*, Éd. de Fallois, Paris, 1994.

Bouchot (Henri), *Catherine de Médicis*, Paris, 1899.

CAZAURON (Nicole), *Catherine de Médicis et son temps dans la comédie humaine,* Droz, Genève, 1976.

CLOULAS (Ivan), *Catherine de Médicis,* Fayard, Paris, 1979.

FREMY (Édouard), *Les Poésies inédites de Catherine de Médicis,* Paris, 1885.

GARRISSON (Janine), *Catherine de Médicis. L'impossible harmonie,* Payot, Paris, 2002.

HÉRITIER (Jean-H.), *Catherine de Médicis,* Fayard, Paris, nouvelle édition, 1959.

KNECHT (Robert Jean), *Catherine de Medici,* Longman, Londres-New York, 1998, traduction française, Le Cri-Histoire, 2003.

MARIÉJOL (Jean-Hippolyte), *Catherine de Médicis, 1519-1589,* Tallandier, Paris, 1979 (1re éd. 1920).

ORIEUX (Jean), *Catherine de Médicis ou la Reine noire,* Flammarion, Paris, rééd. 1998.

REUMONT (A. de) et BASCHET (A.), *La Jeunesse de Catherine de Médicis,* Plon, Paris, 1866.

SUTHERLAND (Nicolas-Mary), *Catherine de Medici and the Ancient Regime,* Londres, 1966.

VAN DYCKE (Paul), *Catherine de Medici,* Londres, 1923.

WILLIAMSON (Hugh Ross), *Catherine de Médicis, mère de trois rois de France et de la reine Margot,* Pygmalion-Gérard Watelet, 1979 (éd. anglaise en 1973).

LA FAMILLE ROYALE

Les membres de la famille royale ont fait l'objet de nombreuses biographies. Pour *François Ier*, celles de J. Jacquart, R.J. Knecht, J. Lang; *Henri II*, I. Cloulas; sur *François II*, le petit livre de Jean-Michel Delacomptée, *Le Roi miniature*; *Charles IX,* les biographies de M. Simonin, E. Bourassin, auxquelles on ajoutera les ouvrages de

P. Champion, *Charles IX. La France et le contrôle de l'Espagne*, 2 vol. Grasset, 1939, et *Catherine de Médicis présente à Charles IX son royaume*, Grasset, 1937; biographies d'*Henri III* par P. Chevallier, J.-F. Solnon, ainsi que l'ouvrage de J. Boucher, *La Cour de Henri III*, Ouest-France, 1986, et les études réunies par R. Sauzet, *Henri III et son temps*, Vrin, 1992. *Henri IV* a été étudié par Jean-Pierre Babelon et par J. Garrisson; *Marguerite de Valois*, par J.-H. Mariéjol et par Janine Garrisson. On ajoutera : Janine Garrisson, *Les Derniers Valois*, Fayard, 2001.

ÉTUDES ET INTERPRÉTATIONS RÉCENTES

BOURGEON (Jean-Louis), *L'Assassinat de Coligny*, Droz, Genève, 1992; *Charles IX et la Saint-Barthélemy*, Droz, Genève, 1995.

CONSTANT (Jean-Marie), *Les Guise*, Hachette, Paris, 1984; *La Ligue*, Fayard, Paris, 1996.

CORVISIER (André), *Les Régences en Europe*, PUF, Paris, 2002.

COSANDEY (Fanny), *La Reine de France. Symbole et pouvoir, XVe-XVIIIe siècles*, Gallimard, Paris, 2000.

CROUZET (Denis), *La Nuit de la Saint-Barthélemy. Un rêve perdu de la Renaissance*, Fayard, Paris, 1994; *La Sagesse et le Malheur. Michel de L'Hospital, chancelier de France*, Champ Vallon, Seyssel, 1998.

DUGUENNE (Frédéric), *L'Entreprise du duc d'Anjou aux Pays-Bas de 1580 à 1584*, Presses Universitaires du Septentrion, Villeneuve d'Ascq, 1998.

JOUANNA (Arlette), *Le Devoir de révolte. La noblesse française et la gestation de l'État moderne, 1559-1661*, Fayard, Paris, 1989.

LAZARD (Madeleine), *Les Avenues de Fémynie. Les femmes et la Renaissance*, Fayard, Paris, 2001.

Le Person (Xavier), « *Pratique* » *et* « *pratiqueurs* ». *La vie politique au temps du règne d'Henri III*, Droz, Genève, 2002.

Le Roux (Nicolas), *La Faveur du roi. Mignons et courtisans au temps des derniers Valois (v. 1547-v. 1589)*, Champ Vallon, Seyssel, 2001.

Pérouse de Montclos (Jean-Marie), *Philibert De l'Orme. Architecte du roi (1514-1570)*, Mengès, Paris, 2000.

Tallon (Alain), *La France et le concile de Trente (1518-1563)*, École française de Rome, 1997.

Turbide (Chantal), « Les Collections de Catherine de Médicis (1519-1589) : quelques vestiges d'un patrimoine », dans *Mécènes et collectionneurs*, vol. 1. *Les variantes d'une passion*, CTHS, 1999, p. 51-63.

Wenegfellen (Thierry), *Ni Rome ni Genève. Des fidèles entre deux chaires en France au XVIe siècle*, Champion, Paris, 1997 ; (sous la direction de), *De Michel de l'Hospital à l'édit de Nantes. Politique et religion face aux Églises*, Presses universitaires Blaise-Pascal, Clermont-Ferrand, 2002.

Les Clouet de Catherine de Médicis, catalogue par Alexandra Zvereva, Somogy, 2002.

Paris et Catherine de Médicis, sous la direction de M.N. Baudouin-Matuszek, Délégation à l'action artistique de la Ville de Paris, s.d. (1989).

Index

A

ABATE (Nicolo dell') : 224.
ADRETS (François de Beaumont, baron des) : 170.
ADRIEN VI, pape : 27.
ALAMANNI (Luigi) : 62.
ALAVA (Don Francès de) : 183.
ALBE (duc d') : 176, 177, 179, 180, 184, 189-192, 206, 246, 254.
ALBERT DE SAXE-COBOURG-GOTHA (prince) : 355.
ALBRET (Jeanne d') : 126, 127, 147, 168, 175, 180, 207, 211, 231, 233, 239, 349, 357, 442.
ALENÇON, voir FRANÇOIS DE VALOIS.
AMYOT (Jacques) : 244, 363.
ANDELOT (François de Châtillon, seigneur d') : 91, 92, 135, 144, 148, 150, 156, 196, 212.
ANDROUET DU CERCEAU (Jacques) : 378.
ANGOULÊME (Charles, duc d'), troisième fils de François Ier : 35, 46, 57.
ANGOULÊME (Henri d'), dauphin, fils de François Ier : 57.
ANGOULÊME (Henri d'), fils naturel d'Henri II : 69, 334.
ANGOULÊME (Jean d'Orléans, comte d'), 1399-1467 : 180.
ANGOULÊME (Marguerite d'), sœur de François Ier, reine de Navarre : 45.
ANJOU (Henri de Valois, duc d'), voir HENRI III.
ANNE D'AUTRICHE, reine de France : 102.
ANNEBAUT (Claude d'), amiral de France : 74.
ARTÉMISE, reine de Carie : 377, 379, 380.
AUBIAC : 398.
AUBIGNÉ (Agrippa d') : 99, 249, 280, 357.
AUMALE (Claude de Lorraine, duc d') : 61, 183, 252, 254, 264, 388, 401.
AUMALE (Louise de Brezé, duchesse d'), épouse de Claude de Lorraine : 61, 67.
AUVERGNE (Jean, comte d') : 34.
AVIZ (Maison d') : 218.

B

Balzac (Honoré de) : 13, 17, 441, 443.
Bardi (Famille) : 32.
Baudouin (François) : 125.
Bavière (Wolfgang de), duc de Deux-Ponts : 209.
Beauvais-Nangis (Nicolas de Brichanteau, marquis de) : 266, 388.
Bellegarde (Roger de Saint-Lary, seigneur de) : 285, 291, 330.
Bellièvre (Pomponne de) : 291, 337, 354, 400, 402, 406, 415, 417-419.
Benciveni (Jean-Baptiste) : 362.
Bertrand (Jean), garde des sceaux : 74.
Bèze (Théodore de) : 9, 100, 126, 127, 129, 161, 442.
Birague (René de) : 205, 250, 268, 276, 293, 298, 439.
Biron (Armand de Gontaut, baron de), maréchal de France : 214, 325.
Blanche de Castille, reine de France : 73, 89, 108, 157.
Bonaiuti (Madeleine) : 62.
Bouillon (Guillaume-Robert de la Marck, duc de), 1588 : 401.
Bouillon (Henri-Robert de la Marck, duc de), 1574 : 264, 273, 278.
Boulogne (Maison de) : 34.
Boulogne (Mathilde, comtesse de) : 342.
Bourbon (Maison de) : 26, 90, 105-109, 182, 249, 306, 323, 332, 395, 408, 430, 442.
Bourbon (Antoine de); 1518-1562, roi de Navarre : 81, 90, 92, 93, 99, 101, 105-109.
Bourbon (Catherine de), sœur d'Henri de Navarre : 126, 296, 313.
Bourbon (Charles, connétable de) : 442.
Bourbon (Charles, cardinal de) : 67, 161, 242, 354, 384, 385, 389, 391, 401, 424, 425.
Bourbon (Henri de), voir Condé.
Bourbon-Montpensier, voir Montpensier.
Bourbon-Vendôme (Jeanne de) : 34.
Bourgeon (Jean-Louis), historien : 255, 256.
Bouteloup (Guillaume), peintre du roi : 367.
Bramante (Donato di Angelo, dit) : 380.
Brantôme (Pierre de Bourdeille, seigneur de) : 54, 56, 63, 88, 217, 281, 324, 353-356.
Brezé (Louis de), grand sénéchal de Normandie : 30, 51, 52.
Brezé (Louise de), fille du précédent et de Diane de Poitiers : 60.
Brissac (Charles de Cossé), voir Cossé-Brissac.
Brulart (Pierre) : 418.

INDEX

Brunehaut, reine d'Austrasie : 274, 293.
Bullant (Jean) : 374, 376-379.

C

Calvin (Jean) : 100, 119, 123, 125, 126, 161, 168, 432, 442.
Canillac (marquis de) : 398.
Capétiens (Les) : 32.
Cardan (Jérôme) : 364.
Carlos (Don), fils de Philippe II d'Espagne : 84, 126, 176, 179, 218.
Carnesecchi (Bernardo) : 374.
Caron (Antoine) : 375.
Castelnau (Michel de) : 100, 147.
Castro (Fidel) : 88.
Catherine de Habsbourg, infante d'Espagne, duchesse de Savoie : 401.
Catherine de Médicis, passim.
Cavriana (Philippe) : 423.
Caylus (Jacques de Lévis, comte de) : 266, 317.
Chalon (Philibert de), prince d'Orange : 18, 29.
Chambiges (Pierre) : 372.
Chantonnay, voir Perrenot de Chantonnay.
Charlemagne : 442.
Charles Quint : 17, 18, 23, 25, 27, 30, 31, 35, 45-48, 69, 70, 72, 74, 85, 131, 224.
Charles IX, roi de France : 13, 68, 109, 112, 122, 127, 128, 139, 156, 157, 159, 162, 165, 166, 170-174, 176, 180, 183, 184, 191-193, 195, 196, 198, 200, 204, 205, 207-209, 211, 213, 215, 219, 220, 224, 225, 228, 230-238, 240, 243, 245, 246, 248-256, 260-262, 265, 267, 269-271, 273, 274, 276-280, 282, 283, 285, 286, 288, 290, 292, 296, 297, 300, 303, 323, 349, 359, 362, 364, 369, 372, 430.
Charles III, 1543-1608, duc de Lorraine : 80, 165, 408, 421.
Charles de Valois, fils naturel de Charles IX : 217, 226.
Charles-Emmanuel Ier, 1562-1630, duc de Savoie : 385.
Chateaubriand (François René Auguste de) : 11, 440, 441.
Châtillon (Maison de) : 91, 144, 149, 158-160, 175, 182, 183, 441.
Châtillon (Odet, cardinal de) : 91, 141, 183.
Chéreau (Patrice), réalisateur : 354.
Cheverny (Philippe Hurault, comte de) : 291, 413, 417, 418.
Cibo (Catherine), duchesse de Camerino : 34.
Claude de Valois, duchesse de Lorraine, fille de Catherine de Médicis : 65, 66, 80, 109, 165, 168, 210, 272, 358, 360, 408, 421.

CLÉMENT VII, pape : 18, 22-25, 27, 28, 30, 31, 33, 34, 43, 44, 46, 160, 440.
CLERMONT D'AMBOISE : 196.
CLERMONT (Louise de), voir UZÈS (duchesse de).
CLÈVES (Catherine de), femme du duc Henri de Guise : 219.
CLÈVES (Marie de) : 294.
CLOUET (Les) : 88, 367.
CLOUET (François) : 367.
CLOUET (Jean) : 367.
COCONAT (Annibal de) : 276-279, 285, 300.
COCQUEVILLE (François de) : 203.
COLIGNY (Gaspard de Châtillon, amiral de) : 91-93, 96, 103, 104, 106, 124, 135, 139, 141, 144, 148-150, 154, 155, 159, 183, 191, 192, 195, 197, 199, 202, 206, 207, 211-214, 220, 229-232, 234-236, 238-240, 242, 244-248, 250, 251, 253-256, 259, 261, 431, 432, 442.
CONDÉ (Éléonore de Roye, princesse de), femme de Louis de Bourbon-Condé : 153, 206.
CONDÉ (Henri Ier de Bourbon, prince de), 1552-1588 : 210, 247, 251, 260, 263, 264, 287, 303-306, 335, 336, 393, 396.
CONDÉ (Louis de Bourbon, prince de), 1530-1569 : 90, 92, 93, 96, 97, 99, 101, 105-108, 117, 121, 126, 135, 138-143, 145, 147-150, 153, 155, 156, 158, 161, 175, 191, 193-197, 199, 200, 202, 206, 207, 209-212, 232, 251, 303, 357, 396.
CONTARINI (Lorenzo), ambassadeur : 63.
CONTI, poète italien : 39.
CORNEILLE, dit DE LYON, peintre : 169.
COSME Ier DE MÉDICIS, 1519-1574, grand-duc de Toscane : 28, 62, 69-71, 80, 83, 85, 228.
COSSÉ (Famille de) : 318.
COSSÉ (Artus de), 1512-1582, maréchal de France : 279, 293, 304.
COSSÉ-BRISSAC (Charles II de), neveu du précédent : 92, 149, 196.
COSSÉ-BRISSAC (Jeanne de) : 317.
CROUZET (Denis), historien : 255.
CRUSSOL (Antoine de), voir UZÈS (duc d').

D

DAMVILLE, voir MONTMORENCY-DAMVILLE.
DAVILA (Enrico Caterino) : 90, 400.
DELLA ROBBIA (Girolamo) : 12.
DELLA ROVERE (Maison) : 29.

DELLA ROVERE (François-Marie) : 27.
DELORME, voir L'ORME (Philibert de).
DEUX-PONTS (duc de), voir BAVIÈRE (Wolfgang de).
DIANE DE FRANCE, fille naturelle d'Henri II : 50, 53, 356.
DIANE DE POITIERS, duchesse de Valentinois : 30, 51-69, 74, 81-84, 90, 185, 346, 370, 378, 379.
DORAT (Jean) : 224.
DU BELLAY (Jean, cardinal) : 161, 371.
DUCI (Filippa) : 50.
DU GUAST (Louis Bérenger, sieur) : 291.
DUMAS (Alexandre) : 12, 249, 354.

E

EGMONT (Lamoral, comte d') : 203, 206.
ELBENE (Pierre d') : 400.
ELBEUF (Charles de Lorraine, duc d') : 388, 424.
ÉLÉONORE D'AUTRICHE, reine de France : 34, 37, 42, 51, 85.
ÉLISABETH D'AUTRICHE, reine de France : 220, 221, 224, 261, 270, 281, 296.
ÉLISABETH DE VALOIS, voir ISABELLE DE VALOIS.
ÉLISABETH Iʳᵉ, reine d'Angleterre : 144, 145, 155, 156, 174, 207, 220, 221, 240, 263, 264, 272, 273, 338, 340, 387, 399, 417.
EMMANUEL-PHILIBERT, 1528-1580, duc de Savoie : 83, 165, 168, 285, 313, 385, 401, 421.
ENGHIEN (Jean, comte d') : 57.
ÉPERNON (Jean-Louis de Nogaret de la Valette, duc d') : 333, 345-347, 387, 397, 400, 406-408, 416-418, 421.
ESTE (Maison d') : 29.
ESTE (Anne d'), voir GUISE (duchesse de).
ÉTAMPES (Anne de Pisseleu, duchesse d') : 43, 55, 60.

F

FARNÈSE (Alexandre), duc de Parme, gouverneur général des Pays-Bas de 1578 à 1592 : 339.
FERNEL (Jean) : 56.
FLEMING (Jane) : 68, 346.
FOIX (Paul de) : 125.
FRANÇOIS Iᵉʳ, roi de France : 19, 25, 27, 29-31, 33-35, 37-50, 55, 57-60, 62, 73, 74, 82, 85, 106, 161, 163, 164, 205, 224, 284, 290, 295, 312, 361, 366, 367, 369-371, 432.
FRANÇOIS II, dauphin, puis roi de France : 13, 56, 87, 89, 90, 92, 96-99, 104, 106-

109, 111, 112, 117, 143, 171, 184, 204, 286, 301, 331, 370, 429.

François, dauphin, voir Angoulême (François).

François de Valois, duc d'Alençon, puis duc d'Anjou, fils d'Henri II et de Catherine de Médicis, appelé Monsieur : 71, 161, 165, 185, 243, 260, 263, 264, 269-279, 287, 293, 298-309, 312-322, 335-349, 356, 360, 369, 383-385, 397, 431.

François Ier de Médicis, grand-duc de Toscane : 228.

Frédégonde, reine de Neustrie : 274, 292.

G

Gadagne (Famille) : 168.

Gaurico (Luca), astrologue : 87, 364.

Gaurric, voir Gaurico.

Genlis (Jean de Hangest, seigneur de) : 237, 238.

Godefroy de Bouillon : 34.

Gondi (Famille de) : 168.

Gondi (Albert de), 1522-1602, comte puis duc de Retz, maréchal de France en 1573 : 205, 228, 250, 263, 291, 293, 298, 355, 400.

Gondi (Antoine de), 1486-1560, seigneur du Perron : 62, 374.

Gonzague (Maison de) : 29.

Gonzague, voir Nevers (duc de).

Gozzoli (Benozzo) : 41.

Grégoire XIII, pape : 259.

Guarini (Jean-Baptiste), poète italien : 362.

Guillaume de Nassau, prince d'Orange : 232, 236, 273.

Guincestre (Jean) : 426.

Guise (Maison de) : 68, 81, 82, 90, 97, 99-101, 105, 107-109, 112, 117, 121, 122, 135, 149, 153, 159, 160, 182, 202, 219, 239, 246, 250, 252-256, 275, 276, 278, 285, 366, 370, 384-386, 388, 390, 391, 393, 395, 401, 406, 407, 412, 416, 420, 426, 430, 431, 433, 439, 441, 442.

Guise (Anne d'Este, duchesse de), femme de François de Lorraine, duc de Guise : 63, 76, 77, 98, 424.

Guise (François de Lorraine, duc de), 1519-1563 : 60, 61, 73, 79, 80, 85, 89, 92, 99, 104, 120-122, 129, 135-139, 142, 148-152, 154, 159, 182, 183, 192, 303.

Guise (Henri de Lorraine, duc de), 1550-1588, dit le Balafré : 162, 183, 196, 218, 219, 231, 239, 246-248, 252, 264, 275, 300, 305, 308, 310, 329, 364, 384, 385, 387-392, 395, 396, 401-403, 408-414,

416, 417, 419, 420, 422, 423.
Guise (Louis de Lorraine, cardinal de), 1555-1588 : 202, 384, 424.

H

Habsbourg (Maison de) : 47, 79, 131, 179, 218, 224, 246.
Henri II, duc d'Orléans, puis dauphin et roi de France : 11, 14, 58, 60-64, 71-73, 79-81, 84, 85, 87-89, 91, 93, 94, 96, 118, 126, 137, 145-147, 158, 162, 163, 168, 171, 185, 224, 261, 334, 346, 355, 356, 363, 365, 368, 370-372, 378, 380, 429, 432.
Henri III, duc d'Orléans, puis duc d'Anjou, roi de Pologne puis roi de France : 13, 69, 126, 285, 288, 290, 291, 294, 297-301, 303, 304, 306, 307, 309, 310, 313, 317, 318, 321, 323, 324, 329, 331-333, 335-338, 340, 341, 343-345, 347, 348, 355, 359, 362, 363, 366, 369, 379, 383, 384, 386, 387, 389-391, 393-395, 397-403, 405, 406, 408, 409, 411, 413-415, 417, 419, 421, 422, 424, 430, 433.
Henri de Navarre, dit le Béarnais, roi de Navarre, futur Henri IV, roi de France : 126, 130, 147, 162, 168, 207, 211, 231-233, 238, 241, 243, 247, 249, 263, 276, 277, 287, 293, 296, 298, 300, 306, 308, 313, 323, 326, 336, 345, 346, 349, 356, 364, 366, 384, 385, 387, 391, 393, 395, 398, 400, 406, 421, 433.
Henri VIII, roi d'Angleterre : 29, 58.
Henri, marquis de Pont-à-Mousson, puis duc de Lorraine : 408, 421.
Hornes (Philippe de Montmorency-Nivelle, comte de) : 203, 206.
Humières (Jean d') : 58.
Humières (Charlotte d') : 58.

I

Isabeau de Bavière, reine de France : 12, 274.
Isabelle de Valois, fille d'Henri II et de Catherine de Médicis, reine d'Espagne : 84, 93, 109, 114, 121, 165, 174, 179, 207, 208, 357-359.
Isabelle Claire Eugénie, infante d'Espagne : 296, 321.

J

Jacques V, roi d'Écosse : 29.
Jean-Paul II : 27.

JEANNE D'ARC : 111.
JEANNE DE FRANCE, fille de Louis XI, première femme de Louis XII : 143.
JEANNE DE VALOIS, fille d'Henri II et de Catherine de Médicis : 109.
JODELLE (Étienne) : 363.
JOYEUSE (Anne, baron d'Arques, puis duc de) : 333, 345, 347, 387, 402, 403, 406.
JUANA D'AUTRICHE (Doña), sœur de Philippe II d'Espagne : 176.

L

LA GROTTE (Nicolas de) : 161.
LA HUGUERYE (Michel de) : 235.
LAINEZ (Diego), jésuite : 128.
LA MARCK (Antoinette de), femme d'Henri de Montmorency-Damville : 313.
LA MOLE (Joseph de Boniface, seigneur de) : 276-280, 285, 300.
LANGUET (Hubert) : 9.
LA NOUE (François de) : 155, 209.
LA RENAUDIE (Jean du Barry, seigneur de) : 99.
L'ARIOSTE (Ludovico Ariosto, dit) : 26, 161.
LA ROCHE-GUYON (comte de) : 317.
LA TOUR D'AUVERGNE (Maison de) : 30.

LA TOUR D'AUVERGNE (Madeleine de) : 26, 34.
L'AUBESPINE (Sébastien de) : 309.
LA VALETTE, voir ÉPERNON.
LE MANNIER (Germain) : 367.
LÉON X, pape : 25-27, 160, 361.
LÉONARD DE VINCI : 41, 370.
LESCOT (Pierre) : 372, 373.
LESDIGUIÈRES (François de Bonne, seigneur de) : 331.
L'ESTOILE (Pierre de) : 294, 352, 365, 418, 427.
L'HOSPITAL (Michel de) : 13, 76, 102, 115, 116, 125, 158, 175, 203, 204, 363.
LIMEUIL (Isabeau de la Tour d'Auvergne, dame de) : 356.
L'ORME (Philibert de) : 161, 368-371, 373, 374, 379.
LORRAINE (Maison de) : 60, 62, 80, 84, 90, 92, 94, 99-101, 137, 149, 218, 219, 239, 246, 253, 255, 273, 296, 308, 379, 385, 389, 390, 395, 398, 401, 408, 410, 424, 425.
LORRAINE (Charles, cardinal de), 1524-1574, archevêque de Reims : 60, 73, 74, 79, 80, 89, 90, 97, 102, 104, 105, 122, 126, 128, 183, 194, 202, 204, 206, 208, 214, 219, 355, 442.
LORRAINE (Christine de), petite-fille de Catherine de Médicis : 377, 399, 421.

Louis VIII, roi de France : 89, 90.
Louis IX ou Saint Louis, roi de France : 26, 34, 73, 107, 385.
Louis XI, roi de France : 33, 143, 312, 334.
Louis XII, roi de France : 143.
Louis XIII, roi de France : 102, 262.
Louis XIV, roi de France : 14, 277, 369, 372.
Louis XV, roi de France : 14, 369.
Louis XVI, roi de France : 12.
Louis de Valois, fils d'Henri II et de Catherine de Médicis : 65, 66, 109.
Louise de Savoie, mère de François Ier : 73, 74.
Louise de Lorraine-Vaudemont, reine de France : 272, 296, 348, 379, 403, 410, 412.

M

Machiavel (Nicolo) : 25, 141, 234, 276, 291, 292, 298, 432, 440.
Madeleine de Valois, reine d'Écosse, fille de François Ier : 42.
Mailly (Madeleine de) : 96.
Marcourt (Antoine) : 45.
Margot, voir Marguerite de Valois.
Marguerite d'Autriche, dite Madame : 23-30.
Marguerite de France, duchesse de Berry puis de Savoie, fille de François Ier : 42, 76, 83, 168, 182, 288, 307.
Marguerite de Valois, reine de Navarre, dite la reine Margot : 109, 126, 162, 165, 166, 208, 213, 215, 217-219, 232, 233, 238, 240, 259, 263, 279, 300, 321, 325, 329, 336, 346, 347, 349, 397-399, 425.
Marie de Médicis, reine de France : 373.
Marie-Antoinette, reine de France : 12.
Marie Stuart, reine d'Écosse, dauphine puis reine de France : 68, 80, 85, 87, 89, 90, 94, 219, 295, 356, 399, 417.
Marie-Thérèse d'Autriche, reine de Hongrie : 79.
Marillac (Charles de), archevêque de Vienne : 95, 104, 125.
Matha (Pierre de la Mare, sieur de) : 355.
Matignon (Jacques II de Goyon, maréchal de) : 281, 393.
Matthieu (Pierre) : 234, 235.
Maugiron (Louis de) : 317.
Maurevert (Charles de Louviers, seigneur de) : 244.
Mausole, satrape de Carie : 380.
Maximilien II de Habsbourg, empereur (1564-1576) : 166, 224.

MAYENNE (Charles de Lorraine, duc de) : 264, 313, 384, 388, 391, 393, 424.

MAZARIN (Jules, cardinal) : 102, 354.

MÉDICIS (Les) : 18, 19-23, 25, 26, 28, 32, 33, 42, 83, 166, 370, 400.

MÉDICIS (Alexandre de) : 19, 20, 23, 24, 27, 28, 30, 69, 157.

MÉDICIS (Clarice de) : 27.

MÉDICIS (Cosimo de), voir COSME Ier de MÉDICIS.

MÉDICIS (Cosme de), dit l'Ancien : 18, 26, 32, 41.

MÉDICIS (Ferdinand Ier de) : 421.

MÉDICIS (Hippolyte de) : 19, 20, 23-25, 27, 32.

MÉDICIS (Jean de), dit des Bandes Noires : 28.

MÉDICIS (Julien de), duc de Nemours : 24, 33.

MÉDICIS (Laurent de), dit le Magnifique : 18, 25, 32, 40.

MÉDICIS (Laurent de), duc d'Urbino : 25, 26, 33, 41, 342.

MÉDICIS (Lorenzo de) : 23.

MÉDICIS (Lucrezia de) : 27.

MÉDICIS (Pierre de), dit L'Infortuné : 18, 25, 27.

MÉDICIS (Pierre de), dit Le Goutteux : 41.

MERCŒUR (Philippe Emmanuel de Lorraine, duc de) : 391.

MÉRÉ (Aimée Brossier de) : 355.

MÉRU, voir MONTMORENCY (Charles de).

MESMES (Henri de) : 214.

MÉZERAY (François Eudes de) : 408.

MICHEL-ANGE : 17.

MICHELET (Jules) : 12, 100, 249.

MIRON (Michel) : 388.

MONLUC (Blaise de) : 71, 144, 181, 214, 264.

MONLUC (Jean de), évêque de Valence : 95, 104, 122, 158, 264-266.

MONTECUCCULI (comte de) : 48.

MONTGOMERY (Gabriel de Lorges, comte de) : 85, 145, 147, 196, 213, 261, 281.

MONTMORENCY (Maison de) : 60, 61, 91, 273, 278.

MONTMORENCY (Anne de), 1493-1567, connétable : 30, 55, 56, 60, 68, 70, 75, 77, 79-81, 91, 101, 113, 122, 129, 148, 149, 161, 171, 194, 198, 303, 439, 442.

MONTMORENCY (Charles de) seigneur de Méru : 273.

MONTMORENCY (François, duc de), 1530-1579, maréchal de France : 91, 92, 183, 194, 274, 278, 279, 285, 293, 304, 356.

MONTMORENCY (Françoise de) : 346.

MONTMORENCY (Guillaume de), seigneur de Thoré : 273, 278.

INDEX

MONTMORENCY-DAMVILLE (Henri de), 1534-1614 : 285, 288, 293, 294, 296-299, 303, 304, 308, 313, 314, 322, 327, 392, 433.

MONTPENSIER (Jacqueline de Longvic, duchesse de) : 63, 95.

MONTPENSIER (Louis II de Bourbon, duc de) : 199.

MORVILLIER (Jean de) : 158, 205, 254, 268.

MUSSET (Alfred de) : 23.

N

NAPOLÉON Ier : 88.

NASSAU (Louis de), frère de Guillaume d'Orange : 232, 233, 236, 273, 278.

NAVARRE (Antoine de), voir BOURBON (Antoine de).

NAVARRE, voir HENRI DE NAVARRE (HENRI IV).

NEMOURS (Charles Emmanuel, duc de), 1567-1595 : 424.

NEMOURS (Jacques de Savoie, duc de), 1531-1585 : 87, 194, 195, 199, 356.

NEMOURS (Julien, duc de), voir MÉDICIS (Julien de).

NEVERS (Henriette de Clèves, duchesse de), 1542-1601 : 277, 279.

NEVERS (Louis de Gonzague, duc de) : 250, 263, 291.

NEVERS (Marguerite de Bourbon-Vendôme, duchesse de) : 67.

NICOT (Jean) : 361.

NOSTRADAMUS : 87, 170, 171, 176, 220, 269, 363.

O

O (François d') : 266, 333.
OLIVIER (François) : 73, 92.
ORSINI (Alfonsina) : 19, 27.
ORSINI (Clarice) : 32.

P

PALATIN (Le), voir CASIMIR DE BAVIÈRE.

PALISSY (Bernard) : 374.

PARÉ (Ambroise) : 247.

PASQUIER (Étienne) : 418.

PAUL IV, pape : 72.

PAZZI (Les) : 32, 441.

PERRENOT DE CHANTONNAY (Thomas) : 131-133.

PERRENOT DE GRANVELLE (Antoine) : 131.

PERRENOT DE GRANVELLE (Nicolas) : 131.

PFYFFER (Louis) : 194, 195.

PHILIPPE AUGUSTE, roi de France : 40.

PHILIPPE II, roi d'Espagne : 79, 83, 84, 93, 114, 120, 121, 126, 128, 131, 135, 144, 165, 173-176, 179, 183, 184, 188, 190, 191, 200-203, 207, 208, 211, 214, 218, 220, 224, 233, 234, 237, 238, 245, 246, 248, 260, 273, 276, 279, 296,

321, 338, 342, 343, 358, 385, 386, 409.
Pie V, pape : 189, 221.
Piennes (Jeanne de Hallwin, demoiselle de) : 356.
Pierrevive (Marie Catherine de) : 62, 374.
Pilon (Germain) : 11, 224, 379.
Pinard (Claude) : 418.
Poltrot de Méré (Jean) : 149, 152.
Pomponne, voir Bellièvre.
Primatice (Francesco Primaticcio, dit le) : 370, 379, 380.

R

Ramus (Pierre de la Ramée, dit) : 361.
Raphaël : 26, 370.
Régnier de la Planche (Louis) : 101.
Renieri : 364.
Retz, voir Gondi (Albert de).
Retz (Claude Catherine de Clermont, dite la maréchale de) : 277.
Richelieu (Armand du Plessis, cardinal de) : 12, 102, 154.
Richmond (duc de) : 29.
Ridolfi (cardinal) : 361.
Robertet (Florimond) : 357.
Rodolphe II de Habsbourg, archiduc d'Autriche, puis empereur (1576-1612) : 166, 218, 385.

Rohan (Françoise de) : 356.
Ronsard (Pierre de) : 87, 161, 162, 181, 215, 224, 225.
Rosso (Rosso Fiorentino, dit Le) : 41, 370.
Rucellai (Famille) : 32.
Ruggieri (Cosimo) : 277, 280, 364.
Ruzé (Guillaume), évêque d'Angers : 244.

S

Saint-André (Jacques d'Albon, maréchal de) : 73, 122, 138, 148, 149.
Saint-Gelais (Mellin de) : 363.
Saint-Germain (Julien de) : 426.
Saint-Luc (François d'Espinay, seigneur de) : 266, 317, 318.
Saint-Mégrin (Paul de Stuer de Caussade, sieur de) : 317.
Saint-Sulpice (Henri Ébrard de) : 266.
Salviati (Famille) : 32, 62.
Salviati (Antonio Marie), nonce : 278.
Salviati (Jacques) : 27.
Salviati (Maria) : 28, 34.
Santa Cruz (Alvarez de Bazan, marquis de) : 343.
Sardini (Scipion) : 293.
Sarto (Andrea del) : 370.
Sauves (Charlotte de) : 308, 319.

INDEX

Savoie (Philiberte de) : 34.
Savonarole (Jérôme) : 18, 20, 25, 28, 45.
Scibec de Carpi (Francisque) : 41, 370.
Sébastien, roi de Portugal : 218, 341.
Serlio (Sebastiano) : 369.
Sforza (Les) : 29.
Sigismond Auguste Jagellon, roi de Pologne : 263.
Soliman le Magnifique : 175.
Stéphane Ier Bathory, prince de Transylvanie, roi de Pologne : 302.
Strozzi (Les) : 62.
Strozzi (Laurent) : 62.
Strozzi (Léon) : 62, 70.
Strozzi (Philippe), 1489-1538 : 27, 69.
Strozzi (Philippe), 1541-1582 : 196, 293, 343, 344.
Strozzi (Pierre), 1510-1558 : 63, 71, 72, 80, 355, 361.

T

Tasse Torquato Tasso, dit le) : 362.
Tavannes (Gaspard de Saulx-) : 196, 199, 206, 211, 250, 266.
Téligny (Charles de) : 213, 236.
Thévet (André) : 361.
Thoré, voir Montmorency (Guillaume de).
Thou (Jacques Auguste de) : 248, 442.

Titien : 24.
Tornabuoni (Les) : 32.
Touchet (Marie) : 217.
Tournon (François, cardinal de) : 92, 127.
Trissino (J. Georges) : 363.
Tudor (Maison de) : 220.
Turenne (Henri de la Tour, vicomte de) : 396.

U

Uzès (Antoine de Crussol, vicomte, puis duc d') : 94, 173.
Uzès (Louise de Clermont, duchesse d') : 95, 173, 324, 330, 331, 333, 411.

V

Valéry (Paul) : 433.
Valois (Maison de) : 25, 33, 44, 48, 50, 179, 219, 224, 239, 249, 266, 300, 332, 347, 349, 375-377, 380, 385, 408.
Vasari (Giorgio) : 28, 29, 35, 259, 366.
Vendôme (François de) : 355.
Victoire de Valois, fille d'Henri II et de Catherine de Médicis : 109.
Victor Amédée Ier, duc de Savoie (1630-1637) : 401.
Victoria, reine d'Angleterre : 355.
Villequier (René de) : 291.

VILLEROY (Famille de) : 373.
VILLEROY (Nicolas de Neufville, seigneur de) : 266, 337, 392, 400, 402, 418.

VIRGILE, poète : 162.
VOLTAIRE : 439, 440.

Table

Introduction 11

Chapitre premier. « Une seule branche reverdit » 17
La nuit tragique du 19 juillet 1530, 18. – Auprès de son oncle Clément VII, 22. – Une mère française, 24. – Un mari pour la *duchessina*, 28. – Mésalliance?, 32.

Chapitre II. Un berceau longtemps vide 37
Une Cour nomade, 37. – D'un château l'autre, 39. – Admirable beau-père, 41. – Une aimable dauphine, 46. – La rivale, 51. – L'enfant paraît, 55.

Chapitre III. Reine à demi 59
Une révolution de palais, 60. – Un ménage à trois, 63. – Le rêve toscan, 69. – Un utile apprentissage, 72. – Sang-froid, déception et chagrin, 77.

Chapitre IV. Une prudente entrée en scène 87
Alliés et rivaux, 88. – Un recours pour les réformés, 93. – Une conjuration inopportune, 97. – Le dialogue renoué, 100. – La douleur d'une mère, 105.

Chapitre V. « La douceur plus que la rigueur » 111
« Malheur au pays où le roi est un enfant », 111. – « Changer de médicaments », 117. – La voie étroite, 120. – L'impossible conciliation, 123.

Chapitre VI. Contre « ceux qui veulent tout perdre » ... 131
Une audience orageuse, 132. – « La pente à une

inondation de misères », 134. – Otage des triumvirs ?, 137. – « Je suis bon capitaine », 139. – Vaincre sans écraser, 143. – Les mains libres pour la paix, 146.

Chapitre VII. « Le repos de cet État » 151
Un plaidoyer pour la paix, 152. – « Comme si elle était le roi », 155. – « La virevolte du royaume », 160. – Les raisons du Grand Tour (1564-1566), 163. – La caravane royale, 166. – Le rendez-vous de Bayonne, 175. – Sur le chemin du retour, 180.

Chapitre VIII. L'infâme entreprise.......................... 187
Une candeur calculée, 188. – Le vent mauvais des Pays-Bas, 190. – La surprise de Meaux, 193. – Le siège de Paris, 195. – La paix indésirable, 201. – Sur tous les fronts, 205. – Les soucis d'une mère, 215.

Chapitre IX. Catherine et la Saint-Barthélemy 223
Junon, Castor et Pollux, 224. – Une indispensable tutelle, 226. – Le pardon des offenses, 229. – Un habile partage des tâches, 231. – Une jalousie imaginaire, 234. – La paix sauvée, 236. – Les noces de la désunion, 238. – Non coupable, 244. – Maléfique Catherine ?, 247. – Fatalité du drame ou crime programmé ?, 251.

Chapitre X. Eh ! Ma mère ! 259
De sombres horizons, 260. – La Rochelle ou Cracovie ?, 263. – La joie en son cœur, 267. – Un fils « malcontent », 272. – Toi aussi, mon fils !, 274. – La mort d'un fils, 279.

Chapitre XI. « Je ne puis faire tout ce que je veux » 283
« Vous êtes mon tout », 284. – Un roi à part entière, 287. – La fille de Machiavel, 291. – Damville, l'ennemi de Catherine, 296. – Les audaces d'un cadet, 299. – Contrainte à la paix, 304. – Une paix définitive ?, 309.

Chapitre XII. L'infatigable semeuse de paix 317
La seconde évasion de Monsieur, 319. – Le voyage de pacification (1578-1579), 322. – Une talen-

tueuse négociatrice, 326. – Les égards d'une mère pour son roi, 330. – Une série de déconvenues, 334. – Le royaume avant ses enfants, 337. – Caprice ou diversion au Portugal?, 339. – Querelles de famille, 345.

Chapitre XIII. Telle qu'en elle-même 351
Une extraordinaire vitalité, 351. – « Dieu garde mes enfants », 357. – Une insatiable curiosité, 360. – Fervente de *pronostications*, 363. – Le goût de la collection, 366. – « Un bon esprit sur les bâtiments », 368. – Maisons des champs, palais de ville, 371. – Les Tuileries, 373. – L'hôtel de la reine, 376. – La nouvelle Artémise, 379.

Chapitre XIV. « Trouvez des remèdes aux choses qui n'en ont point » 383
L'humiliation plutôt que la guerre, 384. – Les déçus de la paix, 391. – Les entretiens de Saint-Brice, 395. – D'échec en échec, 399.

Chapitre XV. La mort de la « mère de l'État » 405
Une négociation de plus?, 406. – Au milieu des barricades, 408. – « En haine de la reine mère », 414. – « Monsieur de Guise est mort », 419. – La mort d'une reine, 424.

Conclusion 429

Notes 435

ANNEXES 437

   I. Portraits croisés de Catherine de Médicis 439
   II. Huit guerres de Religion 446
   III. Chronologie 447

Généalogies 463

Bibliographie sélective 469

Index 475

collection tempus
Perrin

DÉJÀ PARU

1. *Histoire des femmes en Occident* (dir. Michelle Perrot, Georges Duby), *L'Antiquité* (dir. Pauline Schmitt Pantel).
2. *Histoire des femmes en Occident* (dir. Michelle Perrot, Georges Duby), *Le Moyen Âge* (dir. Christiane Klapisch-Zuber).
3. *Histoire des femmes en Occident* (dir. Michelle Perrot, Georges Duby), *XVIe-XVIIIe siècle* (dir. Natalie Zemon Davis, Arlette Farge).
4. *Histoire des femmes en Occident* (dir. Michelle Perrot, Georges Duby), *Le XIXe siècle* (dir. Michelle Perrot, Geneviève Fraisse).
5. *Histoire des femmes en Occident* (dir. Michelle Perrot, Georges Duby), *Le XXe siècle* (dir. Françoise Thébaud).
6. *L'épopée des croisades* – René Grousset.
7. *La bataille d'Alger* – Pierre Pellissier.
8. *Louis XIV* – Jean-Christian Petitfils.
9. *Les soldats de la Grande Armée* – Jean-Claude Damamme.
10. *Histoire de la Milice* – Pierre Giolitto.
11. *La régression démocratique* – Alain-Gérard Slama.
12. *La première croisade* – Jacques Heers.
13. *Histoire de l'armée française* – Philippe Masson.
14. *Histoire de Byzance* – John Julius Norwich.
15. *Les Chevaliers teutoniques* – Henry Bogdan.
16. *Mémoires, Les champs de braises* – Hélie de Saint Marc.
17. *Histoire des cathares* – Michel Roquebert.
18. *Franco* – Bartolomé Bennassar.
19. *Trois tentations dans l'Église* – Alain Besançon.
20. *Le monde d'Homère* – Pierre Vidal-Naquet.
21. *La guerre à l'Est* – August von Kageneck.
22. *Histoire du gaullisme* – Serge Berstein.
23. *Les Cent-Jours* – Dominique de Villepin.
24. *Nouvelle histoire de la France*, tome I – Jacques Marseille.
25. *Nouvelle histoire de la France*, tome II – Jacques Marseille.
26. *Histoire de la Restauration* – Emmanuel de Waresquiel et Benoît Yvert.
27. *La Grande Guerre des Français* – Jean-Baptiste Duroselle.
28. *Histoire de l'Italie* – Catherine Brice.
29. *La civilisation de l'Europe à la Renaissance* – John Hale.
30. *Histoire du Consulat et de l'Empire* – Jacques-Olivier Boudon.
31. *Les Templiers* – Laurent Daillez.

32. *Madame de Pompadour* – Évelyne Lever.
33. *La guerre en Indochine* – Georges Fleury.
34. *De Gaulle et Churchill* – François Kersaudy.
35. *Le passé d'une discorde* – Michel Abitbol.
36. *Louis XV* – François Bluche.
37. *Histoire de Vichy* – Jean-Paul Cointet.
38. *La bataille de Waterloo* – Jean-Claude Damamme.
39. *Pour comprendre la guerre d'Algérie* – Jacques Duquesne.
40. *Louis XI* – Jacques Heers.
41. *La bête du Gévaudan* – Michel Louis.
42. *Histoire de Versailles* – Jean-François Solnon.
43. *Voyager au Moyen Âge* – Jean Verdon.
44. *La Belle Époque* – Michel Winock.
45. *Les manuscrits de la mer Morte* – Michael Wise, Martin Abegg Jr. & Edward Cook.
46. *Histoire de l'éducation*, tome I – Michel Rouche.
47. *Histoire de l'éducation*, tome II – François Lebrun, Marc Venard, Jean Quéniart.
48. *Les derniers jours de Hitler* – Joachim Fest.
49. *Zita impératrice courage* – Jean Sévillia.
50. *Histoire de l'Allemagne* – Henry Bogdan.
51. *Lieutenant de panzers* – August von Kageneck.
52. *Les hommes de Dien Bien Phu* – Roger Bruge.
53. *Histoire des Français venus d'ailleurs* – Vincent Viet.
54. *La France qui tombe* – Nicolas Baverez.
55. *Histoire du climat* – Pascal Acot.
56. *Charles Quint* – Philippe Erlanger.
57. *Le terrorisme intellectuel* – Jean Sévillia.
58. *La place des bonnes* – Anne Martin-Fugier.
59. *Les grands jours de l'Europe* – Jean-Michel Gaillard.
60. *Georges Pompidou* – Éric Roussel.
61. *Les États-Unis d'aujourd'hui* – André Kaspi.
62. *Le masque de fer* – Jean-Christian Petitfils.
63. *Le voyage d'Italie* – Dominique Fernandez.
64. *1789, l'année sans pareille* – Michel Winock.
65. *Les Français du Jour J* – Georges Fleury.
66. *Padre Pio* – Yves Chiron.
67. *Naissance et mort des Empires*.
68. *Vichy 1940-1944* – Jean-Pierre Azéma, Olivier Wieviorka.
69. *L'Arabie Saoudite en guerre* – Antoine Basbous.
70. *Histoire de l'éducation*, tome III – Françoise Mayeur.
71. *Histoire de l'éducation*, tome IV – Antoine Prost.
72. *La bataille de la Marne* – Pierre Miquel.
73. *Les intellectuels en France* – Pascal Ory, Jean-François Sirinelli.

74. *Dictionnaire des pharaons* – Pascal Vernus, Jean Yoyotte.
75. *La Révolution américaine* – Bernard Cottret.
76. *Voyage dans l'Égypte des Pharaons* – Christian Jacq.
77. *Histoire de la Grande-Bretagne* – Roland Marx, Philippe Chassaigne.
78. *Histoire de la Hongrie* – Miklós Molnar.
79. *Chateaubriand* – Ghislain de Diesbach.
80. *La Libération de la France* – André Kaspi.
81. *L'empire des Plantagenêt* – Martin Aurell.
82. *La Révolution française* – Jean-Paul Bertaud.
83. *Les Vikings* – Régis Boyer.
84. *Examen de conscience* – August von Kageneck.
85. *1905, la séparation des Églises et de l'État.*
86. *Les femmes cathares* – Anne Brenon.
87. *L'Espagne musulmane* – André Clot.
88. *Verdi et son temps* – Pierre Milza.
89. *Sartre* – Denis Bertholet.
90. *L'avorton de Dieu* – Alain Decaux.
91. *La guerre des deux France* – Jacques Marseille.
92. *Honoré d'Estienne d'Orves* – Étienne de Montety.
93. *Gilles de Rais* – Jacques Heers.
94. *Laurent le Magnifique* – Jack Lang.
95. *Histoire de Venise* – Alvise Zorzi.
96. *Le malheur du siècle* – Alain Besançon.
97. *Fouquet* – Jean-Christian Petitfils.
98. *Sissi, impératrice d'Autriche* – Jean des Cars.
99. *Histoire des Tchèques et des Slovaques* – Antoine Marès.
100. *Marie Curie* – Laurent Lemire.
101. *Histoire des Espagnols*, tome I – Bartolomé Bennassar.
102. *Pie XII et la Seconde Guerre mondiale* – Pierre Blet.
103. *Histoire de Rome*, tome I – Marcel Le Glay.
104. *Histoire de Rome*, tome II – Marcel Le Glay.
105. *L'État bourguignon 1363-1477* – Bertrand Schnerb.
106. *L'Impératrice Joséphine* – Françoise Wagener.
107. *Histoire des Habsbourg* – Henry Bogdan.
108. *La Première Guerre mondiale* – John Keegan.
109. *Marguerite de Valois* – Éliane Viennot.
110. *La Bible arrachée aux sables* – Werner Keller.
111. *Le grand gaspillage* – Jacques Marseille.
112. *« Si je reviens comme je l'espère » : lettres du front et de l'Arrière, 1914-1918* – Marthe, Joseph, Lucien et Marcel Papillon.
113. *Le communisme* – Marc Lazar.
114. *La guerre et le vin* – Donald et Petie Kladstrup.
115. *Les chrétiens d'Allah* – Lucile et Bartolomé Bennassar.
116. *L'Égypte de Bonaparte* – Jean-Joël Brégeon.

117. *Les empires nomades* – Gérard Chaliand.
118. *La guerre de Trente Ans* – Henry Bogdan.
119. *La bataille de la Somme* – Alain Denizot.
120. *L'Église des premiers siècles* – Maurice Vallery-Radot.
121. *L'épopée cathare*, tome I, *L'invasion* – Michel Roquebert.
122. *L'homme européen* – Jorge Semprún, Dominique de Villepin.
123. *Mozart* – Pierre-Petit.
124. *La guerre de Crimée* – Alain Gouttman.
125. *Jésus et Marie-Madeleine* – Roland Hureaux.
126. *L'épopée cathare*, tome II, *Muret ou la dépossession* – Michel Roquebert.
127. *De la guerre* – Carl von Clausewitz.
128. *La fabrique d'une nation* – Claude Nicolet.
129. *Quand les catholiques étaient hors la loi* – Jean Sévillia.
130. *Dans le bunker de Hitler* – Bernd Freytag von Loringhoven et François d'Alançon.
131. *Marthe Robin* – Jean-Jacques Antier.
132. *Les empires normands d'Orient* – Pierre Aubé.
133. *La guerre d'Espagne* – Bartolomé Bennassar.
134. *Richelieu* – Philippe Erlanger.
135. *Les Mérovingiennes* – Roger-Xavier Lantéri.
136. *De Gaulle et Roosevelt* – François Kersaudy.
137. *Historiquement correct* – Jean Sévillia.
138. *L'actualité expliquée par l'Histoire.*
139. *Tuez-les tous! La guerre de religion à travers l'histoire* – Élie Barnavi, Anthony Rowley.
140. *Jean Moulin* – Jean-Pierre Azéma.
141. *Nouveau monde, vieille France* – Nicolas Baverez.
142. *L'Islam et la Raison* – Malek Chebel.
143. *La gauche en France* – Michel Winock.
144. *Malraux* – Curtis Cate.
145. *Une vie pour les autres. L'aventure du père Ceyrac* – Jérôme Cordelier.
146. *Albert Speer* – Joachim Fest.
147. *Du bon usage de la guerre civile en France* – Jacques Marseille.
148. *Raymond Aron* – Nicolas Baverez.
149. *Joyeux Noël* – Christian Carion.
150. *Frères de tranchées* – Marc Ferro.
151. *Histoire des croisades et du royaume franc de Jérusalem*, tome I, *1095-1130, L'anarchie musulmane* – René Grousset.
152. *Histoire des croisades et du royaume franc de Jérusalem*, tome II, *1131-1187, L'équilibre* – René Grousset.
153. *Histoire des croisades et du royaume franc de Jérusalem*, tome III, *1188-1291, L'anarchie franque* – René Grousset.

154. *Napoléon* – Luigi Mascilli Migliorini.
155. *Versailles, le chantier de Louis XIV* – Frédéric Tiberghien.
156. *Le siècle de saint Bernard et Abélard* – Jacques Verger, Jean Jolivet.
157. *Juifs et Arabes au XXe siècle* – Michel Abitbol.
158. *Par le sang versé. La Légion étrangère en Indochine* – Paul Bonnecarrère.
159. *Napoléon III* – Pierre Milza.
160. *Staline et son système* – Nicolas Werth.
161. *Que faire?* – Nicolas Baverez.
162. *Stratégie* – B. H. Liddell Hart.
163. *Les populismes* (dir. Jean-Pierre Rioux).
164. *De Gaulle, 1890-1945*, tome I – Éric Roussel.
165. *De Gaulle, 1946-1970*, tome II – Éric Roussel.
166. *La Vendée et la Révolution* – Jean-Clément Martin.
167. *Aristocrates et grands bourgeois* – Éric Mension-Rigau.
168. *La campagne d'Italie* – Jean-Christophe Notin.
169. *Lawrence d'Arabie* – Jacques Benoist-Méchin.
170. *Les douze Césars* – Régis F. Martin.
171. *L'épopée cathare*, tome III, *Le lys et la croix* – Michel Roquebert.
172. *L'épopée cathare*, tome IV, *Mourir à Montségur* – Michel Roquebert.
173. *Henri III* – Jean-François Solnon.
174. *Histoires des Antilles françaises* – Paul Butel.
175. *Rodolphe et les secrets de Mayerling* – Jean des Cars.
176. *Oradour, 10 juin 1944* – Sarah Farmer.
177. *Volontaires français sous l'uniforme allemand* – Pierre Giolitto.
178. *Chute et mort de Constantinople* – Jacques Heers.
179. *Nouvelle histoire de l'Homme* – Pascal Picq.
180. *L'écriture. Des hiéroglyphes au numérique.*
181. *C'était Versailles* – Alain Decaux.
182. *De Raspoutine à Poutine* – Vladimir Fedorovski.
183. *Histoire de l'esclavage aux États-Unis* – Claude Fohlen.
184. *Ces papes qui ont fait l'histoire* – Henri Tincq.
185. *Classes laborieuses et classes dangereuses* – Louis Chevalier.
186. *Les enfants soldats* – Alain Louyot.
187. *Premiers ministres et présidents du Conseil* – Benoît Yvert.
188. *Le massacre de Katyn* – Victor Zaslavsky.
189. *Enquête sur les apparitions de la Vierge* – Yves Chiron.
190. *L'épopée cathare*, tome V, *La fin des Amis de Dieu* – Michel Roquebert.
191. *Histoire de la diplomatie française*, tome I.
192. *Histoire de la diplomatie française*, tome II.
193. *Histoire de l'émigration* – Ghislain de Diesbach.
194. *Le monde des Ramsès* – Claire Lalouette.

195. *Bernadette Soubirous* – Anne Bernet.
196. *Cosa Nostra. La mafia sicilienne de 1860 à nos jours* – John Dickie.
197. *Les mensonges de l'Histoire* – Pierre Miquel.
198. *Les négriers en terres d'islam* – Jacques Heers.
199. *Nelson Mandela* – Jack Lang.
200. *Un monde de ressources rares* – Le Cercle des économistes et Érik Orsenna.
201. *L'histoire de l'univers et le sens de la création* – Claude Tresmontant.
202. *Ils étaient sept hommes en guerre* – Marc Ferro.
203. *Précis de l'art de la guerre* – Antoine-Henri Jomini.
204. *Comprendre les États-unis d'aujourd'hui* – André Kaspi.
205. *Tsahal* – Pierre Razoux.
206. *Pop philosophie* – Mehdi Belahj Kacem, Philippe Nassif.
207. *Le roman de Vienne* – Jean des Cars.
208. *Hélie de Saint Marc* – Laurent Beccaria.
209. *La dénazification* (dir. Marie-Bénédicte Vincent).
210. *La vie mondaine sous le nazisme* – Fabrice d'Almeida.
211. *Comment naissent les révolutions*.
212. *Comprendre la Chine d'aujourd'hui* – Jean-Luc Domenach.
213. *Le second Empire* – Pierre Miquel.
214. *Les papes en Avignon* – Dominique Paladilhe.
215. *Jean Jaurès* – Jean-Pierre Rioux.
216. *La Rome des Flaviens* – Catherine Salles.
217. *6 juin 44* – Jean-Pierre Azéma, Philippe Burrin, Robert O. Paxton.
218. *Eugénie, la dernière impératrice* – Jean des Cars.
219. *L'homme Robespierre* – Max Gallo.
220. *Les Barbaresques* – Jacques Heers.
221. *L'élection présidentielle en France, 1958-2007* – Michel Winock.
222. *Histoire de la Légion étrangère* – Georges Blond.
223. *1 000 ans de jeux Olympiques* – Moses I. Finley, H. W. Pleket.
224. *Quand les Alliés bombardaient la France* – Eddy Florentin.
225. *La crise des années 30 est devant nous* – François Lenglet.
226. *Le royaume wisigoth d'Occitanie* – Joël Schmidt.
227. *L'épuration sauvage* – Philippe Bourdrel.
228. *La révolution de la Croix* – Alain Decaux.
229. *Frédéric de Hohenstaufen* – Jacques Benoist-Méchin.
230. *Savants sous l'Occupation* – Nicolas Chevassus-au-Louis.
231. *Moralement correct* – Jean Sévillia.
232. *Claude Lévi-Strauss, le passeur de sens* – Marcel Hénaff.
233. *Le voyage d'automne* – François Dufay.
234. *Erbo, pilote de chasse* – August von Kageneck.
235. *L'éducation des filles en France au XIXe siècle* – Françoise Mayeur.
236. *Histoire des pays de l'Est* – Henry Bogdan.

237. *Les Capétiens* – François Menant, Hervé Martin, Bernard Merdrignac, Monique Chauvin.
238. *Le roi, l'empereur et le tsar* – Catrine Clay.
239. *Neanderthal* – Marylène Patou-Mathis.
240. *Judas, de l'Évangile à l'Holocauste* – Pierre-Emmanuel Dauzat.
241. *Le roman vrai de la crise financière* – Olivier Pastré, Jean-Marc Sylvestre.
242. *Comment l'Algérie devint française* – Georges Fleury.
243. *Le Moyen Âge, une imposture* – Jacques Heers.
244. *L'île aux cannibales* – Nicolas Werth.
245. *Policiers français sous l'Occupation* – Jean-Marc Berlière.
246. *Histoire secrète de l'Inquisition* – Peter Godman.
247. *La guerre des capitalismes aura lieu* – Le Cercle des économistes (dir. Jean-Hervé Lorenzi).
248. *Les guerres bâtardes* – Arnaud de La Grange, Jean-Marc Balencie.
249. *De la croix de fer à la potence* – August von Kageneck.
250. *Nous voulions tuer Hitler* – Philipp Freiherr von Boeselager.
251. *Le soleil noir de la puissance, 1796-1807* – Dominique de Villepin.
252. *L'aventure des Normands, VIIIe- XIIIe siècle* – François Neveux.
253. *La spectaculaire histoire des rois des Belges* – Patrick Roegiers.
254. *L'islam expliqué par* – Malek Chebel.
255. *Pour en finir avec Dieu* – Richard Dawkins.
256. *La troisième révolution américaine* – Jacques Mistral.
257. *Les dernières heures du libéralisme* – Christian Chavagneux.
258. *La Chine m'inquiète* – Jean-Luc Domenach.
259. *La religion cathare* – Michel Roquebert.
260. *Histoire de la France*, tome I, *1900-1930* – Serge Berstein, Pierre Milza.
261. *Histoire de la France*, tome II, *1930-1958* – Serge Berstein, Pierre Milza.
262. *Histoire de la France*, tome III, *1958 à nos jours* – Serge Berstein, Pierre Milza.
263. *Les Grecs et nous* – Marcel Detienne.
264. *Deleuze* – Alberto Gualandi.
265. *Le réenchantement du monde* – Michel Maffesoli.
266. *Spinoza* – André Scala.
267. *Les Français au quotidien, 1939-1949* – Éric Alary, Bénédicte Vergez-Chaignon, Gilles Gauvin.
268. *Teilhard de Chardin* – Jacques Arnould.
269. *Jeanne d'Arc* – Colette Beaune.
270. *Crises, chaos et fins de monde.*
271. *Auguste* – Pierre Cosme.
272. *Histoire de l'Irlande* – Pierre Joannon.
273. *Les inconnus de Versailles* – Jacques Levron.

274. *Ils ont vécu sous le nazisme* – Laurence Rees.
275. *La nuit au Moyen Âge* – Jean Verdon.
276. *Ce que savaient les Alliés* – Christian Destremau.
277. *François Ier* – Jack Lang.
278. *Alexandre le Grand* – Jacques Benoist-Méchin.
279. *L'Égypte des Mamelouks* – André Clot.
280. *Les valets de chambre de Louis XIV* – Mathieu Da Vinha.
281. *Les grands sages de l'Égypte ancienne* – Christian Jacq.
282. *Armagnacs et Bourguignons* – Bertrand Schnerb.
283. *La révolution des Templiers* – Simonetta Cerrini.
284. *Les crises du capitalisme.*
285. *Communisme et totalitarisme* – Stéphane Courtois.
286. *Les chasseurs noirs* – Christian Ingrao.
287. *Averroès* – Ali Benmakhlouf.
288. *Les guerres préhistoriques* – Lawrence H. Keeley.
289. *Devenir de Gaulle* – Jean-Luc Barré.
290. *Lyautey* – Arnaud Teyssier.
291. *Fin de monde ou sortie de crise ?* – Le Cercle des économistes (dir. Pierre Dockès et Jean-Hervé Lorenzi).
292. *Madame de Montespan* – Jean-Christian Petitfils.
293. *L'extrême gauche plurielle* – Philippe Raynaud.
294. *La guerre d'indépendance des Algériens* (prés. Raphaëlle Branche).
295. *La France de la Renaissance* – Arlette Jouanna.
296. *Verdun 1916* – Malcolm Brown.
297. *Lyotard* – Alberto Gualandi.
298. *Catherine de Médicis* – Jean-François Solnon.

À PARAÎTRE

Le XXe siècle idéologique et politique – Michel Winock.
L'art nouveau en Europe – Roger-Henri Guerrand.
Les salons de la IIIe République – Anne Martin-Fugier.
Lutèce – Joël Schmidt.

Composition Nord Compo
Villeneuve-d'Ascq

Imprimé en France par CPI
en février 2024

pour le compte des Éditions Perrin
92, avenue de France 75013 Paris

N° d'impression : 2076235
Dépôt légal : septembre 2009
K03071E/18

Histoire de Versailles

Jean-François Solnon

tempus 42

Versailles, ce n'est pas un palais sorti tout achevé de la volonté de Louis XIV, mais un interminable chantier commencé sous Louis XIII, embelli par Louis XV. Au début, rien ne prédisposait un site aussi ingrat à accueillir la résidence de la Cour. Elle deviendra pourtant l'emblème de la splendeur royale. La vie quotidienne y est réglée comme un ballet, jalonnée de fêtes somptueuses, mais aussi prisonnière de mille incommodités, le froid, le bruit, les vols, la saleté. Les courtisans qui s'y pressent y sont souvent mal logés. Mais l'histoire de Versailles ne s'arrête pas au siècle de Louis XIV. Le château fut sauvé de la destruction par la Révolution. La Troisième République naquit en ses murs. Aujourd'hui encore, il accueille le Parlement réuni en congrès et les sommets internationaux. Organisme vivant, Versailles ne cesse d'écrire la grande et la petite histoire de la France.

384 pages – 8,50 €

Henri III
Jean-François Solnon

173

Dans l'histoire de France, jamais roi n'a été autant calomnié qu'Henri III (1551-1589). Ses adversaires l'ont accusé de tous les maux. L'Histoire n'a retenu que l'homme futile et efféminé, peu préoccupé de régner, aux amitiés masculines ambiguës. Loin des clichés, ce livre raconte un règne de quinze ans dans une France déchirée par la guerre civile. Henri a gouverné, réformé et légiféré. La défense de l'autorité royale a été son souci constant. Pour elle, il a fait exécuter le duc de Guise à Blois. Pour elle, il s'est allié à Henri de Navarre, le futur Henri IV. A cause d'elle, il a été assassiné par un moine fanatique à l'âge de trente-huit ans.

448 pages – 10,50 €

Dans l'histoire de France, jamais roi n'a eu autant calomnié qu'Henri III (1551-1589). Ses adversaires l'ont accusé de tous les maux. L'Histoire n'a cessé de le comme zotro et l'étrange, personnage de légende, aux attributs ambigus, loin des clichés, ce livre raconte un règne de quinze ans dans une France déchirée par la guerre civile. Henri a tenté de réformer et longtemps. La refonte de l'autorité royale à ses yeux doit en coûtant. Pour elle, il a fait exécuter le duc de Guise à Blois. Pour elle, il s'est allié à Henri de Navarre, le futur Henri IV. À cause d'elle, il a été assassiné par un moine fanatique à l'âge de trente-huit ans.

440 pages — 70,50 $